일본학 시리즈
9

제국 일본의
근대 학교체육사 연구

― 1868년 메이지 유신에서 1945년 패전(敗戰)까지 ―

김 준 영 편저

Academy House
學 士 院

머리말

　일본의 근대 교육은 1868년 메이지유신(明治維新) 이후 다츠아론(脫亞論)을 내세우며 '아시아의 유럽'이 되는 것을 목표로 메이지 신정부가 주도한 유신(維新)의 일환으로 추진되었다. 일본의 전근대적 봉건사회에서 다이세이호칸(大政奉還) 이후 근대 국민국가로의 이행이 교육의 개혁에 따라 이루어졌다고 할 때, 일본의 근대 학교 체육교육은 부국강병(富國強兵) 정책적 의미 또한 결코 작다고 할 수 없다. 이것은 어떤 시대를 막론(莫論)하고 학교체육이 모든 체육의 이론과 실제면(實際面)에 있어서 선구적(先驅的) 역할을 한 것은 사실이기 때문이다.

　제국 일본의 형성과 메이지 신정부가 목표로 했던 부국강병(富國強兵)이라는 국가적 어젠다(Agenda, 議題)를 달성하기 위해서는 무엇보다도 이를 추진해 나갈 인재의 양성이 시급했으며, 인재의 양성을 위해서는 하루빨리 서구적 선진 교육제도를 도입하여 근대식 학교제도를 갖추고, 서구의 과학적인 신체관의 수용을 바탕으로 학교 체육교육 내용의 확립이 절실했다고 볼 수 있다. 이러한 시대적 상황 속에서 문명화, 즉 구체적으로 서구화를 지향했던 일본의 메이지유신 지배 세력들은 서구의 체육교육과 스포츠에 대해 크게 주목할 수밖에 없었다. 그리고 이들이 근대적인 민족을 만들기 위한 효과적인 수단으로 체육과 스포츠를 생각하게 된 것은 어쩌면 당연한 일이었다. 이처럼 일본의 메이지유신 집권층이 서구의 모델을 모방하려는 생각 한편에선 서양인들과의 신체적 괴리를 좁히기 위해서 나약한 동양인이라는 서양인들의 스테레오타입(stereotype)이 만들어낸 집단적이고 모욕적인 열등감을 체육과 스포츠를 통해 떨쳐내고자 했던 것이다.

　이런 측면에서 이 책은 20세기에 들어 제국 일본이 선진 일류국가로서 우뚝 설 수 있었던 힘의 원천을 근대 교육개혁, 그중에서도 특히 학교 체육교육에 관한 의무교육 실현을 위한 노력에 대해 면밀히 파헤치고자 했다.

　또한 한국에서는 처음으로 출판되는 근대 일본 학교체육사 연구서로서, 메이지기(明治期)에서 다이쇼기(大正期)와 쇼와기(昭和期)의 2차 세계대전 종전(終戰)

까지의 근대 일본 학교체육의 내용과 제도 및 정책을 다루고 있으며, 제국 일본의 성장과 패전(敗戰)까지의 각 시대적 구분에 따라 메이지 시대(明治時代) 제1기 체육(보통체조의 탄생), 메이지 시대 제2기 체육(병식체조의 발흥), 메이지 시대 제3기 체육(스웨덴 체조의 소개), 메이지 시대 제4기 체육(학교체조의 통일안), 다이쇼 시대(大正時代) 제1기 체육(학교체조 교수요목의 발포), 다이쇼 시대 제2기 체육(교련교수요목의 발포), 쇼와시대(昭和時代) 제1기 체육(개정 체조요목에서 제2차 개정요목으로), 쇼와시대 제2기 체육(체련과 교수요항의 발포) 그리고 패전(敗戰) 직후까지의 학교체육의 움직임과 제도형성 과정과 내용 등으로 나누어 서술했으며, 학교체육, 학교 스포츠교육의 문제들을 체육사(體育史) 자료 이외에도 교육정책 등 관련된 중요한 자료를 활용하여 총체적인 일본 학교 체육사 이해를 시도했다. 특히 학교 체육교육 내용과 제도형성 과정을 비교적 상세하게 다루면서 정책수립 결정에 참여한 인물 등을 중심으로 다각도로 소개하고, 많은 사료(史料)자료와 함께 자세하게 서술되어 있기 때문에 일본 체육사에 관심을 가지고 있는 연구자들에게 좋은 길잡이가 될 것이다.

또한 제국 일본이 근대 한국 학교체육 제도 형성에 미친 영향이 지대함에도 불구하고 그동안 한국 체육사에서는 깊이 있게 다뤄지지 않았기 때문에 이런 점에서 이 책은 근대 한국 체육사, 나아가 근대 한국 학교체육 제도 및 체육교육 정책사(政策史)를 파악하는 데 매우 의미 있는 연구 자료이다.

특히 갑오경장(1894년)이후 을사조약(乙巳條約)과 한일합방까지의 체육(1905~1910년)과 그 이후 1945년 8월 15일 해방까지의 일본 교육제도 이식을 통한 근대 한국 체육의 성장과 시련기의 학교체육의 교육내용과 제도 형성과정을 파악할 수 있다는 점에서 한국 체육사 연구에 중요한 자료를 제공할 수 있다고 생각한다. 이처럼 한국의 한 세기 일본 제국주의 논리의 내면화라는 근대화가 강제적으로 이루어지기 시작한 1894년부터 한국의 근대체육은 갑오경장 이후 설립된 각급 학교의 교육과 일본의 조선 합방정책과 밀접한 관계가 있는 것으로 근대 한국체육의 역사적 발상(發祥)의 연원(淵源)과 그 흐름을 고찰하는 데 있어서 일본의 영향을 평가(분석)하고 이해할 수 있는 기초자료를 제공한다면 이 책은 어느 정도의 목표를 거두었다고 할 수 있을 것이다.

이상과 같은 근대 일본의 학교체육 제도 형성의 발자취를 편집하여 일본 학교체육사 연구방법의 일환으로 출판하게 된 것이다. 원고를 탈고(脫稿)하면서 일부 오래된 일본어 원문의 용어 및 의미 해석에 미흡한 부분이 있는 것이 부끄럽지만 그러나 근대 일본의 학교체육을 이해하는 방편이 되었으면 하는 마음이다.

편저자는 대학에서 사학(史學)과 대학원에서 역사교육을 전공하고 고등학교에서 학생을 가르치는 초보 선생의 입장에서 또한 체육사 연구에서도 입문자의 입장임을 밝힌다. 누구나 출발선에 서면 막연한 두려움을 느낀다. 초보 체육사 연구자의 철두철미한 준비도 경험의 공백은 메울 수 없음을 알기 때문이다.

본『제국 일본의 근대 학교체육사 연구-1868년 메이지 유신에서 1945년 패전(敗戰)까지-』책을 편집하면서 이 책의 내용들은 쇼와(昭和) 34(1959)년 일본의 東洋館出版社가 펴낸『近代日本學校體育史』를 저본(底本)으로 재편집하여 구성되었다. 일부 미흡한 점이 많으므로 체육사 연구자들의 많은 연구를 바탕으로 개정되어야 할 것이라고 믿는다.

끝으로 이 책이 출판되기까지 많은 시간과 정성을 들여 교정 작업에 수고하신 도서출판 학사원 편집부 제위께 감사의 마음을 전합니다.

2022년 5월
편저자 김 준 영

【차 례】

- 머리말 ··· / 3

제1장. 메이지(明治) 제1기의 체육(보통체조의 탄생) ··· / 11
  1. 개관 ··· / 11
  2. 바쿠후(幕府) 말기의 군제개혁(軍制改革)과 군대 체조 ··· / 12
  3. 학제(學制) 발포(發布·고시)와 학교 체조 ··· / 14
  4. 메이지 7년의 학교체육과 그 성과 ··· / 17
  5. 리랜드(Leeland) 초빙과 체조 전습소(體操傳習所) 설립 ··· / 20
  6. 보통체조법(普通體操法)을 중심으로 한 학교체육 ··· / 23
  7. 부강주의(富强主義)의 대두와 병식체조(兵式體操) ··· / 26
  8. 무도(武道) 정과(正課) 채택(採擇·採用)에 관한 체조전습소의 답신 ··· / 29
  9. 메이지 10년대의 체육계몽론(體育啓蒙論) ··· / 35
  □ 참고문헌 ··· / 37

제2장. 메이지(明治) 제2기의 체육(병식체조의 발흥) ··· / 40
  1. 개관 ··· / 40
  2. 모리 아리노리(森有札)의 체육관 ··· / 40
  3. 병식체조와 덕육(德育) ··· / 43
  4. 학교령(學校令) 발포(發布·고시)와 체조과(體操科) ··· / 45
  5. 보통체조와 병식체조의 병립(竝立) ··· / 47
  6. 체육에 미친 부강주의(富强主義)적 풍조 ··· / 50
  7. 소학교령(小學校令) 개정(改正)과 체조과(體操科) ··· / 53
  8. 청일전쟁(淸日戰爭) 전후의 사회체육과 학교체육 ··· / 57
  9. 메이지 20(1887)년대의 스포츠와 유희(遊戲) ··· / 60
  10. 전후(戰後·청일전쟁 후) 체육의 경향 ··· / 62

11. 체육 장려와 모순된 양성 기구 ··· / 67
12. 메이지 20(1887)년대의 여자체육 ··· / 68
□ 참고문헌 ··· / 71

제3장. 메이지(明治) 제3기의 체육(스웨덴 체조의 소개) ··· / 74

1. 개관 ··· / 74
2. 학교 위생법규의 개선 ··· / 75
3. 교우회(校友會) 운동부에 대한 기대와 요청 ··· / 77
4. 체육설비 기준의 구체화 ··· / 80
5. 체육 법규(法規)의 비약적 개선 ··· / 82
6. 교육 유희(遊戲)의 유행 ··· / 88
7. 과외(課外) 스포츠와 여자체육의 발전 ··· / 91
8. 스웨덴 체조의 소개 ··· / 94
9. 무도 정과(正課) 채용(採用)의 운동 ··· / 97
10. 교원양성의 문제 ··· / 99
□ 참고문헌 ··· / 102

제4장. 메이지(明治) 제4기의 체육(학교체조의 통일안) ··· / 104

1. 개관 ··· / 104
2. 전후(戰後) 체육의 기본방침 ··· / 105
3. 체조·유희 취조위원회(體操·遊戲 取調委員會) 설립 ··· / 107
4. 조사위원회 보고서와 체조 ··· / 110
5. 조사위원회 보고서와 유희(遊戲) ··· / 113
6. 조사위원회 보고서와 무도 ··· / 115
7. 조사위원회 보고서와 여자체육 ··· / 117
8. 조사위원회 보고서에서 남겨 진 문제 ··· / 119
9. 풍기쇄신(風紀刷新)과 운동경기 ··· / 121
10. 법규(法規) 개정(改正)을 둘러싸고 육군성과 문부성의 대립 ··· / 124
11. 육군성과 문부성의 공동조사회의 발족 ··· / 128

12. 경(硬) 교육론을 배경으로 한 국민체육 ··· / 131
13. 무도(武道)의 장려(獎勵)와 현행법의 개정(改正) ··· / 137
14. 도시체육의 개선 ··· / 139
15. 교원양성과 검정제도 ··· / 144
□ 참고문헌 ··· / 148

제5장. 다이쇼(大正) 제1기의 체육(학교체조 교수요목의 발포)
··· / 150
1. 개관 ··· / 150
2. 청년단 육성과 체육 ··· / 151
3. 학교 체조 교수요목(學校體操教授要目)의 발포(發布) ··· / 153
4. 학교 체조 교수요목(教授要目)의 교재(교련·유희·무도) ··· / 156
5. 학교 체조 교수요목(教授要目) 발포(發布)후의 지도법과 현장
··· / 159
6. 학교 체조 성황의 시대적 배경 ··· / 162
7. 군국주의(militarism) 발흥과 병식 재흥론 ··· / 165
8. 학교체육에서의 병식체조 진흥의 건의 ··· / 168
9. 학교체육에서의 자유주의 체육의 태동 ··· / 170
□ 참고문헌 ··· / 173

제6장. 다이쇼(大正) 제2기의 체육(교련교수요목의 발포) ··· / 175
1. 개관 ··· / 175
2. 자유주의 교육과 신(新)체육의 시도 ··· / 176
3. 사쿠라이 츠네지로우(桜井恒次郎)와 합리적 체조 ··· / 178
4. 다이쇼(大正) 후반 학교 체조의 추이 ··· / 182
5. 오카다(岡田)의 문교(文教) 정책과 그 반향 ··· / 184
6. 현역 장교의 학교 배속(學校配屬) ··· / 188
7. 국민체육진흥과 체육운동 단체의 결성 ··· / 191
8. 선수제도의 시정과 체육의 합리화 ··· / 194

9. 학교체조 교수요목(學校體操 敎授要目)의 개정 ··· / 197
10. 개정(改正) 요목(要目)과 체조 교재 ··· / 201
11. 개정 교수요목과 유희 경기 ··· / 205
12. 개정 교수요목과 교련·무도 ··· / 207
13. 교원양성의 문제 ··· / 208
□ 참고문헌 ··· / 211

제7장. 쇼와(昭和) 제1기의 체육 (개정 체조 요목에서 제2차 개정 요목으로) ··· / 214

1. 개관 ··· / 214
2. 자유주의 체육의 동향 ··· / 216
3. 체육과 사상선도(思想善導) ··· / 218
4. 체육심의회와 체육운동주사회의 ··· / 222
5. 유도·검도의 정과(正課) 필수 법령화 ··· / 225
6. 신(新)체조의 소개와 체조 열성(熱誠)의 재흥(再興) ··· / 226
7. 교우회 운동부의 사명(使命) ··· / 229
8. 체육의 합리적 진흥(振興)과 야구 통제령 ··· / 232
9. 체육에 나타난 파시즘(fascism)의 조짐(兆朕) ··· / 235
10. 청소년단의 육성과 청년학교 ··· / 238
11. 체육 이전(以前)의 문제와 몰두(沒頭)하는 교사들 ··· / 240
12. 요목(要目) 개정(改正)과 쿠누센(K. A. Knudsen) ··· / 242
13. 제2차 개정 요목의 성격 ··· / 244
14. 제2차 개정 요목과 체조 교재 ··· / 246
15. 제2차 개정 요목과 유희경기의 교재 ··· / 249
16. 제2차 개정 요목과 무도 ··· / 252
□ 참고문헌 ··· / 255

제8장. 쇼와(昭和) 제2기의 체육(체련과 교수요항의 발포) ··· / 259

1. 개관 ··· / 259

2. 자유주의 분위기의 청산 ··· / 261
3. 청년학교 체조요목과 국방경기 ··· / 262
4. 후생성(厚生省) 설립과 국민의 체력관리 ··· / 265
5. 일본적 체육도(體育道)의 성립 ··· / 267
6. 국민체력법과 체력장 검정 ··· / 270
7. 학과 시험의 폐지와 체력검사 ··· / 272
8. 연속 체조(連續體操)의 보급과 철저 ··· / 276
9. 교과(敎科)의 명칭이 체조과(體操科)에서 체련과(體鍊科)로의 발전
 ··· / 277
10. 체육국(體育局) 설립과 체육 단체의 개조(改組) ··· / 280
11. 체련과(體鍊科) 교수요항(敎授要項)과 그 실시 세목(實施細目)
 ··· / 282
12. 여자 체력장 검정의 실시 ··· / 285
13. 사범학교와 중학교의 체련과 요목 ··· / 289
14. 전시(戰時) 체육실시 요항의 연발(連發) ··· / 291
15. 종전(終戰·敗戰) 직후의 움직임 ··· / 294
□ 참고문헌 ··· / 312

제1장 메이지(明治) 제1기 학교체육 — 보통체조의 탄생 —

1. 개관

일본의 근대화는 페리 함대의 내항(1853년)과 통상요구, 미·일 화친조약(1854년), 미·일 수호통상 조약(1858년) 그로 인한 존왕양이(尊王攘夷)의 반(反) 바쿠후 세력의 등장과 바쿠후의 권위 실추 및 갈등의 증폭, 타이세이호칸(大政奉還·1867년)과 왕정복고(王政復古)의 대호령(大号令·1868년)으로 에도 바쿠후(江戶幕府, 1603년~1867년)의 종말, 메이지 유신(1868년)과 입헌체제의 수립, 보신전쟁(戊辰戰爭)의 종결(1869년) 직후 중앙집권화를 위한 한세키호칸(版籍奉還·1869년), 하이한치켄(廢藩置縣·1871년), 신분제 철폐 등 통치체제의 확립으로 시작되었다.

일본이 서구에 맞선 국가전략은 화혼양재(和魂洋才)에서 찾는다. 일본의 정신과 서양의 기술·지식의 조화를 뜻하는 이 말은 정신과 기술의 분리를 뜻한다. 메이지 유신 이후 열강과 어깨를 견주는 근대국가로 발돋움하고, 강대국이 되는 국가전략의 일환으로 근대체육은 군제개혁(軍制改革)과 관련하여 일부 지식인에 의한 바쿠후(幕府) 말기의 병영(兵營)과 번(藩)학교[1]에서 싹트기 시작하였다. 그러나 그것이 약간은 근대적인 사상을 배경으로 교육상 문제시되는 것은 메이지 5(1872)년 '학제(學制)' 발포(發布)이후이다.

메이지(明治) 7(1874)년에는 체조도(體操圖)에서 체조서(體操書)로 교수(敎授)하는 단계에 이르러 체조 교과(敎科)도 미약하지만 구체화되어 간다.

---

[1] 번교(藩校)는 18세기말 이후 번사(藩士: 에도시대 각 번에 소속된 사무라이와 그 구성원을 가리키는 용어)와 그 자제의 교육을 위하여 설치된 교육시설로 이른바 각 번(藩)의 무도를 중심으로 교육하는 전통 학교이다.

메이지 11(1878)년 체조전습소(體操傳習所)가 도쿄(東京)에 설립되고, 미국인 교사 리랜드(George Adams Leland)2)가 초빙된 후부터는 일본의 학교체육 기반(基盤)도 확립되었다. 그 이후 보건사상을 배경으로 한 학교체육은 보통체조(普通體操)를 중심으로 발달한다. 그러나 메이지 17(1884)년경에 부국강병(富國强兵)의 기운이 높아지면서 학교에 병식체조(敎練)를 추가해야 한다는 의견이 거세지면서 문명개화(文明開化)의 여운을 남긴 체육계몽론(體育啓蒙論)도 점차 쇠퇴하였다.

그래서 이 장에서는 바쿠후 말기부터 메이지(明治) 17, 18(1884~1885)년경까지 한 시기의 체육에 대하여 그 변천(變遷)을 살펴본다.

2. 바쿠후(幕府) 말기의 군제개혁(軍制改革)과 군대 체조

바쿠후(幕府)3) 말기부터 메이지까지의 서구(西歐)적인 근대체육은 단편적이지만 일본에도 그 영향을 끼쳤다. 그것은 번(藩) 학교의 무과(武課) 일부로서 또는 병사훈련의 기초로서 시도되었다. 번 학교에서는 이러한 유럽 기원의 새로운 신체훈련법을 전통적인 창술(槍術)·검술(劍術)·마술(馬術)·수련술(水鍊術) 등과 구별하여 체조(體操)·체술(體術)·근절운동(筋節運動)이라 부르며 그 명칭은 제각각이었다. 그러나 이처럼 번(藩) 학교에 체조가 채용(採用)된 이유는 일본에 대한 유럽과 미국 등 서양 열강국의 군사적 압력과 그것에 대응하는 일본의 군제개혁과 관련하고 있다. 따라서 체조는 다시 민병조련(民兵操練·민간인 구성의 병사훈련)의 일부로서 지식인의 관심을 모았다.

바쿠후의 군사 사신(使臣, 고문) 프랑스인 사노앙은 카나가와현(神奈川縣) 오이타무라(大田村) 주둔지에서 신병훈련의 실제의 사정이나 정세를 이야기하면서

---

2) 리랜드(George Adams Leland, 1850. 9. 7~1924. 3. 17) : 미국의 의사이자 교육자로 도쿄에 체조전습소가 생기면서 1878년에 초빙되어 인디언 클럽(Indian Club, 시크릿 트레이닝센터)을 소개하였다.
3) 1192년~1868년 동안 실질적으로 일본을 통치한 세습적 군사정권인 쇼군(將軍)의 정부를 의미. 1185년 미나모토 요리토모는 일본 전역에 걸쳐 군사력을 장악하고 7년 후 가마쿠라에 최초의 바쿠후를 설치하고 군사·행정·사법 기능을 장악했다. 이후 도쿠가와 바쿠후가 에도에서 발전시킨 중앙집권적 행정체계는 19세기말 새로 들어선 덴노정부(천황제)의 토대가 되었다.

근대적 국민군 편성의 기초훈련을 중시하며 체조의 필요성을 역설하였다. 당시의 체조 내용은 주로 네덜란드, 프랑스 등의 보병조전(步兵操典)과 교범(敎範) 등을 통하여 전해진 것으로 이른바 '유연체조(柔軟體操)' 종류 외에 목마(木馬)를 넘거나 밧줄타기, 높은 곳에서 뛰어내리는 응용체조(應用體操)도 일부였지만 실시되었다. 따라서 번(藩) 학교에서도 폐번치현(廢藩置縣)4)으로 정리되기까지 전통적인 무술과 함께 얼마간은 체조(操練) 계보(系譜)의 운동이 실시되었다.

예를 들면 오가키번(大垣藩)의 무술학교에서는 서양식 체조로서 '도약(跳躍)'을 부과하였다. 그러나 사노앙이 오이타무라 주둔지에서 실현한 '연체법(練體法=체조)'을 보급시키기 위해서는 교재의 일본어 번역이 시급하였다.

이미 메이지 원년(1868년)에 프랑스의 초학 군대체조서(初學軍隊體操書)인 『신병체술(新兵體術)』이 타나베료스케(田辺良輔)에 의해서 번역되었다. 이러한 번역 교범(敎範)류가 특히 폐번치현(廢藩置縣) 후의 지방 주둔 육군 사단 병사에게 영향을 미쳤다.

메이지 6(1873)년 육군은 사관학교의 '토야마 출장소(戶山出張所)'5)를 설치하여 에슈만(Eschumann)의 건의를 채용하고, 각 지역에 설치된 육군 사단에서 사관(士官)과 하사관(下士官)을 모아서 체조를 연구하였다. 즉, 이때 '육군체육연구소'가 탄생하게 된 것이다.

육군은 체조 교수(敎授)의 구체화를 도모하기 위하여 메이지 7(1874)년 프랑스에서 쥬크로(Juklau)를 초빙하였다. 같은 해에 또 프랑스인 베르뉴(Vergne)의 『체조서(體操書)』가 이전 누마즈 병학교(沿津兵學校)의 교관이었던 이시바시코우이치(石橋好一)에 의해서 번역되었다.

따라서 정권은 메이지 신정부로 바뀌었으나 종래 체조연구에 가장 관심을 가지고 얼마간 연구한 것은 바쿠후 측이었으며, 또한 바쿠후 말기 체조사(史)의 구체적인 시작은 네덜란드, 영국보다도 프랑스의 영향이 컸다고 할 수 있다.

---

4) 일본에서 1871년 7월에 전국의 번(藩)을 폐지하여 현(縣)을 두고, 중앙집권적 통일국가를 수립한 정치변혁을 말한다.
5) 1873년 6월, 일본 육군사관학교의 토야마 출장소로 설립되어 이듬해 2월에는 토야마 학교로 명칭이 바뀌었다. 사격과 총검술, 검술 등 전투의 기본 기술과 체육, 군악 등을 가르쳤다. 1945년 9월 10일 폐교되었다.

그러나 그로부터 바로 학제 발포(發布·고시) 이후의 학교체육이 군제개혁과 관련하여 발전하였다고 보는 것은 경솔한 생각이다. 분명히 체조 전래(傳來)의 계보(系譜)를 거슬러 올라가 보면 일본 군제개혁(軍制改革)과 관련된다. 이것은 일본의 서양음악이 군대 고적대(鼓笛隊)로서 시작된 사정과 공통된 것이다.

그러나 당시의 진보적 무사계급(士族)이 서구 사정에 정통해가면서 '근대' 체육의 새로움을 깨달으며 이러한 것에 대한 모색은 이미 텐보(天保, 1839~1845)연간에 시작하였다.

타카시마슈한(高島秋帆)이 『총대조련(銃隊操練)』 신서(新書)에 관심을 가질 무렵에 타카노쵸에이(高野長英)와 오카켄카이(岡研介) 등 서구 의학연구자는 운동이 신체장건(身體壯健)의 근간(기본)이라는 유럽 사람들의 학설(學說)을 전하였다. 여기서부터 서구 합리주의를 배경으로 한 건강관(健康觀)이 일본의 전통적 양생사상(養生思想)보다 우월하다는 개념이 형성되었다고 볼 수 있다. 따라서 일본의 체육을 전체적으로 보면 군사적인 것과 사상적인 것의 2가지 측면으로 '근대 체육'의 눈을 뜨게 되었다.

케이오(慶應·고메이 덴노와 메이지 덴노 시기의 연호로 1868년에 메이지로 개원) 2(1866)년 후쿠자와 유키치(福澤諭吉)는 근대 학교체육의 필요성을 역설(力說)하고 영국 학교에서는 "힘들게 배우는 답답함을 없애고 신체 건강을 유지하는 '유희장(遊戲場·운동장)'이 있다고 말하였다.

메이지 초년 야마구치(山口)번과 오가키(大垣)번 등의 기숙사 규칙에는 건강유지·증진을 위하여 천천히 걷기(遊步·산보, 산책)와 야외운동을 장려하는 기사(記事)가 있다. 이들은 분명히 서구적 의학사상의 영향이다.

3. 학제(學制) 발포(發布·고시)와 학교 체조

조련계보(操練系譜·병식체조, 교련 등 군대식 교육 계통)의 체조는 육군 토야마(戶山)학교를 중심으로 육군식 체조로서 발전하지만 학제 발포 후의 교육계에서는 오히려 보건적인 체육 계몽의 필요성을 느끼고 이것을 체조로 구체화하는 시기였다.

메이지 5(1872)년의 '학제(學制)' 발포에 따라서 네덜란드 학제를 모방한『체술(體術)』교과(敎科)도 채택되었으나 이 무렵의 체조는 전혀 군사적인 것과 관계가 없었다. 이 법령이 발포되기 2개월 전 6월에 남교(南校, 도쿄대 이학부 전신)에서는『사중체조법도(榭中體操法圖)』가 만들어졌다.

이것은 다음해에 만들어진『도쿄사범학교 체조도(體操圖)』와 함께 이후 학교체육에 구체적인 영향을 미쳤으며 그 체조법도(體操法圖)의 효용을 전망하는 또 다른 설명을 다음과 같이 기술하였다.

"모든 체조법(體操法)을 배우는 사람은 생각한다. 정교하고 치밀하게 최선을 다하는 것을 책무라 하고 오로지 가만히 걸상에 앉아있는 좌업생활(坐業生活)로 인해 신체운동을 하지 않고 하루하루를 마치는 불건강한 생활을 하는 이런 문제를 함께 개선하고자 노력하는 사람이 있는 것도 또한 바로잡기 어려운 나쁜 버릇이나 잘 치료되지 않는 만성적인 지병(持病·痼疾病)에 걸려 때로는 천하에 필요 없는 사람이 없도록 하고 또는 지병(持病)으로 인해 불쌍하고 가련하지 않게 하며, 하물며 이 체조 운동의 효용은 아직 대중적인 인식이 절반에도 이르지 않아 질병에 걸린 자에게 신체건강을 위하여 이 기술을 익히고, 익히지 않는다면 이 효용은 무엇으로서 할 것인가 이것이 이 체조를 하지 않을 수 없는 이유이며, 때문에 이 체조법의 방법은 매우 많다. 맑은 날은 체조를 밖에서 하고 우천(雨天)일 때는 실내에서 실시하는 이 표(體操法圖表)를 모두 이 틀 안에서 실시하는 자로서 체조를 배우는 사람은 적어도 충분히 힘쓰고 임무를 달성(奉守)하여 건강을 잃지 않고 몸을 강건하게 한다면 후일 대성(大成)하는 자 모두 이것에 근거한다는 것을 알아야 한다."

즉 여기서는 학생 보건의 측면에서 운동이 장려되었으며, 우천시에는 실내에서도 운동을 하도록 하는 이 체조법도(體操法圖) 작성의 의도가 나타나 있다. 또한 제도 개편과 함께 서구 신지식의 흡수에 내몰린 학생의 지적 부담의 과잉을 걱정하여 입신출세의 기본은 신체라는 것을 강조하고 있으며, 이를 위해서는 체조가 필요하다고 하였다.

도쿄대학(東京大學) 이학부 전신인 남교(南校)에는 메이지 5(1872)년에 체조를 교과(敎科)로 부과해서 각과 학생에게 30분 체조를 실시하는 학칙을 만들고, 외국인 교사와 체조에 조예가 있는 일본인 교사에게 교수(敎授)하도록 하였다.

같은 해 4월에 개정(改正)된 개정 사칙(舍則・교칙)에도 2시간의 체조, 산보를 규정하고 있다. 따라서 학제 발포 전후의 학교체조는 군제개혁(軍制改革)을 배경으로 한 산물이 아니라 학제(學制)의 근대화와 함께 이루어진 시민사상과 의학적 합리주의를 일부 반영한 체조였다. 따라서 문제는 오히려 학제에『체술(體術)』이라는 신(新)교과를 채택하더라도 그 명칭(名稱)만으로는 전혀 알 수 없는 교원들에게 체조를 어떻게 이해시킬 것인가라는 점에 있었다.

첫째, 학제에는 소학교에『체술(體術)』을 교과로 채택하고 있으나, 중학교에는 이 교과가 없다. 형식은 정리되었으나 전혀 내용이 없다는 것이 학제 발포 당시의 실정이었다. 그래서 학제가 발포되고 보름이 지난 후 중학교에서는 학교 교과(敎科)에 형식적으로는 없는『체술(體術)』이라는 내용을 널리 알리기 위해 고시문이 발표되어 "체조(體操)・주악(奏樂, 음악연주)의 2과(科)는 1주일 30시간 학습 시한(時限) 이외로 한다"고 체조의 추가를 규정하고 있다.

소학교에 대해서는 메이지 6(1873)년 5월에 개정 교칙(敎則)에서 처음으로 "매 학급에 체조를 두고 체조는 하루 1~2시간이 충분하며,『사중체조법도(榭中體操法圖・활쏘기체조법도)』,『도쿄사범학교 체조도(東京師範學校體操圖)』등의 책에 따라 실시한다"고 규정하였다.

소학교에서 체조를 매일 1~2시간씩 실시할 수 없음에도 이러한 사례는 오히려 격변기의 어수선함과 모순을 보여주는 것이다. 그러나 어쨌든 소학교에서도 이러한『체조도해(體操圖解)』에 의해서 미약하지만 실마리를 찾았다.

물론 『사중체조법도(樹中體操法圖)』는 모리츠 슈레바(Moritz Schreber, 1808~1861)의 『의료적 실내체조(醫療的室內體操)』의 부록을 모방한 것으로 45개의 운동종목을 일람표로 만든 것이었다.

『도쿄사범학교 체조도(體操圖)』는 1면에 2가지 운동을 그림으로 표시한 휴대에 편리한 소책자로 32개 운동종목으로 구성되며, 와위(臥位・누운 자세) 형식의 운동을 제외하는 등 일본의 실정에 맞추어서 약간의 수정이 시도되었다. 그러나 이러한 체조가 소학교의 현장에서 어느 정도 실시되었는가 하는 실지 적용과 교육적 효과에 대한 것은 문제로 지적되었다.

그러나 메이지 6(1873)년 5월 개정(改正)의 도쿄사범학교 부속 소학교 교칙에는 체조도(體操圖)에 따라서 교수(敎授)하도록 규정하고 있다. 이것을 어떻게 대처할 것인가는 교사(敎師)의 자유이지만 매일 5~6분 3회 실시하는 것이 좋다고 나와 있다. 현장 실정은 겨우 이 정도였을 것이다.

도쿄사범학교 체조도(體操圖)는 이바라키현(茨城縣) 37,000부, 기후현(岐阜縣) 7,000부, 교토부(京都府), 아이치현(愛知縣), 츠루가시(敦賀市)에 각각 3,000부가 배포되었으며, 이것이 신중하였다고 하더라도 어느 정도 실제로 지도에 활용되었는가는 의문이며, 체조를 대신하여 업간유보(業間遊步・쉬는 시간에 간단한 걷기운동)를 장려하는 것만으로도 사실 상당한 어려움이 있었다.

그러나 그 중에는 오사카(大阪)사범학교 부속 소학교와 같이 유능한 체육교사 아래에서 말레이(Malay)가 격찬(激讚)할 정도로 이 '긴급술(緊急術)'인 체조를 실시한 학교도 있으나(메이지 7년・1874) 이것은 예외에 속하는 일부 소학교이다.

4. 메이지 7년의 학교체육과 그 성과

메이지 7(1874)년은 일본의 학교 체육사(體育史)에 있어 흥미로운 해라고 생각하는 것은 먼저 첫째로 아동에 대한 체육계몽이 독본(讀本)에 나타났다는 것. 둘째로 종래의 간단한 체조도해(體操圖解)가 아니라 정리된 서책으로서 체조서(體操

書)가 번역된 것. 셋째로 아동에 적합한 운동은 체조보다도 '즐거운 율동 놀이(嬉遊)'라는 의견이 나타났다는 것이다.

여기에 육군에서는 '에슈만(Eschumann)' 대위의 구술에 의해서 프랑스『체조교범(體操敎範, 1860년 판)』이 번역되었다.

메이지 7(1874)년 8월에 개정된『소학독본(小學讀本)』은 미국의 '윌슨 리더(Wilson Reader)'를 모범으로 한 것이며, 크게 체육계몽 역할을 완수하였다. 예를 들면 다음과 같다.

"수업 말미에 천천히 걷기 운동시간(遊步時間)이 있다. 이 시간에는 유보장(遊步場·운동장)에 나가 몸을 움직여 마음을 달래야 한다. 열심히 공부한 후의 천천히 걷기는 특히 심신이 편안해진다. 그러므로 천천히 걷기를 즐기기 위해서는 수업시간은 게으름을 피우지 않고 열심히 공부해야 한다. 유보장(遊步場·운동장)에 나가 남학생이 즐기는 기술은 다양하지만 결코 위험한 유희(遊戲)는 하지 말아야 한다. 굴렁쇠를 돌리고, 종이연을 띄우고, 공을 던지는 등이 적당하다. 친구들이 모여서 놀 때는 자만(自檀)하여 타인의 즐거움을 방해해서는 안 된다.

여자 유희(遊戲)는 남자와 달리 유보장(遊步場·운동장)을 돌며 달리는 등의 유희(遊戲)를 한다. 친구와 함께 놀 때는 마음을 편하게 하여 어떤 일도 즐겨야 한다."

그 중에는 계몽(啓蒙)의 측면을 너무 강조하는 분위기(現狀)가 지나쳐 일본의 아동에게는 이해할 수 없는 '플레이 그라운드 볼(play ground ball·실내 베이스볼을 실외에서 11명이 하는 소프트 볼의 전신)'의 설명 등도 있다. 그러나 이것으로 봉건적인 근로관(勤勞觀), 유희(遊戲)를 죄악시하는 아동관(觀), 남존여비(男尊女卑)의 사회관(觀)이 농후한 농촌에 새로운 바람이 불어 학업과 운동의 조화, 운동과 안전 등의 사례를 통하여 체육계몽의 의도가 충분히 달성되었다.

또한 읽기·쓰기·주판식 등의 기초적인 교육은 각 지역의 신사(神社)나 절(寺)

등의 작은 '서민교육(寺小屋敎育)' 기관에서 근대 학교로의 전진(前進)이 이러한 체육계몽과 함께 시작되는 것은 우리들이 주의해야 할 점이다. 이러한 체육 계몽 사상을 수용하고, 이것을 소학교 교육에 구체화한 사람에 이자와 슈지(伊澤修二)가 있다.

이자와는 체조라는 것만으로 신중해진 새로운 시대에 어른용 체조는 전혀 소학(小學 : 소학교)의 아동에 적합하지 않다고 언급하며 '즐거운 율동 유희(嬉遊)' 즉 창가유희(唱歌遊戱)를 강하게 강조하였다.

"방금 체조로서 일반적으로 필시 행하는 것으로 규정한다. 그러나 연령유약(年齡幼弱)·근골연유(筋骨軟柔)의 어린 학생으로 하여금 지체(肢體 : 팔다리와 몸)를 격동(激動 : 급박하게 움직임)시키는 것은 해롭다고 여러 전문가들이 확실히 설명한다. 따라서 지금 하등(下等) 소학교 교재(敎材)에 즐거운 율동 유희(嬉遊)를 설치한다"고 설명하며, 오늘날에도 익숙한 '쵸쵸(蝶々 : 나비 나비야)' 동요놀이의 '창가 유희법' 등을 제시하고 있다.

당시 무골(武骨·무인골격 기질)인 교사들에게 아이치 사범학교(愛知師範學校)의 이 시도는 무리였으며, 적어도 얼마간은 주악(奏樂·음악연주)을 빼는 것이 공인된 현상에서 보면, 음악과 체육의 조화를 추구하는 즐거운 율동 유희(遊戱)지도법은 기술적으로도 어려웠다. 그러나 그의 유희(遊戱)지도법은 저학년 체육지도의 어려움을 타개하는 최초의 시도로서 역사적인 의의를 가지고 있다.

그런데, 메이지 7(1874)년 7월에 출판된 베르뉴(Vergne)의 『체조서(體操書)』는 결론적으로는 『신병체술(新兵體術)』의 내용을 학교용으로 정리한 실제서(實際書)이다. 따라서 루소(Rousseau)와 몽테뉴(Montaigne)가 부여한 근대적 사상을 이 안에서 추측하는 것은 불가능하다. 그러나 도해(圖解) 정도(程度)의 내용밖에 얻을 수 없었던 당시 소학교를 대상으로 4가지 종류의 책으로 지도서(指導書)가 출현한 것은 그 자체가 큰 가치를 가지고 있었다.

이 지도서는 9세 이하, 9~11세, 11세 이상의 3단계로 나누어 현대적으로 알기 쉽게 말하면 질서운동(秩序運動)·도수체조(徒手體操, 맨손체조)·수구체조(手具體操)·도약(跳躍)·기계체조(器械體操)·교련(敎練) 등에 대하여 해설된 실제서(實際書)이다. 다음 해 메이지 8(1875)년에는 『체조서(體操書)』중학교·사범학교의 부(部)와 부록(附錄)이 출판되었다. 현장에서는 이 책에서 적당하게 취합하여 체조지도를 구체화하였다.

도쿄사범학교 부속 소학교에서는 메이지 8(1875)년에 교칙이 개정되고, 상·하등 소학교 모두 '체조서(體操書)에 의거'한다고 개정되었으며, 니가타현(新潟縣) 등에서는 메이지 10(1877)년의 규칙(規則)에서 『체조서(體操書)』에 준거하도록 개정되어 프랑스식의 영향이 시작되었다.

5. 리랜드(Leeland) 초빙과 체조 전습소(體操傳習所) 설립

이상 메이지 10(1877)년에 걸친 일본 체육의 모습을 진보(進步) 양상(樣相)에서 집약적으로 전망하였으나 초기의 현장 실정은 도대체 어떠했을까? 분명히 메이지 7(1874)년은 획기적인 해였다. 여기에 3부(三府 : 토쿄·쿄토·오사카)와 개항도시(開港都市) 중에는 일찍이 메이지 5(1872)년경부터 유보장(遊步場·운동장)을 설치한 소학교도 있었다.

사찰(寺刹)과 신사(神社)와 민가(民家)에서 수업을 하던 학교도 업간체조(業間體操·수업과 수업사이에 행하는 체조)와 과외유희(課外遊戲·정규 수업 외에 행하는 유희)를 소용없다고 부정할 수 없는 시대가 되었다. 그러나 전국적으로 보면 메이지 7(1874)년 이후의 체육은 미약한 발전을 보였을 뿐이다.

서양식 운동법에 익숙하지 못한 지방 중학교에서는 메이지 10(1877)년경까지 체조 대신에 번 학교 전통무술 즉 격검(擊劍)이나 창술(槍術) 등을 부과한 곳도 있으며 이를테면 니가타현(新潟縣)의 마츠무라(村松)소학교와 같이 소학교에서 조차도 이러한 편법을 취하는 곳이 있었다.

따라서 메이지기(明治期) 초의 체육은 제1차 계몽기(啓蒙期) 단계에서 소학교에서는 수업 사이에 즐거운 율동 놀이(嬉遊), 자유스럽게 흩어져 나가 놀게 하는(放散) 정도가 고작이었다. 아니 그 중에는 경험이 적은 체조를 싫어하여 전통적인 고래(古來)의 무술과 조련계(操練系·병식교련 계통)의 기계체조(器械體操)로 '기골(氣骨·건장하고 튼튼한 체격)'을 연마하려는 움직임조차도 발생하였다.

개화주의(開化主義)를 반영하여 등장한 체조와 보건적 체육에 대하여 악조건과 몰이해로 발생하는 지방적 반발도 거세졌다. 따라서 계몽적인 사상을 발전시키기 위해서는 보다 깊은 원리와 방법 연구가 필요해졌다. 이 전환기에 설립된 것이 체조전습소(體操傳習所)이다.

미국인 리랜드(Leeland)를 초빙하게 된 것은 메이지 9(1876)년 타나카 후지마로(田中不二磨呂)의 미국시찰에서 발단되었으나, 메이지 11(1878)년 10월 체조전습소 설립과 함께 그는 외국인 교사로서 일본에서 교편(敎鞭)을 잡게 되었다.

타나카(田中) 문부대신(文部大臣) 보좌(補佐)가 미국 매사추세츠주 애머스트(Amherst)대학 체육수업을 실지 견학하고 학장 시리(Seeree)에게 지도자 파견을 요청하게 된 동기는 일본의 학생·생도가 면학으로 생기는 신체적 결합을 방지하기 위한 것이었으며, 애머스트(Amherst)대학이 이러한 의미로서 최적의 학교인 이상 리랜드가 일본에서 가르치고자 한 체육이 어떠한 성격이었던 가도 이해할 수 있다.

리랜드는 일본으로 초빙된 후 국내를 순시하였다. 그가 시찰 중에 접한 중학교의 체조지도에는 이시바시 코우이치(石橋好一)가 번역한 중학용『체조서(體操書), 메이지 8(1875)년』에 준하는 것이 많았다. 리랜드는 이것을 분명히 육군식 체조라고 말하고 있다.

그는 당시의 중학교가 '중체조(重體操·기계사용의 체조)'를 중시하여 프랑스를 모범으로 한 방식에 대하여 상당히 비판적이었다. 한편 영국계 스포츠에 대해서도 회의적이었다. 그의 생각은 이자와(伊澤) 체조전습소 소장에게 제출한 '의견서'에 명백히 들어나지만 그가 말하는 체육은 주지주의(主知主義)에서 생기는 운동경시와 경기주의에서 발생하는 운동 과잉의 2가지 위험을 방지하고, 근대생활을 유효하게 보내기 위한 건강한 신체를 형성하는 것이었다. 다른 말로 표현한다면 운동을 경시한 유약다병(柔弱多病)의 그룹에는 보건적 측면에서 운동을 장려하고, 경기에 열중하여 면학의 균형을 잃은 그룹에게는 상해와 질병을 예방하기 위한 억제를 '체육'으로 생각하였다. 즉 운동경시와 운동과잉의 각각의 문제점을 상호보완하고 개선하기 위한 현실적 상황을 균형있고 입체적으로 파악하여 보건적 측면과 체육적 측면을 가진 운동법을 대표하는 것이 그가 말하는 '경체조(輕體操)' 즉, 경기구(輕器具)를 이용한 체조이다.

인간에게 필요한 신체수련은 건강하고 활동적인 몸을 만드는 것을 그 목적으로 만들어진 체조는 가장 적합한 운동법이다. 따라서 체조는 교육적이며, 『체육』 명칭에 어울린다. 이 사상이 체조전습소의 기본적인 성격이 된 것이다.

리랜드는 당시 소학교·중학교에서 남녀 구별 없이 실시하는 프랑스식 '중체조(重體操·기계사용의 체조)'를 학생·생도들에게는 적당하지 못하다고 비판했으며, 군사적인 훈련과 경기적인 단련을 구별하여 체조를 생각하였다. 그는 학제 발포(고시) 이후의 보건적인 체육관(體育觀)을 확립하여 발전시켰다.

과거에는 즐거운 유희(嬉遊)의 필요성을 건의한 이자와 슈지(伊澤修二)도 체조전습소의 주간(主幹)으로서 이 체조법에 접하자마자 애머스트 대학의 '히치콕(Edward Hitchcock)'와 '디오 루이스(Dio Lewis)'가 강조하는 건강증진을 위한 보건적 체조관(體操觀)에 입각하여 리랜드의 경기구(輕器具)를 이용한 '경체조(輕體操)'의 체육 가치에 대한 새로운 의견을 지지하게 되었다.

이자와(伊澤)는 메이지 12(1879)년 9월 '신설 체조술의 보고(新設體操術の報告)' 중에서 체육의 근대성을 의학적 합리주의와 운동의 과학적 연구에 두고 운동법의 합리화에 교육적 가치를 추구하였다. 이리하여 "격검(擊劍)·연병(練兵·교련과 병식체조 계통의 군대식 체육) 등을 좋은 체육법이라며 일부에서 주장하여 공연스레 이를 학교에 시행시키는 것에 무리가 없도록 배제한다"고 말하였으며, 경기에는 약간의 위험을 교련과 무술에 대해서는 오히려 부정적인 태도를 가지게 되었다.

체조만이 최적의 체육이라고 생각하는 근거, 유희의 학교체육적 가치에 대해서도 비판적인 이유의 실지는 리랜드 주장이라고 하기 보다도 당시 영·미(英國·美國)를 지배한 하나의 사고방식이었다.

체조전습소에서 교과서로 사용된 멕라렌(McLaren)의 체조서(體操書)에도 체조는 발육발달을 목표로 하여 합리적으로 규정된 최적의 '교육적'인 연습체계라고 말하고 있다(System of Physical Education, P. 4). 리랜드가 직접 참고한 미국인 루이스(Lewis)의 체조서(體操書)에는 게임과 스포츠의 교육성(敎育性) 운운에 대하여 "모든 사람들에게 쉽게 믿게 하는 일종의 오해이다"고 단정하고 있다(The New Gymnastics. P.10). 이러한 생각에 입각한 체조를 리랜드는 『노멀 짐나스틱스(Normal Gymnastics)』라고 하고, 통역인 츠보이 겐도우(坪井玄道)는 이것을 『보통체조(普通體操)』로 번역하였다.

이리하여 체조전습소의 체육법은 비로소 '신설 체조술(新設體操術)'이라고도 불리는 『보통체조(普通體操)』와 신장·흉위(胸囲)·체중·폐활량·악력 등을 측정하는 『활력통계(活力統計)』로 기본적인 특색을 나타내고 있다.

6. 보통체조법(普通體操法)을 중심으로 한 학교체육

리랜드를 초빙하여 체조전습소를 설립함으로써 일본 학교체육의 기초가 확립되었다. 그가 추천한 운동법은 먼저 도쿄여자사범학교, 도쿄사범학교 학생에게 시도되었다. 뒤이어 체조전습소 생도들에게 채용되고, 메이지 12(1879)년 4월부터 체조과(體操科) 교사 양성코스가 생겼다.

초기의 체조전습소 규칙에 따르면 실과(實科: 예전에 초등학교의 한 과목)로서 남자 체조술, 여자 체조술, 유아 체조술, 미용술, 조성조법(調聲操法·음악에 맞춘 체조법) 등이 부과되었다.

즉 그 내용은 도수체조(徒手體操)·아령(啞鈴)·구간(球竿 : 대나무 둥글대 체조)·목환(木環 : 지름 152cm 정도의 고리를 잡고 여럿이 하는 체조)·곤봉(棍棒)

등의 체조이며, "대부분 미국인 디오 루이스(Dio Lewis)가 창제(創制)한 것에 관련한다(新撰體操書 緖言)"는 것이었다.

앞에도 언급하였듯이 리랜드는 이것을 『노멀 짐나스틱스(Normal Gymnastics)』 또는 『라이트 짐나스틱스(Light Gymnastics)』로 불렀으며, 통역자로 후에 체조지도자가 된 츠보이 겐도우(坪井玄道)는 이것을 『보통체조(普通體操)』와 『경체조(輕體操)』로 번역하였다.

경체조(輕體操) 즉 보통체조는 중(重)체조(Heavy Gymnastics)와 대조적으로 생각하여 기계(목마·평행봉·사제斜梯: 사다리)·그네 등 사용의 체조와 스포츠는 전자에 포함되지 않았다. 이러한 제한을 가지고 경체조(輕體操)는 이후 체조전습소판 『신제체조술(新制體操術—메이지 15년 6월)』, 동(同) 『신찬체조술(新撰體操術, 메이지 15년 6월)』, 그리고 츠보이(坪井)·타나카(田中) 편저 『소학보통체조법(小學普通體操法, 메이지 17년 3월)』 등으로 구체화되어 학교체육계를 지배하는 체육법이 된다.

체조전습소 생도(학생)는 그 후 규칙에서도 알 수 있듯이 야외운동, 조로술(操櫓術·boatracing), 중체조(重體操) 등도 적절하게 실시되었으나 그것은 어디까지나 필수 이외로서 실시된 것에 불과하다.

그것은 어쨌든 체조전습소의 설립에 의해서 새로운 체조술(體操術)은 먼저 도쿄부(東京府) 아래의 직할 학교부터 점차적으로 전국으로 보급되었다. 즉 메이지 14년(1881) 7월 첫 체조전습소 관비생(官費生) 갑반 21명이 졸업과 동시에 그 17명은 전국으로 흩어지고, 4명은 체조전습소에 근무하며 츠보이(坪井)를 중심으로 하여 일본인에 의한 교원양성 활동이 개시되므로써 리랜드는 귀국하였다.

메이지 15(1882)년 7월에는 을반 관비생 15명과 여기에 부(府)·현(縣)에서 파견한 제1회 전습생 13명이 졸업하였다.

체조전습소가 폐지된 것은 메이지 19(1886)년 4월이지만 동년 6월에 졸업한 자도 포함하여 관비생 36명, 전습원 124명(실지수), 별과 전습생 87명, 총계 247명의 졸업생이 3부(府) 37현(縣)에 걸쳐서 파견되었다.

그러나 체조전습소 설립에 의해서 겨우 일본 학교체조의 착실한 첫걸음을 내 딛게 되었을 무렵, 교육계에서는 개화주의(開化主義)에 대한 반성이 다양한 형태로 나타나기 시작하였다. 결론적으로 말하면 학제(學制) 이후, 강제적·일률적으로 체육을 부과하려 한 억지를 반성하고, 지방 실정으로 보아 형식적 법제(法制)의 잘못을 고치고자 하는 움직임이 일어났다.

'토지(운동장) 정황에 따라서 괘화(罫畵: 괘도)·창가(唱歌, 서양 악곡 형식의 노래)·체조(體操) 추가'를 교육령(敎育令)에 명시한 것도 도시와 농촌과의 사이에 생긴 사고방식과 생활환경의 차이 등을 고려한 것이다.

게다가 많은 사람이 아는 대로 자유주의(自由主義)에 입각한 타나카(田中)의 문교정책은 법(法)을 탄력화함으로써 도리어 민중의 불만을 표면화시켜 타나카의 실각(失脚), 교육령이 개정되어 정부는 교육에 보호간섭주의(保護干涉主義)를 채택하게 되었다.

그러나 체조를 직접 군사훈련과 관련지을 의도가 없었던 정부는 시설·용구 등의 관계에서 철저히 실행하기 어려운 체조에 대해서는 예능, 모든 과학과 함께 '토지의 정황에 따라서'로 기술(記述)하여 교육령과 같은 방침을 채택하였다. 즉 이 점에 대해서는 실제의 사정이나 정황에 입각한 교육령을 그대로 답습(踏襲)하였다. 따라서 메이지 14(1881)년의 소학교 교칙(敎則)에서 토지의 정황, 남녀 구별 등에 따라서 창가(唱歌), 체조를 제외할 수 있도록 한 것도 체육의 퇴보가 아니라 전진(前進)을 보여 준 것이다.

이 소학교 교칙(敎則)에는 정도가 낮으면서도 시간수와 지도단계를 고려하여 "초등과의 시작은 적절한 유희부터 할당하고 점차 도수운동(徒手運動·맨손운동)에 이르게 하며, 중등과 및 고등과에서는 더불어 기계운동(器械運動)을 시켜야 한다"거나 "매일 20분 시간을 적절하게 부과한다"가 추가되었다.

체조전습소(體操傳習所)의 제1회 전습원(傳習員)이 졸업하는 것은 이 소학교 교칙(메이지 14년, 5월, 4일)이 통달(通達·통지)된 지 얼마 되지 않은 7월로 실질적으로는 이 무렵부터 체조가 서서히 그 영향력을 발휘하게 된다.

7. 부강주의(富强主義)의 대두와 병식체조(兵式體操)

일본에서 서구식 근대체육이 '1872년 학제 발포' 이후, 건강교육적인 성격을 띠면서 보통체조로 발전하는 것은 이상 언급한 대로이지만 이미 메이지 17(1884)년부터는 부강주의에 큰 영향을 받게 되어 복잡한 양상을 띤다. 이 사정을 이해하기 위해서는 여기서 보통체조를 둘러싸고 나타나는 병식체조·무도·스포츠에 대하여 언급할 필요가 있다.

메이지 10년대의 학교체육을 이해하기 위해서는 아무래도 체조전습소 계보(보통체조), 육군 토야마학교(戶山學校) 계보(병식체조), 예로부터 전해 내려오는 일본 전통(傳統)의 무도(武道) 계보, 그리고 스포츠 계보의 관계를 고려해야 한다.

외래 스포츠는 말할 것도 없이 직접, 학교 교과(敎科)로서 채용되기보다 스포츠 클럽 활동과 운동회 등 과외적(課外的)·행사적인 활동으로서 학교에 영향을 미쳤다. 특히 운동장이 없는 소학교에서는 광장과 공원을 이용하여 봄과 가을 2회의 운동회 등으로 공굴리기와 깃발 빼앗기를 실시하였으며, 그리고 해마다 정기적으로 체육행사를 대행(代行)하는 학교도 있으며, 당시의 학교 스포츠를 지나치게 높게 평가하는 것은 위험하지만 그래도 메이지 17, 8년경에는 '깃발 빼앗기' 등의 경주는 전국적으로 유행하였다.

그러나 앞에서도 언급한 것같이 체조전습소의 사고방식으로 본다면 게임과 스포츠를 멋대로 실시하는 것은 비교육적이지만 일반적 분위기로서는 보건적인 체조, 즉 학동(學童)의 질병예방과 신체양호(身體養護) 체조법에는 부족함을 느끼고 적극적이고 단련적인 경기, 게다가 육군 토야마(戶山)학교식의 조련법(操練法)에도 눈을 돌리기 시작하였다. 아니 병식채용(兵式採用)의 시비가 학교의 중요한 과제가 되었다. 이것은 일본의 부국강병주의(富國强兵主義)의 대두와 관련하여 흥미로운 사실이지만 체육은 건강이 아니라 덕육(德育)이라는 사상도 이 무렵에 싹텄다. 이미 세이난(西南)전쟁 무렵부터 특히 격검(擊劍)이 중등학교 이상 모든 학교의 과외활동(課外活動)으로서 실시되기 시작하였으나 이것도 체육의 정신주의(精神主義) 부활로 보인다.

그리고 메이지 13(1880)년에는 체조전습소에 새로운 보병조련(步兵操練)을 추가하도록 문부성(文部省) 통달(通達·통지)이 있었으며, 육군교도단(陸軍敎導團)에서 교관이 파견되었다. 지방 중학교에서도 연대(聯隊) 하사관의 지도를 받았으며, 소학교에서도 군대를 모방하여 대열행진(隊列行進) 등을 실시하는 학교조차 등장하였다.

리랜드는 물론 이자와(伊澤)도 체조전습소 설립 당시는 군사훈련식 병식체조(兵式體操)에 강하게 반대하였으나 수년 후에는 사정이 아주 많이 달라졌다.

이자와 슈지(伊澤修二)도 "우리가 낡은 교육법을 파괴하려는 것은 학제(學制)에 있지 않고 군함과 대포에 있다고 단언하며 의심하지 않는다(大日本敎育雜誌 메이지 16년 1호)"고 언급하였다.

바쿠후 말기의 위기의식과 같은 것이 여기에 발생하고 있다(징병령徵兵令 개정 메이지 12년 10월). 이러한 경향은 서구 근대화 체제를 일단 끝낸 일본이 국내를 통일하고 눈을 세계로 돌렸을 때, 자연스럽게 일어나는 문제이기도 하였다.

1882년 프랑스에서는 '학생 생도대대(學生生徒大隊)'의 조령(條令·조례)이 발포되었으며, 학생은 군대식으로 대대(大隊)를 편제하고 장교에 의해서 도수체조(徒手體操)·교련(敎練) 등이 실시되고 있었다.

또한 당시 프랑스 소학교 교칙에는 "소학교에서는 충분히 신체를 수련하여 남자는 공장에서 일하는 노동자 및 병사가 되는 예비태세를 갖추게 하고, 여자로 하여금 집안 살림을 꾸려 살아나가는 방도 및 주부로서 살아가기 위한 일에 준비 노력한다"가 있다.

벨기에 소학교도 남자에게는 체조, 여자에게는 재봉(裁縫) 교과(敎科)를 강조하고 있다. 일본은 이러한 해외 정세(情勢)를 알게 되면서 부국강병적 체육의 필요를 한층 강조하게 되었다.

일본에서 처음으로 보병조련(步兵操練)을 실시한 학교는 삿포로 농학교(札幌農學校·삿포로노갓코)[6]일 것이다.

---

6) 삿포로 농학교(札幌農學校)는 메이지시대 초기에 홋카이도의 삿포로 시에 위치한 교육기관이며, 일본 최초의 학사학위를 받을 수 있는 교육기관이었다. 현재는 홋카이도대학이 되었다.

이미 메이지 9년(1876)에 이 학교는 마사추세츠(Massachusetts)농대를 모방하여 매주 2시간의 연병(練兵)을 학과 일과표에 채택하고, 메이지 11년에는 도쿄 사단(鎭台)의 가토(加藤)소위로 하여금 병식체조를 담당하게 하였다. 또한 메이지 13(1880)년에 쿄토 도시샤(同志社)에서는 라네트(Lannett) 박사 스스로 보병조련(步兵操練)을 지도하였다. 이것은 직접 육군 토야마학교의 영향을 받거나 군(軍)의 요구에서 시작된 것은 아니며, 한 나라의 지도자인 학생에 대한 서구인(西歐人·유럽인)의 의도에서 실시된 것이었다. 따라서 국가에서 직접 학교에 군사교련을 요구한 것은 그 이후이다.

메이지 16(1883)년 12월에 '징병령(徵兵令)'이 재개되어 "현역 중 특히 기예에 능하고 행동이 방정한 자 및 관립(官立)학교·공립(公立)학교(소학교는 제외) 보병조련과(步兵操練科) 졸업증서를 소유한 자는 이 기말(期末)이 끝났다고 하더라도 귀휴(歸休·군 근무 중인 사람이 일정기간 집에 돌아와 쉼)를 명하는 경우도 있다"의 조항이 생겼다.

이 결과 문부성도 보병조련과의 내용 규정의 필요를 느끼게 되어 문부성과 육군성 사이에 업무 관계가 시작되었다. 이리하여 메이지 17(1884)년 2월 체조전습소는 자문을 받고 더불어 소학교에서 보병조련(步兵操練)을 부과하는 것의 적부(適否)에 대해서도 조사를 명(命)받았다.

육군에서는 쿠라야마(倉山) 대위가 전문교관으로서 문부성 담당이 되고, 체조전습소는 보병조련을 학교용으로 구체화하는 본격적인 연구를 개시하였다.

체조전습소는 메이지 17(1884)년 11월에는 결론을 내려 중학교, 사범학교에서는 4년간 생병학(生兵學), 유연연습(柔軟演習·육군식 체조), 호령(號令·구령), 중대학 해설(中隊學解說)을 하였고, 소학교에서는 '유연체조(柔軟體操)의 일부'를 부과하는 정도가 적당하다고 답신(答申)하였다. 이리하여 육군 토야마학교와는 개별적인 행보를 계속해온 학교체육 시대는 끝이 나고 병식체조와 보통체조가 병행되는 시대의 실마리가 풀리게 된다.

중학교 이상에 병식체조(兵式體操)를 부과하는 것이 답신되고 나서부터는 각

현(縣)의 사범학교와 중학교에서는 지방주둔 사단(鎭台)에서 교관을 초빙하여 교련(敎練)을 부과하는 학교가 많아졌다. 총기고(銃器庫)를 정비하거나 제복·제모를 착용하는 등의 개혁도 일어났다.

지방 학사회(學事會)에서도 체조를 수신(修身) 다음으로 중요시해야 한다는 건의서(建議書)의 제출과 병역단축은 징병기피를 초래한다고 반대하는 건의서가 제출되어 교육계의 동향은 상당히 바뀌었다.

메이지 18(1885)년의 신문에는 소학교에서 조차도 조련(操練)을 위하여 남자의 양복채용(着用)을 보고하였다. 중학교에 2~3천평에 이르는 연병장(練兵場)이 만들어지게 된 것도 이 무렵부터였다.

8. 무도(武道) 정과(正課) 채택(採擇·採用)에 관한 체조전습소의 답신

체조전습소가 설립된 후 수년 동안 세상물정은 크게 변화하였다. 조련(操練)과 같이 무도(武道)의 관심도 커져갔다. 특히 무술은 메이지 초기와 비교하여 완전히 견해가 바뀌었다.

문명개화(文明開化)의 풍조와 함께 탈도령(脫刀令·메이지 4년)[7]이 발포(發布)된 후부터는 무사의 혼인 도검(刀劍)도 '십파일속(十把一束)'으로 매도되어 '무사도(武士道)의 제일(第一)'로 치부된 궁술(弓術)도 "문명의 유희(遊戲)로 전락하고 마침내 완전히 장사치가 되는 시대"가 되었다. 이리하여 도검(刀劍)은 총 앞에 굴복하여 "따라서 검술사범도 체술(體術)을 위해서는 소아배(小兒輩)의 지령에 따라야 한다"고 개탄하는 시대가 되었다. 정골(整骨·接骨), 흥행업 등으로 전업하는 무사들도 있었다. 이 뿐만 아니었다. 사가(佐賀)의 난(亂)[8] 을 시작으로 불평불만을 가진 무사계급(士族)의 난동(亂動)으로 무술연습은 일종의 의혹을 가지고 보게 되었으며, 도쿄부(東京府)와 같이 "격검(擊劍)연습을 하는 자는 국사범(國事犯)으로

---

7) 군인과 경찰이 아닌자, 곧 사무라이·민간인이 칼을 차고 다니지 못하게 하는 법으로 메이지 9년 (1876)에 내려진 포고령으로 '폐도령'이라고 한다.
8) 사가의 난(佐賀の亂) : 사가의 역(佐賀の役) 또는 사가 전쟁(佐賀戰爭) 등으로 불린다. 메이지 7년 (1874) 2월에 에토 신페이(江藤新平) 등이 주도로 사가(佐賀)에서 일어난 사족(士族)의 반란이다.

혐의를 둔다"라는 포고도 나왔다. 그러나 세이난의 난동(西南の役·메이지 10년)9)을 경계로 일단 정치적 안정을 찾을 무렵에는 이 생각은 서서히 바뀌었다.

서신일정(庶新一政·모든 것이 새롭게 하나로 다스려짐)으로 급전환한 도시와 달리 지방에서는 오랫동안 육성된 무술에 대한 친근감도 있었다. 도시 조차도 '서구화의 바람에 익숙하고자 하는 세상 사람'에게 비판이 일었으며, 각 지역에 설치된 육군 사단(鎭台), 경찰을 시작으로 도장(道場) 개설도 많아졌다. 도시 학교에서도 클럽활동 또는 수의과(隨意科 : 선택과목)로서 무도를 실시하는 경향이 강하였다.

메이지 15(1882)년에는 유도 도장인 코도칸(講道館)10)도 개관하였다. 이리하여 문부성(文部省)에는 지방으로부터 무술을 정과(正課=正式課程)로 채용하는 것에 대한 문의가 종종 있었으며, 마침내 문부성도 메이지 16(1883)년 5월에는 체조전습소에 검술과 유술의 교육상 이해(利害)·적부(適否)를 자문하게 이르렀다.

그러나 체조전습소의 해답은 병식체조의 경우와 달리 매우 비판적인 태도를 보였다. 그것은 앞에서도 언급하였듯이 체조전습소 설립 이후의 합리적 체육관(觀)이 그렇게 만든 것이었다. 결론적으로는 심신발달에서 생각하여 무도는 부적당하다고 한 것이다.

이 답신(答申)은 도쿄대학 의학부장 미야케히이즈(三宅秀), 동(同) 교사인 에르빈 폰 벨츠(Erwin von Bälz), 스크리바(Scrivia) 등을 주축으로 의학적 검토로 1년 반에 걸쳐 제출된 것이다.

---

9) 세이난의 난동 : 메이지 10년(1877) 2월 15일부터 일본 서남부의 가고시마 출신 사이고 다카모리(西鄕隆盛)를 옹립하여 메이지 신정부에 저항했던 무사단들의 반란으로 6개월간 지속되었던 세이난 전쟁을 말한다.
10) 코도칸(講道館)은 근대 유도의 창시자 카노 지고로가 메이지 15년(1882)에 영창사 사원에서 창설하여 유도를 지도한 것이 코도칸의 시작이다. 즉, 전통유술을 근대적 경기로 연습, 보급한 유도 도장 이름이다. 또한 유술에서 유도로 호칭 개정에는 카노 지고로 자신의 교육관·인생관·사회관·세계관 등이 기술되어 있으며, 근대 일본에 있어서 무도교육의 시작이라고 할 수 있다. 카노 지고로는 효고현 출생으로 개성학교(동대) 졸업 후, 도쿄제국대학 교수, 학습원 교수, 제5 중학교 교장, 제1 중학교 교장, 도쿄고등사범학교장, 문부성 보통학무국장 등을 역임한 교육자이며, 대일본체육협회 창립자(초대회장) 제5회 올림픽대회 일본 참가단장, IOC 아시아 대표위원을 역임하였으며, 아시아 최초의 IOC(국제올림픽위원회)위원으로 제12회 도쿄올림픽(1940년)을 유치하려 이집트에서 업무 수행후 귀로에 배 안에서 객사한다.

당시의 무술은 '하부에서'의 의견으로 일어난 것이었으나 사실 각 유파(流派)에 따라서 교수(敎授)도 각각으로 발육기의 학생과 아동을 고려한 체육운동은 아니었다.

따라서 메이지 17(1884)년 10월의 체조전습소 결론은 경기주의(競技主義)·단련주의(鍛練主義)를 배제하고, 적당한 운동장려의 전통적인 입장에서 무도(武道)의 정과채용(正課採用)을 인정하지 않았다. 다만 "관행상 실시하기 쉬운 부분으로 정과(正課)를 하지 않고 오로지 마음 함양(涵養·育成)만으로 편향되는 부분에 이를 실시한다면 좋을 것이다"고 부가(附加)하여 작은 양보를 보인 것이다.

중앙의 이러한 소극적인 태도는 메이지시대(明治時代, 1868년 1월 3일부터 1912년 7월 30일까지 메이지 천황의 통치를 가리키는 명칭)를 통하여 일관(一貫)되었으며, 후에 언급하듯이 수차례의 무술 정과(正課) 채용의 건의에도 불구하고 다이쇼시대((大正時代, 1912년 7월 30일부터 1926년 12월 25일까지 다이쇼 천황의 통치를 가리키는 명칭)에서 조차 수의과(隨意科: 선택과목)의 정도에 머무르는 정도였다.

체조전습소가 병식조련(兵式操練)에 대해서는 적극적으로 답신(答申)하면서 무술에 대하여 매우 소극적인 답신을 했던 것은 주의해야 한다. 이 시기는 일본의 근대화가 서구적 군제(軍制)와 국민군(國民軍) 편성에 집중되고, 이것이 국가부강(國家富強)의 대책으로 생각하는 시기였다.

따라서 체조전습소의 진의(眞義)를 파헤쳐보면 병식조련의 적극적 해답은 교육의 기본과제보다도 오히려 당시의 국가적 사정과 정치적 상황의 압박 문제였으며 반대로 위정자는 그것을 덕육(德育)실천으로서 설득하는데 노력하였다.

그러나 무술에 대해서는 아직 그러한 '상부에서'의 원호사격(援護射擊)이 없었다. 때문에 무술과 같은 문제에 대해서는 오히려 명백히 의학적 합리주의에 입각한 '체조전습소의 체육관(體育觀)'이 답신 속에 농후하게 반영된 것이다.

<일본의 근대 학교체육에 있어서의 무도 과목 채택(취급)의 변천과정>

건명(件名·題目)	연월일(年月日)	내용(內容)
중학교령 시행규칙의 개정	메이지 44. 7. 31 문부성령 제26	정과로서 체조 중에 **격검 및 유술**을 추가할 수 있도록 하였다.
동상(同上)	다이쇼 15. 5. 27 문부성령 제24호	「격검 및 유술」은 「**검도 및 유도**」로 바뀌었다.
동상(同上)	쇼와 6. 1. 20 문부성령 제2호	**「검도 및 유도」는 필수.** ○「검도 및 유도가 일본 고유의 무도로서 실질 강건한 국민정신을 함양하고 심신을 단련하는데 적합하다고 인정하여 양자 모두는 그 하나를 필수로 하였다.」
국민학교 령 실시규칙	쇼와 16. 3. 14 문부성령 제4호	○「체련과 무도는 무도의 간편한 동작을 습득시켜 심신을 단련하여 무도 정신을 함양하는데 이바지하는 것으로 한다.」 남아에 대해서는 검도 및 유도를 부과한다. 여아에 대해서는 언월도(薙刀)를 부과할 수 있다.
중학교 규정	쇼와 18. 3. 2 문부성령 제2호	○「체련과는 심신을 단련하고 정신을 연마하여 강건불요(剛健不撓)의 심신을 육성하여 국방능력의 향상에 노력하여 헌신봉공의 실천력을 증진하는 것을 요지로 한다.」
중학교 교과교수 및 수련지도 요목	쇼와 18. 3. 25 문부성령 제2호	**체련과(體鍊科) 무도(武道)** 제1, 2학년=검도·유도 제3, 4학년=검도 및 유도 중 하나와 총검도
종전과 동반한 체련과 교수요강 (항목·요강)에 관한 건	쇼와 20. 11. 6 차관으로부터 지방장관, 고등사범학교장, 사범학교장, 전문학교장, 고등학교장 앞	○초등학교 **무도(검도, 유도, '언월도:나기나타薙刀')'의 수업중지** ○중등학교, 전문학교, 고등학교 체련과 **무도(검도, 유도, '언월도:나기나타薙刀', 궁도)의 수업중지.** ○정과(正課) 외에 있어서도 무도에 관한 부(部)·반(班) 등은 편성하지 말 것.

학교에 있어서의 유도 실시에 대하여	쇼와 25. 10.13 차관으로부터 각대학장, 각 도도부현 교육위원회, 지사 등 앞	**유도**는 민주적인 스포츠로서 새로운 내용을 갖추어 온 것으로 중학교 이상의 학교 체육 교재로서 받아들여 실시 가능한 학교에 있어서는 이것을 실시해도 좋다고 하였다.
중학교·고등학교 학습지도 요령, 보건체육과 체육 편	쇼와 26. 7.20	중학교 교재 및 고등학교 교재로서 모두 남자에 대하여 중심 교재로서 「**스모**(相撲)」, 선택교재로서 「**유도**」를 들고 있다.
학교에 있어서의 궁도실시에 대하여	쇼와 26. 7.25	**궁도**는 민주적인 스포츠로서 새로운 내용을 갖추어 온 것으로 중학교 이상의 학교 체육 교재로서 받아들여 실시 가능한 학교에 있어서는 이것을 실시해도 좋다고 하였다.
학교에 있어서의 죽도 경기의 실시에 대하여	쇼와 27. 4.10	전후 새로운 스포츠로서 민간에 보급되어 있는 죽도 경기는 중학교 이상의 실시 가능한 학교에 있어서는 이것을 체육교재로서 채택하여도 좋다고 하였다.
학교에 있어서의 검도 실시에 대하여	쇼와 28. 7.7(동상)	**검도**는 스포츠로서 새로운 내용을 갖추게 되었기 때문에 **고등학교 이상**의 실시 가능한 학교에 있어서는 이것을 실시하여도 좋으며 실시하려고 하는 학교에 있어서는 우선은 클럽활동(과외활동 및 특별교육활동)부터 시작하는 것이 바람직하다고 하였다.
고등학교 학습 지도 요령 보건체육과 편	쇼와 31. 1.1	운동 분류에서 개인적 종목에 속하는 주운동 종목으로서 「유도」(남)·검도 및 죽도 경기(남)·스모(남)」을 들고 있다.
학교검도의 실시에 대하여	쇼와 32. 5.20 차관으로부터 각 도도부현 교육위원회, 지사 앞	학교지도요령의 일부를 개정하고 종래 중학교, 고등학교에서 실시하고 있는 「죽도경기」와 고등학교에서 실시하고 있는 「검도」와의 내용을 정리 통합하여 「**학교검도**」로서 쇼와 32년도부터 실시하게 되었다.
중학교 학습지도 요령의 개정	쇼와 33. 10.1	보건체육, **격기(格技)** ― (남자 만) {스모, 유도, 검도}

학교에 있어서의 「언월도(薙刀)」의 실시에 대하여	쇼와 34. 12.23 차관으로부터 각 대학장, 교육위원회 앞	현재, 관계자 간에서 이루어지고 있는 **언월도(薙刀)**는 스포츠로서의 새로운 내용을 갖추었다고 인정하기 때문에 중학교 이상의 실시가능 한 학교에서는 실시해도 좋다. (주로 여자의 '**클럽활동·특활**' 또는 학교 행사 등에서 실시하는 것이 적당)
고등학교 학습 지도 요령의 개정	쇼와 35. 10.15	**격기(格技)** : (남자 만) {스모, 유도, 검도}
고등학교에 있어서의 궁도, 레슬링, 언월도(薙刀) 등의 실시에 대하여	쇼와 41. 2.8 체육국장으로부터 각 도도부현 교육위원회, 지사 등 앞	궁도, 레슬링, **언월도(薙刀)** 등에 대해서는 고등학교에 있어서는 클럽활동으로서 실시하는 것이 바람직하다.
고등학교에 있어서의 궁도, 레슬링, 언월도(薙刀) 등의 실시에 대하여	쇼와 42. 3.29 (동상)	체육시간에 궁도, 레슬링, **언월도(薙刀)** 등을 지도할 수 있다고 하였다.
중학교 학습지도요령의 개정	쇼와 44. 4.14	**격기(格技)** : (남자) {스모, 유도, 검도}
고등학교 학습지도요령의 개정	쇼와 45. 10.15	**격기(格技)** : (남자) {유도, 검도}
중학교 학습지도요령의 개정	쇼와 52. 7.23	**격기(格技)** : (주로 남자) {스모, 유도, 검도}
고등학교 학습지도요령의 개정	쇼와 53. 8.30	**격기(格技)** : (주로 남자) {스모, 유도, 검도}
중학교·고등학교 학습지도요령의 개정	평성 1. 3.15	**격기(格技)를 「무도」로 고치고 남녀 모두 이수할 수 있도록 한다.** ○무도, 댄스에서 선택 이수
중학교 학습지도요령의 개정	평성 10. 12.14	**무도** 내용(기능, 태도)에 새롭게 「학습법」이 추가되었다.
고등학교 학습지도요령의 개정	평성 11. 3.29	동상(同上)

9. 메이지 10년대의 체육계몽론(體育啓蒙論)

무도 정과(正課) 채택(採擇·採用) 요구에 관한 체조전습소 답신(答申)의 사상적 배경을 이해하기 위해서는 메이지 10(1877)년대에도 계속되고 있는 체육계몽론(體育啓蒙論)에 대하여 더욱더 이해를 깊이해야 할 것이다.

당시의 체육계몽론은 첫째로는 스펜서(Herbert Spencer, 1820~1903)류의 '삼육주의(三育主義)'에 입각한 건강사상(健康思想)에서 논하였으며, 둘째로는 의학적 합리주의에 입각한 신체관(身體觀)에서 학술적으로 강론하여 설명하고 있다.

메이지 15(1882)년까지 체조전습소에서 체육론 강의(體育論講義)를 한 '히라이와 츠네야스(平岩恒保)'는 체육은 경기와 무술과 같은 격렬한 운동으로 신체를 단련하는 강자를 대상으로 한 것이 아니라, 도시화·문명화·주지화(主知化: 이성이나 지성, 합리성 등을 중히 여기는 경향)의 시대에서 생기는 허약자를 예방하고 건강을 지키기 위하여 필요하다고 언급하고 있다.

또한 부강주의(富强主義)시대를 알고 있는 이자와(伊澤)도 그 『교육학(메이지 15년)』에서 체육은 의식주(衣食住) 등의 문제와 함께 중요한 '신체발육법(身體發育法)'이라고 언급하고 있다. 즉 과학적 합리주의와 조화된 시민행복론이 체육 계몽(啓蒙)의 기반에 있었다. 게다가 이 합리주의 측면을 학술적으로 강론하고 설명한 대표자는 뷜츠(Bälz)이다.

그는 예를 들면 교육회(敎育會) 강연에서 운동하는 것이 어떠한 위생적 효과를 초래하는가, 바쿠후 이후의 일본 사회의 예전의 풍습·습관·예절 따위를 그대로 따르는 것이 얼마나 근대의학과 모순되는가, 특히 상류사회의 유아교육, 여자교육이 얼마나 왜곡되어 있는가를 전문적으로 언급하고, 체육은 적당한 운동에 의해서 신체를 개량(改良)하는 기술이며, 운동장려(運動獎勵)로 서구인과 같은 체격과 역량도 양성할 수 있다고 설명하였다.

당시 일본인은 서구의학(西歐醫學)에 대한 신뢰와 함께 이 체격개량법(體格改良法)으로서 체육에 일종의 환상적인 기대조차 갖게 되었다.

그것은 동시에 이러한 체육을 가장 진보적인 것으로 간주하는 것이며 그것은 또한 봉건적인 것을 타파하는 실천으로도 생각하였다. 따라서 당시의 신문지상에서도 특히 '일본부인론(日本婦人論)'이나 '여자교육' 등의 제목 하에서 유럽과 비교하여 그 신체적 유약(柔弱)·불활발(不活潑)·정신적 비굴·지능의 빈약함을 언급하였고, 국제적 시야에서 신시대 여성으로 체력·활력·사교 육성을 강조하였으며, 체육장려는 진보를 상징하는 하나의 슬로건 제시(提示)로 간주하고 있다.

앞에서도 지적했듯이 메이지 17(1884)년경부터는 분명히 병식체조 장려책을 채택하고 있으나 예를 들면 잡지『교육시론(敎育時論)』등은 시류에 편승한 병식체조에 대해서도 거세게 비판을 가하였다.

병식체조가 보통체조보다 우위에 선 메이지 18(1885)년에 이(교육시론) 잡지 22호는 병식체조 이외에 각각의 사람들의 신체를 근력이 강하고 혈기가 왕성하게 강화시키는 좋은 방법이 있는지 없는지와, 병식체조는 유형(有形)의 수신과(修身科)로 칭(稱)하면 적절한 것인가를 문제시하여 그것을 혹독하게 비판하고 있다.

그리고 메이지 19년(1886)의 교육시론 잡지 29호에서는 교육은 학생 자체의 행복을 우선시하고, 교육시론 잡지 30호에서는 미국의 레크리에이션을 소개하면서 국가는 오히려 빈민구제에도 힘을 쏟는 것이 중요하다는 등을 논하고 있다.

일찍이 메이지 20(1887)년 3월에는 도쿄부(東京府) 교육회에서는 7명의 조사위원에 의해서 참된 근대적인 '아동유희장 설치 건의안(兒童遊戱場設置建議案)'이 건의되었다.

이것은 아동 유희장(운동장) 규칙과 경비 개산(槪算)까지 제시된 구체안으로 사회 교육상으로도 주의할 자료로 여기서는 보통체조 조차도 비판받는 근대적 의견이 제시되어 있다.

물론 이러한 요구는 위정자의 관심에서는 2차적인 것으로 생각되어 구체화되지 않았으나 병식체조가 학교에서 주력이 된 시대에 무도는 물론 병식체조에 대해서조차도 비판이 반복되고 있는 사실에 주의할 필요가 있다.

《참고문헌》

2. 바쿠후(幕府) 말기의 군제개혁(軍制改革)과 군대 체조
· 勝安房著「陸軍歷史」(昭和2年海舟全集6·7卷)
· 文部省編「日本敎育史資料」(明治35年)
· 高野長英、岡硏介譯「蘭說養生錄」(昭和5年長英全集1卷)
· 藤浪剛一著「日本衛生史」(昭和17年)
· 大糸年夫著「幕末兵制改革史」(昭和14年)
· 米山梅吉著「幕末西洋文化と沼津兵學校」(昭和10年)
· 維新資料編纂事務所「明治維新資料綱要」全10卷(昭和12年~14年)
· 陸軍文庫「體操敎範」(明治7年)

3. 학제(學制) 발포(發布·고시)와 학교 체조
· 南校藏板「槲中體操法圖」(明治5年)
· 東京師範藏板「體操圖」(明治6年)
· 「文部省雜誌」(明治7年)
· 開國百年文化事業會編「明治文化史」第3卷(昭和30年)
· 文部省「學制八十年史」(昭和29年)
· 東京文理大東京高師「創立六十年史」(昭和6年)
· 明治文化全集「敎育篇」(昭和3年)
· 今村嘉雄著「日本體育史」(昭和26年)
· 眞行寺、吉原共著「近代日本體育史」(昭和3年)
· 竹之下休藏著「體育五十年」(昭和31年)
· D.G.M.Schreber:Arztliche Zimmergymnastik(1896)

4. 메이지 7년의 학교체육과 그 성과
· 唐澤富太郎著「敎科書の歷史」(昭和31年)
· ベルギュ著、石橋好一譯「體操書」(明治7年)
· 文部省編「小學讀本」(明治7年)
· 神戸小學校開校三十年記念會「神戶區敎育沿革史」(大正4年)
· 新潟縣敎育會「新潟縣敎育史」上 (昭和3年)
· 長崎縣敎育會「長崎縣敎育史」上 (昭和17年)

・Wilson's Reader.Bk. I - V, 1860

5. 리랜드(Leeland) 초빙과 체조 전습소(體操傳習所) 설립
・「体操伝習所一覽」(明治１７年)
・体操伝習所編「体操伝習所規則及略表」(明治１７年)
・体操伝習所版「新選体操書」(明治１５年)
・体操伝習所版「新制体操法」(明治１５年)
・伊澤記念事業會「樂石伊澤修二先生」(大正８年)
・李蘭土「体育論」(筆記)
・「教育雜誌」(明治１１年８０号)
・田中不二麿呂著「教育瑣談」(明治４０年開國５０年史)
・今村嘉雄「リーランド考」(体育科教育３３年２月号)
・「体操伝習所報告」(「文部省年報」第２年報)
・Dio Lewis:The New Gymnastics for Men, Women and Children(1864)
・A. Maclaren:System of Physical Education, (1899)

6. 보통체조법(普通體操法)을 중심으로 한 학교체육
・坪井、田中共編「小學普通体操書」(明治１７年)
・大日本教育會編「大日本教育會雜誌」(明治１６年９号)
・岸野雄三著「体操教育史」(昭和２８年「教育文化史」１卷)

7. 부강주의(富强主義)의 대두와 병식체조(兵式體操)
・惠廸寮史編纂委員會「惠廸寮史」(昭和８年)
・北海道帝國大學「北海道帝國大學沿革史」(大正１５年)
・大日本教育會編「大日本教育會誌」(明治１６年～１７年各号)
・「東京日日新聞」(明治１８年１２月２２日)
・五十年史編纂委員會「同志社五十年史」(昭和５年)
・佐賀縣敎育會編「佐賀縣敎育史」中卷 (昭和２年)
・開發社編「教育時論」(明治１８年８号)

8. 무도(武道) 정과(正課) 채택(採擇·採用)에 관한 체조전습소의 답신
・「東京開化繁昌記」(明治文化全集一風伝篇一)

- 「東京日日新聞」(明治９年２月２３日)
- 講道館「大日本柔道史」(昭和１４年)
- 「体操伝習所報告」(明治１７年)
- 老松信一著「柔道五十年」(昭和３０年)
- 杉山重利 編,「武道論十五講」, 不昧堂出版, 2002

9. 메이지 10년대의 체육계몽론(體育啓蒙論)
- 今村嘉雄著「日本体育史」(昭和２６年)
- 伊澤修二著「敎育學」(明治１５年)
- 開發社編「敎育時論」(明治１８年各号)
- 「東京日日新聞」「時事新報」(明治１８年度)
- 東京府敎育會「兒童遊戯場設置建議案」(明治２０年３月印刷)

제2장. 메이지(明治) 제2기의 체육 — 병식 체육의 발흥(勃興) —

1. 개관

메이지 11(1878)년 체조전습소 설립에 따라서 1872년 학제 발포 이후의 보건체육법이 확립되고 병사(兵士)를 대상으로 한 육군 토야마(戶山)학교계의 체육과는 성격이 다른 보통체조가 학교에 채용되었다. 그러나 전습소가 설립되고 얼마 지나지 않아 시대는 변하였으며 메이지 12(1879)년의『교학대지(敎學大旨)』, 메이지 13년(1880)의 개정 교육령(敎育令), 메이지 15(1882)년의『유학강요(幼學綱要)』등이 잇달아 발포(發布)되었다.

메이지 17(1884)년을 경계로 병식체조와 보통체조는 학교체육으로서 병열(倂列)되었으며, 메이지 20(1887)년대에는 오히려 병식(병식체조)이 우위에 서는 시대가 되었다.

물론 이 중요한 역할을 하는 중심적 인물로 등장하는 것이 제1차 이토 내각의 초대 문부대신이었던 '모리 아리노리(森有札, 1847~1889)'이며, 그의 사후(死後)에 다소의 기복은 있었으나 청일전쟁을 위하여 일본의 부국강병주의 체육은 조국의 흥망이라는 사명감을 안고 명확한 모습을 보이기 시작하였다. 따라서 여기서는 모리 아리노리의 태두(擡頭)부터 청일전쟁 승전까지의 10년간을 대상으로 그 경과의 대략을 거슬러 가본다.

2. 모리 아리노리(森有札)의 체육관

메이지 17(1884)년에 영국에서 귀국한 모리 아리노리는 38세라는 젊은 나이로 문부성 어용계(御用係)를 겸무하여 종횡으로 활약하였으며, 이후 여러 가지의 교육개혁을 단행한다. 그는 모토다(元田)와 같은 한학파(漢學派)의 유교서(儒敎書)보다도 서구 윤리서(倫理書)를 중시하고 모토다를 배경으로 한 궁내성(宮內省)과도 대립한다.

그러나 문명개화(文明開化)의 한 시대 전과 달리 이 무렵의 구화주의(歐化主意)는 국가의식을 명확히 내세우고 있으며, 정부방침도 산업경제 기반을 자유경쟁에서 추구하고 위로부터 보호·육성하는 정책으로 변한다. 따라서 구화주의도 동시에 내셔널리즘(nationalism·國家主義)의 일환으로써 생각하게 되었다. 그는 무도(武道)가 아니라 병식체조에 관심을 가지게 된 것도 이와 같은 의미의 구화주의에 귀인(歸因)한다.

모리 아리노리(森有札)는 오랜 외국생활을 통하여 당시의 문명개화 풍조에 의문을 가지고 국가의 융성은 개인보다도 국민을 육성하는데 있다고 느꼈다. 국제정세에서 발생하는 위기의식을 배경으로 교육에 기대한 그는 "학생을 위하는 것을 배제하고 국가를 위한다"는 것이 교육이라고 설명하였다. 그로서는 체육은 단순한 체육(보통체조)이 아니라 일본인을 국민으로 교육시키는 중요한 수단이었다.

개화주의(開化主意·폐쇄적 사상이나 낡은 문물이 새롭게 진보함)를 배경으로 한 체조는 독립의 인민에 어울리는 체력장강(體力壯强)·지기웅장(志氣雄壯)을 가지고 있지 않다. 단련(鍛練)이 아니라 양호(養護)를, 정신적인 것보다 합리적인 것을 중요시한 체조전습소식 체조는 그로서는 그것은 뭔가 결핍된 체육법이었다.

그리고 전통적인 무술은 정신적인 측면을 강조하지만 이것 또한 매우 의심스러운 체육법으로 보였다. 그의 무술에 대한 회의는 이미 청년시대부터 시작되었다.

"검극(劍戟 : 칼과 창)의 무(武)는 제각각이지만 실지로 검(劍)은 한 사람을 적으로 하여 자기 한몸(一身)을 잘 지켜내는 것(守戒)으로 어리석은 것이다"고 설명하면서 일대일(一對一·한 사람이 한 사람을 상대함)의 기술연마와 그 저변에 있는 약간의 시대 역행적인 무도정신에 불만을 드러내고 있다.

또한 당시의 서구적(西歐的) 게임과 스포츠는 공동정신을 배양하는 단체적 운동이었으나, 그는 오히려 이 자연의 해방적인 게임과 스포츠에 그가 욕구하는 질서와 규율과의 모순을 느꼈던 것 같다. 이리하여 그는 유럽에서 실현한 병식체조를 가장 좋은 체육법이라고 생각하게 되었다. 모리 아리노리의 병식체조에 대한 의견은 메이지 18(1885)년 11월 사이다마(埼玉) 사범학교에서 실시한 연설에서도 나타난다.

그는 새로운 인물양성의 중요한 3기질로서 종순(從順 : 順良)·우정(友情 : 信愛)·위의(威儀 : 威重)를 들었다. 종순(從順)은 명령에 대하여 불평 없이 순종하는 정신이며, 우정(友情)은 친구끼리 서로 돕는 정신이다. 제3덕목인 위의(威儀)는 즉 명령하고 명령받을 때 상대에게 신뢰감을 부여하는 태도로서 안으로 의연한 태도가 언어동작을 통하여 표현하는 것이다. 그러나 이 '책임도구'인 병식체조에는 세간의 불안이 있었다.

첫째 시비선악을 따지지 않고 명령에 따르는데 문제가 있었다. 명령은 궁극적으로 절대자인 교장이 명령하는 것으로 그 판단도 절대적이다. 이 권위주의 아래에서 명령을 서로 협력하는 것이 우정이며, 명령을 자세·태도·언어·동작의 형태로 서로 표시하는 것이 위의(威儀)이다. 이 의미에서 책임도구인 병식체조는 체육보다는 도덕교육, 그리고 학교교육의 군대화(軍隊化)이기도 하였다. 그는 이 세간의 비판에 주의하면서 병식체조의 취지를 다음과 같이 설명하였다.

"이 병식체조는 전조 3개의 목적을 달성하기 위해 이용하는 하나의 방법. 즉 도구 책임방법이다. 따라서 이 병식체조는 결코 군인을 양성하여 만일 국가 유사시에 무관(武官)이 되고 병대(兵隊)가 되어 국가보호를 목적으로 이를 과학 속에 포함시킨 것이 아니다. 병식체조로 양성하고자 하는 것은 첫째로 군인에 급히 이르고, 말하는 바로서 종순(從順)의 습관을 배양하고, 둘째로 군인이 각각 대오(隊伍)를 만들고 이 대오는 대오장(隊伍長)을 두고, 대오장은 대오를 위하여 마음을 쓰고 정을 두텁게 하고, 셋째로 대대(大隊)를 갖추어 이 대대 속에 사령관이 있으며, 이를 총독(總督)하고 이 위의(威儀)를 유지하여 생도에게도 교대로 병졸이 되고, 대오장이 되고 사령관이 되어서 각 3기질(氣質 : 기력과 체질)을 갖추게 한다면 반드시 이익이 있다고 믿고 이를 시행한다."(사이타마 사범학교埼玉師範學校 연설).

3. 병식체조와 덕육(德育)

모리 아리노리는 적어도 정면으로 학교교육을 군사화한다고는 언급하지 않았다. 그러나 3기질(氣質) 뒤에는 지상명령에 대한 절대복종·전우간의 협력·지휘능력의 양성이 요구되고 있으며, 또한 "일본인으로서 징집되어 병사가 되는 데는 이 효과가 현저한"(교육상 주문안 제 1) 군사적 예비훈련이었다. 이러한 부강주의 교육을 구체화하기 위하여 그는 먼저 사범교육의 개선에 주목하였다. 교육의 성쇠는 교원 자질의 양부(良否)에 달려있기 때문이다.

메이지 18(1885)년 9월에 그는 도쿄 고등사범학교의 감독(監督)이 되어 그 복안(腹案)을 단행하려고 하였다. 그러나 개화주의(開化主義)의 나쁜 풍습을 개선하는 것은 쉽지 않았다. 에키카즈유키(江木千之)는 당시 고등사범학교를 회상(回想)하여 교장을 비롯하여 학자는 외모에 신경 쓰지 않았으며 규율 등은 전혀 보이지 않았다. 기숙사에서도 학생은 장기를 두고, 문부성 직원을 보더라도 예를 갖추는 자조차 없었다고 언급하였다.

책임도구인 병식체조도 실패로 돌아갔다. 첫째, 병식체조 교수(敎授)에서 규율을 세워야 할 사관(士官) 스스로가 볏짚 모자를 쓰고 우산과 지팡이로 지휘하는 상황이었다. 학생도 교육방침의 전환에 그렇게 종순(從順·명령에 대하여 불평 없이 순종 함)하지 않았으며 교관에게 영어로 욕하는 현상이 자주 발생하였다.

모리 아리노리는 이 실패를 퇴역군인의 무기력에 있다고 생각하여 육군 측과 교섭하여 현역 군인에게 교육을 의뢰하려고 결의하였다. 즉 군사훈련의 촉진은 세간의 오해가 군부의 압력이 아니라, 문부성의 자주성에 의해서 결정된 것이었다.

메이지 18년에 그는 고등사범 교장으로서 산치(山地) 사단(鎭台) 사령관 출마(出馬)를 육군대신과 교섭하였다. 결과는 야마가와 히로(山川浩) 대위를 교장으로 병식체조 교관으로는 육사 출신인 마츠이시 야스하루(松石安治) 소위가 발탁되었으며, 문부성은 육군 조례(條例)가 개정될 때까지 적극성을 보였다. 병식체조의 채용은 따라서 단순히 체조과(體操科)로서 하나의 교과(敎科) 문제가 아니라 신교육 도구 공격의 의미를 가지게 되어 광범위한 교육개선의 핵심(核心)이 되었다.

모리 아리노리는 하나의 큰 결의 하에 생도(학생)를 단속하기 위하여 기숙사 개혁을 도모하고 군대식 비밀충고법(秘密忠告法)을 비롯하여 생도의 일상적인 모든 동작이나 행동거지(行動擧止)를 지휘관의 명령 아래 질서정연하게 움직이는 기거동작(坐作進退)과 옷을 입고, 먹고 자고 일어나고 눕는 일상적인 생활 상태(衣食起臥)에 이르기까지 '군인류의(軍人流儀)의 훈련법'을 정하였다. 그는 또한 그것을 실현할 정치력을 가지고 있었다. 도쿄 고등사범학교에서 실험을 마치자 그는 그 신(新)방식을 전국 사범학교로 확대하였다. 지금은 문부대신(장관)으로서 활약하는 그는 '생도편대법(生徒編隊法)'을 훈령하고, 병영조직과 군대편성에 준하여 병식체조를 철저히 하는 지반(地盤)을 구축하였다.

즉 상·하급으로 구성된 5~6명의 학우를 분대(分隊)로서 오장(伍長)을 두고 분대 2개로 십장(什長)의 지휘에 두고, 2명의 십장 아래에 4개의 분대를 조장이 통솔하고, 각 조장은 사감, 부사감의 지휘에 따르는 시스템이다. 이리하여 그는 교육장(敎育場)의 설정에 주의하여 어떤 의미에서 쇼와 16(1941)년 말의 '학교 보국단(學校報國團)' 조직보다도 철저한 형태의 교육을 실시한다.

병영식(兵舍式) 부대편성 하에 나팔로 기상·취침하고, 제복과 제모를 갖추고, 교기(敎旗)를 제정하고, 상·하급생의 경례를 철저히 하였다. 사범학교를 비롯하여 상급학교에서 시도된 이 교육개혁에 의해서 병식체조 실시 배경이 만들어졌다.

이리하여 메이지 20(1887)년대에 걸친 학교체육은 대신(大臣, 장관)·지사(知事)·사단장(師團長)·장학사(視學)·교장(校長) 등의 주시를 받으면서, 순시(巡視)·열병분열(閱兵分列)·행군발화연습(行軍發火演習)·연합체조(聯合體操)·비상호집(非常呼集) 등의 일련의 행사가 시대적 특색을 발휘해 간다.

체조전습소는 병식체조를 소학교 학생에게 부과하는 것은 무리라는 답신을 하였으나 그러나 교육현장에서는 가벼운 목총(木銃) 사용의 행군, 군가 연습 등이 소학교까지도 영향을 미치기 시작하였다.

국민개병주의(國民皆兵主義)를 구체화하려 한 모리 아리노리는 학교교육뿐만 아니라 사회교육에 대해서도 주의를 기울였다. 그는 17~27세의 전국 남자에게 부강사상(富強思想)을 철저히 주입하여 육군성(陸軍省)과 보조를 맞추어 체조연병

(體操練兵)의 초보(初步)를 가르치려 도모하고, 충군애국(忠君愛國)적인 국민육성을 각 군장(郡長)에게 관장(管掌)시켜, 매월 1, 2회 인민(人民)을 학교에 모이게 하여 강의와 연습을 부과하려고 계획하였다. 이 점에 대해서는 그가 제국의회에 제출한 이유서(理由書)에서도 분명히 나타나있다.

4. 학교령(學校令) 발포(發布·고시)와 체조과(體操科)

이러한 사정을 법령은 단적으로 보여주고 있다. 메이지 19(1886)년 4월에는 교육령(教育令)을 개정하여 학교령(學校令)을 발포하였다. 소학교령 제1조에서 "소학교는 아동 신체의 발달에 유의하여 도덕교육 및 국민교육의 기초 및 생활에 필수적인 지식·기능 습득을 본 취지로 한다"고 규정하고, 익월에 발포된 '소학교 학과(學科) 및 그 정도(程度)'에는 체조 시간수를 증가하였다.

메이지 14(1881)년의 소학교·중학교의 교칙대강(校則大綱)과 같은 애매한 태도가 아니라 체조과(體操科)는 필수과목으로서 충실하게 되었다. 즉 소학교·중학교의 교칙대강(校則大綱)에는 체조시간을 규정하지 않고 매일 약 20분간 적당하게 부과하는 정도의 주의밖에 없었으나 '학과 및 이 정도'(메이지 19년 5월)에는 음악과 합쳐 보통소학교(1~4년) 6시간, 고급소학교(1~4년) 5시간으로 규정하였다. 게다가 음악은 토지(운동장) 사정에 따라서 뺄 수 있었기 때문에 실질적으로는 규정된 시간이 그대로 체조시간이 되었다.

또한 학과(學科) 내용도 "체조는 유년의 아동에게는 유희(遊戲), 소학교 상급인 학생에게는 경체조(輕體操), 남자에게는 대열운동(隊列運動)을 교체한다"(제10조)가 되었다.

경체조(輕體操)는 보통체조로서 대열운동은 메이지 20년 1월의 문부성령(文部省令)으로 규정된 대로 병식체조를 말한다. 이렇게 하여 적어도 메이지 19년부터 전국 소학교에서는 유희(遊戲)·도수체조(徒手體操), 경체조(手具體操), 대열운동의 순서로 수업을 실시하게 되었다. 이를테면 고베(神戶)의 소학교에서는 주12회, 매회 30분으로 규정되어 보통(尋常) 소학교 1·2학년은 유희(遊戲), 3학년은 보통체조의 도수(徒手), 4학년은 보통체조의 아령(경체조)을 실시하고, 고등 소학교 1학년부터는 경체조와 대열운동(남)의 2체제로 주5회, 매회1시간으로 규정하고 있다.

같은 메이지 19(1886)년에 발포(고시)된 중학교령에는 보통(尋常)중학(1~5학년)과 고등중학(1~2학년)으로 나누어 체조 중시의 정신이 보인다. '중학교의 학과(學科) 및 정도'에는 보통(尋常)중학 1~3학년의 체조는 매주 3시간의 보통체조, 4~5학년의 체조는 병식체조가 부과되고 시간 수도 증가하여 매주 5시간으로 규정하였다. 고등 중학교에서는 1~2학년 모두 병식체조 3시간으로 규정하였다. 전체적인 특색은 모리 아리노리가 역설한 병식체조가 중시되었다는 점이다.

메이지 19년 6월에는 보병조전(步兵操典)에 준한 '부(府)·현(縣) 보통(尋常)중학교 교과체조(敎科體操) 중 병식체조의 세목(細目)'이 규정되고, 4학년에는 도수 각개 교련(徒手各個敎練), 도수유연체조(徒手柔軟體操·메이지 17년 개정 체조교범에 준한다), 5학년에는 집총(執銃) 각개 교련에서 중대교련(中隊敎練), 집총 유연체조가 부과되었다. 물론 병식체조의 참고서로서는 보병조전(步兵操典)·사적교범(射的敎範)·야외연습 궤전(軌典)·체조교범(敎範) 등 육군성(陸軍省) 출판물을 채택하였다.

소학교 교원양성의 사명을 짊어진 사범학교에서는 그 '학과 및 정도'에서 4년간 각 학년 모두 남자 6시간, 여자 3시간이다. 병식체조와 관계가 없는 여자 체조과가 3시간으로 보통체조와 놀이(유희)를 부과하고 있는 것도 당시 강조된 체육 성격을 측면에서 말하는 것이라 볼 수 있다.

남녀에 부과된 보통체조의 내용은 준비법·교정술(矯正術)·도수체조·아령·곤봉·구간(球竿) 등의 모든 체조이며 병식체조 내용은 생병학(生兵學, 도수교련徒手敎練)·중대학(中隊學)·행군·연습병학(演習兵學)·대의(大意)·측도(測圖)이다.

또한 메이지 21(1888)년 8월의 보통(尋常)사범학교 설비준칙(設備準則)의 체조과 기계(器械) 조문(條文)은 당시 체육의 대강의 상황을 보여주는 것으로 다음과 같이 규정하고 있다.

보통(尋常) 사범학교 설비준칙의 체조과(體操科) 기계(器械) 조문(條文)

구간(球竿)	생도 5명 1조	철봉(鐵棒)	1기	연구대 및 부속품 함께	
목환(木環)	생도 5명 1조	양목(梁木)	1기	폐활량기	1개
아령(啞鈴)	생도 1명 1조	평행 횡동목	1기	악력기	1개
곤봉(棍棒)	생도 1명 1조	총(銃)		신장측정기	1개
목마(木馬)	1기	배낭		체중량기	1개
붕(棚: 선반)	1기	총맬방 (동란/부혁, 검차) 모두		네덜란드의 안과의사 스넬렌씨 시력시험구	1개
수접(手摺)	1기	총(銃) 손잡이			
승비(繩飛)	1기	가죽 줄넘기 줄			

※ 구간(球竿)은 122cm 길이 목봉에 양쪽 끝에 둥근 봉이 있는 나무 막대이다.
※ 목환(木環)은 152cm 정도의 지름의 둥근 나무 고리를 잡고 행하는 체조이다.

5. 보통체조와 병식체조의 병립(竝立)

이상의 학교령(學校令)을 통하여 알 수 있듯이 메이지 19년부터 일본의 학교체육은 병식체조 중시 아래 병식체조·보통체조 2체제가 되었다. 냉정하게 바라보면 소학교에서 보통체조에 대한 시간배당은 전체적으로 상당한 비중을 가지고 있었기 때문에 급격하게 보통체조가 쇠퇴하였다고는 단정할 수 없으나, 병식체조 진흥이라는 상부방침이 현장의 지도를 매우 강화하였다. 여기서는 이러한 문제를 고려하면서 당시 체육 지도가 어떠한 것인가를 구체적으로 들어 보자.

유희(遊戲) 내용은 그다지 구체적이지 않았으나 현장에서는 히라이(平井), 다나카(田中)의 『호외 유희법(戶外遊戲法)』을 비롯하여 당시 출판된 약간의 유희서(遊戲書)에서 적당하게 선택하여 실시하였다고 생각한다.

그러나 당시의 유희(遊戱)는 그 내용이 광범위하게 걸쳐 귀유(鬼遊)·깃발줍기(旗拾)·깃발빼앗기(旗套)·진지잡기(陣取) 등에서 육상경기·공던지기에 이르기까지 다양한 종목이 포함되었으며, 반드시 저학년을 대상으로 한 것은 아니었다. 고도의 유희(遊戱)는 실제로 고학년에서도 실시되었다.

이러한 유희(遊戱)의 기회가 1년에 1, 2회 실시되는 운동회 등의 행사에 집중된 것도 이 시대의 특색이다. 아니 이 시대의 체육은 일반적으로 행사화하는 경향이 강하였다. 소풍·행군·여행·운동회 등 대부분의 경우에 일괄(一括)된 형태로 이루어졌다.

생도가 일제히 실시할 수 있는 체조장이 없는 경우도 있었으며, 그 자연적 조치로서 노상행진과 무장행군을, 또는 그것을 겸하면서 신사(神社) 경내·공원 광장을 이용하여 경쟁유희(遊戱)·경기·보통체조 등 실시하는 것이 일종의 관례가 되었다. 또한 지역 내의 학교가 연합하여 연병장(練兵場)을 빌려 운동회를 실시하거나 연습하는 경우도 많았다.

따라서 전국 소학교에서 규정대로 어느 정도 체조가 실시되고 있었던가는 문제이다. 사범학교 부속 소학교나 도회지 소학교에서는 일찍부터 교정에서 저학년 유희(遊戱) 등도 충분히 지도되었으나, 전체적으로 보면 그 지역적 격차는 상당히 크다고 할 수 있다.

보통체조 내용은 체조전습소에서 연구된 『신제체조서(新制體操書)』 『신찬체조서(新撰體操書)』 둘 다 메이지 15(1882)년에서 『소학교 보통체조법(小學校普通體操法)』까지 메이지 17(1884)년으로 발전하고, 그리고 그러한 개정판과 신판이 나타나고, 현장 체육도 '보통체조법'을 메이지 20(1887)년의 내용을 참고하여 서서히 정비되었다.

보통체조를 알기 쉽도록 크게 나누면 1. 준비법(準備法), 2. 교정술(矯正術), 3. 도수체조(徒手體操), 4. 수구체조(手具體操)로 나눌 수 있다.

준비법은 종래에 배열법(排列法), 해열법(解列法), 정돈법(整頓法)으로 부르던 것으로 집합(集合)·해산(解散)·정돈(整頓)·번호개열(番號開列)·행진(行進) 등을 가리킨다. 교정술은 종래 '신체를 바르게 하는 법'으로 부르던 운동법으로 바른 직립자세를 유지하기 위한 간단한 일련의 체조이며, 미용술이라고도 불렀다.

도수체조는 도구를 가지지 않고 맨손으로 행하는 체조로 이것 또한 실제로는 사지(四肢)와 몸의 간단한 운동이었다. 수구체조(手具體操)는 당시 경체조(輕體操)로 부르던 운동법으로 실제로는 손에 들고 행하는 도구에 따라서 아령체조·곤봉체조로 구체적으로 불렀다. 이러한 수구체조는 이른바 '보통체조'의 대표적인 운동이었으며, 육상경기와 기계체조(=戶山學校系譜)와 같은 강도의 운동(重體操)과 구별하는 의미에서 경체조(輕體操)로 불렀다. 이와 같이 보통체조는 광범위한 내용을 포함하고 그 참고서에는 보통체조의 제목 하에 「체격검사」·「활력통계」도 채택하고 있다.

병식체조의 내용은 앞에도 언급하였듯이 보병조전(步兵操典: 군사훈련 방법을 수록한 책)에 의거한 것이다. 고등소학교에서는 초기에 대열운동(隊列運動: 대열을 지어 행하는 체조운동)으로 불리며, 메이지 20(1887)년 1월에 개칭되어 명확히 병식체조로 불리게 되었다. 중학교 이상은 처음부터 병식체조로 불렀다.

보통체조 준비법은 일종의 집단행동의 기초훈련이었으며, 억지로 평가한다면 체조실시를 능률화하는 기법이었다. 그러나 준비법과 달리 정신을 불어 넣고 사기앙양을 추구하는 것이 대열운동의 주지였으며, 따라서 부대적 행동의 기초기능을 포함한 광범위한 규율훈련(規律訓練)을 시도한 것이 대열운동이었다.

중학교 4학년부터 실시된 병식체조는 완전히 보병조전(步兵操典)을 근거로 하여 지도되었으며, 5학년에게는 집총교련(執銃敎練)이 부과되었다. 병식체조의 일부로서 보통체조와는 별도로 육군식 유연체조(정지연습, 행동연습, 휴총携銃연습)가 부과되었다는 것에 주의하기 바란다.

체조교범(體操敎範)은 메이지 17(1884)년에 개정된 후, 메이지 20, 21, 22년에 개정·증보되었으며, 그것은 당시 육군이 유연체조·기계체조 연구에 대해서도 얼마나 열심히 하였는가를 보여준다. 따라서 병식체조라는 개념은 단순히 군사훈련뿐만 아니라, 도수(徒手)·육상(陸上)·기계(器械) 등의 운동법(陸軍戶山係 體操)도 포함하고 있으며, 바로 병식(교련) 플러스 체조라고 할 수 있다.

6. 체육에 미친 부강주의(富强主義)적 풍조

병식체조 진흥법에 의해서 현장교육은 교과로서의 체육을 넘어서 크게 전환하였다. 첫째로 알 수 있는 점은 학동(學童·초등학교에 다닐 정도의 아동)의 양복 채용(採用)이다. 이미 18세기말에는 도쿄히비(東京日日) 등의 신문은 병식체조 실시를 위하여 소학교 학생도 양복을 채용하기 시작한 사례를 게재하였다.

1886년인 메이지 19년이 되면 요코하마(橫浜) 소학교와 같이 각 학교가 경쟁하여 양복 채용을 시작하고 학동이 일장기를 선두로 나팔과 북으로 박자를 맞추고 2열종대로 행진하는 등의 기사가 있었으며, 이러한 예는 드물지 않았다.

양복 채용은 도시만의 현상은 아니었다. 농촌 불황 속에서 미야기현(宮城縣) 츠키다테(築館) 소학교는 대부분이 양복을 착용하였다. 배낭을 메고 몇 리의 길을 행군하는 학동(고등소학교 학생)의 모습은 신시대 교육으로서 주목받았다.

병식채용과 양복착용은 표리(表裏)의 관계로 전국적으로 유행하였다. 중학교 남자의 복장개혁은 사전에 철저를 기하여 제복(制服)·제모(制帽)·각반(脚絆·걸을 때 가뿐하게 하려고 발목에서 무릎 아래까지 감는 헝겊 띠) 모습의 학생은 새로운 스타일을 만들었다. 이것은 반대로 당시 학교체육이 남자 중심이라는 사실을 보여주었다.

따라서 이바라키현(茨城縣)의 조자(上蛇)소학교의 여자 생도와 같이 남자에 준한 행동 등을 실시하는 경우가 있더라도 그것은 예외이며, 이 시대의 여자체육은 아직 체조과(體操科)의 주변적 문제에 불과하였다.

군가(軍歌)의 유행도 분명히 이 무렵의 특색을 보여주는 것이다. 행군시에 불렀던 '발도대(拔刀隊)의 노래'[11] 등이 그 대표적인 것이다.

---

11) 1885년 작곡된 일본군 육군의 군가로, 가사의 배경은 세이난 전쟁의 타바루자카 전투에서 비롯된다. 이 곡의 작곡자는 당시 일본군 군악대를 양성하기 위해 군사고문으로 일본에 왔던 프랑스인인 샤를 르루(Charles Edouard Gabriel Leroux, 1851~1926), 작사자는 도쿄제국대학 교수였던 토야마 마사카즈(外山正一, 1848~1900)이다. 노래는 메이지 15(1882)년 발표되었다. 가사의 특징으로는 '번쩍이는 칼 뽑아들고 죽을 각오로 나아갈 것!' 끝 구절을 반복하는 것인데, 이는 미국 유학파였던 토야마가 미군 군가의 영향을 받은 것이라 한다.

병식체조에 군가는 부가적인 것으로 메이지 19(1886)년경부터 체육운동가(體育運動歌)로 불리며 2, 3종의 교육가집(敎育歌集)이 출판되었다.

도쿄 고등사범학교 부속 소학교에서도 소학창가집(小學唱歌集)과는 별도로 "3천만의 형제여 수호하라. 키미가요(君が世: 천황의 치세·日本國歌)로 검(劍)을 대신하는 울림으로 다가오는 적을 물리쳐라" 등 부드러운 구조의 노래 등을 만들었다. 수년전에 야마카와(山川) 교장의 보고서에 다음과 같이 적었다.

"또한 다른 지역에서는 군가가 매우 유행하여 생도 모두 목총을 어깨에 메고 군가를 부르며 행진하는 이 유행은 마침내 이웃 국가로 이동하여 군가는 반드시 이루어야 할 교과(敎科)의 하나로 생각하지만, 진정 군가가 될 일종의 기묘(奇妙)한 소절로 노래하게 하는 것은 실로 가소롭기 짝이 없다."

이는 그 가시가곡(歌詩歌曲)의 비(非)교육성이 비난을 받았으나 여기에 답하듯이 충군애국적 가곡이 나타났다.

요시이 료헤이(吉井量平)의 『메이지 신선운동가(明治新選運動歌·메이지 19년)』도 "일본의 대장부여! 그것은 모두 함께 충의(忠義)의 길은 미리 알라"라는 기조(基調)로 노래하고 있으며, 소학교 유희(遊戲) '맹목귀(盲目鬼)'[12]의 창가(唱歌·근대음악) 조차도 다음과 같은 가사가 불려졌다.

"2,500년 이래 빛나는 일본국, 그 일본을 지키는 군인이여! 내가 바라보는 깃발은 우리 대군(大君·천황의 존칭)의 표식이다. 대군(大君)의 말씀을 받들어 어떠한 적도 타파하고 충성과 용기로 이 깃발을 세상에 빛내자. 어떠한 도적도 타파하는 충성과 용기로 이 깃발을 세상에 빛내자."
― 마츠오카(松岡) 편술(編述) '보통소학유희법(普通小學遊戲法)' 메이지 20년 (1887) 4월 ―

---

12) 눈먼 귀신 놀이

부국강병주의(富國强兵主義) 체육은 남자에 비중을 두었다. 병식체조 실시를 위하여 중학교 이상에서는 2천평에서 3천평 정도의 옥외운동장을 빌리거나 혹은 신설한 학교도 있었으며, 단련적 교재가 우위를 차지하게 되었다. 따라서 또한 법령에서 요구하는 체조장 설치도 우천 체조장이 아니라 옥외 운동장이었다.

시대의 교육정신은 체육시설에도 반영되는 것으로 초기 우천 체조장(약 60평 정도)의 설립이 전습소를 모델로 하여 메이지 10(1877)년대에 집중하였다는 것도 납득할 수 있다. 그러나 학교령 이후도 소학교의 체조장·유희장(遊戲場·운동장)은 좁고, 있더라도 100~200평 정도의 넓이였다. 고베(神戶)소학교와 같이 300평을 가진 학교는 드물었다. 그런데 메이지 10년대에 왕성해진 운동회는 메이지 18(1885)년경부터 서서히 변질되었다. 이 점을 이해하기 위해서는 메이지 초기 년대의 운동회 발달사를 알 필요가 있다. 말할 필요도 없이 메이지 운동회는 대학(大學)·고전(高專·고등전문학교)을 지반(地盤)으로 자연스럽게 발생하고, 게다가 그것은 오락의 기회뿐만 아니라 대규모 집회의 기회도 부여하였다. 따라서 운동회는 경기적인 위안과 동시에 정치 비판과 사회풍자 등이 동반하였다.

이처럼 운동회는 아동들의 행사가 아니라 오히려 어른의 행사였다. 정부에 불만을 가진 기개와 힘이 아주 센 사람(壯士)들의 운동회가 신문잡지의 기사가 된 것도 그것을 증명한다. 서생(書生·유학을 공부하는 사람)과 장사(壯士)의 운동회가 난투자(亂鬪者)들의 검거(檢擧)에 이른 것은 운동회가 일종의 데모적 성질을 가졌다는 것을 보여준다. 즐거워야 할 운동회가 국민의 정치 불만을 심화할 우려가 있어 반대로 학교 운동회도 신고제도가 되었다.

이를테면 도쿄부(東京府)에서는 '공립 및 사립학교 생도 운동회 건'을 통달(通達)하여 소학교에 이르기까지 신고제로 하여 교원의 감시·단속을 요구하고 있다. 이리하여 새로운 운동회 형식이 이것을 대신하여 등장한다. 그것은 일본 운동회가 소개된 이래 다소의 혼란을 바른 길로 되돌리려는 노력이기도 하였다.

도쿄부(東京府) 체육회에서 메이지 15(1882)년부터 개최한 모범적인 연합운동회 등은 그 좋은 예이다.

일정한 일시에 각 학교 모두 대오(隊伍・편성된 대열의 줄)를 갖추고 전습소(傳習所)에 모여 고관귀현(高官貴顯)의 인사(축사)를 거쳐 아령과 곤봉체조의 실연(實演), 대열행진과 발화연습(發火演習), 도경주(徒競走: 달리기 경주)와 줄당기기를 전개하여 강평(講評)과 상품수여로서 끝나는 운동회가 관례화되어, 운동회는 교과(敎科)의 데몬스트레이션(demonstration) 의미를 발휘한다.

대학과 전문학교 등에서는 메이지 18(1885)년경부터 정과(正課)로서 병식체조가 강조되기 시작되는 반면에 운동회의 사회풍자와 정치 비판적 프로그램은 사라지고, 풍자에서 익살극으로 분장(扮裝)한 가장행렬이 나타난다.

7. 소학교령(小學校令) 개정(改正)과 체조과(體操科)

강제적으로 병식체조 장려책을 추진하는 모리 아리노리의 교육방침에는 교육계에서도 상당한 비난이 있었다. 그러나 모리 아리노리가 메이지 22(1889)년에 살해(殺害)당하는 것은 자유주의자의 손에 의한 것이 아니라 종묘(宗廟) 이세신묘(伊勢神廟・伊勢神宮)에 대한 불경(不敬)을 이유로 한 국수주의자(國粹主義者)들에 의한 것이었다. 따라서 덕육주의(德育主義) 체육관(體育觀)은 모리 아리노리 사후도 변하지 않았다.

메이지 23(1890)년 10월 30일에는 충효주의(忠孝主義) '교육칙어(敎育勅語)'가 발포(發布)되어 체육에서도 "체조과(體操科)는 보통체조・병식체조로 부과한다"는 조항이 반복 사용되었다.

참고로 교육칙어(敎育勅語)의 구성 내용은 다음과 같다.

"[전단]
1. 역사의 오래됨과 도의국가(道義國家)
 짐이 생각건대, 나의 황조 황종께서, 널리 나라를 세웠고, 깊고 두텁게 덕을 베풀었다.

2. 일본의 교육 근원이 국민 공동체의 역사적 사실에 있음

　나의 신민들은 마땅히 충효를 다해야 하고, 모든 사람이 공(恭)한 마음으로 대대로 아름다움을 이루어야 한다. 이는 우리 국체의 정화이며 교육의 연원은 바로 여기에 있다.

[중단]

3. 가족의 도덕

　신민들은 부모에 효도하고, 형제간에 우애하며, 부부가 화목해야 한다.

4. 친구간의 도덕

　친구는 서로 믿는다.

5. 개인으로서의 수양, 자기의 인간형성

　공검(恭儉)하게 자신을 지키고, 이웃을 박애(博愛)하며, 학문을 닦고, 기예를 배우며, 지능을 계발하여 덕을 이룬다.

6. 사회인, 시민으로서의 도덕

　나아가 공익(公益)을 넓히고, 세무(世務)를 연다.

7. 국민으로서의 도덕

　항상 국헌(國憲)을 존중하고, 국법(國法)을 준수한다.

8. 국가비상시의 도덕

　일단 위급할 때에는 스스로 몸을 바쳐 봉사한다.

9. 운명공동체로서의 일본인의 본연의 자세

　이로써 천양무궁한 황운을 부익(扶翼)해야 한다.

10. 충량(忠良)의 신민

　위와 같이 할 때 짐의 충량한 신민이 되어야 한다.

11. 선조의 유풍(遺風)

　선조의 유풍을 현창(顯彰: 밝게 나타냄)하게 한다.

[후단]

12. 진실의 길(道)

　이러한 도리는 실로

13. 과거로부터

　　내가 황조 황종의 유훈으로서
14. 미래에까지

　　자손과 신민이 모두 준수해야 할 바이며,
15. 도덕의 보편타당성

　　고금을 통해 그르치지 않고 이를 세상에 펼쳐 어긋남이 없게 한다.
16. 천황도 솔선하여

　　짐은 그대들 신민과 함께 진심으로 한 시도 잊지 않고
17. 국민귀일(國民歸一), 무아(無我)의 정신(精神)

　　다 그 덕을 하나로 하기를 바란다

메이지 23년 10월 30일
무쓰히토(睦仁 : 메이지 천황)"

또한 메이지 23(1890)년 10월에 소학교령이 개정되었다. 이것은 모든 어려움을 배제하고 체조 필수를 요구하는 모리 아리노리 시대와는 달리 필수과목이라도 "토지의 정황에 따라서 체조를 뺄 수 있다"(제3조)고 규정하였으나, 이것은 문부성이 체조과(體操科)에 무관심한 것이 아니라 탄력적인 조치를 강구(講究)한 결과였다.

소학교에서 체조장을 준비해야 한다고 규정되어(개정 소학교령 제17조), "체조장은 가능한 교사(校舍) 옆에 설치할 것"(소학교 설비준칙 제 6조)으로 된 것도 모리 아리노리의 사후이다. 따라서 소학교령이 개정된 이후의 체조과는 그 구체적인 수정을 시도하면서 발전하였다.

보통소학교(尋常小學校) 체조과가 3시간, 고등소학교(보통소학교를 마치고 2년 과정을 더함) 체조과가 남자 3시간, 여자 2시간이 된 것도 음악과 체조를 분리한 시간 배당의 결과이며, 다른 교과와 밸런스의 수정이었다. 체조과에 대한 생각의 발전은 소학교 교칙대강(敎則大綱, 메이지 24년 11월)에 분명히 나타난다.

체조과 목표는 11조에 비로서 명시되어 "체조는 신체의 성장을 균제(均齊 : 고르고 가지런함)하여 건강하고, 정신을 쾌활하게 하고 강의(剛毅: 강하고 굳셈)하게 하며 규율 준수의 습관 함양을 본 취지로 한다"고 하였다.

"보통(尋常)소학교에서는 처음 적당한 유희로서 점차 보통체조를 추가하여 남자(男兒)는 편의상 병식체조의 일부를 수업받고, 고등소학교에서는 남자(男兒)는 주로 병식체조를 받고 여자(女兒)는 보통체조 또는 유희(遊戲)를 받으며, 토지 상황에 따라서 체조 교수시간 외에 적당히 옥외운동을 하며, 또한 하계에는 수영을 하여 체조수업에 의해 습득한 자세는 늘 유지할 필요가 있다"고 구체화되고 내용도 풍부해져 진도도 약간이지만 언급되었다.

즉 유희(遊戲)는 저학년의 주 교재라는 생각이 확립되어 소학교 3, 4년부터 유희(遊戲) 스포츠적 교재와 더불어 보통체조가 중점적으로 배치되고 남자에게는 병식체조의 일부를 부과하려는 방침이 나타나있다. 새롭게 옥외운동이 채용되어 과외 스포츠 장려의 의도도 엿보이지만, 반면에 병식체조는 보통 소학교 남아에게도 교수하는 것이 명확히 제시되어 실질적으로는 병식체조 긍정의 태도가 명시되어 있다.

메이지 19(1886)년 대부분의 현(縣)에서는 다소 예외적인 것이 있더라도 대열운동 즉 병식체조는 보통체조와 더불어 고등소학교 남자(男兒)에게 부과하는 것이 관례였다. 예를 들면 효고현(兵庫縣, 메이지 19년 4월)의 포달(布達・관아의 포고)에는 체조과의 보통소학교 4학년 교재에 보통체조의 아령을 부과하였으나, 메이지 25년의 개정에는 보통소학교 4년 남자에게 보통체조와 함께 병식체조를 추가하여 종래보다도 1년 빨리 병식체조를 부과하고 있다. 이 개정은 분명히 메이지 24(1891)년 11월의 소학교『교칙대강(校則大綱)』에 준거한 결과였다. 따라서 이 무렵 현장에서는 부강주의를 배경으로 병식체조・보통체조를 중심으로 유희(遊戲)와 스포츠를 주변적으로 배치하는 생각이 기본이었다고 추정할 수 있다.

과외(課外)로서의 옥외운동은 상부의 장려책이 있었지만 그것이 반영된 현장을 보면 반드시 자유사상과 자연주의를 기반으로 한 지도는 아니었다. 예를 들면 효고(兵庫) 소학교의 카미야(神矢) 교장은 모리 아리노리 정신을 근거로 해국사상(海國思想)에서 수영을 장려하였다.

8. 청일전쟁(淸日戰爭) 전후의 사회체육과 학교체육

소학교 제도가 개정된 후 일본교육은 청일전쟁(1894년 7월~1895년 4월 한반도와 중국 동북지방을 배경으로 청나라와 일본 사이에 벌어졌던 국제전)을 위하여 점점 더 민족주의의 기조를 고양시켰다. 충군애국적(忠君愛國的) 국민도덕이 교육의 기본이 되어 당시의 교육 잡지에 기재된 '체육론'에서도 개인의 행복은 국가에 의존하고, 부국은 강병에 의존한다는 논법에서 체육의 필요성이 강조되었다.

일본체육회 창설에 노력한 타카후지 키치로(高藤吉郎)는 국민복지는 상무기풍(尙武氣風)·규율(規律)·질서(秩序)·종순(從順)의 모든 덕을 발휘하여 실현되는 것으로 생각하고, 이 체육회의 창설은 널리 국민층(國民層)을 대상으로 한 상무체육(尙武體育)을 진흥하는 것이 목적이라고 언급하였다. 단적으로 말하면 국민개병(國民皆兵: 국민 모두가 병력의무를 가짐)을 전제로 한 군사적 훈련이 국가 백년 계획으로서 최고의 체육법으로 간주되었다.

히타카(日高)는 17세부터 40세까지의 국민에게 현행의 군대체조, 교련을 장려하는 것이 국민체육의 사명이라고 말하였다. 이것은 명백히 모리 아리노리 정신에 대한 공명(共鳴·남의 행동이나 사상 등에 깊이 동감하여 함께 하려는 생각을 가짐)과 복귀(復歸)를 의미한다.

1893년인 메이지 26년 3월에는 일본체육회에 '체조연습소(체조학교)'가 설치되었으며, 일본 최초의 사립 체육교원 양성기관은 이러한 시대를 배경으로 하여 탄생하였다.

일본의 국민체육 보급과 모든 장려책은 먼저 군사적인 것을 전제로 이 무렵에 대두(擡頭)하기 시작하였다.

학생 클럽 조직과 교우회의 운동회 행사도 이 무렵에 활발화되었으며 이것에 영향을 받아 도시의 직업별 단체도 친목적인 운동회를 즐기는 단계까지 이르렀다. 그렇지만 당시는 상부의 정치적 관심이 있었다 하더라도 스포츠 자체에 대한 적극책은 청일전쟁이 끝날 때까지 취하지 않았다.

이노우에 코와시(井上毅, 1844~1895)가 문부대신이 된 메이지 26(1893)년 이후의 체육론을 보면 '전대(全隊·전체 부대)를 위하여 일신(一身·자신의 한 몸)을 돌보지 않는 기풍'을 중시하는 입장과, '생도 신체의 발달'을 중시하는 학제(學制) 발포 이후의 보건주의(保健主義)로 2가지 입장이 있으나, 이것은 오히려 스포츠가 제2의적(第二義的)으로 취급되고 있다는 사실을 보여주는 것이다.

청일전쟁(日淸戰爭)의 해(1894년)에 나온 '보통중학교(尋常中學校)의 각과(各科) 요령(要領)'(메이지 27년 12월 1일)을 보면 체조과(體操科)는 다음과 같이 규정하고 있다.

"보통중학교의 체조과는 보통체조 및 병식체조로 두 교과로 하여 모두 생도의 신체 단련과 동시에 덕성을 함양하는 것을 목적으로 한다."

"그러므로 체조과는 체육으로서 신체 각부의 균등한 발육에 유의하여 건강하고 강장(强壯: 강하고 굳센)을 도모하여 동작을 민첩하게 하며 자세를 장중(莊重)하게 하는 것이 필요하다. 또한 덕육(德育)으로서는 인내(忍耐)·강의(剛毅)·과단(果斷)·순량(順良)·친애(親愛) 등의 모든 덕(德)을 배양하고, 더불어 질서를 존중하고 규율을 지키는 질서를 중요시하는 습관을 습득하는데 노력한다."

"공동일치(共同一致)를 필요로 하는 운동은 생도에게 자신의 한 몸(一身)은 전체 부대를 온전하게 만드는 성립의 한 부분이라는 것을 알게 하여, 전체 부대(全隊)의 면목을 세우기 위하여 한 몸(一身)을 돌보지 않는 기풍을 배양하지 않는 것에 주의해야 한다."

체조과는 분명히 보통체조·병식체조의 2체제로 생각되며, 게다가 신체적인 효과(체육)와 도덕적인 가치(덕육)에서 바라보고 있다. 즉 보통체조는 몸을 만들고 병식체조는 몸에 정신을 불어 넣는 과목이었다. 이 '요강(要綱)'에는 학년의 교재(敎材) 배당표를 보더라도 병식체조·보통체조의 이원체제(二元體制)는 명료하다.

○ 제1학년(매주 3시간)
  - 보통체조 : 아령체조
  - 병식체조 : 유연체조(도수)·각개 교련(도수)
○ 제2학년(매주 3시간)
  - 보통체조 : 아령체조·곤봉체조
  - 병식체조 : 유연체조(도수)·소대 교련(도수)·기계체조
○ 제3학년(매주 3시간)
  - 보통체조 : 곤봉체조
  - 병식체조 : 유연체조(도수)·소대교련(도수)·중대교련(도수)·기계체조
○ 제4학년(매주 3시간)
  - 보통체조 : 없음
  - 병식체조 : 유연체조(휴총携銃)·각개교련(집총執銃)·소대교련·중대교련·야외근무 연습의 대략·기계체조
○ 제5학년(매주 3시간)
  - 보통체조 : 없음
  - 병식체조 : 제4학년의 복습

이것으로 병식체조 우위의 이원체제(二元體制) 구조를 알 수 있을 것이다. 스포츠적 교재와 무술은 교수 배당표에 없다. 그러나 중학교 현장에서는 실제로 스포츠와 무술이 실시되었으며, 이 학습 '요령(要領)'에서도 과외(課外)의 각종 운동을 장려하고 있기 때문에 교수 배당표의 내용만이 실시된 것은 아니다. 그러나 이 '요령'에 기재(記載)되지 않은 사실은 그 경중(輕重)을 판단한 당연의 결과였다.

9. 메이지 20(1887)년대의 스포츠와 유희(遊戱)

중학교 클럽활동은 어떤 의미에서 자연 발생적(自然發生的)으로 발전하였다.

메이지 19(1886)년 도쿄대(東京大) 운동회(교우회), 메이지 20(1887)년의 도쿄고상(東京高商)운동회(교우회), 메이지 22(1889)년의 학습원 보인회(學習院補仁會), 메이지 23(1890)년의 일고(一高), 동고사범학교 부속중학(東高師範付屬中學), 사가중학(佐賀中學) 등의 교우회(校友會), 메이지 24(1891)년의 오고 용남회(五高龍南會), 메이지 25(1892)년의 게이오체육회(慶応體育會) 등이 잇달아 설립되고, 클럽활동은 조직화되고 학생생도의 스포츠에 대한 관심이 높아졌다.

과외(課外) 무술도 서서히 활기를 찾게 되었다. 1894년인 메이지 27년 7월에 개정된 '보통중학교(尋常中學校)의 학과 및 그 정도'에서 4, 5학년의 체조과 시간이 5시간에서 3시간(병식체조만 수업)으로 줄어들었으며, 그 이유는 과외(課外)에 수의체조법(隨意體操法)이 실시되고 있기 때문에 정과(正課=正式課程)를 줄이더라도 지장은 없다는 생각에서 출발한다. 그 시비론(是非論)은 제쳐두더라도 오히려 이 사실은 당시의 과외(課外) 스포츠가 학생 생도의 손에 의해서 활성화되었다는 것을 뒷받침하는 것이다.

소학교의 체조과는 메이지 24년의 소학교 교칙대강(校則大綱) 발포 이후 표면상은 큰 변화 없이 발전하고 보통체조·병식체조를 중심으로 유희(遊戱)와 스포츠가 가미된 지도하에서 전쟁을 맞이한다. 그러나 이 기간에도 유희(遊戱)와 옥외운동에 대한 관심이 높아져 열심히 하는 교사들에 의해서 약간의 유희서(遊戱書)가 출판되기 시작하였다. 당시 학교에서는 유희(遊戱)와 스포츠를 용어상 구별하는 단계에 이르지 못하고 그러한 운동을 포괄하여 널리 놀이(유희)라고 불렀다. 이러한 유희(遊戱) 책의 대표적인 하나로서 시로하마(白浜)·시노시모쿠(志之目) 공저의 『유희법(遊戱法, 메이지 27년)』을 들 수 있다. 그것은 전국 사범학교 부속 소학교의 조사 자료에 근거하여 기술된 것으로 당시의 유희(遊戱)에 대한 대강의 상황을 알 수 있는 참고가 된다. 그 주 종목을 들면 다음과 같다.

"나비나비(蝶蝶), 풍차(風車), 코코나루몬(ここなる門), 고개 끄덕임(頷: 家鳩·집비둘기), 민초(民草), 고리(環), 비단짜기, 앞으로 앞으로(進め進め), 열기(蓮華), 카고메카고메(かごめかごめ: 술래놀이)、외날개, 꽃 팔기(花賣), 화환(花輪), 고양이(からねこ)、가무(うたまい)、소용돌이 물(渦水), 친구여 오라, 안개인가 구름인가, 눈먼 그대, 형제자매, 프로네이드, 그랜드첸, 콩트르당스(contredance, 무용음악), 십자행진(十字行進), 방형행진(方形行進), 귀신놀이, 땅따먹기, 눈먼 귀신 놀이(盲鬼), 1인 1각(개구리 뛰기), 2인 2각, 한발 경주, 도보 경주, 깃발 경주, 깃발 뺏기 경주, 배낭 메고 경주, 제등 경주, 의마 경주, 장애물 경주, 대각(袋脚: 한 마리씩 묶고 2인)경주, 고양이와 쥐, 줄다리기, 군함, 베이스볼、풋볼、크로켓(croquet)"

히라이(坪井), 다나카(田中)의 『개정 옥외유희법(改正 戶外遊戲法, 메이지 21년 7월)』에는 무시된 창가유희(唱歌遊戲)도 추가되고, 행진유희(遊戲)·귀신놀이·경주유희(遊戲)·공놀이(球戲) 등에 걸쳐서 유희(遊戲)내용은 한층 풍부하게 되었다. 이들 종목의 대부분은 여전히 운동회 종목으로서 소중학교에서 실시되었다.

생도가 수업 중에 가장 좋아한 것은 유희교재였다. 그러나 그것이 자발적·자연적 활동으로 교사의 지휘를 벗어나 행동하는 장면도 많아졌다. 유희는 따라서 교육적 유희이기 때문에 끊임없이 덕육(德育)과의 관계에서 문제가 되었다.

유희(遊戲)는 교사 감시 아래에 질서와 규율이 요구되었으며, 결코 단순한 유희 장려는 아니었다. 병식체조적 단체훈련인 질서정연함과 호령 아래 실시되는 보통체조에 비하여, 유희가 초래하는 일종의 자유는 당시 논의의 대상이 되었다. 일반적인 분위기로서는 병식체조와 같이 철저한 훈련을 할 수 없는 '여자와 아동들이 하는 것'이라는 냉담함이 유희에 따라다녔다.

중앙의 전문가들 사이에서도 유희를 조직적인 체육법이라고 공언하는 저작은 없었다. 당시 체육의 중점은 청년 남자였다. 특히 여자에게는 유희 자체로서 아무리 흥미가 있더라도 경쟁유희는 부적당하다고 간주되었다(메이지 26년 문부성령 6호). 경기적인 것은 여자다움을 잃게 한다는 생각 때문이었다.

이것과 반대로 중학생이 되면 창가(唱歌) 등에 흥미를 가지는 것은 "사내답지 않다"고 간주되었다. 또한 사실, 중학교 이상의 학생 생도에게 고양(高揚)된 학생 스포츠에는 일종의 독특한 분위기가 있었다.

클럽에는 자치와 자유정신이라기보다도 희생·인내·복종·규율 등의 모든 덕목이 우위이며, 반대로 단순·야성·비합리적인 연습태도가 일종의 미덕화(美德化)되는 경향이 있었다. 또한 무술적 종목에서는 신체적 효과가 아니라 무사도적(武士道的)인 것이 강조되고 더욱이 국민적 의식고양이 높아지기 시작한 청일전쟁에는 문약(文弱)의 폐해(弊害·어떤 폐단으로 인하여 생기는 해로움)를 개선하는 좋은 방법으로서 고취되었다.

이리하여 현장교사들은 유희를 관리·감독하는 점에 교육유희로서의 중요함을 의식하게 되었으나, 이것과 반대로 유희라는 점에 있어서 운동장에서 글자의 의미가 뜻하는 대로 아동을 놀게 하고 자신의 휴식시간으로 대행하는 교사 또는 운동회 목적의 화려한 모자와 의복과 용구에 열중하는 교사도 생겼으며, 그 지나침이 비판받게 되었다.

10. 전후(戰後·청일전쟁 후) 체육의 경향

전후(戰後·청일전쟁 후)의 체육방향은 결론적으로는 문약주의(文弱主義)의 부정, 국민도덕 앙양(昂揚)을 기본으로 추진되었으나 국부적(局部的)으로는 체육의 합리성을 재확인하려는 움직임도 있었다. 이 복잡한 양상을 보여주는 훈령(訓令)이 1895년인 메이지 28년 8월 '체육위생에 관한 훈령(이노우에井上 문부상文部相)'이다. 이것은 다음과 같은 전문으로 시작한다.

"소학교는 소학교령 제1조에 따라 아동 체육에 유의(留意)하여 교육에 완전을 기해야 하며 일본 구래(旧來)의 궁마검창(弓馬劍槍: 궁술·마술·검술·창술)의 무예(武藝)를 번성(繁盛)하게 하여, 체육도(體育道)에 있어서 결여된 곳이 없도록 하여 메이지 유신(明治維新) 후 병제개혁을 위하여 어떤 종류의 무예의 필요성을 잃게 됨과 동시에 체육의 쇠퇴 또한 교원 및 생도가 학문 지식의 진보에 서둘러 움직이는 것은 지식교육의 한 쪽으로 편향시키는 것, 및 사회 일반 위생의 필요에 관한 것, 또한 친절할 것, 이들 수많은 원인 때문에 각 일반 학교의 체육 및 위생 방법은 다시 불완전한 것을 면하기 위하여, 소학교 때는 신체발육기에 해당하여 상해를 입었을 경우 이 불행으로 생기는 피해는 일생에 미쳐 슬퍼할 정황을 부여하지 않도록 소학교의 체육 및 위생에 관한 훈령은 아래와 같다.

1. 체육은 활발한 운동을 부과(附課)할 필요가 있으며, 보통체조에서도 병식체조와 같이 수족(手足) 및 전신근육 운동을 활발히 하여 기혈대사(氣血代謝)를 촉진함과 동시에 생도 자기의 의기(意氣)·쾌활(快活) 효과를 가지며, 체조의 폐해(弊害)는 사법(死法)으로 흘러 태세를 갖추고 전후좌우 병렬(竝列)을 바르게 하기 위하여 많은 시간을 소모하여 오히려 생도로 하여금 싫증의 기운을 생기게 하는 것은 오히려 체조의 정신을 잃게 한다.

2. 고등소학교 남자에게는 병식체조를 부과(附課)할 때 군가를 이용한 체조의 기세(氣勢)를 가지게 하며 수의과(隨意科)로서 단순한 기계체조를 배우게 한다.

3. 소학교 생도는 활발한 활동에 편하게 하기 위하여 부득이한 경우 이외 학교에서는 양복 및 일본 옷은 모두 통소매를 착용한다.

4. 방과시간(放課時間, 수업이 끝난 시간)에 있어서 우두커니 서서 한가로운 이야기로 소일하여 시간이 지나가는 것을 끝내고, 남녀의 구분 없이 가능한 활발하게 대기(大氣) 중에 운동하는 유희로 유도하고, 또는 큰 소리로 빨리 달리는 놀이(유희)의 태도로서 생도의 불량으로 보고, 마음이 가라앉고 차분하게 함으로서 품행점수에 추가하는 것은 당연한 것이다.

8. 화려한 사치와 안일(安逸)은 자연히 유약하게 하며, 도시 생도의 학교에 왕래하는 자, 또는 차를 타고 오는 것은 학교 기율(紀律)에 어긋나는 것으로 교장 및 교원은 주의시켜야 하며, 보행하도록 유도해야 한다. (5, 6, 7. 9항은 생략)" 등 9개항에 걸쳐 유의해야 할 것을 언급하였다.

즉 이 훈령은 서구 학문섭취(學問攝取)를 서둘러 주지주의(主知主義·감각과 정서보다는 지성 또는 이성을 중요시하는 태도나 경향)의 폐해가 생기고, 무예교육(武藝敎育)은 병제개혁에 의해서 쇠퇴하고 심신교육의 원칙이 사라지고 있는 사실에 대하여, 특히 소학교 교육에 체육·위생이 긴급의 중요성을 가진다는 것을 지적하고 있다. 게다가 여기서는 보건적인 신체의 합리적 교육 이상의 무엇인가를 체육에서 추구하고 있으나 무도에 대해서는 아무런 말도 없다. 이 점은 메이지 학교무도(學校武道)를 이야기할 때에 주의해야 한다.

그러나 씩씩한 기상과 꿋꿋한 절개 양성(養成)이라는 점에서 오랫동안 병식체조에 그 특색을 빼앗긴 무술은 이 무렵부터 전통적인 덕육에 그 강조점을 추구한다. 그리고 메이지 28(1895)년 4월 17일에는 대일본무덕회(大日本武德會)가 설립되었다. 무덕회는 무덕의 함양과 이를 위한 무술의 진흥, 교육, 현창(顯彰·분명하게 나타냄) 그에 따른 국민의 사기 진작을 목적으로 설립된 단체이다. 여기에 고래(古來)의 체육법에 대하여 일부 여론의 고양(高揚)을 엿볼 수 있다.

신문에서도 종종 학생·군인·경찰관의 격검회(擊劍會)가 보고되었다. 병식체조가 장려된 지 약 10년 동안의 고생을 거쳐 '무덕(武德)'은 점차적으로 세상에 나와 무도는 "지육(知育) 편중(偏重)의 폐해를 지각(知覺)시키고, 또한 겉으로 드러난 외형(外形)의 체육만을 주로 하는데 있지 않고 오로지 마음의 본바탕과 겁이 없고 용감한 기운 연마"(武德會 紀要)로 국가 원기(元氣)를 진흥하는 교육으로서의 자질을 가지기 시작하였다.

또한 수의과(隨意科·선택과목)으로서 무술을 부과하는 중학교도 늘어갔다. 그러나 무술을 어디까지나 유희의 일종으로서 과외(課外)로 실시해야 한다는 생각은 여전히 문부성 내에 있었다.

고래(古來)의 무술을 정과(正課)로 채용하려는 일부의 의견에 대하여 메이지 29(1896)년 7월에 설립된 문부성 '위생고문회의(衛生顧問會議)'는 "만16세 이상의 강건한 자에 한하여 정과(正課) 외에 실시하는 것은 허용하지만, 수의과(隨意科·선택과목)으로서는 허용하지 않는다"고 답신하였다.

문부성의 자문에 대한 이 답신은 메이지 17(1884)년 체조전습소 답신과 같은 기조(基調)에 입각하여 상무기풍(尙武氣風)이 고양(高揚)된 당시에 있어서도 변화가 없었다. '위생고문회의'의 결론이 상징하듯이 문부성 내부에는 체육을 합리적으로 진흥하는 것을 정통교육(正統敎育·바른 계통의 교육)으로 생각하려는 움직임이 있었으며, 건강과 운동효과 면에서 과학적으로 고찰하려는 의학자들의 여론이 문부성 내에서는 지배적이었다. 이러한 사람들은 부국강병책(富國强兵策)을 대표하는 병식체조에 대해서는 그 자체가 국가존립상의 요구로서 긍정하면서도 무도에 대해서는 매우 비판적으로 합리주의적 태도로 평가하였다. 이러한 것이 가능한 것은 당시 무도가 중앙보다도 지방, 상부보다도 하부의 움직임으로, 문부성이 직접 그 구체적인 진흥책(振興策)을 취하기까지 이르지 못한 이유 등도 들 수 있다. 게다가 무술진흥의 여론과 민간운동은 주로 검도관계자들로서 검도와 유도의 통일도 거의 고려되지 않았다는 사실도 고려해야 한다.

그러나 무도가 '위생고문회의'에서 정과(正課) 채용이 부적당하다고 결론을 내린 것은 큰 타격이며, 외래 체조와의 대결이 아니라 타협으로 국면을 타개하려는 움직임이 나타난다. 예를 들면 메이지 29(1896)년 하시모토 신타로(橋本新太郎)가 시도한 『신안격검체조법(新案擊劍體操法)』은 그러한 고심의 최초 출판물이다.

당시는 3국 간섭(러시아·독일·프랑스)에 의해서 이루어진 랴오둥(遼東)반도[13]의 반환을 국민적 굴욕으로서 받아들이던 시대였으며, 학교 무도는 아직 일종의 국민정신 작흥운동(作興運動·정신이나 기운을 단번에 일어나게 함)으로서 활발한 단계는 아니었다. 따라서 무도는 몇 번이고 뒤에 기술(記述)하듯이 그 후의 부강주의를 기반으로 서서히 인식되었다. 그러한 시점에서 이미 메이지 28(1895)년에 실시된 '제국교육회'의 대회 결의는 흥미가 있다. 이 대회에서는 두 가지 건(件)을 들었다.

一. 소학교 아동의 상무기상(尙武氣象)과 어려움을 견딜 수 있는 체력을 양성하기 위하여 설립해야 하는 방법의 건.

---

13) 청일전쟁 시기인 1894년 6월~1895년 4월 사이에 조선지배권을 놓고 다툰 전쟁에서 일본의 시모노 세키 조약 체결 때 할양받은 반도

二. 소학교 생도 기풍양성(氣風養成)상 학교에서 특히 주의 실시를 요하는 건.
이렇게 제안 13조로 구성하여 결의하였으나 그 개요를 보면 다음과 같다.

1조. 고래 무술의 연습한 실력, 육군·해군 군인 근무상의 몹시 힘들고 고생스러움 등에 관한 담화(談話), 전사자(戰死者)의 공로 표창.
2조. 초혼사(招魂社·나라를 위해 순직한 사람의 영혼을 모신 神社) 참배, 소재지(所在地)의 연대기(聯隊旗) 역사.
3조. 군대 업무(軍事)에 관한 회화모조(繪畵模造) 전시.
4조. 보통 소학교(尋常小學校)에서 야구대항과 같은 유희를 추가하여 고등 소학교 병식체조 외에 대내외(對內外) 독보적(獨步的)으로 담력(膽力) 연성(鍊成).
5조. 유희 보트대항 장려, 해안에서의 군감(軍監) 목격.
6조. 입영(入營: 入隊)·퇴영(退營: 轉役)에 인솔 환영.
7조. 군인존경, 학교의식(행사)에 군인 임석(臨席)을 장려.
8조. 병영(兵營) 참관, 행군연습 견학.
9조. 실탄 사격의 관람 및 연습.
10조. 고등 소학교 학생에 소풍여행.
11조. 생도 인솔, 해충구제(害蟲驅除).
12조. 토지상황에 따라서 실업(實業)을 부과하고, 학교 건물 내외의 청소, 수선(修繕)에 의한 노동의 습관 양성.
13조. 하카마기(袴着: 일본무사들이 의례를 행할 때 입는 옷의 겉에 입는 주름잡힌 바지인 하카마를 입는다는 뜻으로 5세가 된 남자아이가 처음으로 이 하카마를 입게 됨)·버선·우산 사용을 금지하고 목욕 등으로 피부 단련, 풍우한서(風雨寒暑·바람과 비, 추위와 더위)에 익숙해지는 훈련.

이것은 모리 아리노리(森有札·메이지 18년인 1885년 초대 문부상이 되어 소학교령·중학교령·제국대학령 등을 제정함으로써 국가주의적인 근대 교육제도를 확립했다) 정신의 구체화·강력화·확대화로서 이 시대의 경향을 엿볼 수 있다.

11. 체육 장려와 모순된 양성 기구

이와 같이 전후(戰後) 체육은 현저하게 군국(軍國)을 강조하고 있다. 예를 들면 수영과 보트훈련을 보더라도 해국정신(海國精神)의 발휘가 의도되었다. 병식훈련에는 고베(神戶) 소학교와 같이 목제총기(木製銃器)를 새롭게 만들고, 연대(聯隊)에서 병식교련의 전임교관을 의뢰하여 "다른 학교의 추월을 허락하지 않는다"는 열의를 보였다. 이것은 학교뿐만 아니었다. 청년의 자각·촉진을 목표로 한 청년회·청년단도 전후는 상무기개(尙武氣槪) 양성을 위하여 서서히 그 자세가 주목을 받게 되어 상부로부터 육성책이 만들어졌다.

이와 같이 메이지 20년대는 점점 체육이 중시되고 있으나 교원양성의 실정은 어떠했을까 그 내용의 핵심인 체육교사 양성에 큰 역할을 완수한 체조전습소는 메이지 18(1885)년 12월 도쿄고등사범에 부속되어 다음 해 체조전수과(體操專修科)의 개설과 함께 폐지되었다. 이 동안 체조전습소는 창설 후 전습원 160명, 별과 전습원 87명, 합계 247명의 교사를 양성하고 졸업생이 각 현(縣)의 강습회와 현장지도에 남긴 공적은 크지만 전국 학교수에서 본다면 미미한 수였다.

게다가 그 뒤를 이은 체조 진수과는 1회 한정으로 모집하였으며 10년 이상을 양성한 코스는 없어졌다. 이 동안 전과(專科·전문 교과) 교원의 검정제도로서 간단하게 보충하였다. 교육에 표면상으로는 체조과(體操科)가 화려하게 등장하여 문제를 제공하였으나, 근대체육을 이해한 교사양성이라는 본래적인 목적은 완전히 잊고 있다. 체조과가 정치적으로 문제화되었다는 결론은 여기서도 발생했다.

예를 들면 메이지 26(1893)년의 체조 전수면허증(體操專修免許證) 취득자를 보더라도 겨우 보통체조 4명, 병식체조 40명이다. 이것 또한 당시 체육이 무엇을 요구하였는가를 단적으로 이야기하고 있다.

메이지 29(1896)년 12월의 '보통사범학교(尋常師範學校)·보통중학교(尋常中學校)·고등여학교 교원면허 규칙'에 명시한 대로 부족을 검정제도(檢定制度)로 충당하고 있다. 이처럼 문부성은 정당한 예산으로서 체조과 교원양성 계획을 세우지 않고 경비가 들지 않는 간단한 검정(檢定)으로 교원보충을 계획하고 있었다.

그리고 병식체조 과목은 육군교도단(陸軍敎導團) 보병과(步兵科) 졸업생을 무시험 검정(檢定)으로 육군성(陸軍省) 교육비에 의해서 교원을 충당하려고 하였다(메이지 29년 12월 20일). 이와 같이 문부성과 육군성은 각기 자기중심적인 실천계획을 수립하였다. 또한 메이지 26(1893)년 3월에 일본체육회에서 체조연습소(체조학교)가 설치된 이후도 본격적인 관립(官立·국가기관에서 세운 학교) 체조과(體操科) 교원양성 학교 개설(開設)의 움직임은 아무것도 없었다.

12. 메이지 20(1887)년대의 여자체육

고등여학교는 메이지 19(1886)년의 중학교령에 따라서 여자에 필수한 고등보통교육을 실시하는 중학교의 하나로 인정하였다. 그러나 고등여학교 규정이 제정된 것은 메이지 28(1895)년 1월이었다. 이것에 따르면 체조는 필수 13과목 중의 1과목이며(제1조), "보통체조 또는 유희를 배우고 체조를 받는 정신을 상쾌하게 하여 심신을 건강하게 하는 것을 담당한다"(제13조)고 규정하였다. 1~4학년까지는 매주 3시간, 5~6학년은 2시간으로 시수로 보더라도 병식체조 중시의 남자와는 큰 차가 있다.

중등 정도의 여자학교에는 메이지 초기부터 교과명(敎科名)이 학칙에 명기되어 있으나 실제 실시정도는 문제이다. 메이지 11(1878)년, 미국인 리랜드가 초빙되어 신설(新說) 체조술이 여자사범학교 생도에게 실시된 후부터 히라이(坪井)와 다나카(田中)로 전승(傳承)되었다.

이 무렵부터 여자학습원과 여자사범학교 부속고 등에서 시도되었다. 반면에 이러한 시도와는 무관계로 미션스쿨(mission school)의 외국인 여자교사에 의해서 체조지도가 실시되었다.

예를 들면 후쿠오카(福岡) 여학교의 길(Geel) 교장은 1, 2, 3의 호령을 불러 체조를 지도하였다.

일본 여학교 체육이 남자교원에 의해서만 지도되는 것에 비하여 미션(mission school)계 여학교에서는(체육을 실시하는 학교는 적었으나) 그 사례(事例)로 길(Geel) 교장과 그 후의 휴스턴(Houston, 킨조金城여학교) 교장 볼스(Bolls, 프랜드 여학교) 여사 등과 같이 여자가 지도하고 있는 점은 다양한 의미에서 주의하는 것이 좋을 것이다. 그러나 고등여학교 체육에 대한 관심이 다소 나타나는 것은 메이지 20년대(1887) 후반부터이다.

지금까지의 체육은 명목적(名目的)인 존재에 가까웠다. 첫째 병식체조가 강조된 남자와 달리 뿌리 깊은 유교적 여성관(觀)이 지배하고, 그리고 활동적인 동작을 부자연스럽게 느끼게 하는 일본 전통 옷(和服)과 상투나 쪽을 튼 머리(結髮) 등의 장애가 있었다. 국가적 입장(見地)에서도 무엇 하나 구체적인 시책(施策)이 시도되지 않았다.

따라서 메이지 20년대 후반부터 움직이기 시작한 여자체육은 위정자·사상가·학자·교육자의 독자적인 견해나 학설적 체육론으로서 출발한다. 서구사회의 사정이 어느 정도 이해되면서 여자체육의 계몽논설(啓蒙論說)이 여자잡지·교육시론 등의 잡지에 나타난다.

나루세 진조우(成瀨仁藏)·호소가와 준지로우(細川潤次郎)·사쿠라이 죠지(櫻井錠二)·이와모토 요시하루(巖本善治), 츄죠 쵸세이(中條澄淸)·시노다 토시히데(篠田利英) 등 각각의 입장에서 흥미로운 논설이 게재되어 있다.

여자체육은 교과(敎科)로서의 체조과를 논하기 이전의 문제와 얽히기 때문에 여성관(女性觀)·여성미(女性美)·복장론(服裝論) 등 다각적인 시점에서 논하였다. 그 중에서도 주목할 만한 것은 호소가와(細川, 여자학습원 교장)와 나루세(成瀨, 일본여자대 교장)의 활약이다. 그들은 체육계몽뿐만 아니라 실지연구(實地硏究)를 실시하였다.

호소가와(細川)는 노쓰롭(Northrop) 호흡체조를 번역하고 여자에 적합한 독일

윤무(輪舞)의 소개에 노력하였으며, 나루세(成瀨)는 스스로 '구롱유희(球籠遊戲・일본식 농구)'를 고안하였으며, 자전거 타기를 장려하였다.

특히 나루세는 미국 유학중 1636년에 설립된 미국 매사추세츠(Massachusetts)주 케임브리지에 있는 하버드(Harvard)대학에서 그리고 매사추세츠주 남서부의 스프링필드(Springfield)대학에서 귤릭(Gulick)과 면담하여 다가올 여자대학 설립에 체육학부 구상을 기획할 정도의 열의(熱意)를 보였다.

일반적으로 여자체육의 필요는 외국인과의 비교에서 언급되는 경우가 많았다. 부국강병주의 사상의 확대와 국가적 견지에서 여자체육의 중요성이 통감(痛感)되기 시작하였다. 즉 자본주의적 경쟁에 이기기 위해서는 신체적으로도 건강하고 새로운 세계에 활보하는 여성이 필요하였다. 그리고 호소가와(細川)는 '신체는 자본'이라고 하였다.

지배계급의 자제(子弟)를 맡는 여자의 고등교육기관에서 봉건적 여성관(觀)을 탈피할 필요가 주장되는 부분에 메이지 여자체육의 특색이 있다. 메이지 20년(1887), 보통체조 실시를 위하여 양복 채용을 단행한 것도 가죠쿠(華族: 귀족계급) 여학교였다. 새로운 시대의 여자체육의 일환으로서 이러한 학교의 체육이 여자체육의 선구적 역할을 담당하고 있었던 사실을 잊지 말아야 한다.

양처건모(良妻健母・어질고 착한 아내와 건강한 어머니)상의 여성관(觀)으로 체육이 일반화되어 언급되는 것은 메이지 30(1897)년대 부터이다.

제2장 메이지(明治) 제2기의 체육(병식 체육의 발흥(勃興))

《참고문헌》

2. 모리 아리노리(森有札)의 체육관
   · 木村匡編「森有礼伝」(明治３２年)
   · 江木千之翁刊行会編「江木千之翁経歴談」上巻 (昭和８年)

3. 병식체조와 덕육(德育)
   · 陸軍省「陸軍諸条令」(明治１７年改正)
   · 江木千之翁刊行「江木千之翁経歴談」上巻 (昭和８年)
   · 「東京高等師範学校寄宿舎規則」(明治１９年９月改正)
   · 大日本教育会編「大日本教育会雑誌」(明治１９年３２号)
   · 文部省「学制七十年史」(昭和１７年)
   · 文部省教育史編纂会「明治以降教育制度発達史」３巻 (昭和１３年)

4. 학교령(學校令) 발포(發布・고시)와 체조과(體操科)
   · 文部省教育史編纂会「明治以降教育制度発達史」３巻 (昭和１３年)
   · 大日本教育会「大日本教育会雑誌」(明治１９年各号)
   · 開発社「教育時論」(明治１９年各号)
   · 文部省「学制八十年史」(昭和２９年)
   · 陸軍省「体操規範」(明治１７年改正)

5. 보통체조와 병식체조의 병립(竝立)
   · 坪井・田中「戸外遊戯法」(明治１８年)
   · 坪井・田中「普通体操法」(明治２０年)
   · 松石安治「隊列運動法」(明治１９年)
   · 飯塚勘蔵「小学隊列運動法」(明治１９年)
   · 陸軍省「体操規範」高尚器械之部 (明治２１年)
   · 陸軍省「体操規範」等一部柔軟之部 (明治２２年)
   · 山口高等学校「山口高等学校沿革史」(昭和１５年)

6. 체육에 미친 부강주의(富強主義)적 풍조
   · 「東京日日新聞」(明治１８年１２月２２日)

- 「教育時論」(明治１９～２０年各号)
- 「大日本教育会雑誌」(明治１９～２０年各号)
- 松彪編述「普通小学遊戯法」(明治２０年)
- 今村嘉雄著「日本体育史」
- 岸野雄三「運動会の歴史」(雑誌カリキュラム) 昭和３２年臨時増刊号)
- 東京青山師範学校「創立六十年青山師範学校沿革史」(昭和１１年)
- 宮坂哲文「課外教育史」(昭和２８年「教育文化史」１巻)

7. 소학교령(小學校令) 개정(改正)과 체조과(體操科)
- 神戸小学校「神戸区教育沿革史」(大正四年)
- 山岡 鐵舟(著), 勝海舟・勝部 眞長(編集),「武士道―文武兩道의 思想(角川選書)―」, 角川書店, 1971

8. 청일전쟁(淸日戰爭) 전후의 사회체육과 학교체육
- 「東京日日新聞」(明治２０年～明治２７年)
- 真行寺・吉原「近代日本体育史」(昭和３年)
- 「教育時論」「大日本教育会雑誌」「官報」(明２０年代)

9. 메이지 20(1887)년대의 스포츠와 유희
- 東京帝国大学「東京帝国大学五十年史」上冊 (昭和７年)
- 学習院「開校五十年記念学習院史」(昭和３年)
- 第一高等学校「向陵誌」(昭和５年)
- 東京文理科大学・東京高等師範学校「創立六十年」(昭和６年)
- 佐賀果教育会「佐賀県教育史」上巻 (昭和２年)
- 第五高等学校「五高五十年史」(昭和１４年)
- 慶忘義塾「慶忘義塾五十年史」(明治４０年)
- 白浜・志之目「遊戯法」(明治２７年)
- 坪井・田中「改正戸外遊戯法」(明治２２年)

10. 전후(戰後・청일전쟁 후) 체육의 경향
- 橋本新太郎「新案撃剣体操法」(明治２９年)
- 「東京日日新聞」(明治２８年)

・大日本教育会「大日本教育会雑誌」(明治２８年１６９号)

11. 체육장려와 모순된 양성기구
・神戸小学校「神戸小学校五十年史」(昭和１０年)
・東京文理科大学・東京高等師範学校「創立六十年」(昭和６年)
・文部省教育史編纂会「明治以降教育制度発達史」(昭和１４年)

12. 메이지 20(1887)년대의 여자체육
・岸野雄三「成瀬先生私論」(日本女子大雑誌「泉」昭和３２年６月号)
・福岡女学校「福岡女学校五十年史」(昭和１１年)
・金城学院「金城六十年史」(昭和２４年)
・普連土女学校「普連土女学校五十年史」(昭和１２年)
・厳本善治 (「女学雑誌」２０７号、２１７号、３５８号、４７２号、４３４号、４９７号、
　　　　　５０３号)
・中条清澄「体育に就て」(「大日本教育会雑誌」１６０号)
・篠田利英 「女子の高等教育とその健康」(「大日本教育会雑誌」 １６０号)
・桜井錠二 (「女学雑誌」６３号、６４号)
・細川潤次郎「女教一班」(明治２９年)
・成瀬仁蔵「女子教育」(明治２９年)
・桜楓会「成瀬先生講演集」全１０巻 (昭和１５年)

제3장 메이지(明治) 제3기 체육 — 스웨덴 체조 소개 —

1. 개관

　청일전쟁의 승리로 얻게 된 민족적 자부심과 3국(러시아·독일·프랑스)간섭14)으로 받은 국민적 굴욕감이 교차하여 전후(戰後) 교육은 한 때 왕성한 부강의식(富強意識)이 발휘(發揮)되었다. 그러나 그것은 오래가지 못하였다. 시대의 밑바닥에 흐르는 근대적인 개인의 자각과 기성도덕(既成道德)에 대한 반발이 국부적(局部的)으로 소용돌이치고 있다.
　메이지 32(1899)년 11월 '제국교육회(帝國敎育會)' 공개강연에서 구보다(久保田)는 학제 개혁의 필요를 언급하며, 다음과 같이 말하였다.

"교육개혁은 장래 국가의 성쇠(盛衰)에 관한 부분의 중요한 사건이지만, 지금 교육에 관심을 가지고 학교에 입학하지 않으려는 자가 많다. 이것으로 국가의 문운(文運) 진보(進步)를 도울 점은 적고 또한 폐해(弊害)도 적었다. 그것은 신체가 매우 약해지고 정신이 쇠약해져 풍기(風紀)가 폐퇴(廢頹)하고, 심한 것은 개인의 사사로운 일로 인해 자신 한 몸과 한 집안을 망하게 하는 것이 적지 않다. 이것은 유럽에 비하여 뒤떨어져 있다. 그러나 애국정신이 풍부하고, 용감한 기상에 풍부하고, 냉정한 성질을 가지고 있는 것은 다른 나라에 비교하여 조금도 뒤떨어지

---

14) 청일전쟁에 승리한 일본은 청나라와 시모노세키 조약을 맺어 타이완과 만주의 랴오둥 반도를 얻었다. 일본이 랴오둥 반도를 차지한 데 대해 가장 불만이 많은 나라는 러시아였다. 만주 쪽으로의 진출을 노리던 러시아는 독일·프랑스와 함께 일본이 랴오둥 반도를 차지하는 것은 동양 평화를 어지럽히는 일이라 하여 랴오둥 반도를 청나라에 돌려주라고 요구하였다. 세 나라(러시아·독일·프랑스)의 압력에 못 이긴 일본은 할 수 없이 랴오둥 반도를 청나라에 돌려주었는데, 이를 3국 간섭이라 한다.

지 않는다. 아니 오히려 타국보다도 뛰어나다. 자연히 신체가 약해서는 세계경쟁의 장(場)에 서서 일본의 국권(國權)·국리(國利)를 확장하려는 것은 생각하지 않을 수도 없다"고 하렸다.

이 연설은 메이지 제3기 체육의 기본 방면을 단적으로 보여준다. 황실(皇室)의 존엄(尊嚴)을 최고의 기반(基盤)으로서 충군애국(忠君愛國)의 덕육주의(德育主義) 체육이 이 시기에 확립되어 국민적 체육으로서 발전의 기초를 형성해 간다.

첫째로 학교를 주로 몇가지 보건위생에 관한 법령이 생기고, 체육의 합리적 환경을 설정함과 동시에 소학교·중학교 등의 모든 법규개선으로 체육의 내용도 현저하게 정리되었다. 일반 지식인의 독자적인 자기 견해나 학설적 체육론을 뛰어넘어 전문가들의 체육이론과 지도론이 전개되는 것도 제3기이다.

종래의 병식체조·보통체조 중심의 학교체육이 한편에서는 현장 교사의 유희연구, 다른 면에서는 전문가들의 스웨덴체조 소개로 인하여 논쟁이 이루어진 것은 메이지 35(1902)년경부터이다.

이리하여 메이지 38(1905)년에 겨우 활기찬 체육의 제 문제를 정리·통일하여 새로운 발전의 지반을 굳히기 위하여 '체조·유희조사위원회(體操遊戲調査委員會)'가 개최되어 메이지 제4기 체육으로 계승되어 간다.

2. 학교 위생 법규의 개선

국가주의를 배경으로 한 국민체육진흥의 경과(經過) 중에도 착실한 보건·위생이 개선되어, 이 시기에는 더욱 더 정비되었다. 특히 메이지 30(1897)년대부터 학교 위생의 개선은 근대교육 발전의 모습으로서 주목해도 좋은 사실이었다.

메이지 30(1897)년 1월의 '학교청결법(學校淸潔法)' 제정을 비롯하여 종래의 활력검사에 관한 훈령(訓令)을 폐지(廢止)하여 새로운 '학생생도 신체검사규정(學生生徒身體檢査規定)'을 정하고(메이지 30년 3월), 학교의사(學校醫·학교전담 의사)의 직무규정 및 학교규정과 학교의사(學校醫)의 자격을 정하여 학교현장에 적용하는 등 '학교위생고문회의(學校衛生顧問會議)'의 활약은 눈부셨다. 이리하여 메이지 30년대 전반에는 다양한 근대적 법령이 잇달아 발포되었다.

학교위생고문회의 위원들은 바른 체육 장려(獎勵)를 합리적인 위생적 배려와 보건·위생적 수단에 뒷받침하려고 시종일관(始終一貫) 노력하였다. 게다가 가슴 속에 담겨져 있던 생각, 즉 체육 진보를 덕육과 운동기능이라기 보다도 위생을 중점적으로·객관적으로 추진한 것은 바람직하였다. 이 생각은 부분적으로는 정부의 교육 방책(方策)에도 명백히 밝히고 있다. 왜냐하면 국위(國威·나라의 위력이나 위신)를 세계에 발양(發揚·기세나 기운을 떨쳐 일으킴)하고 일본제국을 구축하기 위해서는 보건제도의 근대화는 필연적으로 요청되기 때문이다.

메이지 30(1897)년대의 교육행정 전문가인 지방 장학사 직무규정에는 『교육칙어(敎育勅語)』의 주지(主旨)에 철저히 하고 동시에 학교 위생의 실시상태가 시찰 요령으로서 나타나 있다(직무규정 제2조). 미시마미치요(三島通良)시 등 학교위생 주사(主事)로서 학교의 아동발육 조사를 보고한 것도 메이지 30년대이다.

메이지 31년(1898) 9월에는 '학교 전염병 예방 및 소독법'이 훈령되고, 시력의 근시(近視)예방을 위한 교과서 인쇄에 관한 표준(메이지 31년 10월)과 미성년자 흡연금지법(메이지 33년 3월)도 규정되었다.

메이지 33(1900)년 3월에는 '학생생도 신체검사 규정'이 개정되어 동년 4월에는 학교 위생과(衛生課)도 신설되었으며, 의학적 합리주의는 법령과 제도로 구체화되었다. 이리하여 일련의 법령·제도는 메이지 30년대 전반기에 일단 근대적 체제(體制)를 정비한다. 법령제도의 근대화는 즉시 학교생활 근대화를 의미하는 것이 아니라, 실지로는 상당한 장애가 있었다.

예를 들면 학교의사(校醫)는 교비보다 수당을 염출하여야 했으며, 이것은 촌립학교(村立學校)와 정립학교(町立學校·인구 5천명 미만 町의 마을학교)에서는 어려운 사정이었다. 따라서 교의(校醫)가 있더라도 실지로는 명목적으로서 교의(校醫)를 두지 않는 경우도 있었다. 문부성도 실정을 알고 제 규정을 개선하여 이를 테면, 교의(校醫) 자격을 지방장관의 명(命)에 의해서 적당한 사람으로 대행하게 하고, 신체검사도 의사가 없는 학교에서는 시력·안질·청력·이질·충치 등의 검사항목을 제외하여 실정에 맞춘다. 그러나 이것은 개선으로서 결코 퇴보는 아니었다. 아니, 그 중에는 보수 등을 도외시한 열심인 교의(校醫)에 의해서 널리 체육의 문제까지도 개선된 예가 있다.

예를 들면 마츠에시(松江市) 고등소학교는 건강교육에 열심인 교의(校醫)하에 이 새로운 분위기 속에서 훌륭한 실내체조장을 건설하였다(메이지 32년). 체육 문제가 보건위생상의 면에서 연구·조사·시설·지도로 구체화됨과 동시에 신체검사의 통계도 당연히 장정(壯丁·젊은 남자)체위 문제와 관련하여 논의하게 되었다.

즉 문제해결의 합리적 방법도 국민개병주의(國民皆兵主義)인 체육진흥에서 그 중요함이 역설되었다. 메이지 30년대 후반에 이 경향은 점점 뚜렷해진다. 이미 메이지 31(1898)년에 제출된 제12 의회(議會) 체육 장려 건의안(案)은 그 한 예(例)이다. 이 건의안(建議案)의 설명회 연설에서 쿠보다 유즈루(久保田讓·메이지 36. 9~38. 11 문부대신)는 부강주의의 국제정세를 배경으로 장정(壯丁) 체위의 저하를 지적하고, 그리고 그 원인을 모리 아리노리(森有礼) 이후의 병식체조 실시열(實施熱)의 저하에 있다고 설명하고, 일본체육회 등의 민간단체에 보조금 수여를 주장하였다.

장정(壯丁) 체위의 통계적 수치를 가지고 국민체육진흥을 역설하는 것은 이 무렵부터 상식으로 동시에 체육은 학교의 한 교과(敎科) 문제가 아니라, 국민을 대상으로 한 체위·체력 문제로서 주목의 표적이 되었다.

3. 교우회(校友會) 운동부에 대한 기대와 요청

일본 근대화의 어느 정도의 성숙이 민권론(民權論·국민의 자유와 권리가 보장되어야 국가의 권력도 신장된다는 주장)과 관련된 화려한 자유주의적 견해에서 사색적인 것과 개인생활의 내면적인 것으로 향하게 된 것도 메이지 30년(1897)대부터이다. 그것은 청일전쟁·러일전쟁 2개의 대외전쟁(對外戰爭)을 거친 무렵부터 두렷이 나타난다. 이미 청일전쟁 후 전승(戰勝)을 기회로 비약적으로 발전한 산업 경제에 의해서 사실 와신상담(臥薪嘗膽·장작위에 누워 쓸개를 씹는다는 중국 춘추시대 오나라 합려왕과 월나라 구천왕의 고사로 굳은 결심을 하고 어려움을 참고 견디는 것)적인 긴장감이 느슨해져 물질적 향락 충족을 추구하는 경향이 나타났다. 그러나 기숙사 생활을 하는 고교생에게 움튼 근대적인 개성 자각과 감각은 상부에서 일괄하여 '도의퇴폐(道義頹廢)'나 '학생풍기문란(學生風紀紊亂)'이라는 단어에 의해서 강하게 규제되었다.

『태양(太陽·메이지 28년 발간)』과 『일본주의(日本主義·메이지 30년 발행)』 등의 일간 잡지에는 기성도덕을 부강시대(富強時代)의 국가도덕으로 높이려는 논설이 게재되어 주의(主義)에 맞지 않는 비(非)국민화 하는 경향이 나타났다.

상부의 압력과 하부의 반발이 미성숙한 형태로 교육에 나타난 것이 '학교소동(學校騷動)'과 '풍기문란(風紀紊亂·풍속의 질서가 바로 서 있지 않고 어지러움)'이다. 교장·사감·교사 배척(排斥) 등의 동맹 휴교는 메이지 31(1898)년에 20건을 초과하였다. 그것은 영국의 윈체스터(Winchester)학교와 럭비학교의 소동과 같이 군대가 출동할 정도의 심각함은 없었으나 상부에서 사대주의적(事大主義的) 대책이 좋지 않은 결과를 수반하여 연쇄반응을 일으키는 경우도 적지 않았다.

교원과 학생의 염서(艷書: 연애편지)·유흥(遊興)·폭행에 대한 신문잡지의 취급도 악취미와 과대화가 동반하였다. 풍기퇴폐(風紀頹廢)도 필요이상으로 주장되었다.

따라서 체육·도덕과의 관계는 정과시(正課時)의 군사훈련(병식체조)을 넘어서 새롭게 인식되었다. 널리 체육은 학생 풍기(風紀)를 교정하고 학교의 정해진 규율과 모범이 될 만한 정연한 질서 및 정신이나 기세를 떨쳐 일으키는 교기진숙(校紀振肅: 학교 기강을 엄숙하게 바로 잡음)이라는 시대적 사명을 띠고 등장한다. 이 덕육(德育)과의 관계에서 이 시대의 체육에 대한 기대는 컸다. 그런 만큼 또한 체육에 대한 관심은 의무교육의 아동보다도 중등학교 이상의 학생생도에 맞추어 짜여 있었다.

교우회(校友會)가 교풍쇄신(校風刷新·학교가 지니고 있는 습성이나 폐단을 없애고 새롭게 함)의 의미를 띠기 시작한 것은 이 때문이었다. 교우회 활동은 추상적으로 말한다면 퇴폐(頹廢)한 사회에서 순수한 학생을 차단하여 세상의 악풍오속(惡風汚俗·바람직하지 못한 나쁜 풍속이나 좋지 않은 풍속)에서 멀리하고, 기숙사를 중심으로 한 자치생활에 의해서 인물을 양성하는 기구였다. 결과로서 그 추진력이 된 것은 교우회 운동부였다.

  운동클럽은 그 발전사에서 바라보면 메이지 초기 즉흥적인 사적(私的) 회합으로 시작하여 머지않아 종목별 보트·테니스·야구 등의 클럽단체로 성장하고 그리고 각종 운동을 통일하는 운동부와 운동회 조직으로 발전하였으며, 지금은 교우회 조직의 핵심 위치를 차지한다.

  어떤 교장은 교우회 설치의 주지(主旨)를 학생에게 인정하면서 그것이 특히 '체육 장려의 기관(機關)'이라는 것을 지적하고 있다. 이것은 당시 일을 재치 있고 빠르게 처리하는 의욕적이고 능력있는 교장의 공통된 견해이며, 또한 교우회의 기본적 성격을 이야기하고 있다. 그러나 운동부가 교우회의 왕좌를 차지한 이유는 근대 학생 스포츠가 자연발생적인 것이면서도, 여기서 형성된 인물이 당시 위정자가 기대하는 지도자 타입(type·유형)에 일치하였기 때문이다.

  스포츠는 외래적이면서 발생국 영국 자체에서 기사풍(騎士風)인 전통정신을 지반(地盤)으로 발전한 운동이었다. 메이지 학생에게 주어진 스포츠는 오늘날의 갬블링(gambling: 도박) 스포츠가 아니라, 기사풍으로 채색(彩色)된 신사도(紳士道) 스포츠였기 때문에 메이지 학생들은 연습을 거듭하여 스포츠의 공명(共鳴)을 높였다. 반대로 이야기하면 외국인 교사의 여가지도(餘暇指導)로서 확대된 스포츠 중에 일본인은 그것을 일본적으로 섭취하는 무가풍(武家風)의 감각과 정신으로 베여들게 하였다. 이리하여 자기희생·실질강건·충성심 등의 덕목은 일본적으로 소화되어 인물주의(人物主義·문벌이나 학력보다 그 사람의 능력이나 됨됨이를 중요하게 여기는 태도)와 옥쇄주의(玉碎主義·천황을 위해 떳떳하게 죽는 것) 정신이 발휘된다.

스포츠맨은 연약(軟弱)의 기(氣)를 바로잡는 정의의 기사(紳士)이며, 문자(文字)에 들어나지 않는 스포츠맨 정신(Sportsmanship)은 필연적으로 교풍쇄신(校風刷新)의 사명을 짊어진 존재였다.

운동부 회비가 일반학생에게서 징수되고, 응원을 위하여 학생들이 동원되는 것은 선수가 자기 한 몸을 희생하여 싸우는 영웅이기 때문이다. 이 주의(主義)에 반대하는 인물은 이기주의자며, 반대로 영웅들이 공부하지 않는 것은 정당화되었다.

이점에서 아마추어리즘은 사실 제멋대로인 것이다. 스포츠맨의 결함과 공부하지 않는 것은 정당화되면서 그 비판은 비난으로 되돌아갔다. 물론 이러한 방향을 배후에서 지원한 것은 학교 측에 있으며, 또한 많은 학생은 그것을 시대의 상식으로서 받아들였다. 여기에는 정부의 의도에 맞지 않는 것을 비(非)국민화 하는 경향과 공통된 것이었으며, 그렇기 때문에 교우회는 중요시되었던 것이다.

4. 체육설비 기준의 구체화

이 시기의 체육을 도식화(圖式化)하지 않고 이해하기 위해서는 근대체육의 진보를 나타내는 다음과 같은 문제를 언급할 필요가 있다. 체육을 진흥하기 위하여 보건·위생적인 면과 함께 시설과 용구의 문제가 한층 중요시되었다. 학생 풍기(風紀)와 선도(善導)에 관련하면서도 근대 레크리에이션의 싹이 트기 시작했다는 것도 주의해야 한다. 아동·생도에 운동을 장려하는 것을 학교 내의 문제가 아니라 널리 사회문제로서 논의할 구체책(具体策)도 나타났다. 도회(都會)적인 생활에서 벗어나 휴가시 텐트여행 및 산과 들판을 오르고 돌아다니는 등산과 트레킹 활동에 의해서 심신건강을 육성하며, 아동공원과 공공시설의 증설을 주장하는 의견도 많았다.

뒤에 언급하듯이 메이지 35(1902)년경 전국 소학교에 유행한 유희 열풍 등도 새로운 움직임이다. 과외(課外)에 적합한 운동종목이 '교장회의'와 '지방교육회'의 회의 등에서 논의된 것도 메이지 32~33년경부터이다. 특히 체육시설의 법규는 메이지 32(1899)년에 큰 발전을 이룬다.

이 해에 '중학교 편성 및 설비규칙'(메이지 32년 2월 8일) '고등여학교 편성 및 설비규칙'(2월 9일) '소학교 설비준칙' 등이 정해졌다. 이것은 위생관계 법규에 호응하여 '운동장 기준을 법규화'한 최초의 것으로 주의할 법규이다.

(1) 중학교 편성 및 설비규칙
　　② 설비규칙 제17조 교지(校地)내에 체조장을 설치하고, 단 토지정황에 따라 교지 내에 설치하지 못할 경우에는 학교 근방에 설치하며, 토지정황에 따라 교지 내에 우중(雨中) 체조장을 설치한다.
　　② 설비규칙 제18조 체조장은 방형 또는 유사한 형상으로 2,000평 이상의 면적을 준비하고 단 특별한 사정이 있을 때는 문부대신(文部大臣·우리나라 교육부 장관에 해당)의 허가를 받아 1,000평까지 줄일 수 있다.

(2) 고등여학교 편성 및 설비규칙
　　① 설비규칙 제5조 교지(校地)는 학교 규모에 적응한 면적을 가지고 도덕상 및 위생상 해가 없는 장소이어야 하며, 교지(校地) 내에 체조장에 충당할 상당한 장소를 갖춘다.
　　② 설비규칙 제6조 교사(校舍·학교의 건물)는 아래 제실(諸室)을 준비해야 하며, ……3, 우중체조장(雨中體操場)

(3) 사범학교·중학교 및 고등여학교 건축 준칙
　　① ....교지(校地)내의 체조장 위치는 가능한 교사(校舍)의 남방(南方)·서남방(西南方)·동남방(東南方) 또는 서방(西方)이 필요하다.
　　② 교원실(敎員室)은 가능한 체조장 방면으로 설치한다.

(4) 유치원 보육 및 설비 규정
제7조 2, 유치원은 유아 한 사람당 1평보다 작아야 한다.

(5) 소학교 설비 준칙

제2조 체조장은 방형 또는 이와 유사한 형상으로 면적은 아래에 규정에 따른다.

① 보통소학교에서는 생도 100명 미만은 100평 이상으로 하고, 생도 100명 이상은 1명당 1평 이상의 비율로 한다.

② 고등소학교에서는 생도 100명 미만은 100평 이상으로 하고, 생도 100명 이상은 1명당 1평 이상으로 하고, 단 특별한 사정이 있을 경우에는 생도 1명에 1평까지 줄일 수 있다.

다음 해(메이지 33년)에 제정된 '소학교령 시행규칙'에 따르면 소학교에서도 옥외 체조장과 옥내 체조장을 설비하도록 규정하고 있다. 단, '옥내 체조장은 토지 사정에 따라 이를 설치하지 않을 수 있다'고 했다. 탄력적이지만 이것은 물론 비와 눈이 많은 지방을 대상으로 체육 장려의 적극적 방침을 나타낸 것이다.

메이지 20(1887)년대 야외 병식체조 장려에 의해서 체육관 건립을 2차적으로 생각한 경우와 달리 눈이 많이 오는 지방의 동계체육이 고려되었으며, 생도수(生徒數)에 따라서 운동장 평수를 규정하고 시설과 장소 문제 해결부터 체육진흥을 시도하기 시작한 것은 큰 진보였다.

5. 체육 법규의 비약적 개선

시설정비를 배경으로 새로이 제정된 '소학교・중학교・고등여학교의 시행규칙'에는 체조과(體操科)의 목표가 명확히 제시되었다.

메이지 33(1900)년 8월의 소학교령 시행규칙 제10조에는 "체조는 신체의 각부를 균일하게 발육시켜 사지(四肢・팔과 다리)의 동작을 기민하게 하고 전신건강(全身健剛)을 보호・증진하여 정신을 쾌활하게 하고 의지가 굳고 강직하게 하며, 더불어 규율을 지키고 협동을 존중하는 습관을 배양하는 것이 요지이다."

메이지 24(1891)년 11월의 소학교 교칙대강(校則大綱)의 요지에 '팔과 다리 동작을 기민하게 하여'와 '협동을 존중하는 습관'의 2가지가 추가되었다.

앞에도 약간 언급하였듯이 메이지 33(1900)년의 시행규칙에는 옥외 체조장(운동장)의 기준과 옥내 체조장(체육관)의 설치 등도 규정되고, 또한 메이지 24년 이후 매주 3시간이었던 보통(尋常)소학교(1~4년)의 체조시간도 4시간으로 증가되고, 고등소학교(1~4년)는 종래 2시간이었던 여자체조 시간이 남자와 같이 3시간으로 되었다. 또한 메이지 34(1901)년 4월에는 '소학교 체조과 과정 및 교수시간표'가 다음과 같이 통달되었다.

소학교 체조과 과정 및 교수시간표

구분	학년	매주 시간	회수	유희	보통체조	병식체조
보통과 (尋常科)	제1학년	4	6회 이상	매회 30분 또는 1시간	-	-
	제2학년	4	동(同)	매회 30분 또는 1시간 매주 3시간	매회 30분 매주 1시간 체조준비	-
	제3학년	4	동(同)	매회 30분 또는 1시간 매주 3시간	매회 30분 정용법(矯容法) : 매주 2시간 호흡운동 신체교정법	-
	제4학년	4	동(同)	매주 30분 또는 1시간 매주 3시간	동(同) 도수체조 : 제1(연습) 아령 초보	-

구분	학년	매주 시간	회수	유희	보통체조	병식체조
고등과 (高等科) 남자	제1학년	3	-	매회 30분 또는 1시간 매주1시간	매회 30분 매주1시간 복습 아령	매회 30분 각개 교련 매주 1시간 유연체조
	제2학년	3	-	동(同)	동(同) 복습	동(同)
	제3학년	3	-	동(同)	동(同) 복습구간 :초보	동(同) 유연체조 분대교련
	제4학년	3	-	동(同)	동(同) 복습구간 :체조	동(同) 소대교련 기계체조: 초보

구분	학년	매주 시간	회수	유희	보통체조	병식체조
고등과 (高等科) 여자	제1학년	3	-	매회 30분 또는 1시간 매주1시간	매회 30분 매주1시간 복습 아령	-
	제2학년	3	-	동(同)	동(同) 복습 구간(球竿)초보	-
	제3학년	3	-	동(同)	동(同) 복습 구간(球竿)체조	-
	제4학년	3	-	동(同)	두낭(豆囊)체조	-

― 정용법(矯容法) : 운동을 시작하기 전에 달리기·허리·목 따위를 율동적으로 움직여 자세를 바로 잡는 방법
― 구간(球竿) : 대나무 둥근 바퀴
― 두낭(豆囊)체조 : 여학생 두 사람이 서로를 향해 오자미(팥 주머니)를 던지는 체조

□ 병식체조에서는 아동의 집총을 요한다.
□ 2학년의 고등소학교에 있어서는 본 표(表) 고등과 제2학년까지를 부과하고 3학년의 고등과에 있어서는 본 표(表) 고등과 제3학년까지를 부과한다.
□ 옥외운동 또는 수영을 배울 때는 본 표(表) 시간 내외에서 이를 부과한다.

메이지 34(1901)년 3월의 중학교령 시행규칙 제13조에는 아래와 같다.

"체조는 신체의 각부를 균일하게 발육시켜 사지의 동작을 기민하게 하여 전신건강을 보호·증진하여 정신을 쾌활하게 하여 의지가 굳게 하며, 더불어 규율을 지키고 협동을 존중하는 습관을 배양하는 것이 요지이다. 체조는 보통체조 및 병식체조로 하여 보통체조에서는 교정술·도수체조 아령체조·구간체조(球竿體操) 및 곤봉체조를 배우고, 병식체조에서는 유연체조·기계체조·각개 교련·소대 교련 및 중대교련을 배운다."

메이지 34(1901)년 3월의 고등여학교령 시행규칙 제12조에는 "체조는 신체의 각부를 균일하게 발육시켜 팔과 다리의 동작을 기민하게 하여 전신건강을 보호·증진하여 정신을 쾌활하게 하여 의지가 굳게 하며, 더불어 규율을 지키고 협동을 존중하는 습관을 배양하는 것이 요지이다. 체조는 보통체조 및 유희(遊戲)로 하여 보통체조는 교정술(矯正術)·도수체조(徒手體操)·아령체조(啞鈴體操)를 배우고 또한 편의구간 체조(便宜球竿體操) 및 두낭체조(豆囊體操)를 배운다"고 각각 요지와 내용을 기술하고, 중학교·고등여학교도 매주 3시간으로 규정하였다.

그러나 고등여학교의 체조장에 대해서는 여전히 '상당한 면적'으로 기술되어 있을 뿐 구체적인 기준은 나와 있지 않았다.

메이지 35(1902)년에는 중등학교 교수요목(敎授要目), 메이지 36년(1903)에는 고등여학교 교수요목(敎授要目)을 규정하였다. 오늘날의 보건에 관한 지식은 중등학교에서는 박물(博物·광범위 한 내용을 알게 함)로, 고등여학교에서는 이과(理科)로 '생리 및 위생'으로 가르치고 있다. 체육·보건의 필요성은 수신(修身)의 내용에도 나와 있다.

메이지 35(1902)년 2월의 중등학교 교수요목(敎授要目)에 따라서 일본 최초의 체조요목(體操要目)이 맹아적(萌芽的)으로 발표하였음을 알 수 있다. 즉

○ 체조요목
  제1학년   - 보통체조 : 교정술, 도수체조, 아령체조
             - 병식체조 : 도수 유연체조, 도수 각개교련, 도수 소대교련

제2학년 　　　- 보통체조 : 교정술, 도수체조, 아령체조, 구간체조, 곤봉체조
　　　　　　　- 병식체조 : 도수 유연체조, 도수 각개교련, 도수 소대교련,
　　　　　　　　　　　　　도수 중대교련
제3학년 　　　- 보통체조 : 전(前) 학년에 준한다.
　　　　　　　- 병식체조 : 도수 유연체조, 도수 각개교련, 도수 소대교련, 도수
　　　　　　　　　　　　　중대교련, 기계체조, 호령연습
제4~5학년 　- 보통체조 : 전 학년에 준한다.
　　　　　　　- 병식체조 : 유연체조, 각개 교련, 소대교련, 중대교련, 기계체조,
　　　　　　　　　　　　　호령연습

　이것은 메이지 27(1894)년의 보통(尋常)중학교 각과(各科) 요령의 배당표와 근본적인 차이는 없고, 여전히 병식체조·보통체조의 2본위(二本位) 체계로서 스포츠 교재는 정과(正課)로 지적되지 않았다. 후자는 중학교 이상의 학교에서는 교풍쇄신의 클럽활동으로서 다른 계통으로 발달하였다. 그러나 '요령'과 달리 이 '신(新)요목'에는 '교수(敎授)상의 주의'를 상세하게 다루고 있다.

① 체조를 가르치기에 앞서 이 운동의 목적과 근육의 사용부분 등을 정밀하게 설명한 후, 정확하게 이 규범을 제시하고 이를 따라야 한다.
② 한 운동을 시작하여 배우는 경우에 정밀하게 주의하여 약간의 오류라도 간과하지 않고 이를 교정한다.
③ 체조를 가르침에 생도의 체력에 유의하여 과도한 운동을 억제하고, 허약한 생도에게는 특히 유의하여 처음부터 강한 운동을 시작하지 않고, 점차 이에 견디어 나가게 한다.
④ 이미 가르친 운동은 반복 연습하여 숙달시키며, 그러나 장시간 연속하여 동일 운동만을 시키지 않는다.
⑤ 먼지가 가득한 장소 및 무더운 햇살을 바로 받는 장소에서 운동시키는 것은 피한다.

⑥ 기계체조는 보통연습 및 응용연습을 부과한다.
⑦ 체조 교수시간에 운동을 실시할 때는 유희(遊戲)방법을 설명하고, 이 외 체육에 관한 강의 없이 및 군사학의 대요를 가르친다.
⑧ 아령은 민첩한 운동을 하는데 중에 있어서 이 중량 무게를 초과하지 않고, 곤봉은 이에 반대로 느슨하게 서서히 하고 많은 힘이 필요한 운동을 할 때에는 이 중량을 가볍게 한다.
⑨ 기계체조장의 바닥에 까는 모래는 연하게 해 둔다.
⑩ 생도로 하여금 항상 기계의 정돈 및 보존에 주의시킨다.
⑪ 체조 교수(敎授) 시간 외에도 늘 생도의 자세에 유의하여 적절하게 각종 유희 운동을 장려한다.
: 아령, 구간(球竿), 곤봉, 총 및 부속품, 군도(軍刀) 및 부속품, 배낭, 나팔, 총(銃)분해품, 철봉, 선반(棚), 수접(手摺: 난간잡기), 도승(跳繩: 줄넘기), 도태(跳台: 전각오르기), 양목(梁木; 외다리 통과) 등

고등여학교 교수요목은 메이지 36년에 규정되었으나 이것도 남자와 같이 학년 배당표와 교수상의 주의가 언급되어 있다. 즉 각 학년 모두 체조과는 매주 3시간 보통체조와 유희를 부과하고, 첫째로 2학년의 보통체조는 준비법・정용법(整容法, 제세를 바로 잡는 법)・호흡법・교정술(矯正術)・도수체조이며, 둘째 유희는 행진운동과 유기(遊技, 오락으로 하는 운동이나 경기)로 나누어져 있다. 셋째 4학년의 보통체조는 교정술・도수체조・아령체조로 유희는 행진운동과 유기(遊技)로 나누어져 있다. 또한 체조는 보통체조와 유희를 일반적으로 2대 1의 비율로 부과하도록 규정하고 있다.

교수상 주의에서 중학교와 다른 점은 여자의 교수(敎授)는 여교원이라는 요망이 처음으로 나타났다는 것과, 신체의 정기적 이상(異狀)에 대한 주의(메이지 33년 2월의 通達 재확인), 운동과 복장에 관한 주의 등이 나타나있다. 또한 교수용(敎授用) 비품은 아령, 하네츠키 놀이의 하고이다(羽子板), 하고네(羽子根), 두낭(豆囊), 국(鞠), 윤(輪), 망(綱), 크로켓(croquet), 잔디 테니스(lawn tennis) 등의

제 유희(遊戲) 기구를 들고 있다.

6. 교육 유희(遊戲)의 유행

이상의 제 법규를 통하여 일본의 학교체육이 메이지 30(1897)년대부터 일단 체제를 정비해가는 과정이 나타난다.

게다가 법규상에는 그다지 들어나지 않으나 청일전쟁의 긴장이 풀려 러일전쟁의 긴박감이 넘치는 중간기에 한때 유희가 대유행한 적도 있었다. 법규상에는 메이지 33(1900)년 이후 유희가 소학교·고등여학교의 교재로서 중시되고, 중학교에서도 과외(課外)로서 옥외운동이 장려되고 있으나 특히 소학교 유희는 한 때 크게 유행하였다. 일찍이 메이지 32년경, 이른바 '교육 유희(遊戲)'는 다음과 같은 성황으로서 묘사되고 있다.

"한편에는 국어 열성과 더불어 운동·유희의 유행 또한 매우 성행하여 백발의 노선생, 젊은 남녀의 교사와 손을 잡고 유희 강습에 여념이 없고, 마치 모리 아리노리 문부상 시대에 총검술을 배워 익히는 것과 전후(前後) 상응하여 최근의 큰 기묘(奇妙)한 광경이다. 이리하여 소학교 아동의 유희는 이 전성기로 어떠한 가난하고 외진 마을이나 도시에서 멀리 떨어진 단급 소학교라 하더라도 무용수 재주의 유희를 보지 못하게 되는 것은 없었다. 한 세대의 유행 등 이상한 것은 없다."
― 고베구 교육연역사(神戶區 敎育沿革史) ―

당시의 유희교육 상황을 전하고 있다. 그러한 유희교육을 대표하는 새로운 학설은 통합주의 신교수법을 주장한 히구치 칸지로(樋口勘次郎)가 대표된다. 그는 "자아활동의 가장 적절한 예는 유희에 있다"고 언급하고 "아동이 개를 쫓고, 고양이를 몰고, 풀을 뜯고, 꽃을 모으고, 흙을 파고, 돌을 쌓는 그들이 자발적으로 이루는 부분에 그들의 전력을 경주하는 부분이 유희이며, 따라서 이 심신을 발달시키는 힘은 매우 크다"이며, "이 종류의 활동은 그들의 유쾌한 유희이며 동시에 귀중한 학문이다"이라고 설명하고 교사는 솔선하여 유희하라고 결론을 내리고 있다. ― 히구치 칸지로 『통합주의 신교수법(統合主義 新敎授法), 메이지 32년』 ―

유희는 한때 체육보다도 전과(全科)에 대한 자유로운 '유희적 교수(敎授)'로서 유행하였다. 그러나 당시의 상부에서의 규제와 당시의 유희관(遊戱觀)의 미숙성으로 생긴 다음과 같은 에피소드는 뭔가 진실의 한 단면을 말하고 있다. 즉 어떤 장학사가 한 소학교를 순시하였을 때 수업중의 교실이 시끄럽고 혼란스러웠다. 나쁜 짓하는 아이, 잡담하는 아이가 많아 교사에게 질문하자 그 교사는 아동을 놀게 하면서 공부하게 하는 것이라고 대답하였다.

유희는 적어도 소학교 체육에 있어서는 보통체조의 경화증상(硬化症狀)을 전환하는 의미를 가지고 있으나, 현장 말단에서는 일종의 유행성을 띠고 신기(新奇)를 쫓아 강습회를 다니는 교사도 많았다.

메이지 30년대부터 유희 관련 서적 출판수를 보면 메이지 34, 35년은 우리들이 알고 있는 범위에서도 매년 20권을 넘고 있다. 특히 사범부(師範附) 소속 소교관(小敎官)의 활약은 눈부셨다. 그러나 유희의 연구단체라도 별로 시민사회의 근대사상을 깊이 이해한 운동도 아니었으며 슬로건 이상의 공명(共鳴)을 가진 통일적 운동도 아니었으며, 마침내 '유희를 위한 유희'는 그 때문에 오히려 약점을 가지게 되었다.

따라서 메이지 30년대의 3·4·5학년이 고조(高潮)에 달한 유희도 서서히 하강곡선을 그렸다. 그러나 유행의 소용돌이 바닥에는 분명히 성과도 있었다. 당시는 『실험 유희서(實驗遊戱書)』 등 '실험'이라는 단어가 자주 사용되었다.

즉 실제로 아동에게 시험(試驗)하여 경험을 근거로 교재선택을 한다는 태도가 유희에서 가장 명백하게 나타난 것이다. 체조와 병식(兵式)과 같이 세세한 점에 대한 테두리가 규정되지 않았기 때문에 현장교사의 창의가 가장 발휘되기 쉬웠다.

유희(遊戱) 연구에서는 여자의 활약도 현저하다. 이토우시 게코(伊藤成子)의 『소학여자 유희법(小學女子遊戱法), 메이지 36년』 등 그 한 예이다. 남녀의 성별을 고려하여 교재연구도 추진되었다.

잡지와 단행본 등으로 잘 쓴 문장 글씨 솜씨를 발휘한 사토우 토미오(佐藤福雄)의 『실험일본신유희(實驗日本新遊戱), 메이지 36년, 사토우佐藤·모리森 공저)』에서 당시의 대표적 종목을 들어 보면 다음과 같다.

(1) 소학교 보통과
- 제1, 2학년
    남 : 와권구보(渦卷驅步), 원평기(源平旗), 중대행군(中隊行軍), 짐승놀이(狼遊), 소대(小隊)놀이, 사색기(四色旗), 대명(大名)경쟁, 공(毬)굴리기
    여 : 환(環)놀이, 낙뢰(落雷), 2개의 환(環), 맹산(盲さん·술래잡기), 환(環)던지기, 수번귀(手繁鬼)
- 제3, 4학년
    남 : 2분간 공격, 원숭이 놀이, 무거운 수레 끌기 병정놀이, 척후병(斥候兵), 군함놀이, 매사냥놀이, 수뢰(水雷)공격, 연기경주(連技競走), 기병(騎兵)전쟁
    여 : 초이귀(草履鬼: 짚신 귀신), 매화꽃, 3보(三寶) 건내기, 기차 놀이

(2) 소학교 고등과
    남 : 편족충돌(片足衝突), 관관원(關ヶ原), 변보(變步)경주, 아선두(啞船頭), 인마타구(人馬打毬), 토기합전(土器合戰), 육정(陸艇)
    여 : 가사(家事)놀이, 사격, 연쇄(連鎖), 고구(鼓駈), 윤의 곡(輪の曲)

사토우(佐藤) 등은 유희 중에서 특히 달리기를 기본으로 한 경주유희를 중시하고 창가(唱歌)유희·표정유희를 비판하였다. 반대로 경쟁유희는 여성스러운 종목

이 아니라고 반격하는 자도 있었으나 사토우(佐藤)는 그것이 동양여자의 인순고식(因循姑息・세상이 바뀌었는데도 낡은 관습이나 폐단을 벗어나지 못하고 당장의 편안함을 취함)을 타파하기 위하여 중요하다고 강조하고 있다.

타카하시 다케지로(高橋忠次郎)는 도시샤(同志社)와 메이지 34년(1901) 이후 유희조사회(遊戲調査會)를 설립하고 유희잡지를 발행하였으며, 특히 여자체육의 입장에서 창가유희와 음악유희를 장려하였다. 표정유희와 창가유희에서 크게 활약한 사람이 시로이 큐키로(白井矩規郎)가 있으나 그는 일본여자 대학으로 옮긴 후부터 점점 이 방면의 연구를 깊이 하였다. 또한 유희교육 존중(尊重)의 시대적 흐름을 반영하여 히라이 하루미치(平井玄道)도 이 무렵에 독일의 행진유희를 소개하고 지금까지 상당한 영향을 미쳤다.

7. 과외(課外) 스포츠와 여자체육의 발전

체육잡지로서 이 무렵까지『체육(體育), 메이지 26년』『유희잡지(遊戲雜誌)』『음악유희계(音樂遊戲界)』,『학교위생(學校衛生)』등의 월간지가 등장하고, 서서히 전문화되기 시작한 체육계(體育界)를 반영해왔다.

소학교와 고등여학교의 정과(正課)에 유희연구가 활기를 띨 무렵 중학교 이상의 남자학교에서는 과외(課外) 스포츠가 분화(分化) 발전하였다. 스포츠전문지로서『운동계(運動界)』가 출판되었으며, 약간의 스포츠 책도 발간되었다.

다이마이(大每)와 시사(時事) 등 신문사 주최의 경기회도 메이지 30년대 중반부터 기획되기 시작하였다. 일반적으로 당시의 스포츠계는 학생과 졸업생이 주체(主體)를 이루었으나, 이미 이 무렵의 스포츠계는 일종의 국제성을 가졌으며, 그 예로 요코하마(橫浜), 고베(神戶) 주재(住在)의 외국인과의 교환경기도 왕성하였다. 남자학교에서는 대부분이 럭비 조직을 만들어 교우회 운동부로서 운영되고, 교우회지(校友會誌)에는 운동기사가 가득찼다. 종목도 육상・야구・보트 외에, 구기류(球技類)가 증가하고, 연식테니스(연식정구)・럭비・축구 등이 실시되었다.

이러한 시대적 사정과 정세(情勢)에서 촉발되어 여학교에서도 겨우 클럽활동의 기운이 싹트기 시작하였다. 메이지 33(1900)년의 사가(佐賀)고등여자학교, 메이지 36(1903)년의 우츠미야(宇都宮) 고등여자학교, 메이지 37(1904)년의 호쿠리쿠(北陸)여학교 등이 여기에 해당하였다. 그러나 종목은 남자와 달리 초보적인 정도로 테니스·탁구·크리켓(croquet)·농구가 실시되었다.

앞에서 언급하였듯이 당시의 스포츠는 '방임(放任)에서 육성(育成)'으로 상부의 태도도 변하였다. 중학교 교장 회의에서도 장려할 유희(과외 스포츠)에 대하여 자문하고, 스포츠에 의한 생도의 선도(善導)가 언급되어 있다. 당시의 신문잡지를 보면 유희장려, 아동공공 유희장 설치 촉진, 야외여행 장려의 논설에서는 유희가 학생의 나쁜 유희와 타락을 방지하는 대책으로서 중시하였다는 것을 알 수 있다.

따라서 스포츠 유희의 장려는 국가와 사회문제로서 받아들여져 교장회의에서도 장려해야 할 유희는 교육적인 단체적 옥외게임을 기준으로 들고 있다. 이것은 메이지 35(1902)년 6월의 학무국장 통첩(通牒 : 통지문)에 명시되었다. 스포츠가 학교 소요(騷擾)와 품행(品行)을 배경으로 언급되는 것은 물론 남자이며, 고등여학교 교장회의 등에서는 여자 유희가 겨우 주목될 정도였다. 남자에게는 '억제'가 여자에게는 '육성'이 필요하다고 하였다.

이러한 회의에서 여자의 운동장려가 복장개선과 관련하여 언급되어 체육 문제가 운동복 의논에 집중하고 있는 것은 흥미로운 일이다. 게다가 이 문제는 실로 생활태도의 근대화 문제로 발전하며, 특히 일본의 지도자 계급의 부인이며 모친이 되는 여성들에게 체육이 중시되어 그것을 구체화하는 사명을 짊어진 것이 메이지 여학교이다.

여자대학과 여자학습원(女子學習院)의 운동회가 도쿄도(東京都)의 인기를 얻어 신문지상에서도 사진까지 게재하고 있는 것도 이 때문이다. 따라서 여자체육진흥이라는 점에서 선각자(先覺者)적 교장은 일등 공로자였다.

어떤 경우에는 복장개혁을 비롯하여 체육진흥에 반대하는 직원과 부형(父兄)을 계몽하기 위한 주역이 되었다. 그 계몽의 기반은 한마디로 한다면 근대여성의 육성이다. 건강하고 일을 감당할 만한 능력인 뛰어난 신체는 개인의 행복뿐만 아니라 국가의 '자본'이라는 설, 서양(歐美) 국가의 부인(婦人)들과 동등한 생활을 하기 위해서는 체격개선에 의해서 기력도 보충해야 한다는 설, 봉건적 여성관이 여성의 자연능력과 본성을 왜곡하고 성장해야 할 소질을 억제하고 있다는 설 등 다양하였다. 그리고 도쿄여자고등사범학교 부속 소학교 주사(主事) 시노다(篠田)는 여자체육의 발전을 방해하는 원인은 가정이라고 지적하고 있다.

중류 이상의 가정에서는 달리거나 뛰거나 하는 것은 '여자의 품성을 해치는 것'으로 해석하고 있으며, 그것은 '봉건적'이라고 일괄하는 것은 지나치게 복잡한 문제가 바닥에 깔려있었다. 통소매와 바지 착용은 경제적인 문제가 아니라 도덕적인 비난을 실어 호소하였다.

여학생의 청춘시대의 활약은 '말괄량이'라는 단어로 냉소당하였다. 여자노동에는 남자에 가까운 체력을 기대하는 농촌에서도 그 활동이 일보 실용화를 넘어서 유희로 변한 때에는 도덕적인 비난도 포함하여 냉소당하였으나 도시에서는 상류사회의 여성 품위문제로서 동(動)적인 활동자체가 비난받았던 것이다.

이미 소토야마(外山) 문부상은 운동을 위하여 바지 착용을 장려하였으나(메이지 31년), 메이지 32(1899)년의 고등여학교 교장회의에서는 체조복 착용(바지착용, 결발은 속발 또는 은행잎 모양)의 논의는 위원 부탁으로 부결되었다. 또한 메이지 35(1902)년의 신문과 교육관계 잡지에는 이른바 '바지착용 문제'가 톱기사였다.

미야자키현(宮崎縣) 장학사인 야마다 쿠니히코(山田邦彦)는 반대의 대표자였다. 바지착용 문제는 전통적인 여자가 지켜야 할 도리(婦德)에 반하는 행위로서 또한 여성의 남성화 문제로서 반대하였다. 반면에 바지착용은 화려한 옷차림의 시대적 흐름과 경향으로서 비판을 받기도 하였다. 그렇지만 체육장려로서의 바지착용 속발론(束髮論)은 실질강건(實質剛健·꾸밈이 없이 성실하고 굳세고 씩씩함)적인 단련(鍛練)정신을 기반으로 한 합리화 운동의 하나이며, 위생상·활동상·발육상 등의 모든 점에서 서서히 인정을 받게 되었다.

사실, 여학생들의 유희(遊戱)운동이 활발화에 따라서 복장불편은 한층 커졌으며, 소학교에서조차도 여자는 더더욱 "운동복 상하의(上下衣) 옷차림의 불편을 느끼게 하는 것은 즉 일본 복장(服裝·옷차림) 개량의 도화선에 자극제가 되지 않는다"(메이지 36년 미야오宮尾)라고 까지 통감(痛感)하게 되었다. 이와 같이 시비가 논의되고 있는 동안은 급격한 변화는 없고 답보(踏步)상태를 지속하는 것이 현장의 일반적 경향이지만 러일전쟁이 시작될 무렵에는 일단 낙착(落着・일의 결말이 남)을 보였다.

쿠보다(久保田) 문부상은 메이지 37(1904)년 6월 문부성 체조강습회의 연설에서 일본의 진보가 현저함에도 불구하고 체격만이 외국에 비하여 손색이 있다는 것을 인정하고, 특히 결혼한 여자의 체격개선이 국민전체의 문제이며 여자체육의 장려가 눈앞의 급선무라고 언급하고 있다. 이리하여 메이지 30년대의 여자체육은 복장문제도 포함하여 종래의 개화(開化)・계몽(啓蒙)적 단계에서 한발 전진하였다.

8. 스웨덴 체조 소개

정과(正課) 유희와 중학교 이상의 과외(課外) 스포츠가 주목되면서도 정과 체육(正課體育)에 압도적인 권위를 가지고 있었던 것은 보통체조와 병식체조이다. 게다가 보통체조는 메이지 31(1898)년 개정된『보통체조법』을 보더라도 근본적인 변경이 없었다. 예를 들면 아령체조(啞鈴體操)의 제 몇 절(節・단락)은 이렇게 하는 것이라고 시범보이며, '준비 시작'으로 실시한다. 건강목표의 보통체조는 지금은 사소한 기술로 받아들여져 그 신체적 효과에 관해서도 무관심한 경우가 많았다. 중학교에 올라가면 교재(敎材)의 반복도 많아진다.

보통체조는 메이지 30(1897)년대에는 이미 정돈상태였다. 그렇지만 그것은 역사적으로 일종의 존재이유를 가지고 있었다. 즉 상부의 강한 부강주의(富强主義)의 구체적 방책으로서 전개하는 병식체조 진흥과 원래부터 하부의 움직임이었던 유희경기 촉진을 상대하는 양극 완충지대로서의 의미를 보통체조가 지니고 있었다.

이러한 가운데 메이지 35(1902)년 전후부터 스웨덴체조가 소개되었다. 이 체조는 보스턴 체조학교 등에서 배운 카와세 겐쿠로우(川瀨元九郎), 이노구치 아구리(井口あぐり)에 의해서 일본에 전해졌다. 카와세(川瀨)는 닐즈 포세(Nils Posse,

1862~1895)의 '스웨덴식 체조'를 메이지 34(1901)년경부터 신문잡지에 소개하고, 또한 '스웨덴식 교육적 체조법'(메이지 35년)과 '스웨덴식 체조'(메이지 35년)를 발표하였다. 메이지 36(1903)년 귀국한 이노구치(井口)여사는 『각개연습교정(各個演習敎程)』을 저술하였으나 글을 쓰는 활동보다도 오히려 강습회를 통한 신(新)체조를 확대하였다. 이리하여 스웨덴체조는 서서히 현장의 관심을 모으게 된다.

새롭게 소개된 스웨덴 체조는 보통체조에 비하여 건강의식이 교수법에 의해 구체화되어 지도가 이론적이었다. 그러나 우리들은 이때 당시의 미국 교육계의 분위기를 이해하지 않으면 왜 미국에서 유희가 아닌 체조가 중요시하게 되었는가를 알 수 없다.

당시의 미국에서는 수업은 유희(遊戱)가 아니라, 공부이며 레크리에이션이 아니라 교육이라는 의미가 우세였다. 포세(N. Posse)의 체조는 이 정신을 기초로 하고 있다. 즉 체육은 지나친 스포츠와 게임을 교정(矯正)하여 일반 아동·생도의 합리적 건강증진법으로서 그 가치가 인정받고 있었다. 따라서 포세(Posse)도 체육을 유희(遊戱)와 레크리에이션과 대립적으로 말하고 있다.

"게임·댄스·스포츠와 모두 조금은 이러한 효과를 가지고 있으나 반면에 그들의 큰 특색은 즐거움에 있다. 그러나 그것이 체육과 대립하지 않도록 체조의 원리를 적용해야 한다."(Posse : Special Kinesiology, P. 2, 1894).

"연습목적이 근본적으로는 건강에 있다는 것에 주의한다면, 우리들은 먼저 그 목적에 대하여 신체가 요구하는 것을 발견하고 이 요구가 만족하도록 운동을 조합해야 한다. 신체 각부는 다른 부분과 조화를 갖춘 비율로 발달시켜야 하며, 균형 잡히지 않은 힘을 갖추고자 하는 것은 모두 피해야 한다. 어떤 특수한 면에 발달한 경기적인 기능과 강대한 근력은 매우 매혹적이나 그것은 대체적으로 신체의 다른 부분을 희생하여 얻어진 것이다."

포세(Posse)체조는 근본적으로는 보통체조의 수정(修正)·발전(發展)이더라도 부정적이지 않았다. 아니 체조는 운동역학·생리학·심리학에 입각한 '운동과학(Science of movement, Kinesiology)'의 성격을 띠고 있다.

보통체조가 형식화되어 초기의 신선한 정신을 잃었을 때, 일본의 학교 체조계(體操界)는 여기에 새로운 기반을 찾아내려고 하였다.

"이리하여 과학화를 위해서는 체조 시스템은 인체기관 그 자체의 법칙에 근거하여 뭔가 주관적인 견해에 근거해야 한다"와 "왜냐하면 일반적 운동학(스웨덴체조)은 그것이 체조의 법칙에 일치하지 않는 한 어떠한 시스템도 인정하지 않는다"는 포세(Posse)의 주장이 일련의 보통체조 실시법의 비판으로 나타났으며, 체조를 보다 합리화하려는 움직임으로 발전하였다.

이미 언급하였듯이 메이지 30년대 학교 위생의 관심이 높아질 무렵 병식체조는 물론 보통체조에 대해서도 의학적 견지에서 비판이 일어났다.

코마츠 사다이치(小松定市)는 현행 체조가 '외견상 규율에만 착목'한 무지몽매(無知蒙昧)의 '불법(不法)의 체조(體操)'이며, 그것은 20세기의 학술 진보에 따라서 변해야 한다고 주장하였으며, 보통체조서와 체조교범을 예로 하여 비판하고 있다(메이지 33년).

아오키 아키요시(靑木鑑吉)는 자세를 교정하기 위한 교정술이 실제로는 형식적인 팔다리(四肢)운동으로 끝나는 점을 보고, 카와세 겐쿠로는 귀국 후 체조과학화의 법으로서 새로운 근력검사법·호흡운동법 등을 소개하였다. 즉 체조를 합리화하려는 움직임은 스웨덴 체조 소개를 계기로 구체화되었다고 할 수 있다.

카와세는 보통체조의 결함을 기억체조(記憶體操)로 결론을 내리고 음악과 구령으로 일련의 체조를 틀림없이 실시하기 위하여 종목과 연속(連續)을 기억(記憶)시키는 체조를 형식주의로 비판하고 하나하나의 운동을 말로서 표현하면서 연습의 기본 질서에 근거하여 실시하는 스웨덴 체조를 추천하였다.

일본에 초빙된 영국의 캠브리지 대학의 여자고등사범부장 휴즈(Hughe, 1886~1971)도 각지의 강연에서 스웨덴 체조는 여자에 가장 적합한 체조법이라고 추천하였다.

1903년인 메이지 36년 이노구치(井口) 여사가 미국 보스턴(Boston)에서 귀국하자마자 이러한 스웨덴 체조의 소개가 문부성 강습회 등을 통하여 현장의 관심을 모았다.

9. 무도(武道) 정과(正課) 채용의 운동

스웨덴 체조의 소개에 의해서 보다 합리적인 체육이론과 실제가 나타나게 되어, 좁게 학교체육의 전문분야에 한하여 논한다면 이 체조이론보다 뛰어난 이론은 없었다. 따라서 무도는 전통적 정신을 근거로 하여 한쪽에서는 국민계몽운동 정책(政策)인 동시에 다른 쪽에서는 문부성을 비롯한 의학진(醫學陣)의 무도의 체조화에 의해서 그 정당성을 확보하고자 시작하였다.

예를 들면 오자와 우노스케(小澤卯之助), 나카노 토쿠이치로(中野篤一郎), 나카시마 겐조(中島賢三) 등이 기획한 무술체조(武術體操)의 종류가 그것이다. 오자와는 도쿄의 아이지츠(愛日) 소학교에서 고등과 여자에게 잘 알려져 있고 영향력을 가진 사람들에 의해 전통적 가치를 인정받고 있는 치도술(薙刀術)에서 따온 치도체조(薙刀體操: 나기나타·긴 자루에 정착시킨 칼을 들고 하는 체조)를 실시하여 유희를 실시한 생도와의 발육을 비교하여 그 효과를 논하고, 또한 소학교 교장시절에 치도체조(薙刀體操)를 장려하는 한편 자세교정기(姿勢矯正器)를 고안하여 체조에 동화(同化)하면서도 그것이 무의미한 체조가 아니라 무술의 본 취지를 잃지 않는 신(新)체조라는 것을 역설하고 있다.

그는 메이지 36(1903)년의 『치도체조(薙刀體操)』에서 그것이 "노약남녀(老若男女·남녀노소)를 통하여 실시되는 것이기 때문에 일종의 보통체조이다" 또는 "무술의 본 취지를 잃지 않았기 때문에 무도(武道)방면에서 본다면 순수한 일류의 치도술(薙刀術)이다"로 칭하며, 외래적인 것과 일본적인 것과의 조화를 시도하고 있다. 대국적(大局的)으로 본다면 이것도 무도 근대화의 한 과정이라고 본다.

효고현(兵庫縣)의 아이하라(鮎原)소학교 교사(訓導)인 나카시마 토쿠이치로(中

島篤一郎)는 개인적으로 편중된 무예단련법(武藝鍛練法)을 수정하여 완전한 체조법인 『무술체조(武術體操)』를 발표하였다.

시즈오카(靜岡) 사범학교 부속 소학교의 나카시마 겐조(中島賢三)는 '목검(木劍)체조' '장도(長刀)체조'를 창안하고, "당시 시즈오카 사범학교를 전국적으로 큰 존재로 만들었다"는 큰 공명(共鳴)을 얻었다. 물론 무도의 체조화가 방법적으로 구체화된 직접 이유는 정과(正課)의 무도가 법령으로 금지되어 있었기 때문이다.

위생고문회의(메이지 29년)의 답신에 따라서 보통중학교(尋常中學校)에서 조차 무도를 정과(正課)로 실시하는 것은 금지되었으며, 겨우 15세 이상의 강건한 자에 한하여 과외(課外) 유희의 일부로서 인정할 정도로 선택과(隨意科)로서 허가되지 않았다. 따라서 무도 실시는 체조라는 부속어(附語)로서 구실을 찾는 것에 불과하였다. 게다가 소학교에서 조차 실제로는 『무술체조(武術體操)』가 실시된 것은 교장과 명사(名士)를 비롯하여 공감하고 지지하는 사람들이 많았기 때문이다.

이 무렵의 무도 장려(獎勵)가, 이를테면 카노 지고로(嘉納治五郎)와 같은 발군의 인물이 있다하더라도 유술계(柔術界)가 아니라 격검계(擊劍界)에서 발생한 것은 주의해야 한다. 무도는 대부분이 격검(擊劍) 연습의 의미로 논의되고 있다.

제10 의회(議會)이후의 청원(請願)도 '격검(擊劍)을 각 학교 정과(正課)에 부과하는 건'이었다. 그러나 제15 의회에 이르러서도 그것은 논의대상이 되지 못하였다. 문부성도 위생고문회의(衛生顧問會議)의 방침을 양보하지 않았다.

메이지 31년 4월 쿠마모토(熊本)에서 격검(擊劍)의 선택과(隨意科) 승인에 관한 의향을 물었을 때도 문부성은 "학과 과정(學科課程) 규칙에 저촉한다"고 거절하였다. 이 통첩(通牒·훈령)이 지방의 오해를 초래하여 과외운동(課外運動)으로서 실시하는 것도 금지되는 것으로 오해되어 다음 6월에 다시 통첩하여 과외운동(課外運動)으로서는 적합하다는 것을 알렸다.

이상 언급한 강원(講願)·조회(照會)·통첩(通牒) 등은 주로 중학교를 대상으로 한 것이었으나 메이지 38년 제21 의회(戰時 중)에서 조차 무도 정과(正課) 안은 부결되었다.

따라서 중학교·사범학교 무술은 어디까지나 과외(課外)로서 장려에 머물렀으나, 그러나 종래 병식체조만이 독점한 덕육(德育) 양성은 서서히 무도에로 확대되는 기운이 높아졌다.

법령상 까다로운 규정이 있는 정과(正課) 체육은 정석으로 실시시켜 일본 교육계의 특색을 과외(課外) 스포츠와 무도에서 찾는 것이 이 무렵의 명망 있는 교장(大校長)의 역량이기도 하였다. 예를 들면 교토(京都)사범학교의 시미즈 세이고(淸水誠吾) 교장은 한 종류의 무도교육적 체육론을 치켜들고 전통적인 격검·유술 수련을 시작하여 외래 스포츠도 장려하였다.

이것은 과외(課外) 체육이라기보다도 전교교육(全校敎育)이며 무술체조와 같이 체조화 방향이 아니라, 무도교육이 체육이라는 방향으로 게다가 '교과 체육(敎科體育=體操科)'이 아니라 전교 체육(全校體育)으로서 방향을 정하였다.

이 교장(시미즈 세이고)은 메이지 34(1901)년의 하계휴가에는 여자생도에게도 수영을 실시하고, 해국(海國)국민의 덕성(德性)과 기능을 양성하였다. 이 목표는 소질박눌(素質朴訥·발전할 가능성이 있는 재능을 바탕으로 꾸밈이 없고 말수가 적음)을 취지로 화사부박(華奢浮薄·화려하나 천박하고 경솔함) 정신을 교정하는 무도교육을 골자로 한 체육이었다.

이름난 교장으로 불린 사람들은 분명히 하사관 지도에 의한 병식체조론, 무도전문가에 의한 무도론(武道論), 체조전문가에 의한 스웨덴 체조 중시론(重視論)에 다소의 의구심을 품고 소박한 사람인 소인론(素人論)에 자부심을 가진 자도 있었다. 스파르타식 교장은 주목을 받았으며, 이후 교장 타입의 하나로서 전통을 만들었다.

10. 교원양성 문제

여자체육은 여자교원에 의한 지도라는 생각이 생겨 지방에서는 여학교 체육이 서서히 본격적인 발전단계에 오름과 함께 교원양성문제가 생기는 것은 당연한 일이다. 메이지 30(1897)년 중반에는 유희와 학교댄스의 교육면까지도, 예를 들면

타카하시 츄지로(高橋忠次郎), 시라이 탄키로(白井短規郎) 등의 손에 의해서 개척되어 왔으나 스웨덴 체조를 소개한 이구치 아구리(井口あぐり)의 출현에 의해서 겨우 여자에 의한 체육지도의 길이 열렸다. 도쿄여자 고등사범에서는 메이지 36(1903)년에 이구치(井口)의 지도로 구어 체조전수과(口語體操專修科)가 설치되어 2년 수업 코스로 2년마다 모집하는 양성과가 만들어졌다. 동년(1903) 일본체육회 체조학교에서도 1년의 여자부를 증설하였다(메이지 40년까지 약 40명 졸업). 그 전년에는 유희와 여자체육의 연구자인 '타카하시 쥬지로'가 도쿄 여자체조음악학교(메이지 39년 그의 병사로 인해 폐교, 메이지 41년 후지무라 토요 藤村トヨ 再興)를 설립하였다 이러한 양성학교와 양성코스의 신설은 여자체육의 고조(高潮)를 나타내는 것이었다. 도쿄고등사범학교에서는 히라이(坪井)를 중심으로 지도하였으나, 여자고등 사범학교에서는 이구치(井口), 체조학교에서는 카와세(川瀨) 등 스웨덴체조 장려를 채용함으로써 스웨덴식은 양성학교에서도 서서히 중요시 되었다.

남자 체육교사 양성소는 메이지 32(1899)년 6월 도쿄고등사범학교에서 관비전수과(官費專修科)가 설치된 이후 수신체조과(修身體操科, 메이지 39년 9월), 문과 겸 수체조과(文科 兼修體操科, 메이지 39년 4월)의 코스를 마친 총계 70명의 졸업생을 배출하였다.

메이지 33(1900)년 체조학교로 개칭한 체육회 체조연습소의 졸업생이 가장 많았으며, 메이지 35(1902)년 12월의 조사에 따르면 창설 이래 보통체조 수료생 888명, 군대 업무를 보는(兵事) 강습수련생 4145명, 수영(水泳) 수련생 4,202명이 되었다. 물론 전원이 유자격자는 아니지만 메이지 33(1900)년 이후 우수한 졸업생에게는 무시험 검정이 부여되었다.

이외 메이지 28(1895)년 4월에 창립된 대일본무덕회(大日本武德會)는 "강한 신체를 통한 강한 국가 건설을 돕는 일"을 목적으로 황족의 비호 속에 일본을 강한 무덕(武德)의 민족으로 만들고자 했던 창립 이념에 따라 메이지 38(1905)년 교토에 『무술교원양성소(武術敎員養成所)』를 창설하여 장래를 위한 준비태세를 갖추었다.

무덕회(武德會)는, 메이지 39(1906)년에 이미 130만 명에 가까운 회원을 자랑한다. 이처럼 제도화된 무술은 미셸 푸코(Michel Foucault, 1926~1984)[15]의 말대로 '잘 훈육된' 기민하고 강건하고 잘 복종하는 근대적인 육체를 지향한다는 점에서 우파적인 '국민 만들기 프로젝트'의 중요한 주춧돌이었던 셈이다.

또한 체조과(體操科)의 검정(檢定)은 보통체조와 병식체조의 2가지로 나누어져, 후자에서는 육군보병과(陸軍步兵科) 사관(士官)과 임관후 만주(滿洲)에서 4년 이상 현역으로 근무한 하사관(下士官)에게 무시험 검정(檢定)이 수여되었다. 정규교원 양성이 미흡한 시대에 이 검정제도는 실질적으로 타 교과(敎科)와는 비교할 수 없을 정도의 중요한 역할을 완수하였다.

---

15) 프랑스의 철학자이며, 20세기 구조주의 기반 인문학 전체에서 가장 중요한 인물 중 한명으로 손꼽히는 학자이다. 그의 사상적 특징은 크게 3가지로 요약할 수 있는데, 사회와 개인의 관계를 권력과 힘이 작용하는 구조로 파악하는 구조주의적 관점, 선험적이며 고정적인 것으로 여겨온 개념들이 실제로는 역사적으로 구성된 결과물임을 폭로하는 계보학적인 관점, 합리적이지 않고 이성적이지 않은 주제 즉, 무의식적 담론인 광기, 폭력, 섹스 등의 주제를 가지고 철학적 사유를 하는 비이성적 주제 선정의 관점이 바로 그것이다. 계보학적 분석, 혹은 권력의 미시물리학이라는 이름으로 대표되는 그의 사상과 방법론은 오늘날에도 문학, 사회학, 정치철학 등 폭넓은 분야에서 연구되고 활용되고 있다. 인문학과 사회과학에서 가장 많이 인용되는 학자 중 한 사람으로 서구 사회사상의 어떠한 주류에도 속하지 않는 수수께끼와 같은 인물이다.
푸코는 권력 자체를 특정 주체의 소유물이 아니라 개인의 신체에서 국가에 이르기까지 다층적이고 복잡하게 펼쳐져 있는 사회의 관계망에서 발생하는 하나의 '효과'로 바라보게 되었다. 푸코 중기 사상의 핵심을 관통하는 통치성, 생명정치와 같은 개념은 '합리적 개인'이라는 매개를 통해 개별적 신체와 집합적 사회를 동시에 구성하고 안정적으로 지속시키는 근대성의 '생산적 능력'에 주목할 수 있게 하는 시선으로서 21세기 들어 재조명되며 폭발적인 반향을 얻었다.

《참고문헌》

2. 학교위생법규의 개선
- 「官報」(明治３０年～３３年)
- 弘文書院編「教育衛生ニ関スル調査報告」第１輯 (明治３９年)
- 文部省教育史編纂会「明治以降教育制度発達史」第５巻 (昭和１４年)
- 文部省「学制八十年史」(昭和２９年)
- 開発社「教育時論」(明治３２年４９４号)
- 安部磯雄「帝国議会教育議事給質」第１巻 (昭和７年)
- 桜井庄太郎「大日本青年団史」(昭和１８年)

3. 교우회(校友會) 운동부에 대한 기대와 요청
- 東京高等師範学校友会「創立四十年記念号」(明治４４年)
- 佐賀県教育会「佐賀県教育五十年史」中篇 (昭和２年)
- 北陸女学校「北陸五十年史」(昭和２年)
- 日本女子大学「日本女子大学四十年史」(昭和１７年)
- 女子学習院「女子学習院五十年史」(昭和１０年)
- 東京女子高等師範学校附属高等女学校「創立五十年」(昭和７年)
- 「高等女学校校長協議会」(「教育時評」明治３２年５０８号)
- 東洋社「国民教育」(明治３５年１月号)
- 第一高等学校「向陵誌」(昭和５年)
- P. C. McIntosh : Physical Education in England since 1800, 1952.
- McIntosh, Dixon Munrow Willetts : Landmarks in the History of Physical Education.1957.

6. 교육 유희(遊戲·놀이)의 유행
- 神戸小学校「神戸区教育沿革史」(大正４年)
- 樋口勘次郎「統合主義新教授法」(明治３２年)
- 佐藤福雄「遊戯的教授法」(明治３５年)
- 富永岩太郎「教育的遊戯の原理及実際」(明治３５年)
- 佐藤・林「駿日本新遊戯」(明治３６年)

7. 과외(課外) 스포츠와 여자체육의 발전
- 宇都宮高等女学校「八十年史」(昭和３２年)
- 開発社「教育時論」(７１４号)
- 吉両道貫「小学校武道体操法」(明治４５年)

8. 스웨덴 체조의 소개
- 川瀬之九郎「瑞典式教育」(体操明治３５年)
- 川瀬之九郎「瑞典体操」(明治３７年)・開発社「教育時論」
  (５６５号、５９１号、５９４号など)
- N. Posse : Special Kinesiology of Educational Gymnastics, 1894.

9. 무도 정과(正課) 채용(採用)의 운동
- 小沢卯之助「武術体操法」(明治３０年)
- 小沢卯之助「薙刀体操法」(明治３６年)
- 中島賢三「木剣体操法」(明治３９年)
- 中島賢三「木剣及長刀体操法」(大正７年)
- 静岡師範学校「校友」第１８号 (昭和１０年)
- 「帝国議会教育議事録給質」第２巻 (昭和７年)

10. 교원양성 문제
- 박조자,「나를 배반한 역사」, 인물과 사상사(2003년)
  : 8장 무덕(武德)에의 욕망, p185~199.

제4장 메이지(明治) 제4기의 체육 — 학교체조의 통일 안 —

1. 개관

러일전쟁 종료 후 일본체육은 메이지 제3기 학교체육 정책을 발판으로 크게 발전한다. 메이지 38년(1905)의 '체조유희취조위원회(體操遊戲取調委員會)', 메이지 40(1907)년 '육군·문부 공동조사위원회(陸軍文部共同調査委員會)'를 거쳐, 학교체육은 통일되었다. 한편 스포츠계도 메이지 44(1911)년의 '대일본체육협회의 설립', 국제경기의 참가를 통하여 스포츠체제가 확립되었으며, 메이지 시대의 총결산에 어울리는 메이지 제4기 체육을 완료하게 된다. 그러나 이 시기의 사회는 한층 복잡해져 청일전쟁 시기와 같이 소박한 형태의 애국주의로 국민을 통일시키는 것은 어려워졌다.

전쟁을 계기로 한층 발달한 경제계의 호황은 국가지상주의로 일체화할 수 없는 공기를 내포하고 있었다. 또한 어느 정도의 사상적 성숙은 자연주의와 사회주의에 대한 관심을 불러일으켰다. 이리하여 상부는 풍기퇴폐(風紀頹廢: 풍속·도덕·질서·문화가 건전하지 못함)와 순풍미속(淳風美俗·인정이 두텁고 순박하고 아름다운 풍속)이 주장되고 개인도덕에서 국민도덕의 육성책이 강화되었으며, 만방무비(萬邦無比: 지구상의 어떤 나라와도 비교될 수 없는) 일본의 국체(國體: 천황을 중심으로 하는 국가적 질서, 즉 천황에 의한 통치)를 기본으로 국민체육이 진흥되었다.

이처럼 러일전쟁의 승리는 물질에 대한 정신의 승리라는 논법이 『통속교육(通俗敎育: 일반적인 풍속이나 습속 및 문화교육 = 사회교육)』을 지배하고 민족적 자부심이 높아졌다.

전후(戰後) 비교적 자유로운 정책을 취한 '사이온지(西園寺) 내각'에서 다시 '카츠라(桂)내각'으로 정권이 이양되어, 마키노(牧野) 문부상에서 고마츠 하라(小松原) 문부상으로 교대됨과 동시에 교육의 부강주의(富强主義)도 한층 높아졌다. 체육에는 충군애국(忠君愛國)적 덕육(德育)을 중심으로 딱딱하고 억압적인 경교육(硬敎育)이 아닌「연교육(軟敎育)」의 시정(是正)이 주장된다.

게다가 과거의 모리 아리노리(森有札) 시대와 같이 병식체조에만 기대할 뿐 아니라 스포츠와 학교체조에 대해서도 순풍미속(淳風美俗)의 전통적 교육방법 옹호와 정신주의가 요구되었다. 체육은 널리 국민체육의 기반에서 생각되기 때문에 장소와 시설, 재향군인회와 청년단이 문제시되었다. 또한 '체조유희취조위원회(體操遊戱取調委員會)'는 메이지 제4기 체육에서 취급하였다.

말할 필요도 없이 이 취조위원회는 청일전쟁(淸日戰爭) 중인 메이지 37(1904)년 10월에 설립된 위원회이지만 그 보고서는 다음 해(1905년) 11월에 발표되었으며, 메이지 제4기 체육에 큰 영향을 끼쳤기 때문에 오히려 이 시기의 주요사항으로서 채택되었다.

이 보고서는 메이지 시대의 오랜 기간에 걸쳐 체육문제를 조정한 획기적인 보고서이며, 이것을 발판으로 문부성·육군성 공동조사위원회가 개최되었으며, 머지않아 다이쇼 2(1913)년의 '체조교수요목(體操敎授要目)'으로 발전하게 된다.

2. 전후(戰後) 체육의 기본방침

러일전쟁(露日戰爭·1904~1905년 만주와 한국의 지배권을 두고 러시아와 일본이 벌인 제국주의 전쟁)의 승리에 일본 발전을 결의하여 발표된 훈령(訓令)은 메이지 38(1905)년 10월 '전후(戰後) 교육상에 관하여 당국자 유의 방법'이었다.

이 훈령은 "전후 교육경영은 실로 국가의 급히 처리해야 할 일로 생각해야 한다"고 명기하여 『교육칙어(敎育勅語)』에 있는 국민도덕을 재확인하고 국민교육에 대한 큰 기대를 나타내고 있다. 특히 체육에 대해서는 아래와 같이 피력하였다.

"최근 학생생도의 체격은 종전에 비하여 점차 양호해지고 있다 하더라도 일본 국민의 체격은 항상 개선을 필요로 하는 매우 절실한 것으로 교육에 종사하는 자는 학교에서는 물론, 학교 외에 있어서도 더욱 더 주의하여 한층 더 체육을 장려하고 지육(知育)·덕육(德育)과 더불어 추진하여 결코 가볍게 치우치는 곳이 없도록 하는 것이 필요하다."

즉 체육은 정과체육(正課體育)의 지도상(指導上) 문제뿐 아니라 국민체육진흥의 필요성에서 재확인되었으며, 이를 위하여 학교는 국민체육진흥상의 중핵과 거점으로 생각하고 전후의 국가경영의 입장에서 주목되기 시작하였다.

전국적, 지방적인 소학교·중학교의 교장회의와 교육연구회에서도 의제(議題)의 하나로서 체육이 논의되었다.

특히 시설과 장소문제가 중심적인 문제가 되어 이론이 아니라 실행을 주장하게 되었다는 것은 상부의 장려책에도 불구하고 직접 경제적 이해와 관계없는 아동공원 설치와 학교운동장 개방은 관리와 지도점도 얽혀 신문잡지에도 실릴 정도로는 구체화되지 않았다. 그러나 정부도 그것을 재정적 보증 하에 진행한 것이 아니라, 국민의 조국애와 덕의(德義: 덕성과 신의)에 호소하여 일을 만든 것에 불과하였다.

도쿄부(東京府) 지사(知事) 등도 운동장 개방이 공문서(公文書)에 거쳤다는 사실에 대해 도시 아동의 심신건강 유지상, 운동 장려의 중요성을 주장하고 "이것을 작게 본다면 장래 시민의 체력 및 건강에 관계한다. 이것을 크게 본다면 국민 및 인종의 성쇠(盛衰)에 관계한다"고 논하고 있으나 시(市)·초(町)·손(村)의 재정상과 관리상의 문제에서 보면 그것을 방해할 장애는 결코 적지 않다.

재원문제로 구체적인 실현에는 수많은 어려움이 있었으나 메이지 제4기 체육이 전후 국가경영의 입장에서 널리 국민체육으로서 진흥되었다는 것은 주의해도 좋다. 그 주지(主旨)는 일부 선수의 체력기능 향상이 아니라 국민전체의 건강과 체력이다. 따라서 겨우 조직화된 경기에 대해서도 2가지 시점에서 비판을 받게 되었다.

첫째로 국민체육이 보급되지 않는 것은 학생생도가 졸업과 함께 애호하는 스포츠에서 멀어진다는 사실이다. 그것과 표리(表裏)의 관계인 경기자체가 승패와 기록만을 고집하여 '품성도야(品性陶冶)'와 '스포츠맨 정신'을 잃어가고 있는 현상이 지적되고, 둘째로 국민체육을 주장하면서도 경기인구가 학생층에 한정하여 국가부강(國家富强)의 기초인 전국 청년층이 망각(忘却)되고 있는 현상이 지적되었다.

청년 교화면에서 한발 뒤처진 문부성도 마침내 청년단 체육육성의 필요를 느끼지 시작하였다. 체육면에서는 그 만큼 구체화될 단계에까지 이르지 못하였으나 청년단 체육발달사의 제1항은 이 시기부터 시작되었다.

체육의 사고방식에 국민이 전제됨으로써 일찍이 스포츠에 대한 반성이 생겼다. 메이지 38(1905)년, 타케다 치요사부로(武田千代三朗)는 잡지『일본』에서 경기의 퇴폐(頹廢: 도덕과 질서가 문란해 건전하지 못함)를 지적하고 중학생 운동회까지 승리를 위하여 연습비를 염출하고, 선수의 획득(獲得)에 여념 없는 현상을 비판하고, 또 아베이소오(安部磯雄)도 잡지『체육』에서 학업과 스포츠의 균형을 잃어버린 경기주의의 결함에 대하여 운동회를 적극적으로 옹호하고 대회에 활기를 띠어온 스포츠계에 반성을 촉구하였다.

메이지 38(1905)년 11월 사임한 쿠보다(久保田) 문부상은 그 12월의 '제국교육회(帝國敎育會)' 총회 석상에서 국가입장에서 승패주의에 치우쳐진 모든 '선수제도'의 폐해를 들고 운동경기는 무사도 정신과 영국식의 신사적인 경기정신을 근간으로 해야 한다고 논하였다. 또한 일본 사회에 영국의 스포츠맨십에 대하여 이야기하기 시작한 것도 이 무렵부터다.

3. 체조·유희 취조위원회(體操·遊戱 取調委員會) 설립

이 위원회는 메이지 37(1904)년 10월 21일에 제1회 회합을 가진 이후 37회의 심의(審議)를 거쳐 메이지 38(1905)년 11월 30일에 보고서를 제출하였다. 위원회의 결론은 즉시 법령화되지 않았으나 당시의 학교체육을 둘러싼 기본적인 문제가 널리 토의되었으며, 그 성과는 크게 평가할 수 있다. 앞에서도 언급하였듯이 스웨덴 체조가 소개된 후의 학교 체육계(體育界)에는 큰 동요가 일어났다. 종래, 병식체조와 함께 학교체조의 중핵으로서 발전해 온 보통체조는 한편에는 신(新)체조의 출현, 다른 쪽으로는 유희(遊戱)운동의 보급에 의해서 안정성을 잃기 시작하였다.

중앙에서는 메이지 36(1903)년 8월에 문부성 인정(認定)으로서 출판된 히라이(平井)의 『개정보통체조법(改正普通體操法)』이 카와세(川瀨) 등의 스웨덴식 이론에서 종횡(縱橫)으로 비판되기 시작하고, 또한 여자체육과 유희활동을 중시하는 시라이(白井)와 타카하시(高橋) 등으로부터도 불신을 초래하였다. 이러한 불신을 타개하기 위해서도 조정이 필요하였다.

체조유희취조위원회(體操遊戱取調委員會)는 위원장을 사와야나기 마사타로(澤柳政太郞)로 하고, 카와세 켄쿠로(川瀨元九郞)·타카시마 헤이사부로(高鳥平三郞)·히라이 겐미치(坪井玄道)·이구치 아구리(井口あぐり)·하타노 테이노스케(波多野貞之助)·카니 토쿠(可兒德) 등 7명의 위원으로 협의하였다. 나가이 미치아키(永井道明)는 그 해 11월에 해외 체육사정조사(體育事情調査)를 위하여 3개년 외국유학을 명받고 위원으로서는 포함되지 않았다. 이 위원회의 활동개요는 보고서에 나타난 것과 같다.

"작년 10월 체조·유희 취조위원회의 명(命)을 받고 메이지 38년 11월 21일 제1회 조사위원회를 개최한 이래 횟수를 거듭하여 제37회인 메이지 38년 11월 20일로서 이 조사를 종결하게 되고, 조사 안건은 각 사항을 대개 2명 및 3명의 특별위원으로 하여금 부탁하여 심사하게 한 후 조사위원회에 제출하여 토의·결정하기 위하여 특별위원회를 개최할 것, 또한 조사위원회의 확인 건 수(數)에 미치지 못한 조사 요청은 별책으로 하여 일본의 현재의 상황에 비추어 대체로 적절한 사항이라고 믿고 완급(緩急)에 따라서 의견을 받아들이는 것을 희망한다고 언급하고 있다. 조사위원회는 신중하게 심의한 후 이른바 스웨덴식 체조는 대체로 채용하는 것을 결정하고, 늘 본과(本科) 교수(敎授)의 실제로 적절하게 시행하기 위하여 다소의 짐작을 추가하거나, 물론 종래 체조도 또한 이 교수(敎授)의 순서·운동종류의 선택을 개정할 때에는 체육상 충분한 가치가 있는 것은 논의를 기다리지 않고, 이번 위원 등의 조사하려는 체조법은 종래 실시하는 것과 다른 점이 많고 이를 실지로 연습하지 않아도 통달하여 환하게 알게 하는 것이 가능한 것으로 인정하여, 가능한 빨리 문부성에서 먼저 각 부(府)·현(縣)립 학교의 체조교원을 소집하여 단기강습회를 개최하여 이 취지를 강습해야 하는 것은 매우 필요한 시설(施設·도구 기계장치 및 설비)이라고 믿어 별책(別冊)을 구비하여 보고한다"고 언급하고 있다.

이 위원회는 '일본의 현재 상황에 비추어 대체로 적절하다고 믿는 19 안건'에 대하여 전문위원회로 나누어서 조사·연구되었다. 이들은 소학교 체육을 주로하면서 중학교, 고등여학교, 사범학교에도 언급하고 법규와 설비 등에도 이르러 다음과 같은 조사사항으로 정리하였다.

(1) 체조과(體操科)의 목적
(2) 체조연습의 기본형식
    갑. 기본형식
    을. 기본형식을 규정하는 이유
    병. 각 기본형식의 목적
        ① 생리적 목적 ② 훈련적 목적
(3) 기본형식
(4) 체조연습의 종류
(5) 체조연습 요목(要目)의 수열(數列)
    갑. 체조 : 각개(各個)연습의 예
    을. 체조 : 연속(連續)연습의 예
(6) 체조과의 일정해야 할 필요한 사항
(7) 운동 유희에 관한 건

(8) 각 학교 체조과에 관한 현행 규정 중 개정을 요하는 건
(9) 보통교실에 있어서 해야 하는 체조 유희
(10) 체조과(體操科) 교수상(敎授上)의 주의
   갑. 체조 교수상의 주의
   을. 운동유희 교수 상의 주의
(11) 체조과(體操科)의 설비에 관한 건
   갑. 체조교실에 관한 건
   을. 체조교수용(體操敎授用) 기계 등
(12) 여성생도의 운동복에 관한 건
(13) 체조와 작법(作法)과의 조화에 관한 건
(14) 격검, 유도에 관한 건
(15) 학교운동회에 관한 건
(16) 화재 기타 재해에 관한 동작연습 건
(17) 국립체육연구소에 관한 건
(18) 체조교원의 처우에 관한 건
(19) 체조과 장학사의 설치에 관한 건

4. 조사위원회 '보고서'와 체조

이 보고서에는 스웨덴 체조를 기본으로 이 원리에 근거한 개개의 운동 목적과 효과가 설명되어 있다. 체조과의 목적은 다음과 같다.
- 신체의 동정(動靜)을 묻지 않고 항상 자연의 우아하고 아름다운 자세를 유지시키는 것.
- 신체의 각부를 균등하게 발육시키는 것.
- 전신의 건강을 보호·증진시키는 것.
- 사지(四肢·팔과 다리)의 사용에 있어서 강장(强壯)·내구(耐久)·기민(機敏)을 기하는 것.

- 생애 중 가장 많이 우연히 만나야 할 운동, 특히 직업 및 병사(兵士)의 의무 복무에 있어 적합한 연습을 부여하는 것.
- 정신의 쾌활(快活)·종순(從順)·과단(果斷)·침착(沈着)·용기(勇氣)를 증진시키는 것.
  ※ 부(附) : 주의·관찰·사고·단정(斷定)·상상(想像)·인내
- 의지를 신속하게(敏速) 또한 정밀히 실행할 수 있도록 하는 것.
- 규율을 준수하고 협동을 존경하는 습관을 배양하는 것.

이 목적은 또한 스웨덴식 체조의 지도원리에 의해서 구체화되었다. 첫째로 이론적 근거에서 운동순서가 제시되어 각각의 운동 생리적·훈련적 목표가 설명되었다. 운동 순서는 다음과 같다.

(순서)	(운동)	
운동준비	운동부위	운동도구
제1연습	목 및 가슴 운동	도수 및 기계
제2연습	상지(上肢)운동	도수 및 기계
제3연습	전신운동(조화운동)	도수 및 기계
제4연습	어깨 및 등 운동	도수 및 기계
제5연습	배 운동	도수 및 기계
제6연습	허리운동	도수 및 기계
제7연습	전신운동(도약운동)	도수 및 기계
제8연습	하지(下肢)운동	
제9연습	호흡운동	

운동준비는 이른바 질서운동과 가벼운 하지(다리)운동에 해당한다. 여기서는 정열한 후 먼저 가벼운 하지운동을 실시하게 한다. 왜 하지부터 시작하지 않으면 안 되는가? 보고서는 스웨덴 체조의 이론에 근거하여 2가지 이유를 들고 있다.

첫째 이유는 이거야말로 이후의 체조지도의 전통적 설명의 단서를 만든 이유이며, 그것에 따르면 "하지는 신체 위치의 심장에서 가장 멀리 떨어져있으며, 게다가 이 혈관의 용량이 비교적 커짐으로써 먼저 서서히 이를 운동시키고 혈액순환을 촉진시켜서 상체에 채적된 혈액을 말초로 유도하게 된다"고 생리학적 납득성(納得性)으로 설명하였다.

제3연습(演習)의 전신운동은 쉽게 말하면 하지운동이다. 여기서는 운동준비로서 최초에 실시하는 하지운동과 달리 강도가 요구된다.

제6연습의 허리운동은 체측(몸쪽)운동으로, 제7연습의 전신운동은 구보(驅步)와 도약운동(跳躍運動)이다.

종래 육군의 체조교범(體操敎範)에 준하여 병식체조로 실시된 기계운동과 기구사용의 보통체조는 새로운 스웨덴식 기계사용의 운동과 함께 이 연습순서(演習順序)에 따라서 지도하며 이를 위하여 각 연습별로 도수(徒手)와 기계(器械)와의 종류를 들고 있다. 이를 테면 제6연습의 허리운동에는 도수(徒手)에는 상체의 좌우 및 전후로 굽히고, 좌우전향(轉向)・회선(回旋), 기계(器械)에는 수평봉(水平棒: 평행철봉)・병행봉(竝行棒:병행철봉) 등을 가리키고 있다.

보통체조에는 이러한 기본적 순서가 없고, 그 때마다 일련의 체조를 암기하여 실시한 것에 불과하다. 그러나 이번에는 아령(啞鈴)이나 목마(木馬)라도 모두가 운동준비에서 제9연습까지의 순서에 따라서 실시하도록 규정되었다. 이 보고서에는 병식체조・보통체조의 구별을 제외하고, 또한 새로운 늑목(肋木)・평사다리 등을 추가하였다.

○ 소학교 : 아령, 구간(球竿), 두낭(豆囊), 도승대(跳繩台:高跳柱와 줄), 조봉(吊棒: 늘어뜨린 줄: hanging bar), 고정원목(固定圓木), 유동원목(遊動圓木), 수평봉(水平棒), 평사다리, 줄사다리, 도월대(跳越台)

○ 중학교・사범학교 : 곤봉, 평균대, 평행봉, 철봉, 조환(吊鐶: 링 운동에 쓰는 기구), 목마(木馬), 붕(棚), 도하대(跳下台), 늑목(肋木), 직립 평행봉(直立平行棒), 양목(梁木) 등을 기계(器械)운동의 기본으로서 제시하였다.

또한 종래는 병식체조와 보통체조에는 같은 운동이라도 호령 붙이기가 다르며 혼란을 초래하였으나, 특히 운동준비 호령과 동작을 일정히 하여 집합·우로 봐·우로 돌아·정돈·보속(步速) 등을 통일하였다.

예를 들면 종대(縱隊)시는 팔 길이의 거리를 두고, 횡대(橫隊)시는 전열(前列)이 오른(왼) 손을 허리에 대고 측방으로 붙이고, 후열은 팔을 앞으로 들고, 정상보폭인 보속(步速, 걸음의 속도)은 보통소학교에서는 1분간 135보, 보폭 1척 3촌, 고등소학교에서는 1분간 125보, 보폭 1척 5촌으로 규정하였다.

5. 조사위원회 '보고서'와 유희(遊戲)

메이지 30년대 후반부터 유희에 대한 관심이 깊어지면서 이 보고서에서도 학교 내외에서 장려할 놀이를 여러 가지 들고 있다. 정과(正課)시에 있어서는 가능 한 단체적으로 간단한 것이 선택의 기준으로서 제시되었으며, 경쟁유희(줄 당기기·공굴리기·축구·귀유鬼遊 등), 행진유희(십자행진·종지踵趾행진·방무方舞 등), 동작 유희(桃太郎: 모모타로), 못의 잉어유희(池の鯉 등)를 제시하고 또한 계절에 따른 종목으로서 소풍·수영·스케이트·보트 등을 장려하였다.

과외운동(課外運動)으로서 학교 내에서 장려되는 유희종목에는 각력(角力)·경주(競走: 달리기)·공 던지기, 공치기 놀이·배드민턴·줄넘기·의전(擬戰)·귀유(鬼遊: 귀신놀이)·높이뛰기·건도(巾跳: 수건 들고 달아나기)·야구·론테니스·격검·유도·궁술을 들고 있으며, 그리고 학교 외에서 장려된 유희로서 이것 이외에 승마(乘馬)·연날리기(凧揚)·산유(山遊: 산에서의 유희) 등도 추가되었다. 그러나 세상의 일반적으로 실시되고 있는 유희에는 교육적으로 보아 부적당한 것도 있기 때문에 이 보고서에는 사회질서와 도덕·위생 등의 면에서 기준을 세우고 있다.

① 도박과 유사한 것.
② 위험이 있는 것.
③ 잔인한 것.

④ 기피해야 할 모방 놀이.
⑤ 불건전한 사상을 유발시킬 우려가 있는 것 등

　이상과 같이 이 보고서에는 유희의 가치가 크게 인정되어 "교수시간수는 대체로 현행대로 유지하고 변경할 필요가 없으며, 단 중학교 및 사범학교(남자)에 있어서는 현행 유희를 부과하는 규정이 없더라도 교수 시간의 3분의 1 이내의 시간을 놀이에 할당한다"고 언급하며, 현행 규정의 개정도 바라고 있다.
　그러나 스웨덴식의 지도순서 중에서 유희를 어떻게 다룰 것인가에 대해서는 아무런 암시도 없다. 유희는 그 가치를 충분히 인정받으면서도 지도법 문제에는 전혀 지적하지 않으며, 반대로 '체조 교수상의 주의'에는 "체조와 유희는 각각 나름의 아동 교육적 가치를 가진 것이라면 서로 도와주고 의지하여 상호간의 교육적 장단점을 보완(相依相助)하여 체조과(體操科) 목적을 달성하도록 노력해야 하며, 그런데 자칫하면 생도로 하여금 체조를 싫어하여 유희만을 좋아하게 하는 것은 깊이 경계해야 한다"고 주의를 언급하고 있다.
　스웨덴식 지도순서에 유희를 어떻게 활용할 것인가의 문제는 메이지 39(1906)년에 출판된 조사위원 공저『체육의 이론 및 실제』에서 이구치(井口)가 단 한 곳만 다음과 같이 언급하고 있다.

　"보통소학과(尋常小學科) 생도에게 1회 30분을 체조시간으로 한다면, 제3학년, 4학년 학생 생도는 10분 내지 15분간, 제5, 6학년 생도는 15분 내지 20분간 체조를 부과하고, 이 외의 시간으로 유희를 부과한다. 그리고 유희에 있어서 구(駈: 몰이)경주, 공놀이, 또는 도약을 포함한 행진법 등과 같은 격렬한 운동은 제7 전신운동 다음(또는 시간의 사정에 따라 도약운동을 하지 않고 바로 앞에서 기록한 유희. ― 유희를 실시하는 것도 좋다)에, 부드러운 행진법은 제8 하지(下肢)운동의 일부에 이를 부과한다."

따라서 지도법 문제로 유희는 주변적인 문제에 머무르고, 30분이 되고 1시간이 되는 체조수업에는 체조틀 내에서 처음 체조를 실시하고, 다음에 유희를 실시하는 정도가 최선이었으며, 전체 통일도 되지 않았다. 따라서 구체적인 지도와 내용에 대해서는 당시 출판된 유희 관련 책을 참고하는 것이 현장의 실정이었다.

6. 조사위원회 '보고서'와 무도(武道)

체조·유희 취조위원회에는 학교 무도(武道)에 대하여 어떠한 결론을 내렸을까? 보고서의 제14항에는 "격검(擊劍)·유도(柔道)의 교육상 가치에 대해서는 메이지 16(1883)년 5월부터 다음 해 10월에 이르러 체조전습소로 실제 실험과 이론에 호소하여 조사한 결과, 학교 정과(正科)로 하기 위해서는 적합하지 않다는 것을 인정하고 임의정과(任意正科) 외로 부과하고, 이후 메이지 29(1896)년 7월 이미 학교위생고문회의에 자문한 결과 전회(前回) 조사와 같으며, 그러므로 이것에 따라서 종래 방침을 지속하여 당시 체육장려의 소리가 왕성해짐과 동시에 이를 학교 정과(正科)에 추가하여 건의하는 것이 많다고는 하지만 오늘에 있어서 이전에 조사한 결과를 뒤집어 이를 정과(正科)에 추가해야 한다는 이유를 발견할 수 없고, 거듭 종래 방침에 따라 만 15세 이상의 힘이 세고 혈기가 왕성한 생도에 한하여 임의정과(任意正科) 외에 실시하는 것이 정당하다고 믿고, 체육목적과 일치시키기 위하여 어려움이 없다고 말하는 자도 있으며, 이 의견을 믿는 것도 만약에 세월을 두고 실제의 처지나 경우에 대하여 이론에 호소하여 계통적으로 연구를 다하여 수많은 변경·수정을 가함으로써 이 점에 관해서는 국립체육연구소 등에서 별도로 조사하는 것이 필요하다.

당시 학교에서 종종 생도의 연령 및 체질 등에 관계없이 지망하는 대로 격검·유도를 가르치는 자가 있어 체육상(體育上) 간과(看過)할 수 없게 되어 그 가운데서도 특히, 혹독한 추위와 더위 환경에서 수업은 철저히 생도의 체질을 고려하는 등 한층 주의해야 한다고 믿는다"가 있어 위원들의 판단은 종래의 답변에서 조금도 바뀌지 않았다.

이 답신에는 분명히 메이지 38(1905)년 2월 중의원에 제출된 호시노 센조(星野仙藏) 외 2명의『체육에 관한 건의 안』즉, "정부는 적절히 중등학교 이상의 모든 학교에 체육 정과(正課)로 하여 검도 및 유도를 추가해야 하며, 단 중학 정도 1학년생부터 3학년생까지 검도·유도 모두 체조식과 같이 호령(號令)으로서 형(形)을 적응하며, 4학년생 이상에게는 기술을 교습한다" 등의 무도 정과(正課) 채용의 청원운동을 전제로 한 결론이었다.

제21 회의에서 이 건의 안의 취지 설명에서는 호시노 센조(星野仙藏)는 무도를 위험한 운동으로 보는 일반의 비판에 대하여 본 건의안이 죽도로 두뇌를 아프게 하여 기억을 떨어뜨리고, 유도에서 골절하거나 부상당하는 점을 방지한 체육법이라는 것, 학교 제복으로 간단하게 실시할 수 있으며, 호령 하나로 한 클래스(class) 지도할 수 있는 일종의 체조라는 것을 강조하고 있다. 그러나 메이지 38년 2월 18일의 채결(採決) 결과는 96대 101로 부결되었다.

태평양전쟁(太平洋戰爭) 중에 체육의 꽃인 무도의 지위에 비하여 이 채결(採決)의 실패는 의외의 느낌을 가지는 사람도 있을 수 있다. 그러나 이 보고서에도 가리키듯이 학교 무도가 사회적인 승인을 획득하기 위해서는 참으로 오랜 고심이 있었다.

메이지 39(1906)년 3월의 제22 의회에서도 '무도(武道) 정과(正課) 채용의 건의'가 제안되었다. 그러나 이때에는 상당히 적극적인 발언이 있었고 일부 위원의 부탁으로 '무도(武道) 정과(正課) 채용 건(件)'은 한발 전진하였다고 할 수 있다.

이것은 메이지 39년 3월 13일의 위원회 수정안 "중학 정도의 모든 학교에 체육 정과(正科)로 하여 검술(劍術) 또는 검술형(劍術形)의 체조(練膽操術), 유술(柔術) 또는 유술형(柔術形)의 체조를 조사한 후 이 하나를 교습해야 한다"가 가결되었기 때문이다. 이와 같이 특별위원들을 보더라도 알 수 있듯이 오자와 우노스케(小沢卯之助), 호시노 센조(星野仙藏) 등 주로 검도 관계자의 열렬한 노력이 이번에도 눈에 띤다.

문부성 측도 무도 실제의 처지나 경우 조사의 필요를 인정하고 고모리 게이스케(小森慶助), 미시마 미치요시(三島通良), 그리고 도쿄고등사범학교 교장 카노 지고로(嘉納治五郎), 동(同) 교수 미네키시(峰岸), 히라이(坪井) 등이 카와고에(川越)중학의 격검체조(擊劍體操)를 견학하게 된 것도 그 열의의 결과이다. 이리하여 메이지 39년에 무도는 겨우 정과(正課) 채용의 돌파구를 찾았으나 중학교 시행규칙 등의 개정에는 미치지 못하였다. 법규상의 개정은 메이지 44(1911)년부터이며 그때까지는 또한 몇 번인가 무도장려 건의안이 의회에서 반복되었다.

7. 조사위원회 '보고서'와 여자체육

러일전쟁 후의 전후(戰後)교육의 경영으로서 논의된 여자교육 문제 중 하나에 체육이 있었다. 메이지 개혁 이래 남자체육은 급속한 발전을 지속하였으나 여자체육은 직접 표면에 드러나지 않았다. 그러나 러일전쟁 후에 그 불균형 상태를 의식하게 되어 부강주의(富強主義) 체육이 여자에게도 확대되었다. 여자체육의 논의가 활기를 띠게 됨으로써 첫째로 여자체조복이 큰 문제가 되었으며, 둘째로 체조과(體操科)와 작법과(作法科, 서구적인 체육법과 전통적인 예법 사이의 규칙·규범을 정한 학과) 사이에 모순된 여러 가지 논의가 들끓었다. 그래서 문부성에서도 여자체육을 진흥하기 위하여 '작법과 체조와의 조화'를 계획할 필요성이 요구되어 도쿄여자고등사범에 조사를 명하였다. 이 문제에 대해서는 체조유희조사위원회의 보고회에서도 같은 해답이 제시되었다.

예법(禮法)에서 요구되는 직립자세·보행·시선과 체조의 그것과 모순된다. 즉 생리와 위생의 원칙에서 바른 자세와 보행을 생각하는 입장과 전통적 여성미를 근거로 하여 내족(內足: 왼쪽에 선 사람의 왼쪽 발과 오른쪽에 선 사람의 오른발)과 복안(伏眼: 눈을 내려 뜸)을 바르게 보는 예법의 입장과는 자체가 달랐다.

게다가 그것을 급격히 일정하게 하는 것은 사실상 어려움이 있으며, 보고서의 결론도 일상습관의 변화를 거쳐 자연스럽게 조화하는 시대까지 무리하지 않고 양자의 타협을 시도하고 있다.

즉 체조는 체조, 예법은 예법으로 각각의 입장이 인정된 것이다. 그러나 실지로 곤란한 것은 교사가 아니라 생도(학생) 자체였다. 또한 그것이 생도(학생) 측에서 모순되어 표면화되고 불만으로서 문제되지 않은 부분에 이 시대 여학생의 사상적 미숙성이 있었다. 반대로 말하면 그것은 전통적인 여성스러움을 요구하는 예법수업과 규율이 까다로운 체조수업에 의해서 점차 환경에 적응하는 체질로 순화(馴化: 길들여져 변화됨)된 결과라고 할 수 있다. 그러나 그것은 어쨌든 이 전통적 예법 문제는 그 자체로서는 큰 문제는 아니었다. 그것은 체육과 같이 국가의 큰 틀에서의 정책적인 방침에 따라서 진흥되어야 하는 것으로서 문제가 되지 않았으며, 정치적인 의미를 가질 만큼의 존재는 아니었다.

신시대의 여성 개조(改造)로서 문제가 되는 것은 오히려 전통의 일본 옷과의 결별을 의미하는 양복 채용이었다. 그리고 양복 채용이 여자체육의 장려와 함께 큰 화제가 되고 있는 것은 주의해야 한다. 이미 메이지 37년 11월에 카나가와(神奈川) 현립(縣立) 고등여자학교의 니하라 토시히데(新原俊秀) 교장은 '여학생의 학교 교복개량에 관한 건의'를 쿠보다(久保田) 문부상에 제출하였다. 복장개혁의 이유가 어디에 있는가는 다음의 건의문에서 바로 이해할 수 있을 것이다.

"여자체육에 매우 밀접한 관계를 가지며 차라리 체육효과를 얻기 위해 필요 조건이라 해야 하는 것은 복장에 있다고 할 수 있다. 본교에서는 학생복장 규정 제1조, 학생복장은 짧은 소매와 바지 착용 또는 양복으로 한다. 각하 만일에 여자체육의 장려에 뜻을 둔다면 바라건대 먼저 여자체육에 가장 장애가 되는 복장을 개량해야 한다"고 하였다.

당시의 고등여학교 교장회의와 교육연구회에서도 이 문제에 대해서는 여러 가지 논의되었다. 조사위원회에서도 이것을 건의안의 하나로서 채택하여 학교 평상복으로서 표준형 양복을 제정하고, 그 스커트(skirt, 여성용 치마)를 벗고 바지 아래 자락(일종의 블루머bloomer형의 짧은 바지)을 묶어 올린 운동복을 고안하였다. 이것은 당시로서는 획기적인 연구였다.

이 신형 운동복은 현장에서 널리 채용되지 않았으나 운동에 편리한 양복 장려와 함께 통소매, 바지착용이 서서히 확대되어 주목받게 되었다. 그러나 불행히도 이 문제에 열심인 쿠보다 문부상의 경질로 인하여 통첩을 예정되었던 '운동복 장려 건'도 뒤로 미루어지게 되었다.

8. 조사위원회 '보고서'에서 남겨진 문제

이상 체조·유희취조(體操遊戲取調) 보고서를 중심으로 주요한 문제를 언급해 왔으나 이 외 보고서에는 광범위한 문제가 채택되어 있다. 예를 들면 화재 이외 비상시 훈련으로서 '체조과(體操科) 교수(敎授)에 관련하여 때때로 이 연습을 실시할 것'을 희망하고 있다. 또한 체육의 진보·개선을 위해서는 국립체육연구소 설립과 체조과 교원 처우개선과 체조장학관 설치의 필요성도 강조하고 있다.

이에 메이지유신(明治維新) 이래 여러 가지로 뒤얽힌 복잡한 사정이나 변화를 거쳐 발전해 온 일본체육은 기본적으로 정리·통일되었으나 다만 한 가지 문부성 스스로 해결하기 어려운 문제가 있었다. 그것은 종래 두 체제(體制)로 실시되어 온 학교체조와 육군식 체조와의 내용상 정리에서 발생하였다.

이 위원회에서는 병식체조의 일부로서 실시해 온 유연체조와 기계체조는 순 군사적 훈련이 아니라, 문자 그대로 체조이기 때문에 육군계나 문부성계의 구별을 그만두고 체조로서 일괄하여 병식체조는 교련으로 개칭하는 의견에 일치하였다.

따라서 종래 병식체조에 속한 유연체조를 비롯하여 횡목(橫木)·붕(棚)·도하대(跳下台)·양목(梁木)·철봉(鐵棒) 등의 기계체조를 육군 도야마학교(陸軍戶山學校)의 지배 아래에서 문부성 측으로 이전하여 학교체조와 군사훈련을 명확하게 구별하려는 결론에 이르렀다. 그러나 이 보고서의 결정사항을 실현하기 위해서는 후에 언급하듯이 문부성만으로는 해결할 수 없어 당연히 예측되는 육군측의 압력도 고려하여 정치 교섭을 실시하여 현행 규정을 개정하여야 했다. 이를 위하여 개최된 것이 메이지 40(1907)년 육군과의 공동 조사회다. 병식체조 문제를 제외하고서는 모두가 문부성에서 해결 가능한 문제였다. 따라서 문부성은 체조유희조사위원회의 보고서가 제출된 후는 전국의 중등학교 교원을 도쿄에 모우고, 각 현(縣)의 사범학교 등에 모여 체조강습을 개최하였다. 그러나 이 강습회에 실지(實地) 체조지도를 담당한 이구치(井口)강사와 히라이(坪井)강사와는 차가 있어 현장에서는 약간의 통일되지 못한 부분이 생겼다. 그리고 위원회에서는 스웨덴체조의 우위를 인정하면서도 그것을 권위(權威) 세우는 법규상 개정도 실시하지 않았다.

이 문부성 자체 방침의 불명확함이 현장을 혼란시켰다. 체육잡지 등에서도 그 애매한 태도가 비판을 받았으며, 만일 개정 체조(스웨덴식 체조)를 실시할 생각이 있다면, 먼저 현행 법규를 개정하라고 촉구하였다. 그리고 그것에 대한 문부성 측의 반응은 아무것도 없었다. 문부성에 대해서는 각지의 개정 체조 실시와 얽혀 여러 가지 질문이 있었으나 그 답변은 개정 체조 문제가 아직 학술적인 논의이며 행정적인 처치에 이르지 못한 것, 준비가 갖추어져 지도자가 있는 학교에서는 실시해도 지장이 없다는 2가지 점을 반복할 뿐이었다.

현행 법규 개정에는 물론 육군 측과의 절충이 필요하였으나 학교체조에 대한 위원 간의 의견이 통일되지 않은 문제도 현장에서 폭로되고, 또한 미국에 있었던 나가이 미치아키(永井道明)의 개정 체조에 대한 의견 등도 다소 비판적이었다. 이러한 이유가 문부성의 태도를 애매하게 하였다. 특히 나가이(永井)는 미국에서의 서간(書簡·편지) 속에서 스웨덴체조 자체의 이론성을 인정하면서도 카와세(川瀨)와 이구치(井口)가 강조한 스웨덴체조(Posse체조)만이 유일한 스웨덴식 체조인 것은 아니라는 것을 지적하고 있다.

예를 들면 '보고서'의 체조지도법이 체조에만 편중되어 일반적으로 연습순서에 자연스러운 유희활동이 채택되지 않았다는 것, 제8연습의 도약운동(跳躍運動)이라도 체조적인 것에 한정되어 있는 것을 비판하고 있다.

그는 또한 요시다 야헤이(吉田彌平)씨 앞으로 쓴 편지(書簡)에서도 "스웨덴 체조에서도 유희를 교묘하게 이용하지 않으면 완전히 아동에 적합한 것이 되지 않는다"고 언급하고 있다. 오늘날 스웨덴 체조의 강조자인 나가이(永井)가 체조운동만 편중된 포세(Posse)식 체조를 비판하고 유희와 경기교재(競技敎材)를 가미한 탄력적 지도를 역설하고 있는 점은 주의해야 한다.

9. 풍기쇄신(風紀刷新)과 운동경기

메이지 40(1907)년대에 걸친 체육 추이를 이해하기 위하여 당시 사회 사정을 생각하는 것도 중요한 일이다.

마키노(牧野) 문부상은 메이지 39(1906)년 6월의 훈령에서 학교 풍기(風紀: 풍속이나 도덕에 관한 규율)와 과격사상에 주의하여 문부성에서도 기숙사 개선·가정연락·학교 도서(圖書) 제한 등을 시도하였다. 그러나 학교 소요(騷擾: 많은 사람이 들고일어나 술렁거림)는 좀처럼 수그러지지 않았다. 그것은 결코 사상문제에서 발한 것은 아니라 학교 권위주의적 방책(方策)에 대한 감정적인 반발이 많았다.

마키노 문부상은 전후(戰後) 중·고등학교의 풍기퇴폐(風紀頹廢)의 원인이 기숙사 생활을 단속하는 체조 교원이 출정(出征)한 것에 있다고 지적한다.

마키노 문부대신으로부터 풍기진숙(風紀振肅: 풍속과 기율을 엄숙하게 바로 잡음)의 실시 방책을 명령받은 나카가와(中川) 장학관은 통속(=사회)교육의 시점에서도 문부성 직할 체조학교 설립, 사범학교 체조과(體操科) 신설, 운동시설 확충, 체육운동의 장려 등을 기안(起案) 항목의 하나로서 들고 있다.

이처럼 위정자의 체육에 대한 기대는 결코 적지 않았다. 앞에서 이미 설명한 바와 같이 학교장이 운동을 교우회 활동에서 가장 중요시한 것도 그러한 의도가 있었기 때문이다.

"워털루(Waterloo) 전쟁[16]의 승리는 이튼스쿨(Eton school)의 운동장에서 이미 결정이 났다(The battle of Waterloo was won on the playing fields of Eton)" 등의 명구가 스펜서의 삼육주의(三育主義) 이상으로 주장된 것도 이 무렵부터다.

---

16) 워털루 전쟁은 1815년 6월 벨기에 워털루 인근에서 나폴레옹이 이끄는 프랑스군과 웰링턴이 이끄는 대영제국과 독일의 프로이센군 연합군이 맞붙어 프랑스가 패한 유명한 전투이다. 그리고 웰링턴 사후에 영국의 여성 작곡가 길먼 앤더슨이 1860년대에 악보로 만들어 웰링턴 공작에게 헌정한 '워털루 전쟁'이라는 작품이 있다. 어렵지 않은 피아노 기교로 치열한 전투 모습을 그린 흥미로운 작품이다. 5분 남짓이지만 전투 장면을 음악을 통해 생생하게 표현하고 있다. 전장으로 향하는 행군, 대포소리, 치열한 전투 속에서 나타나는 전진과 후퇴, 승리의 노래와 춤, 마지막으로 패자를 위한 엄숙한 노래까지 짧은 시간 속에 모두 표현한 작품이다.

사족을 붙이자면 위의 문장은 영국의 유명한 웰링턴(Wellington, 1769~1852) 장군의 명언이다. 웰링턴은 이튼스쿨을 졸업했다. 그는 워털루에서 승리한 다음, 모교를 찾아가 학생들에게 훈화(訓話)를 하면서 이 명언을 남겼다. 즉 "내가 영웅 나폴레옹을 이길 수 있었던 모든 힘은 이튼스쿨의 운동장에서 운동하고 공부하던 시절에 이미 결정되었다"는 것이다.

유럽을 무력(武力)으로 제패한 명장 나폴레옹은 1815년 벨기에의 워털루에서 벌어진 격전에서 웰링턴 장군에게 패배하여, 남대서양의 고도(孤島) 세인트헬레나 (Saint Helena) 섬에 유배되어 6년 동안 고생하다 1821년에 세상을 떠났다.

이와 같이 일본의 위정자들이 이튼스쿨을 학교체육의 교육모델로 삼고자 한 것이 시대적 배경이다. 이튼스쿨은 영국왕 헨리 6세가 영국 명문가의 자제(子弟)들을 키우기 위하여 1440년에 설립하였다. 이 학교에서는 지금도 12세에서 18세에 이르는 학생들이 기숙사 생활하며 검은 실크 모자에 흑색 연미복의 교복(제복)을 입고 있다. 이튼스쿨의 교육목표는 세 가지다. 첫째는 전인(全人) 교육이요, 둘째는 신사 양성 교육이요, 셋째는 지도자 양성 교육이다.

그러나 운동회와 대외경기는 도의(道義: 사람으로서 마땅히 행해야 할 도덕이나 의리)를 벗어나 기대에 반하는 방향으로 달리는 경향도 적지 않았다. 예를 들면 와세다(早稻田)―게이오(慶應) 야구시합을 보더라도 응원에서 발단이 되어 마침내 결승전이 무기한 연기되거나 아이치(愛知)의 전문학교의 운동회에서도 종료 후에 교사(教師)를 멍석말이 하여 교풍쇄신(風紀刷新)과 사상선도(思想善導)와는 걸맞지 않는 사건이 생겼다. 이러한 사례는 체육장려를 너무나 낙천시하는 견해에 대해서 학식과 견식이 있는 지식인들(識者層)을 회의적으로 만들었다. 풍기퇴폐(風紀頹廢)의 방파제로 간주한 운동경기가 여러 가지의 오점을 남긴 결과, 메이지 30년대 말에는 '선수 제도론'과 '운동회론'의 시비가 신문 기사면을 넘치게 하였다.

요미우리(讀賣)와 만조보(万朝報: 1882년 '구로이와 루이코黑岩淚香'가 창간. 도쿄 제일의 발행부수를 인쇄한 신문사) 신문 등은 일반국민의 체위향상의 취지에서 선수제도를 비판하고 선수층과 응원층 분열을 불건전한 징후로서 지적하고 관중이 5만에서 10만이 되었더라도 체육향상이라고는 할 수 없는 논설을 게재하였다.

이리하여 문부성도 이 문제에 주목하고 메이지 40년 7월의 전국 중학교 교장회의에는 '각 학교에 실시하는 경기운동의 이해 및 폐해를 방지하는 방법 여하'를 자문하였다. 이 회의에서는 다음과 같은 보고를 얻었으나 이것도 초기 대외경기에 관한 종합적 견해로서 독자들에게 귀중한 자료를 제공하고 있다.

(1) 각 학교 경기운동의 이익
   ① 일반 생도의 체육장려가 될 것.
   ② 생도의 원기(元氣·마음과 몸의 활동력)를 고무할 것.
   ③ 공동정신(共同精神)을 양성할 것.
   ④ 단체에 대한 덕의(德義)를 양성하는 기회가 될 것.

(2) 각 학교의 경기운동의 폐해
   ① 경기에 열중하기 위하여 종종 학업을 소해(疎害: 저해)하는 것.
   ② 멀리 떨어져 있는 서로 다른 지역의 학교 간에 경기하는데 날짜(日子)와 금전을 낭비하는 것.
   ③ 과격운동으로 잃어버리는 일보다 종종 선수로서 질병상해를 입는 것.
   ④ 승패에 무게를 두기 때문에 공중도덕을 상해(傷害)하여 분요(紛擾: 어수선하고 소란스러움)의 근간이 되는 것.

(3) 위 폐해(弊害)를 방지하는 방법
   ① 대외경기는 사전에 학교장의 허가를 얻을 것.
   ② 대외경기를 실시하기 위해서는 반드시 관계 학교의 직원으로 질서방법을 협의하고 경기정신을 잃지 않도록 감독할 것.
   ③ 학력조행(學力操行: 학교성적과 품행)과 함께 학교생활에서 중등 이상의 생도가 아니라면 대외경기 선수로 하지 않을 것.
   ④ 경기는 반드시 학과 수업을 휴강(休止)하지 않는 범위에서 이를 행할 것.
   ⑤ 경기를 위하여 외박을 허락하지 않을 것.

⑥ 응원자의 단속을 엄격히 실시할 것.
⑦ 위로회를 개최 또는 금전, 물품을 기증하는 등을 금지할 것
⑧ 평소 운동시간을 제한할 것.
⑨ 학교 의사로 선수의 신체를 검사하게 할 것.
⑩ 평시보다 타교와 경기하기 위하여 특별하게 선수를 정해두지 말 것.
⑪ 우승기 기타 승패의 기념이 되는 것을 폐지할 것.

메이지 38(1905)년의 '보고서'에서 학교운동회(=경기회)의 집필을 담당한 타카시마 헤이사부로(高鳥平三郞)는 여기서 운동회(=경기회)가 전교 학생생도 참가를 원칙으로 할 것. 평소 학생이 습득한 운동의 발표회라는 것을 역설하고, "근년 운동회가 점점 융성해짐과 동시에 폐해도 여기에 또한 동반하여 학교 운동회로서 학교 체육행사가 아니라 단순히 아름다운 꽃을 보며 흥겹게 즐기려고만 하는 관화유흥(觀花遊興)으로 보는 자도 있다"고 논하고 있다.

메이지 41(1908)년 9월의 문부성 강습회에서 고마츠 하라(小松原) 문부상도 "운동경기는 체육 특성상 이를 장려할 필요가 있다고 하더라도 운동회 등에서 경기에 전념한 결과 단순히 일부의 학생으로 하여금 운동유희를 부과하여 종종 여흥(餘興: 흥을 돋우기 위하여 곁들이는 오락) 등에 낭비를 위하여 또한 타 학교와의 경기에 수업을 방해하는 것과 같은 것은 이를 깊이 경계해야 하며 연주회·학예회 등에 관하여 학생으로 하여금 유약(濡弱: 약하고 나약함) 풍으로 배우지 않도록 지도할 것"이라고 훈시하고 있다. 이들을 통하여 메이지 40년대 일본에서는 운동경기의 장려보다도 그 억제와 관리가 문제시되어 왔다는 사실을 알 것이다.

10. 법규(法規) 개정(改正)을 둘러싸고 육군성과 문부성의 대립

메이지 40(1907)년에는 소학교령과 그 시행규칙이 개정되고 사범학교 규정도 정해졌다. 그러나 앞에도 언급했듯이 체조과에 관한 한 근본적인 개정은 보이지 않았다. 의무교육은 6년으로 연장됨(메이지 41년 4월부터 시행)에 따라서 소학교령

시행규칙의 제10조 2항도 "보통소학교에 있어서는 처음 적절한 유희를 하게 하여 점점 보통체조를 부가(附加)하고 또한 남자에게는 병식체조를 추가하여 받게 한다"고 개정한 정도로 보통체조를 스웨덴식으로 바꾸는 처치는 명확히 밝히지 않았다.

시간수는 보통소학교 4학년까지 각 학년 매주 4시간이 3시간이 되고, 보통소학교에서 고등소학교까지 각 학년 모두 동등하게 3시간이 되었다.

사범학교 규정에 있어서도 근본적 변화는 없고 다만 유희가 남자의 정과 교재(正課敎材)로서 추가되고, 보고서 정신에 준하였을 뿐으로 스웨덴 체조에 관해서는 구체적인 지시를 앞두고 있었다. 즉 제24조에는 "체조는 남자 생도에 대해서는 보통체조·유희·병식체조로 하고 또한 교수법을 가르치고, 여자 생도에 대해서는 보통체조·유희로 하고 또한 교수법을 가르친다"로 바뀌었을 뿐이며, 교련이나 스웨덴식 체조라는 용어는 나타나지 않았다. 그러나 시간배당에서 보면, 예를 들면 일부 남자의 체조는 예과(豫科) 매주 31시간 중 6시간, 본과(本科) 1~3학년 매주 34시간 중 5시간, 본과 4학년 34시간 중 3시간이 되고, 전체적으로 체조과(體操科) 중시의 경향이 나타나 있다.

이상과 같이 메이지 40년대에 들어서면서도 학교체육은 세상에 논의되고 있는 정도로는 근본적으로 바뀌지 않았다. 나가이(永井)가 메이지 42(1909)년 유럽과 미국 지역 체육시찰에서 귀국하여 각지를 순시한 때에도 개정 체조(스웨덴 체조)를 실시해도 좋을지 어떨지에 대하여 현장이 혼란을 겪고 있다는 사실이 지적되었다. 그리고 체조를 일관(一貫)된 방침으로 법규화하기 위해서는 근본적으로는 육군측과의 교섭이 필요하였으나 나가이(永井)가 귀국할 때까지 그것은 조금도 전진되지 않았다.

이미 문부성의 취조위원회(取調委員會: 조사위원회)가 현안 보고서를 발표한 지 1년 후에 육군성(陸軍省)측은 개정 체조 문제와는 무관계로 종래의 병식체조·보통체조의 2체제의 조정을 위하여 문부성(文部省)측에 의견서를 조회하였다. 이러한 사정이 법규상의 개정을 어렵게 한 최대 이유이며, 문부성측이 개정 체조 즉시 실시의 여론에 소극적이었던 것도 이해할 수 있을 것이다.

메이지 39(1906)년 10월 4일 데라우치(寺內) 육군상(陸軍相·陸軍大臣)이 마키노(牧野) 문부상(文部相·文部大臣) 앞으로 보낸 서신(편지)은 다음과 같은 내용이었다.

"보통체조와 군대체조를 상당히 접근시킬 것. 국민의 이익과 피인(被認) 또는 체조교원의 보좌(補佐)는 될 수 있는 한 전역한 예비역 하사관 중에서 선발하는 것과 가능하면 편의(便宜)·불선(不鮮: 적지 않음)·피고(被考: 다른 사람을 고려함)·후간(候間: 이러므로) 별지의 의견서를 서로 첨부하여 차단(此段: 이 단계) 및 협의한다."(의견서 약식).

특히 이 의견서는 문부성에 대한 강경한 요구였다. 즉 육군측의 희망은 모리 아리노리 문부상 시대를 재현하여 병식체조 우위로 학교체조를 통일하려는 것이었다. 육군측은 체조유희취조위원회(體操遊戲取調委員會)에서 주목받은 스웨덴체조 등은 안중에 없고, 육군 보병조전(步兵操典: 군사의 교련제식)과 체조교범(體操敎範)에 준거하여 학교체조를 실시하는 것이 가장 좋은 방책이라고 정하고, 체조교원을 예비역 하사관으로 보충하는 것이 교원양성의 경비가 절약이 되기 때문에 일거양득(一擧兩得)이라고 주장하고 있다.

이 의견은 학교체조의 본래의 임무에서 보면 원래가 체조적 교재인 기계체조(器械體操)와 유연체조(柔軟體操)를 학교체조의 교재(敎材)로 옮겨 체조와 군사훈련을 구별하려는 문부성 측과 정면으로 대립하는 결과가 되었다.

메이지 39(1906)년 12월 20일 마키노(牧野) 문부상은 육군대신(陸軍大臣)에게 다음과 같은 회답 문서를 보냈다.

"지난 달 4일 보통체조와 군대체조를 접근시키는 등에 관한 협의의 취지를 알고 있는 이상 보통체조와 군대체조는 스스로 이 취지 목적을 달리 하는바 학교에서 부과하는 체조를 병식체조만을 강조하는 것은 도저히 실행하기 어렵다. 그리고 체조 교원을 양성하기 위해서는 특별한 설비를 필요로 한다. 물론 군복무 연한을 다 채운 만기(滿期) 하사관(下士官)으로 학교체조를 교수하는 데 충분한 재질을 가진 자는 현행 규정에 따라 실행에 이르기까지 이를 교원 보좌하는 데는 하등의 지장이 없어도 상당한 소양이 없는 자에게는 특히 학교 교원에 필요한 지식을 부여한 후 실시하지 않는다면 이를 교원으로 채용하기에는 어렵다. 더욱이 보통체조와 군대체조를 각각 목적에 반하지 않는 범위 내에서 가능한 접근시키는 것은 쌍방의 편의에 따라 육군성과 문부성 두 성(省)의 접근을 꾀하기 위하여 조사위원회를 설치하고 충분한 심의·토론한 후에는 지장이 없을 것으로 생각하며 회답한다."

또한 메이지 39(1906)년 12월 20일 "추가로 의견서에 따르면 체조의 통일을 도모하기 위해서는 상호간에 억눌러 꼼짝 못하는 제도(舊制)를 현실화하는 것과 같이 서로 만나 본 후 함께 학교체조 내 병식체조에 대해서는 종래 주로 육군방식에 준거(準據) 기준한 후 함께 보통체조에 대해서는 처음부터 특수한 발달을 위한 자에 있어 이 의견서에 이른바 세월이 경과하고 시간이 지남과 함께 양자(兩者·육군성과 문부성)의 의견을 서서히 배치(背馳: 서로 반대가 되어 어긋남)하는 자에게는 없는 것과 같다. 또한 지난 해 체조 면허증을 보통체조·병식체조의 2종류로 구별하는 시대에 있어서는 하사(下士)의 자격이 있는 자에 대하여 병식체조의 면허증을 수여하고 즉시 이를 자격 있는 교원으로 채용하는 것과 함께 이후 학교의 통일을 도모하기 위하여 체조 면허증은 보통병식의 2종류로 나누어 수여하지 않는 것은 자연스러운 결과로 하사의 자격이 있는 자에 대하여 즉시 체조과 면허증을 수여하지 않는 것은 서로 생각할 일이다. 생각을 펴고 첨가하고 기다려야 한다."

이것으로 문부성 측의 견해와 양자의 접근을 꾀하기 위한 조사위원회 설치의 요망이 분명해진 것이다. 또한 보충 설명은 종래 체조과(體操科) 교원의 면허증 규정은 다음과 같이 바뀌었다.

메이지 33(1900)년의 '교원 검사(檢査)에 관한 규정'에는 "체조과는 보통체조와 병식체조의 2부로 각각 두 가지로 구분하여 원서를 제출(出願)할 수 있다"가 있어 군인의 무시험 검정자격은 '① 육군 보병과 사관 ② 전 육군 교도단 보병과 출신 ③ 육군 보병과 하사관 임관 후 만4년 이상 현역에 복무한 자 등'이며, 체조학교 본과(本科) 우등생과 함께 특전을 부여하였다.

메이지 34(1901)년에 이 규정은 개정되었으나 ②의 육군 교도단 보병과 출신자가 제외되었을 뿐 그 외의 변경은 없었다. 그러나 위의 답변문에서 마키노(牧野) 문부상은 보통체조·병식체조의 수험(受驗) 2체제(體制)를 배제하고 검정 일원화(一元化)로 개정할 의도를 보였다. 이것은 메이지 41(1908)년 11월에 실지로 개정되어 군관계자도 체조교원 자격을 얻기 위해서는 보통체조의 수험(受驗)도 부과하게 되었다. 이것을 보더라도 알 수 있듯이 공동조사회 개최에 있어서 문부성 측이 상당한 결의를 가지고 임하였다는 것을 알 수 있다.

11. 육군성과 문부성의 공동조사회의 발족

문부성은 체육의 기초를 확립하기 위하여 메이지 39(1906)년도에는 국립체육연구소 설립을 예산화하는 방침으로 추진하였다. 이미 나가이(永井)는 전 문부상 쿠보다(久保田)의 요청으로 유럽과 미국의 국립체육연구소의 조사를 위해 유학중이었으며, 문부상은 군부와의 대책에 더욱 더 노력하였다. 그러한 적극성으로 공동조사회 양자가 서로 양보하여 접근하는 것도 쉽게 다가가지 못하였다.

제1회의 공동조사회의 회합으로 메이지 40(1907)년 9월 26일 열린 육군 측은 육군성 보병 과장 하야시((林)대좌, 토야마학교(戶山學校) 교관 사가라(相良) 보병 대위, 육군사관학교 소속(附) 시노하라(篠原) 이등 군의정(軍醫正)의 3명과 문부성 측은 오오시마(大島) 장학관, 미시마(三島), 히라이(坪井)의 3명을 위원으로 협의되었다. 그 후 위원회는 종종 개최되어 위원의 변경 등도 함께 실시하여 심의를 추진하였으나 양자의 의견 대립은 풀리지 않았다. 육군 측은 문부성 위원의 발언을 서양(西洋)의 영향을 받은 이론에 치우쳤다고 비난하고, 문부성 측은 육군성 위원의 설명이 거칠고 비과학적이라고 비난하였다.

세간(世間)에는 육군 측은 일본 독자의 체육을 생각하고, 문부성 측은 아동 심신발달에 맞는 보편적인 체육을 목표로 하고 있다고 소문이 나서 양자의 대립은 중지(衆知)의 사실로 되었다.

문부성 위원 오오시마(大島) 장학관이 말하는 부분에 따르면 이 조사회의 문제점은 말할 필요도 없이 보통체조와 병식체조와의 조정이며, 양자가 즉시 조정가능한 점은 운동의 명칭과 호령을 붙이는 방법의 통일이다. 그러나 지도상(指導上)의 근본 문제인 주의주장(主義主張)이 되면 여러 가지 어려운 점이 있어 쉽게 일치점을 발견할 수 없었다.

문부성 측은 체육을 생각할 때에 소학교 6개년, 중학교 5개년, 계 11개년 동안에 발육·발달해가는 아동·생도를 대상으로 문제를 논하고 있으며, 육군성 측은 2개년의 교육으로 장정(壯丁) 적령기 이상인 자를 대상으로 문제를 논하고 있다.

따라서 육군 측 교수법은 가능한 운동을 간단히 하여 일정한 형을 제시하고 요구하는 훈련의 수준까지 끌어올리는 것이 목표이지만, 문부성 측은 발육기에 맞추어서 시간을 두고 자연스럽게 무리 없이 체육을 실시하여 게다가 가능한 많은 운동을 부여하여 발육을 촉진한다는 것이 목표였다.

이러한 대립을 해소하지 않고서 재삼 회합을 개최하여 메이지 41(1908)년 여름을 맞이하였으나 갑작스럽게 문부성 측의 교섭위원인 오오시마 장학관이 제8 고교(高校) 교장으로 발령을 받아 현지로 부임하게 되었다. 따라서 나가이 미치아키(永井道明)의 귀국까지 이 조사회도 휴회하고 모든 종류의 심의를 연기하였다. 문부성으로서는 모든 외국의 사정·조사에 파견된 나가이(永井)의 귀국을 기다려 조사회를 추진하려는 생각이었다.

나가이는 메이지 42(1909)년 1월 귀국하여 도쿄고등사범학교 및 여자고등사범학교의 교수가 됨과 동시에 4월에는 문부성 장학사로서 각지를 순시하여 10월에는 현안의 조사회에 문부성 측 교섭위원으로서 임명되었다. 이리하여 메이지 42년 10월 19일 문부상 관저(官邸)에서 공동조사회는 다시 모이게 되었다. 그 위원도 새롭게 구성되었으며 다음과 같다.

○ 문부성 측
  - 보통 학무국장 마츠무라 모스케(松村茂助)
  - 도쿄고등사범학교 교수 나가이 미치아키(永井道明)
  - 문부성 장학관 마키야 마에이지(槇山榮次)
○ 육군성 측
  - 육군 군무국장(軍務局長) 나가오카 가이시(長岡外史)
  - 육군 군의정(軍醫正) 히테 타케(英健)
  - 육군 보병대위 사가라 고우이치(相良廣一)

　다시 개회(再會)한 제1회 회합에서 협의 결과, 쌍방 모두 원고를 만들어 그것을 근거로 해서 심의를 계속하기로 결정하였다. 육군성은 즉시 초안을 문부성으로 송부하였다. 문부성도 이미 나가이(永井)가 입안한 것을 3자 협의한 후에 '학교체조 정리 통일안'으로서 육군성에 송부하였다. 문부성 위원은 토야마 학교에서 육군식을, 육군성 위원은 고등사범학교 부속 중학, 여자고등사범학교 부속고, 여자체조 교원양성소 등에서 나가이의 스웨덴식 체조를 시찰하였다.
　나가이는 '통일안'의 취지를 설명하기 위하여 수차례에 걸쳐서 토야마 학교에 가서 육군 측 위원과 토야마 학교 교관을 앞에 두고 그 구체안을 제시하였다.
　그는 여기서 세계열강의 체육 동향을 이야기하며 체조가 조국번영을 동기로 하여 태어났으며, 나날이 발전하는 모습으로서 개선되고 있다는 것, 군대체육에 있어서도 스웨덴식 체조가 중시되고 있다는 것, 국정에 맞추어서 스웨덴 체조에도 여러 가지 방법이 있으며, 이 '통일안'도 단순히 외국 모방이 아니라 진실로 조국을 사랑하는 정신에서 출발하고 있다는 등을 토로하였다. 그 결과 마침내 육군 측은 나가이 안(案)을 인정하였다.
　"내가 지성봉공(至誠奉公)의 가슴 속에 우리 학교를 위할 뿐만 아니라 우리 제국 육군을 위하여 깊이 믿는 부분이 있었기 때문이다"라는 그의 술회대로 상당히 감정화 되어 있던 군부에 일종의 공명(共鳴)을 부여한 것은 의학적 근거와 합리적인 사고방식이 아니라, 나가이의 이른바 '지성봉공'의 정신이며, 그리하여 육군은 스웨덴식으로 타협한 것이다. 이리하여 육군 측도 문부성 안에 이의(異義) 없다고 회답하여, 메이지 시대의 현안인 보통체조·병식체조의 양립하는 이원적 체제(二元的體制)는 해소되었으며, 학교체육의 방침을 스웨덴식으로 전환하는 첫 걸음을 내디디게 되었다. 따라서 육군 하사관의 체조과(體操科) 독점(獨占) 주장도 그 근거가 희박하여 육군 측은 그것을 철회하지 않을 수 없게 되었다.

문부성의 주장이 승인된 후부터 이 '학교체조정리통일안(學校體操整理統一案)'은 1910년인 메이지 43년 1월에 수정되어 '학교체조통일안(學校體操統一案)'으로 개칭하였다. 이 동안 나가이의 활약은 눈부신 것이 있어 체육계는 히라이(坪井)에서 나가이(永井) 시대로 옮겨졌다.

메이지 44(1911)년 9월에 문부성은 이 통일안(統一案)을 전국 중학교에 배포하여 현장의 의견을 물어 메이지 45(1912)년부터 시행 예정으로 준비를 추진하였다.

이것이 실제로 발포된 것은 1년 후의 다이쇼(大正) 2(1913)년 1월이었으나 일본국 최초의 '학교체조 교수요목(學校體操敎授要目)'은 이러한 전사(前史)로서 만들어졌다.

12. 경(硬)교육론을 배경으로 한 국민체육

메이지 말에 걸쳐서 학교체육의 중요한 문제는 이상 상세하게 언급한 공동조사회 심의에 집중되었으나 메이지 40(1907)년대 체육 전반을 바라보았을 때 잊어서는 안 되는 여러 가지 문제가 있다. 따라서 메이지 총결산이 이 시기에 어떻게 추진되었는가를 알기 위해서는 약간의 보충 설명이 필요하다.

메이지 40년대에 이르러 소년비행(少年非行)·학생풍기(學生風紀), 그리고 청년단 육성 등의 문제가 서서히 지면을 화려하게 장식되는 것과 관련하여 체육 문제도 더욱 더 논의하게 된다. 특히 청년단 육성 문제는 통속교육 면에서 중요시되었다. 지방의 청년 체육장려도 간신히 일에 착수하게 되었다.

예를 들면 야마구치(山口)현 가마노무라(蒲野村)의 다카미(高見)청년회와 타마호(玉穗)청년회에서는 무술과 기계체조의 용구·기구를 구입하여 귀향(歸鄕) 군인

지도하에 체육을 실시하였다. 학교 교장(校長) 등이 지방 체육장려에 공헌하는 부분도 컸다. 시마네(島根)의 히가시아요우(東阿用)소학교의 카츠베(勝部) 교장은 청년회 육성의 한 방책(方策: 방법과 아이디어)으로서 소학교 운동장을 공개하고, 운동용구를 갖추어 젊은이들의 노성화(老成化)된 태도, 주색(酒色: 술과 여자)에 빠지는 경향을 운동에 의해서 방지하려고 노력하였다.

소학교는 부락 어린이들의 교육의 장(場)일뿐만 아니라 부락의 통속교육(通俗敎育)의 센터이며, 교장(校長)은 마을문화의 중심이라는 생각이 강하였다. 때문에 운동장과 우천 체조장이 공개되고, 총기고(銃器庫) 모래 운동장(砂場)이 설비가 완비되고, 교실의 스크린의 환등회(幻燈會)를 개최하여 응급처치법을 실습하였다. 그것은 다분히 국방적 색채를 띠었다. 사회와 학교는 메이지 말기에 이르러 겨우 하나가 되어 공통목표를 추구하게 되었다. 체육은 충성심을 배경으로 체위향상을 첫째로 하고, 연약(軟弱) 경향을 교정하고 스파르타식 훈련이 좋은 방책으로 생각되었다.

메이지 42(1909)년 후쿠이(福井)교육회의 추계대회에서는 "지금의 소학교 체육의 현상에 있어서는 아동의 장래에 유약(柔弱)하게 하는 어리석음은 없는가, 만일 있다면 그 구제법(救濟法)은 무엇인가"가 연구·토의되었다.

병식체조를 학교에 부과하는 것에 반대한 나가이 미치아키(永井道明)도 메이지 43(1910)년의 '운동경기회 일신(一新·새롭게 함)의 희망'이라는 담화 중에서 운동경기 정신은 육군과 해군에 하사한 '군인칙유(軍人勅諭: 천황의 포고문)'의 정신을 기본으로 하여, 충의(忠義)·예의(禮儀)·신의(信義)·무용(武勇)·소박(質素)의 5덕(德)이 경기정신의 중핵이라고 언급하였다.

참고로 이 군인칙유(軍人勅諭)는 메이지 15(1882)년 1월 4일, 메이지 천황이 육군과 해군에게 내린 칙유(勅諭)로 군대를 천황의 직속으로 두는 것을 강조하여, 구(旧) 군대 정신교육의 기초로 여겨졌다. '군인칙유'의 내용은 다음과 같다.

"1, 군인(軍人)은 충절(忠節)을 다하는 것을 의무로 해야 한다. 무릇 생(生)을 우리나라에 받은 자는 누구나 나라에 보은(報恩)하는 마음이 없으면 안 된다. 하물며 군인은 이 마음이 단단하지 않으면 도움이 될 수 있다고는 생각되지 않는다. 군인이면서 나라에 보은하는 마음이 견고하지 않은 것은 아무리 기량이나 기예가 출중하고 학문의 기술에 뛰어나도 역시 인형(人形)과 다름없을 것이다. 그 대열도 정돈되고 규율이 바르더라도 충절을 모르는 군대는 전쟁에 임했을 때 오합지졸과 같을 것이다.

원래 국가를 보호해 국가의 권력을 유지하는 것은 병력(兵力)에 있기 때문에 병력의 기세가 약해지거나 강해지거나 하는 것은 또 국가의 운명이 왕성하거나 약해지거나 하는 것이라고 분별하고, 여론(世論)에 망설이지 않고 정치에 관계하지 않고, 단지 외곬의 군인으로서 자신의 의무인 충절(忠節)을 지키고, 의(義:천황의 국가에 대하여 최선을 다하는 길)는 태산(泰山)보다도 무겁고 죽음은 홍모(鴻毛·기러기 털처럼 아주 가벼운 털)의 날개보다도 가볍다고 각오해야 한다. 그 절조를 깨뜨리므로 생각도 하지 않는 실패를 초래하고 오명(汚名)을 받는 일이 있어서는 안 된다.

1, 군인은 예의바르지 않으면 안 된다. 대체로 군인에게는 위에는 원수(元帥)부터 아래는 한 병졸(兵卒)에 이르기까지 그 사이에 관직(官職)의 계급(階級)이 있어서 통제 밑에 속해 있을 뿐만 아니라 같은 지위에 있는 동배(同輩)이라도 병역의 연한이 다르기 때문에 신임자는 구임자에 복종해야 한다.

하급인이 상관의 명령을 받는 것은, 사실은 즉시 나(朕:천황)의 명령을 받는 것이라고 알아야 한다. 자신이 따르는 상관이 아니어도 상급자(上級者)는 물론 군경험 연수가 자신보다 오래된 자에 대하여는 모두 공경해 예의를 다해야 한다.

또, 상급자는 하급자(下級者)에 대해 조금이라도 가볍게 보고 깔보거나 교만을 부리는 행동이 있어서는 안 된다. 공적(公的)인 임무를 위해서 위엄을 유지하지 않으면 안될 때는 특별하지만 그 밖에는 친절하게 대하여 애지중지(愛之重之)하는 것을 첫째로 유념하고 상급자도 하급자도 일치해서 천황(天皇)의 사업을 위해서 마음과 몸을 다해 일하며 직무(職務)에 힘쓰지 않으면 안 된다. 만약 군인(軍人)이면서 예의를 지키지 않고 상급자를 존경하지 않고 하급자에게 인정을 베풀지 않고 서로 마음을 합쳐서 사이좋게 지내지 않으면. 단지 군대(軍隊)의 해악이 될 뿐만 아니라 국가(國家)를 위해서도 용서할 수 없는 죄인인 것이 틀림없다.

1, 군인은 무용(武勇)을 중요시하지 않으면 안 된다. 원래 무용은 우리나라에 있어서는 옛날부터 중요시된 것이기 때문에 우리나라의 신민(臣民)이라는 자는 무용의 덕을 갖추지 않으면 안 된다. 하물며 군인은 전쟁에 인하여 적(敵)에게 대처하는 것이 직무(職務)이기 때문에 한시도 무용을 잊어서는 안 된다. 그렇기는 하지만 무용에는 큰 용기(大勇:진정한 용기)·작은 용기(小勇:시시한 용기)가 있어서 똑같지는 않다. 무모하게 덤비고 난폭한 행동을 하는 것은 무용이라고는 말할 수 없다. 군인이라면 언제나 옳은 도리를 잘 분별하고 담력(膽力)을 훈련하고 사려(思慮)를 다해서 일을 하지 않으면 안 된다. 작은 적이라도 깔보지 않고 큰 적이라도 두려워하지 않고 군인으로서의 자신의 직무를 다하는 것이 진정한 큰 용기다. 그렇기 때문에 무용을 중요시하는 자는 언제나 사람과 교제하기 위해서는 온후한 것을 첫째로 해서 세상의 사람들에게 사랑받고 공경받도록 한다. 이유가 없는 용기를 좋아하고 위세(威勢)를 휘두르면 결국은 세상의 사람들이 싫어해서 피하고 승냥이나 늑대와 같이 생각할 것이다. 깊이 명심해야 할 것이다.

1, 군인은 신의(信義)를 중요시하지 않으면 안 된다. 대체로 신의를 지키는 것은 일반의 도덕이지만 특히 군인은 신의(信義)가 없으면 단 하루라도 병사로서 동료 안에 들어 있기는 어려울 것이다.

신(信)이라는 것은 자신이 말한 것을 실행하는 것이고, 의(義)는 자신의 임무를 다하는 것을 말하는 것이다. 그러므로 신의를 다하자고 생각하면 시작부터 그것을 할 수 있는지 아닌지 자세하게 생각하지 않으면 안 된다. 할 수 있을지 할 수 없을지 명확치 않은 것을 무심코 승낙하고 하찮게 관계를 맺으면 후일이 되어서 신의를 유지하자고 하면 어찌할 바 몰라 자신의 처신에 괴로워할 수도 있다. 후회해도 때는 이미 늦는다. 처음에 꼼꼼히 올바른지 아닌지를 분별하고 좋고 나쁨을 생각하고 그 약속은 결국 무리라는 것을 알고 그 의리는 도저히 지킬 수 없다고 깨달으면 신속하게 약속을 단념하는 것이 좋다. 옛날부터 하찮은 사항에 관한 신의(信義)를 지키려고 해서 옳은 것과 옳지 않은 것의 근본을 잘못하거나 고금동서(古今東西)에 통하는 선악의 판단을 잘못해서 자기본위의 감정으로 신의를 지키려 해서 애석하게도 영웅호걸들이 재난을 만나 몸을 망치고, 죽고 난 후에도 오명

(汚名)을 후세까지 남긴 것은 그 예가 적지 않다. 깊게 경계하지 않으면 안 된다.

1, 군인은 검소(儉素)를 제일로 해야 한다. 대체로 검소를 제일로 하지 않으면 문약(文弱)에 흘려 경박해져 사치스럽고 화려한 것 좋아해 결국은 욕심이 많아져 게걸스러워지고 뜻도 아주 천박해져 절조(節操)도 무용(武勇)도 보람 없고, 세상 사람들에게 비판을 받게 될 것이다. 그 사람에 있어서 생애가 불행한 것은 말할 필요도 없다. 이 나쁜 기풍(氣風)이 일단 군인들 사이에 일어나면 저 전염병과 같이 만연하고 군인다운 규율도 병사의 의기(意氣)도 갑자기 약해져버리는 것은 명확하다. 나(朕)는 깊게 이것을 두려워하고 먼저 면출조례(免黜條例:관직을 그만두게 하는 조례)를 내고 거의 이것을 주의해 두었지만 그럼에도 불구하고 그 악습(惡習)이 나오는 것을 걱정해서 마음이 편안해지지 않기 때문에 일부러 또 이것을 주의하자는 것이다. 너희들 군인은 결단코 이 훈계를 소홀하게 생각해서는 안 된다.

위의 5개조는 군인이라는 자는 잠시 동안도 소홀해서는 안 된다. 그런데 이것을 실행하기 위해서는 하나의 거짓도 없는 마음이야말로 중요하다. 도대체 이 5개조는 우리 군인정신(軍人精神)이며, 하나의 거짓 없는 마음이 또 5개조의 정신이다. 마음에 진실이 없으면 어떤 훈계(訓戒)의 말도 좋은 행동도 모두 겉모양의 장식에 지나지 않고 아무런 도움도 되지 않는다. 마음에 진실이 있으면 모든 것이 이루어지는 것이다. 하물며 이 5개조는, 천지공도(天地公道)의 도리이므로 사람으로서 지켜야 할 변함없는 길이다. 행하기 쉽고 지키기 쉽다.

너희들 군인은 나(朕)의 훈계(訓戒)를 잘 따르고 이 길을 지켜 행하고 나라에 보답하는 임무를 다하면, 일본국의 인민(人民)은 모두 이것을 기뻐할 것이다. 나(朕:짐) 혼자의 기쁨에 머무르지 않는 것이다.

메이지(明治) 15(1882)년 1월 4일
고메이교지(御名御璽) 무쓰히토(睦仁)

睦 仁
御 印"

이러한 인용에서 알 수 있듯이 메이지 40년대에는 '경교육(硬敎育: 노력·단련 중시의 교육)'의 공기가 더욱 더 진해졌다. 현장에서는 소학교 남자에 표정놀이(유희) 등의 이른바 춤을 추며 극도로 정제된 몸짓으로 다양한 감정을 표출하는 '무답적(舞踏的)'인 교재(敎材)를 주는 것이 비난을 받았다.

첫째 학예회와 운동회 등에서 가장해 연극하는 것은 부박폐풍(浮薄弊風: 들뜨고 경박한 폐해가 많은 풍습)을 조장하는 것으로 금지되었다. 이것이 고마츠 하라(小松原) 문부상 시대의 이른바 학생 금극훈령(學生禁劇訓令, 메이지 42년)이다.

연극과 창가 등이 작품의 주제가 되는 재료의 좋고 나쁨이 아니라 풍속퇴폐와 얽혀 논의되는 시대인 만큼 군국조(軍國調)의 활발한 유희가 아닌 한 유희도 유약화(柔弱化)라는 낙인(烙印: 좋지 않은 평판)이 찍혔다. 또한 겨우 활황을 보이기 시작한 여학교 운동회에서도 풍기(風紀)상의 이유에서 남자 입장이 금지되었다.

마키노(牧野) 문부상과 교대한 고마츠 하라(小松 原) 문부상은 이 경교육(硬敎育)적인 사상이 강하였다. 그는 신임 초기인 메이지 41년 9월의 전국 고등여학교 교장회의에서 여자체육의 진흥을 주장하면서도 '무답적(舞踏的: 발로 장단을 맞추며 추는 춤) 유희(遊戲)'를 부과(附課)하고 있는 현장을 비난하고 체조와 활동적인 유희를 본체로 하여 지도하도록 주의를 주고 연약(軟弱)과 무답(舞踏)을 동의어(同義語)적으로 비난하였다. 그는 또한 '문부성 체조유희취조위원회의 보고서' 등을 문제화하지 않고 여학교에 가장 적합한 체육은 치도체조(薙刀体操)라고 신문지상과 잡지에서 주장하였다.

문부성이 육군과의 공동조사회를 속행(續行: 하던 일을 계속하여 행함)하여 병식체조와 학교체조에 한 획을 긋고 있을 때 그는 전국 사범학교 교장회의에서 사범 학생의 6주간 병역(現役) 특전과 관련하여 정과(正課)의 병식체조 진흥을 역설하고, 규율있는 기숙사 생활과 함께 군대적 정신 강화를 훈시하였다.

고마츠 하라(小松 原)가 제2차 카츠라(桂) 내각의 문부상인 이상 이 언동은 정치가로서 당연한 태도이나 그러한 만큼 또한 공동조사회의 문부성 측 입장에서도 복잡한 것이 드러났다.

군인 재상 카츠라(桂) 자신은 체육에 대하여 극단적인 단련주의를 주장하였다.

그의 경교육론(硬敎育論)은 메이지 42년 8월 중앙신문(中央新聞)에 실린 교육담화에서 명백히 드러났다. 당시 합리주의 체육의 발달과 함께 교실체조·책상간 체조 등의 실내체조가 유행하고, 한편에서는 우천체조장 설치가 장려되었으나 카츠라는 우천체조장 불필요론을 주장하였다.

그는 소학교의 교육예산이 일본 경제를 생각한다면 불균형적이라고 언급하며, 예를 들면 우천체조장 등의 경비절약을 들어 설명하였다. 그는 육군 경험을 근거로 하여 실전에서는 눈과 비 속에서 임무를 완수해야 하는 이상 바람과 비에 관계없이 실외에서 단련하는 것이 교육적이라고 말한다.

이 극단적인 경교육론에 대해서는 도쿄(東京)·아사히(朝日)신문 등도 문제화하고 현재 교육에는 분명히 연약(軟弱)한 경향이 있으나 우천 체조장 불요(不要)를 주장하여 아마추어가 경교육을 운운하는 것보다도 전문적인 체육전문가에게 맡겨야 한다고 논하고 간접적으로 카츠라의 의견을 비판하였다. 이러한 배경을 고려한다면 고마츠 하라 문부상의 미묘한 언동도 이해할 수 있다. 그러나 당시, 공동조사회의 문부성 측 위원 나가이는 카츠라(桂)에 대하여 명확한 반론을 제기하였다.

나가이(永井)는 극단적인 경교육론은 세상을 잘못되게 하는 것을 지적하고 우천시의 체조수업은 휴강하는 경향이 있기 때문에 우천 체조장을 만들어 아동의 건강유지를 생각할 필요가 있다는 것, 만일 군대가 실전(實戰)을 강조한다면 병영막사도 불필요하다는 것, 군대에서 조차 전시(戰時)와 평시(平時)를 구별한다는 것, 오히려 군대훈련과 달리 학교에서는 당연히 우천 체조장이 필요하다는 것 등을 논하고 있다.

13. 무도(武道)의 장려(獎勵)와 현행법의 개정(改正)

메이지 40(1907)년대에 이르러 문부상(文部相·문부대신)을 비롯하여 일부 지식인의 장려와 함께 무도(武道)는 수의과(隨意科)적으로 채용되어 여학교에서 조차 와가야마(和歌山), 시즈오카(靜岡), 니가타(新潟) 등에서 실시하게 되었다.

중학교 이상의 학교에서는 동계훈련과 하계훈련 등이 활발해지고 과외(課外)활동으로서도 큰 비중을 차지해 왔다. 그러나 법규상에서는 무도는 정과(正課) 채용을 허용하지 않았다. 앞에서도 언급했듯이 메이지 39(1906)년의 제22 의회에서 무도의 정과(正課) 채용(採用)은 가결되었으나 중학교와 사범학교의 시행규칙은 개정되지 않았다. 따라서 법규상의 개정에 의해서 무도를 정식으로 학교체육의 교재로 인정하기 위해서는 아직 운동이 필요하였다.

메이지 41(1908)년의 제24 의회에서는 또한 '체육에 관한 건의'라는 제목으로 무도 정과(正課) 채용의 건의가 제안되었다. 그러나 이때에도 무도 문제는 결정적인 결론을 얻지 못하고 끝났다.

전회(前回)와 같이 위원장의 보고대로 가결되었으나 문부성 위원의 태도는 매우 애매하였다. 시라이시(白石) 정부위원은 신체를 균형있게 발달시키는 체육의 목적에서 무도가 적절한지 어떤지는 미해결되었기 때문에 모든 체육연구소의 설립을 기다려 충분히 연구하겠다고 답하였다. 경교육(硬敎育) 논의와 함께 전국적으로 무도 장려의 기운이 높아진 시대였으나 문부성은 상당히 신중하였다.

메이지 42(1909)년 7월에 열린 사범학교와 중학교 교장회의에서도 문부성은 무도 필수의 가부(可否)를 자문하였다. 그것은 가결되어 일반의 공론도 찬성자가 많아져 간신히 문부성도 결심하고 규칙 개정에 착수하였다.

메이지 44(1911)년 7월에는 중학교령 시행규칙(메이지 34년)이 개정되어 "체조는 교련 및 체조를 배우고 또한 격검 및 유도를 추가할 수 있다"(시행규칙 제13조)로 되고, 또한 동일(同日) 훈령 제14호에서 "격검 및 유술은 종래 각 학교에 있어서 임의로 이를 시설하고, 생도의 지망에 따라서 과외에 이를 배우게 하는 것도 이번 정과(正科)로 하여 체조 중에 추가할 수 있는 이유로 격검 및 유술이 생도의 심신단련상에 미치는 성적에 비추어 보아 이 시설을 필요하다고 인정한다"고 개정 취지가 언급되었다.

또한 동년 동월에 제정된 고등중학교 규정 제13조도 "체조는 교련 및 체조를 배우고 또한 격검 및 유도를 추가할 수 있다"고 규정되고 메이지 45(1912)년 6월에 개정된 사범학교 규정에서는 "남자에 있어서는 체조 중에 격검 및 유술을 추가할 수 있다"(제24조)로 개정되었다.

위의 규칙에서도 알 수 있듯이 무도는 정과(正科) 필수가 아니라 "추가할 수 있다"는 것으로 사실상은 수의과(隨意科·선택과목)에 불과하였다. 그렇지만 메이지 30년대 이후 수차례의 건의안을 거쳐 여기에 비로소 법령상 개정을 보았다. 이것은 일대 진보(進步)였다.

문부성도 메이지 45년도부터 무도 정과(正科)를 시행하기 위하여 준비를 추진하고 메이지 44년 11월에는 문부성 주체의 강습회를 개최하였다. 이것은 도쿄 고등사범학교를 회의장으로 한 5주간에 걸친 강습회에서 도쿄(東京)·이바라키(茨城)·사이다마(埼玉)·나가노(長野)·아이치(愛知)·교토(京都)에서 전문가를 초빙하여 협의회를 개최하여 지금까지 혼란을 겪고 있는 무도 각파(各派)의 교수법을 정돈하였다. 또한 문부성은 여기서 새로운 3가지 본(本)의 형(型)을 제정하고 또한 학급 지도에 적합하도록 한 교사가 다수 생도를 교수할 수 있는 '연합교수법(聯合敎授法)' 등을 정하고 무도 교수(敎授)의 방법에 대해서도 신중하게 생각하게 되었다.

14. 도시체육의 개선

메이지 체육은 그 시대의 정치 정세와 얽혀 복잡한 발전을 해왔으나 메이지 말년까지는 근대적인 체육의 시설과 계획도 상당히 구체화되었다.

아동·생도의 휴가 중 전지수양(轉地修養: 일정 기간 동안 다른 곳으로 거처를 옮겨 몸과 마음을 닦는 일종의 심신수양 활동), 임간학교(林間學校) 또는 도시공원과 유희장(운동장)의 설계계획 등을 추진함과 동시에 지방 청년회와 청년단 등에서도 운동오락 시설과 지도가 실시되기 시작하였다. 이러한 방면의 착상은 군국주의와 부강주의 정책에 의해서만 나타난 것이 아니라, 서구 선진국의 사상적·실제적인 영향에 의한 부분이 컸다.

이를 테면 서구(유럽)의 '숲속 휴양지(休暇集落: colony·특정 사람들이 생활을 영위하는 리조트 형태의 휴양을 위한 거주 집단)' '월드슐(worldsu)' 등의 휴가 중의 조직적 교외활동이 소개되어 이 무렵 교육계에 다소의 관심을 환기시켰다.

그 좋은 예는 세이카(精華) 학교장인 테라다 이사오(寺田勇男)이다. 테라다 교장은 구미(歐美·서양) 선진국의 예를 모방하여 당시로서는 가장 진보한 임간학교(林間學校)를 경영하였다.

메이지 40년대에 이르러 일반에게 아동·생도를 단속할 뿐만 아니라 건강한 생활지도가 중요하다는 생각이 움트게 되어 일부 교사에 의해서 시도되었다. 고원생활(高原生活)과 해변생활 지도가 경제적으로 어려운 학교에서도 예를 들면 토치키(栃木)의 야이타(矢板)소학교와 같이 구역별로 신사(神社)에 집합하여 교사의 순회 지도하에 임간(林間)학급 프로그램을 실시하는 학교도 있었다.

오사카(大阪)의 큐죠(九條)소학교에서는 메이지 41년경 매월 1회, 학교에서 일요(日曜) 어린이회를 개최하여 불건전한 놀이에서 아동을 지키기 위하여 유아를 업은 어린이 등 800명을 모아서 지도하였다. 또한 시가(滋賀)사범학교에서는 메이지 39년 이래 오오에(大江)의 빈민부락의 아동을 위하여 임간교실을 설치하고 초등학교 교사(訓導)와 교육실습생(敎生)이 수업하였다.

도쿄시(東京市)에서는 메이지 40년 이래 시타야구(下谷區)를 시작으로 하계보양회(夏季保養會)를 계획하고 아동의 건강보호·증진을 위하여 전지교육(轉地修養)을 실시하였다. 이러한 새로운 교외(校外) 교수(敎授)에 근거지(地盤)가 되어 다이쇼시대(大正時代)의 임간학교가 발전하였다.

쾌적한 학교는 단순히 교사(校舍) 정비만이 아니라 환경녹화라는 생각은 메이지 30(1910)년대 말에는 나타난다. 교정(校庭)에 정원(庭園) 설비를 갖춘 '학교정원(學校庭園)' 운동은 아동의 건강생활과도 관련하여 논의되었다.

문부성에서도 서구 근대학교를 소개하거나 효고현(兵庫縣) 카고군(加古郡)의 학교정원 실시 상황을 소개하는데 노력하였다. 이러한 정적(靜的) 보건적인 교내 정비에서 동적(動的) 체육적인 환경 정비로 생각이 발전함과 동시에 아동유희장 설치와 운동장 개방 운동이 높아졌다. 여기에는 분명히 유럽과 미주 지역의 도시체육 운영이 모델로 되었다.

당시의 보고에 따르면 도쿄(東京)의 오오지(王子)소학교의 예와 같이 도시 팽창과 이주자 증가, 직공과 소매상 등의 빈궁한 가정, 좁은 교사에 120명의 아동을 수용하는 무리, 소년 비행의 증가 등이 근대적 레크리에이션의 필요를 환기시켰다. 도쿄시 교육회에서는 메이지 44(1911)년말 조사결과를 다음과 같이 정리하여 시장에게 답신하였으나 그 대부분은 메이지 45(1912)년도에 예산이 편성되었다.

○ 시민체조조사부회(市民體操調査部會)의 답신
  ① 인구 5만에 대하여 1개소 이상의 비율로서 시내 각처에 운동장을 설치할 것.
  ② 우에노(上野), 히비야(日比谷), 시바(芝), 후카가와(深川), 히에다(日枝)의 5개의 공원(公園) 및 각 공원(公園)의 일부를 운동장으로 사용할 것.
  ③ 관립(官立, 국가 기관이 설립하여 운영하는 학교)·공립(公立, 지방자치단체가 설립하여 운영하는 학교) 모든 학교 운동장을 개방하여 시민 일반의 운동장으로 사용할 것.
  ④ 운동장 배치의 필요에 따라서는 적당한 땅에 운동장을 신설할 것.
  ⑤ 운동장은 아래의 5종류로 나눌 것.
    ㉠ 유아 운동장 ㉡ 아동 운동장 ㉢ 남자 운동장 ㉣ 여자 운동장
    ㉤ 특수 운동장
  ⑥ 운동장에 필요한 비용은 대략 아래와 같다.
    — 경영비 매년 3,728엔, 설비비 5,701엔

이러한 시도에 의해서 사회체육환경도 정비되었다. 공원이용의 시민적 운동회도 증가하였다. 그러나 종래 '운동회'라는 명칭으로 사용된 경기회는 메이지 40년대에는 용어상으로도 완전히 독립하였다. 일본 스포츠계가 국제적 시야를 가지게 되자 종래의 오락적 요소가 혼합된 단계에서 탈피하여 순경기적으로 운영하게 되었다. 신문지상에서도 운동회적 기사는 사라지고 기록 경기회적 기사에 비중을 두었다.

메이지 44(1911)년의 '대일본체육협회의 창립', 다음 해의 제5회 올림픽대회 참가(스톡홀름)는 이러한 발전의 기록탑이다.

다이마이(大每)·시사(時事)·호지(報知) 등의 신문사 주최의 경기회도 많아지고, 스포츠에 대한 기록적 관심이 높아졌다. 한편 학생생도의 운동회, 사회인 운동회도 이 무렵에는 더욱 발전하였다.

특히 사회인 운동회의 발전은 주목할 만하다. 여기서는 기록보다도 친목적인 요소가 우월하면서 이를 테면 우에노 공원(上野公園)에서 대장성(大藏省, 재정·통화·금융에 관한 사무를 관장하는 중앙 관청) 급사(給仕) 운동회, 하네다(羽田) 경기장에서의 체신성(遞信省, 우편·전신·전화 등의 행정을 담당하는 중앙 관청) 저금국원 남자 운동회와 담배 제작소 남녀 직원의 운동회 등 인기를 모았다. 사회인 운동회가 관청, 국영공장(官營工場) 등의 조직체를 지반으로 발달하는 것도 흥미 있는 사실이다.

운동회 종목은 대부분 이 무렵부터 갖추어졌으며, 이후 종목을 결정지을 정도의 다채로운 내용이 확대되었다. 그것을 아래에 열거한다.

○ 순(純)경기적 종목

100미터, 200미터, 400미터, 1000미터 경주, 허들경기, 1마일 도보(徒步)경주, 장거리 경주, 장애물 경주, 핸디캡 레이스, 포환(砲丸)던지기, 철추(鐵鎚)던지기, 주건도(走巾跳), 주고도(走高跳), 봉고도(棒高跳), 자전거 경주, 내빈(來賓)경주, 초대(招待)경주, 졸업생 경주, 직원 경주

(메이지 32년경부터 한때 유행한 경기로 장애물 경주는 허들경주와 달리 장애물을 넘거나 빠져나가는 경기이며, 자전거 경기는 메이지 30년대 중반부터 한때 유행하였고, 초대경주는 소학교·중학교 학생도 출장하는 선발경기이다).

○ 경쟁유희적 종목

편족(片足)경주(50m)·2인3각·백족(百足)경주·박족(縛足)경주·Potato race(포테이토 레이스(potato race, 감자 줍기 경주)·스푼 레이스(Spoon race, 숟가락 경주)·가마니운반 경주·반입(搬入)경주·맹아(盲啞)경주·대장(袋張)경주·하태(下駄)경주·옥할(玉割)경주·보습(宝拾)경주·깃발빼앗기(旗取)경주·계산(計算)경

주·마도(馬跳)경주·역립(逆立)경주·의마(擬馬)경주·가랑이 빠져나가기 경주·속화(速畵)경주·빵먹기 경주·단고(団子, 경단 떡)먹기 경주·모의(母衣)경주·청소(掃除)경주·세탁(洗濯)경주·지사(支仕)경주·편물(編物)경주·천조(天鳥)경주·풍선(風船: 공무풍선과 종이풍선)경주·제등(提燈)경주·추천(鞦韆: 그네뛰기)경주·면조(免跳)·계투(鷄鬪)·돈추(豚追)·기투(旗鬪)·봉도(棒倒)·강등(綱登)·표차(俵差)·복인(福引)·강인(綱引)·모자 빼앗기·겐페이링 놀이·링 빠져나가기·포루(砲壘)공격·군함(軍艦)유희

(강인綱引 이하의 종목은 특히 소학생이 좋아하였다. Potato race는 감자줍기 경기를 말한다. 속화速畵경주는 가면과 탈을 빨리 그리는 경주. 대장袋張경주는 여공들이 운동회에서 실시한 종목. 청소경주에서 추천鞦韆경주까지는 주로 여학생이 좋아하는 종목이다)

○ 구희(球戱)적 종목

구슬치기·구슬던지기·투병(投餠)·구슬 굴리기·구슬 보내기·달마(達摩)넘기기·야구, 풋볼·정구(庭球, 연식정구)·농구·센터 볼·captain ball·자전거 폴로 (이러한 종목에서 조직적 공놀이는 공개적으로 실시된 예가 많다. 물론 현재와 같은 정식 게임은 아니지만 일찍이 메이지 20년대부터 실시되고 있는 종목이다)

○ 실연(實演)적 종목

각종 행진유희(遊戱)·무답(舞踏)·민용(民踊)·검무(劍舞)·보통체조·병식체조·기계체조·치도(薙刀)체조·스모(相撲)·격검(擊劍)·야시합(野試合: 머리 위에 접시를 붙이고 상대팀 선수 머리 위에 있는 접시를 먼저 떨어뜨리는 시합)·곡마(曲馬)·자전거 행진·자전거 곡승(曲乘)·각종 가장행렬·모형 비행기·경기구(輕氣球) 띄우기. (민용民踊은 사회인 종목. 무답舞踏은 댄스를 말하며, 군악대 등의 반주로 실시되며 여학교 종목으로서 전통화되었다. 병식체조에는 발화發火연습이 대표적 종목이다.)

15. 교원양성과 검정제도

끝으로 이 시기의 교원양성 문제로 이것은 체육 문제가 활발하게 논의되었음에도 불구하고 기본적인 해결책을 취하지 않았다. 체육을 교재로서 중시하는 이상, 먼저 교원양성 코스를 충실하자는 목소리가 있었으나 대부분 구체화되지 못하였다. 문부성에서도 한때 국립체육연구소와 국립체조학교 등의 계획도 있었으나 예산 기타에 의해서 흐지부지되었다.

국가기관에서 세운 학교(官立學校)에는 메이지 39(1906)년에 도쿄 고등사범학교에 문과 겸수(文科兼修) 체조과(體操科)가 설치되고, 도쿄 여자고등사범학교에서는 메이지 36년 수업 2개년의 국어과와 체조과가 설치되었으나 양교 졸업생수는 메이지 말기까지 백여 명에 불과하였다.

체육의 교원양성 전문학교는 종전부터 '일본체육회 체조학교'(남녀), '도쿄여자 체조음악학교' 외에 메이지 44(1911)년에 무술교원 양성소에서 출발한 '무술전문학교'가 추가된 것에 불과하다.

전국의 학교수, 즉 중학교 314개 학교, 여학교 299개 학교(실과고여 90개 학교 포함), 실업학교 514개 학교, 전문학교 85개 학교 등의 학교수를 생각하면 교원수의 부족은 명백하다. 이것을 보충하는 것이 검정제도이다. 메이지 시대를 통하여 체육 교원양성은 이러한 임시적 조치에 의존하여 추진되었다.

한편에서는 체조 교과와 체육을 극단적으로 중시하면서 반대로 교원양성 문제를 경시하는 부분에 실로 메이지 체육의 기형적 발달 모습이 보인다. 그리고 한 학교의 체육 성쇠(盛衰)가 체육교사의 항상적 노력에 의존한다기보다도 교장의 의지 하나에 결정되는 것도 어쩔 수 없는 사정이었다. 이러한 현상이 중복되어 체육과 체육교사와의 균형을 무너뜨리고 체육을 근본이 없는 것으로 한 점도 인정하지 않을 수 없다. 이러한 의미에서도 검정제도는 주의해야 한다.

이 제도는 앞에서도 언급하였듯이 메이지 41(1908)년부터는 병식체조와 보통체조를 분리하여 검정시험을 치르는 방법은 폐지되었으나 남자교원의 경우는 여전히 보통체조·병식체조의 두 과(科)로서 체조과(體操科) 시험을 보게 하였다.

게다가 도수체조·기계체조와 같은 순(純)체육적 교재도 아직 병식체조의 일부로서 시험이 실시되었다. 메이지 43(1910)년 12월의 문부성 검정 본 시험문제를 한 예로 들면 다음과 같은 것이다.

※ 제24회 본 시험문제 수험생

■ 보통체조
  - 실지(實地)
    ○ 남자교원(구별)
      · 각개연습(各個演習)중의 수개운동(數個運動)
      · 구간체조(球竿體操)의 수개운동(數個運動)
      · 곤봉체조(棍棒體操)의 수개운동(數個運動)
    ○ 여자교원(구별)
      · 각개운동(各個演習)중의 수개운동(數個運動)
      · 아령체조(啞鈴體操)의 수개운동(數個運動)
      · 구간체조(球竿體操)의 수개운동(數個運動)
  - 교수법(敎授法)
    (1) 아래의 지휘(号令만)
        행진, 행진 간의 전향(轉向) 및 전회(轉回)
    (2) 처음으로 다음 운동을 교수(敎授)하는 방법
        비상신개각(臂上伸開脚) 자세에서 상체전굴(上體前屈)
  - 구답시문(口答試問)
    ① 허리치기 상체 뒤로 젖히기 약도(略圖) 지시
    ② 실연(實演) 및 이 요점에 관한 문답

■ 병식체조
  - 시문(試問)

(1) 각개교련(各個敎練)
　　① 목적 ② 실시상의 착안점 ③ 행진요령 및 속도
(2) 정돈
　　① 요령(要領) ② 2종(二種)의 용법 ③ 훈련 상의 가치
(3) 운동
　　① 방향 및 대형변환(隊形變換)의 호령(號令) ② 지휘관의 위치
(4) 산개(散開)
　　① 호령(號令) ② 원대(援隊)의 용도(用途) ③ 교련과 국민교육과의 관계
(5) 행군(行軍)
　　① 여차행군(旅次行軍) ② 전비행군(戰備行軍)
(6) 경계대(警戒隊)
　　① 행군(行軍) ② 주군(駐軍)
(7) 체육의 각개교육(各個敎育)과 부대교육(部隊敎育)과의 이해
- 실지(實地) 및 교수법(敎授法)
(1) 도수체조(徒手體操)
　　① 팔을 앞으로 움직인다.
　　② 팔을 앞으로 굽힌다.
　　③ 다리를 앞으로 올린다.
　　④ 팔을 위로 움직인다.
　　⑤ 몸을 좌우로 굽힌다.
　　⑥ 심호흡 운동에 대하여
(2) 기계운동(器械運動)
　　① 철봉(鐵棒) : 각현상(脚懸上), 진도(振跳)
　　② 책(柵) : 주현상(肘懸上), 요현진(腰懸振)
　　③ 도월태(跳越台) : 궤좌좌도(跪座坐跳), 횡도(橫跳)
　　④ 횡목(橫木) : 도상(跳上), 진입(振込)
(3) 교련(敎練)

① 상정(想定) ② 간부 및 병졸의 책무 ③ 산병선(散兵線)의 구성
④ 산병선(散兵線)의 운동 ⑤ 원대(援隊)의 지휘 ⑥ 돌격(突擊)
⑦ 추격(追擊) ⑧ 병(併·겨루기)

※ 산병선(散兵線) 운동은 산개(散開)로 흩어진 전투대형 운동을 말한다.

148 제국 일본의 근대 학교체육사 연구

《참고문헌》

2. 전후(戰後) 체육의 기본방침
・京都市役所「京都小学五十年誌」(大正７年)
・開発社「教育時論」(明治３８～９年)
・大日本教育会「大日本教育会雑誌」(明治３８～９年)

3. 체조・유희 취조위원회(體操・遊戲 取調委員會) 설립
・井口、可児、高島、川瀬、坪井「体操之理論及実際」(明治３９年)
・「官報」(明治３８年１１月３０日)
・井口、可児、高島、川瀬、坪井「改訂体育之理論及実際」(明治４３年)
・開発社「教育時論」７４９号
・井口、可児、高島、川瀬、坪井「体操之理論及実際」(明治３９年)
・「帝国議会教育議事録絵覧」第２巻
・井口、可児、高島、川瀬、坪井「改訂体操之理論及実際（明治４３年)

7. 보고서와 여자체육
・開発社「教育時論」(７１９号)
・井口、可児、高島、川瀬、坪井「改訂体操之理論及実際」 (明治４３年)

8. 보고서에서 남겨진 문제
・開発社「教育時論」(７６３号、７７７号)
・永井道明「吉田弥平氏宛書簡」(教育時論７６８号)
・陸軍省「体操教範」(明治三七年)
・陸軍省「体操教範」(明治四五年)
・陸軍戸山学校編「体操幇助法」(明治四五年)
・井口、可児、高島、川瀬、坪井「改訂体操之理論及実際」(明治四三年)

9. 풍기쇄신(風紀刷新)과 운동경기
・開発社「教育時論」(７７８号)
・真行寺、吉原「近代日本体育史」(昭和３年)

- 文部省普通学務局編「全国師範学校長会議要項」(明治４０年)
- 「明治四十年全国中学校長会議報告」(「教育時論」８０２号)
- 井口、可児、高島、川瀬、坪井「改訂体操之理論及実際」(明治４３年)

10. 법규(法規) 개정(改正)을 둘러싸고 육군성과 문부성의 대립
- 開成社「教育時論」(明治４０年)
- 永井道明「余が六十八年間の体育生活とその感想」(昭和１３年)
- 永井道明先生後援会「遺稿永井道明自叙伝」(昭和２６年)

11. 육군성·문부성의 공동조사회 발족
- 開成社「教育時論」(明治４０～４１年)
- 永井道明「余が六十八年間の体育生活とその感想」(昭和１３年)
- 永井道明先生後援会「遺稿永井道明自叙伝」(昭和２６年)
- 健康堂「学校体操統一案」(大正元年)

12. 경(硬) 교육론을 배경으로 한 국민체육
- 山口県大島郡教員編「山口県大島郡郷土調査」(昭和１３年)
- 時論編集部「桂侯教育談」(教育時論８７６号)
- 永井道明「桂侯の教育談を読みて」(教育時論８７８号)
- 立石駒吉編「小松原文相教育論」(明治４４年)
- 山岡 鐵舟(著), 勝海舟·勝部 眞長(編集),「武士道―文武兩道の思想(角川選書)―」, 角川書店, 1971

13. 무도(武道)의 장려(奬勵)와 현행법의 개정(改正)
- 「教育時論」「教育公報」(明治４１～４４年)
- 日本体育協会「オリンピックと日本スポーツ史」(昭和２７年)
- 日本体育協会「スポーツ八十年史」(昭和３３年)
- 「東京日日新聞」(明治４０～４５年)
- 岸野雄三「運動会の歴史」(「カリキュラム」昭和３３年臨時増刊号)

제5장 다이쇼(大正) 제1기의 체육 ― 학교체조 교수요목의 발포 ―

1. 개관

메이지 시대의 현안인 체육 문제는 다이쇼시대(大正時代・1912~1926)에 들어와 더욱 정비되어 제도와 시설 면에서 여러 가지가 개선되었다. 즉 '체조유희취조위원회(體操遊戲取調委員會)'에서 공동조사회로 넘어간 학교체육 문제는 메이지 말기의 '통일안'에 정리되어 다이쇼 2(1913)년에는 일본 최초의『학교체조교수요목(學校體操教授要目)』으로서 발포되었다. 이후 학교체조는 스웨덴 체조를 중심으로 지도와 시설 면에서 안정된 발전을 이루어 마침내 활기 넘친 논쟁과 비판이 나타났다.

한편 스포츠계는 일본체육협회를 발판으로 조직적인 측면과 기술적인 측면에서도 개선되어 일찍이 다이쇼(大正) 2년 극동올림픽경기대회(極東選手權競技大會) 창설이 제안되고, 윌리엄 카메론 포브스(William Cameron Forbes) 필리핀 총독이 극동올림픽협회를 설립하게 되면서 1913년 2월 4일, 필리핀 마닐라의 카니발 운동장(현재의 리살 기념 종합운동장)에서 제1회 극동올림픽 경기대회(참가국 : 태국・중국・일본・말레이시아・홍콩 6개국)가 실현되어 국제적인 규모로 발전함과 동시에 일본 국내에서는 각 종목의 전일본 경기대회가 개최되어 더욱 충실해졌다.

그러나 이것을 크게 시대적 배경에서 바라보면 일본 체육계는 보다 복잡한 양상을 보였다. 제1차 세계대전을 앞두고 일본의 군국주의를 반영하여 청년단체와 재향군인회 등을 중심으로 새로운 체육이 태동한다. 그리고 학생을 중심으로 한 스포츠계는 청년단 경기의 발생과 함께 국민체육으로서 경기인구를 확대해가지만, 원래 발생 지반(地盤)을 달리하는 양자는 경기 이름에 있어서 다른 전통을 만들었다.

다이쇼시대(大正時代)의 학교체조는 청년의 체육에 깊은 관심을 기울이는 군부에 대해서 다소의 저항과 협조를 시도하면서 북유럽적(北歐的) 체육관(體育觀)에 친밀감을 가지고 국가주의 기조를 강화했다. 그러나 세계대전의 행진과 함께 다시 학교 체육의 군사화를 요구하는 '병식체조 진흥'의 소리가 높아졌다. 그리고 국가주의 체육에 저항하는 아동중심 체육의 동향도 다이쇼 6(1917)년경부터 다소 나타나지만 그것 자체가 방법적으로 미숙하며 체육 자체의 '이단화(異端化)'될 정도의 존재에는 이르지 않았다.

다이쇼(大正) 전반기는 세계대전이 종료한 7년을 하한으로 한다. 이 무렵부터 일본교육은 보다 복잡해진다. 정부는 이른바 '다이쇼 민주주의'의 운동과 그 대안에서 강한 저항을 시도하는 사회주의적 비판과의 양극을 국가적 입장에서 통일하려고 강력한 정책을 명백히 밝힌다. 그 하나하나의 시책이 체육에도 반영되어 문제의 도식적(圖式的) 설명을 어렵게 하는 다양한 현상이 나타났다.

2. 청년단 육성과 체육

메이지(明治)에서 다이쇼(大正)로 전환하는 시대에 서구 시찰에서 귀국한 지도자들 중에는 독일의 임전체제(臨戰體制) 하의 청소년 훈육에 상당한 감명을 받은 사람이 있었다. 1912년(다이쇼 원년)에 독일은 프로이센(Preußen · Preussen)을 제대(除隊)한 독일청년의 군사훈련을 위하여 여러 가지 훈령을 발포하고 국방체육의 조직화에 노력하였다. 이 무렵에 독일을 방문한 육군소장 타나카 기이치(田中義一)는 일본도 청년조직 강화가 급선무라 통감하고 귀국하자마자 청년단체 운동을 각 성(省)에 진언(進言)하였다.

타나카(田中)는 육군성(陸軍省) 내는 물론 이치키(一木) 내무상(內務相), 타카다(高田) 문부상(文部相) 등을 설득하여 개선안의 기본은 국가에 의한 청년단체의 조직화와 통제라는 것을 언급하였다. 이리하여 다이쇼 2년의 내무성(內務省) 비546호인 '지방 청년단체에 관한 건'의 통첩은 개선되었으며, 신(新)훈령 '청년단체의 지도발달에 관한 건'이 다이쇼 4(1915)년 9월 15일부로 발포되었다.

이 훈령은 육군·내무·문부의 3대신(大臣·장관) 서명의 훈령으로서 발표할 예정이었으나 그것이 군국주의라는 비판을 두려워하여 특히 육군대신의 서명을 삭제하였다. 이것은 다이쇼 2(1913)년의 통첩(通牒)을 구체화한 것은 물론 타나카(田中)의 의견을 크게 참조하였다.

본 훈령과 같은 날 붙임의 서류인 내무, 문부차관 통첩에도 명시되었듯이 청년단체는 정치활동에 관여하지 않는 수양단체이다. 게다가 이 훈령은 종전과 달리 청년단 연령을 의무교육 종료후부터 징병 적령기까지로 제한하고 그 이상의 자를 재향군인회에 편입할 의도를 가지고 있었다.

또한 새로운 시(市)·초(町)·손(村) 단위의 행정구역별로 청년단을 재편성하고 소학교 통학구역 등도 고려하여 조직화를 꾀하였다. 농촌 이외에 도시 상공청년단이 주목을 받기 시작한 것도 이 훈령의 특색이다. 이리하여 청년단 체육도 다이쇼에 들어서 더욱 더 발전하였다.

정부의 청년단 육성이 메이지의 통속교육과 보조를 맞추어 추진된 것은 이미 언급하였으나 이 통속교육 자체의 성격은 교육 잡지 등에서도 문제가 되어 구식(旧式)의 우민정책(愚民政策)인가, 아니면 자주자립의 국민 교화책(敎化策)이 논의 대상이 되었다.

제28 의회에서도 사와 키타로(澤來太郎)는 이러한 의의를 '재향군인단 및 지방청년단에 대한 단속 방침에 관한 질문주의서(質問主意書)'를 통하여 자문하고, 입헌국가의 청년에게 정치 차단을 추구하는 것은 인간구속이며 모범 청년단으로 불리는 단체의 어용(御用) 단체화는 정치의 악용이라도 언급하였다.

다이쇼 4(1915)년에 이 훈령이 발표되자마자 또한 의회에서도 찬반양론의 활발한 토론을 주고받았다. 특히 히키타(匹田)의원의 제37 의회 발언은 주목을 받았다. 그는 청년단체에 관하여 군국민(軍國民)이 아니라 입헌국민(立憲國民)으로서 수양(修養)되기를 요망하여 정부의 정치적 간섭을 격렬하게 비판하였다.

그러나 결론적으로 말하면 이 훈령 발표 후는 청년단체 육성을 위하여 수신(修身)과 교련(敎練)적인 것이 중시되어 운동경기도 활발해졌다. 또한 지방청년회 주최의 경기대회와 체육대회도 이를테면 마츠에시(松江市)와 오카야마현(岡山縣)

츠쿠보군(都窪郡) 등과 같이 연중 행사화되었다. 종목으로서는 무도·총검술 외 그물 당기기·벼배기 경쟁 등의 향토적 경기도 포함되었다.

다이쇼 5(1916)년 11월에는 중앙보덕회(中央報德會) 청년부는 '체육장려에 관한 실행 사항'을 문부성에 제출하였다. 이것은 동년 2월에 보덕회(報德會, 다이쇼 5년에 청년단 중앙부로 개칭)가 문부성 관저에서 개최한 협의사항을 정리한 것이나 간신히 고양되어 온 청년단체육 방침을 나타낸 것으로서 그 자체로서는 요목(要目) 이상의 넓은 시야를 포함한 체육구상이 언급되어 있다. 그러나 일반적으로 말하여 청년단 체육에 있어서 육군 토야마학교(陸軍戶山學校)의 영향이 컸다.

다이쇼 6(1917)년 청년단 중앙부에서는 '청년단체조' '청년단경기'의 2권을 발행하였으나 그것은 토야마학교 선정인 것으로서 군부(軍部)의 청년단에 대한 관심의 강한 표현이다. 그리고 청년단 체육지도는 실제로는 재향군인과 소학교 교원 등에 의해서 학교 교정에서 실시되는 경우가 많았으나, 문부성 요목에 근거한 지도가 아니라 도수체조도 기계체조도 육군식(다이쇼 5년경부터 스웨덴식 교범)으로 실시되었다.

또한 당시 실시된 '청년단 체조'의 순서는 ① 다리 운동, ② 머리 운동, ③ 팔운동, ④ 가슴 운동, ⑤ 옆구리 운동, ⑥ 평균(平均) 운동, ⑦ 복부 운동, ⑧ 등 운동, ⑨ 도약운동, ⑩ 호흡 운동 등이었다.

체조실시 강평(講評)에는 지방 연대(聯隊)의 전문 사관과 하사관이 실시하고, 문부성보다도 육군성과 내무성이 직간접적으로 청년단체육의 지도육성에 수정·보정하였다.

3. 학교 체조교수요목(學校體操敎授要目)의 발포(發布)

학교 체조교수요목(學校體操敎授要目)은 다이쇼 2(1913)년 1월에 발포되었다.

이 요목은 메이지 말년의 육군·문부의 공동조사회 협의를 거쳐 양자의 비교적 협조적인 한 시기를 배경으로 만들어진 것이다.

제1차 대전(對戰)이 다이쇼 3(1914)년에 발발한 것은 이 점에서 본다면 행운이었다는 것은 제1차 대전(大戰) 발발과 함께 한때 화해를 유지하던 병식체조 문제는 또한 내외적 의논이 제기되어 보다 첨예화되어 논의했기 때문이다. 이 구체적 설명은 뒤에 언급하고 먼저 나가이(永井)가 애썼던 학교 체조교수요목은 어떠한 성격과 내용을 가진 것인가부터 시작한다.

다이쇼 2(1913)년 1월 28일부로 발표된 요목의 전문에는 "학교체육은 주로 체조과 교수에 기대하고 그런데도 종래 각 학교에 있어서는 이 전수 부분이 구구하게 걸쳐 종종 이 준거부분에 헤매는 것을 보지 않을 수 없으며, 또한 본 성(文部省) 위원의 조사에 관련된 학교체조교수요목을 공시하여 보통교육의 해당 과(科)의 교수상(敎授上)의 참고에 제공하기 위한 것이다. 지방장관은 즉시 각 학교 교장을 독려하여 본안(本案)이 제시하는 부분을 생각하여 지방 정황과 생도 신체발달에 맞추어서 적절한 교과과정을 정하고 체육진흥을 도모하여 생도의 신체건강 발달을 기해야 한다"고 했다.

종래 보통체조나 병식체조로 불린 명칭은 모두 삭제되고 체조로서 통일되었다. 물론 체조의 원리는 스웨덴식을 중심으로 하였으나, 그러나 "이 요목은 일본의 학생 생도를 본위로서 선택한 것이기 때문에 외국의 어떤 국가방식의 것이 아니기 때문에 구태여 말한다면 일본의 학교·생도식이다"(永井·'學校體操敎授要目の精神'). 또한 이 요목은 전문에서도 언급하듯이 교과시간을 대상으로 한 체조과의 기준이며, 광의의 학교체육과 체조과를 구별하고 있다.

체조과는 1주일 3시간의 교과시간 체육을 가리키고, 따라서 그 내용도 한정된 시간 중에 다수 생도를 가르치기 위한 교재를 들었다. 과외운동에 대해서는 요목 끝부분에서 간단하게 언급되어 있을 정도로 한정된 것도 이 때문이었다.

그러나 이 체조과 교재는 크게 4개의 교재군(敎材群)으로 나누어진다. 엄밀하게 말하면 소학교는 '체조' '교련' '유희'를, 중학교·사범학교의 남자에게는 '격검·유술'을 추가하여 4개 교재군(群)으로 구분한다. 이리하여 체조는 교재 명칭으로서 광의로 사용됨과 동시에 체조과 교재군(群)의 하나로서 협의에도 이용되었다.

체조과 체조교재는 다시 11개 운동종목으로 분류되어 각각의 운동명, 시작 자세·호령(号令)이 제시되었다. 그것은 ① 하지운동(10종류), ② 평균(平均)운동(10종류), ③ 상지운동(5종류), ④ 머리운동(4종류), ⑤ 호흡운동(7종목), ⑥ 가슴운동(2종목), ⑦ 등운동(5종목), ⑧ 배운동(2종목), ⑨ 구간측방(軀幹側方)운동(3종목), ⑩ 현수(懸垂)운동(29종목), ⑪ 도약(跳躍)운동(29종목)이다.

이 순서는 지도순서는 아니지만 왜 지도순서에 교재를 들지 않았을까, 왜 호흡운동을 5번째인가 등의 이유에 대해서는 불명확하다. 그러나 메이지 38년의 보고서와 비교해서 용어가 간략화되어 표현이 평이하게 되었다.

예를 들면 자세에 대해서도 종래 '10자형 (1)직립(直立)'은 비측거(臂側擧) 직립(直立)으로 하익(下翼)은 수요(手腰), 상익(上翼)은 수경(手頸)으로 바뀌었으며, 번역 어조(語調)를 탈피하였다. 그러나 나가이가 이 요목(要目)을 '이상안(理想案)이 아니라…요약하면 현재(目前)의 실행안(實行案)'이라고 술회하듯이 상세한 점에서는 통일되지 못한 점이 보인다.

같은 운동법이라도 상지운동에는 비좌우거(臂左右擧)로 칭하고, 호흡운동에서는 비측거(臂側擧)로 칭한다. 등·배 운동에는 도형식(倒形式) 운동법을 들고 있고, 구간측방(軀幹側方·體側) 운동에는 측와(側臥) 밖에 없다. 또한 상지운동에서는 회선형식(回旋形式) 운동법을 들고 있다.

요목(要目) 발포(發布) 후 4개월에 출판된 나가이(永井)의 『학교체조요의(學校體操要義)』는 이러한 문제에 대하여 다소 수정하고 있으나 그러한 점이 법령상으로 개정되는 것은 물론 다이쇼 15(1926)년까지 기다려야 했다.

현수운동(懸垂運動)은 독립적으로 채택하고 있다. 보고서에 비하여 운동종목도 많고 게다가 동적인 것이 선택되어 있다. 여기에는 종래 병식체조 중의 기계운동에 포함된 고상(尻上)·현수상(懸垂上)·진상(振上) 등의 운동종목과 스웨덴식 기계운동(늑목肋木, 계제階梯, 적승吊繩) 등에 포함된 현수(懸垂)·양측현수(兩側懸垂)·등강(登降) 등의 운동종목이 하나로 정리·열거되어 있다.

도약운동(跳躍運動)에는 도수(徒手)의 도약과 도상(跳上), 답월대(踏越台) 사용의 운동 외에 고도(高跳)·건도(巾跳)·봉고도(棒高跳) 등의 육상경기적 교재가 포함되어 있다. 이러한 육상경기적 교재가 경기교재로 대신하는 것은 다이쇼 15년(1926)부터다. 또한 횡진도(橫振跳)는 현수진도(懸垂振跳)와 비립진도(臂立振跳)가 쇼와 11(1936)년의 제2차 개정 요목에 이르기까지 도약(跳躍) 교재로서 생각하였다.

도수체조(徒手體操)도 기계사용 체조(器械使用體操)도 학년별로 배당되고 특히 도약(跳躍)과 현수(懸垂)교재, 그리고 유희교재가 남녀별로 고려된 점도 큰 개선이다. 이를 테면 남자 교재로서 1학년에는 모자뺏기, 4학년에는 봉인(棒引)·봉압(棒押), 5학년에는 고도(高跳)·도하(跳下)·대열(對列) 풋볼, 6학년에는 현수이행(懸垂移行)·각현상(脚懸上)·진도(振跳) 등을 들고 있으며, 여자와 구별하였다. 또한 체조교재의 교수상(教授上) 주의로서 5항목을 들고 있으나 제5항에는 스웨덴식 체조의 중심이 되는 내용에 일치한 범위 내에서 보통체조의 기구사용을 인정하고 있다.

4. 학교 체조 교수요목(教授要目)의 교재(교련·유희·무도)

체조의 교재 다음에 새로이 '교련(教練)'이라는 명칭으로 교재를 들고 있다. 병식체조에서 실시해 온 도수체조, 기계체조는 그 중에서도 특히 운동효과가 뛰어난 것을 운동종목으로 선택하여 '체조'로 옮기고, 종래 병식(兵式) 보병조전(步兵操典)에 준거하여 실시해 온 교재 22종목을 정리·통일하여 교련으로 배당하였다.

군대 방법과의 차이는 주로 발육발달(發育發達)을 고려한 결과이다. 예를 들면 보병조전(步兵操典)에는 한발의 길이 75cm, 1분간 114걸음으로 규정하고 있으나 그 보법(步法)을 적절하게 가감하거나 체조방법에서 '우로 돌아' '좌로 돌아'의 양방향을 가거나 '행진 간에 정지'를 2가지 동작(擧動)으로 실시하였다.

그러나 여기서 호칭하는 '교련'은 체조과 지도를 목적으로 한 집단동작뿐만 아니라 집총교련(執銃教練) 등의 부대교련(部隊教練)도 내용에 채택하고 있으며, 오히려 유럽과 미국 등 구미(歐美) 선진국의 커리큘럼보다도 군사훈련이 중시되고 있다고 할 수 있다. 청년단 훈련 모델인 독일에서조차도 집총교련을 체육에 채용하지 않은 시대에 일본의 커리큘럼에는 분명히 군사적 훈련이 강조되어 있다.

유희(遊戲)교재는 이 요목에서 매우 간단히 다루고 있다. 분류방법은 메이지 38(1905)년의 보고서와 거의 같으며, 동작유희(動作遊戲)를 발표유희(發表遊戲)로 바꾸었을 정도이다. 3가지로 분류한 유희동작은 다음과 같다.

① 제1 경쟁을 주로 한 유희(遊戲)
 : 귀유(鬼遊), 도경주(徒競走), 깃발뺏기(旗取競走), 데드볼, 센터볼, 농구, 축구, 줄 당기기 등
② 제2 발표동작을 주로 한 유희(遊戲)
 : 모모타로(桃太郞), 우즈마키(渦卷), 이케고이(池鯉), 다이와(大和) 남자 등
③ 제3 행진을 주로 한 놀이(유희)
 : 10자행진(十字行進), 종지행진(踵趾行進), 스케칭 보법(步法) 등

이것은 소수의 예이며, 이것 이외의 종목에 대해서는 '주의'에 '실제(實際) 교수에 있어서는 적절하게 증감해야 한다'고 기술하고 간단히 다루고 있다. 게다가 유희(遊戲) 중에 '수기신호법(手旗信號法)'을 추가하여 교수하는 것을 부기(附記: 본문에 덧붙여 적음)하고 있다.

이것을 발표유희의 일종으로서 확대 해석할 수 있으나 실질적으로는 군사훈련의 하나로서 이미 메이지 41(1908)년 6월의 '카타가나 신호법(片仮名信號法)을 소학교 실업학교 등의 체조과에서 교수해야 한다'의 통첩과 동년 12월의 '카타가나 신호법 범례(凡例)'의 통첩을 활용한 것이다.

그러나 이번 요목에서 각 학년에 맞추어(특히 소학교) 교재 배당표가 채택된 것은 큰 개선이라 할 수 있다. 또한 정과(正課) 외에 장려하는 유희(遊戲)로서 그네(鞦韆), 유동원목(遊動圓木), 회전탑(回轉塔), 반등제기(攀登諸器) 운동, 소풍, 등산, 수영 및 선조(船漕), 테니스, 궁술, 남자 연날리기, 베이스볼, 각력(角力), 여자의 하네츠키(羽子つき), 마리츠키(毬つき), 치도(薙刀)의 종목을 채택하고, 또한 추운 지역에는 스키・스케이트・썰매(橇) 등을 추가하고 있다.

무도는 시행규칙의 개정에 따라서 정과(正課)에 '추가할 수 있으나' 실질적으로는 수의과(隨意科: 선택과목)로서 인정하는 데 불과하였다. 따라서 이 요목에서도 '격검 및 유술'에 대한 구체적인 배당표는 없고 적절하게 지도하는 단계에 그쳤다.

소학교 교재 배당표

		소1	소2	소3	소4	소5	소6	중1	중2
경쟁유희	귀신놀이	·맹목(눈먼)귀신 ·카라카이(놀림)귀신 ·고양이 및 쥐	·아들 낳은 귀신 ·장소를 뺏은 귀	·서양(西洋)귀신	-	-	-	-	-
	경주	·달리기경주 ·깃발 뺏기 ·깃발 보내기	·대낭(戴囊) 릴레이경주 ·가마니 나르기 경주(俵運)	·이어 달리기(輪廻) ·장애물 경주 ·2인 3각 달리기	·편각(片脚: 짧은 다리) 경주	-	·단각(單脚: 외다리) 경주	·장애물 경주	
	볼유희	-	·볼 보내기 ·볼 던져 넣기 ·데드볼	·팥주머니 던지기 ·볼던지기	·센터볼	·포(抛)볼 ·농구 ·대열축구(남)	·축구(남)		·메디신볼 ·농구 ·축구
	기타	·모자 뺏기 경쟁(남)	·줄당기기 ·줄넘기	-	·봉압(棒押)/(남) ·봉인(棒引)/(남)	-	-	-	-
발표유희		·모모타로 ·우즈마키 ·못속잉어	·다이와 경기(남자)	-	-	-	-	-	
행진유희		-	-	·행진유희	·행진유희	·행진유희	·행진유희	·행진유희	·행진유희

나가이(永井)도 무도를 요목에 추가하는 것 자체에는 찬성하였으나 소학교에 채용할 의도는 없고, 중학교 무도의 장래에 대해서도 결정적인 것을 언급하지 않았다. 그는 '학교체조요의(學校體操要義)'에 대하여 다음과 같이 언급하였다.

"일본 남자 중학교의 검도 및 유도는 사실상 전국 대부분에서 실시하고 있는 것으로 현재의 고구(考究)는 이를 부과할 것인가 말 것인가의 문제가 아니라, 어떻게 이를 교수할 것인가가 문제이다. 이 무도가 장래 오랫동안 일본 국민교육에 이용될 것인가, 또는 사회적 체육으로서 존재하는가 또는 장래에 있어서 세계적인 일본 국민에게 필요 없는가는 실로 이 무도의 진화(進化)연구 여하와 더불어 이 무도 이상(以上)인 수단의 신생발현(新生發現) 여하에 따라 결정해야 한다."

결국 '격검 및 유술'은 수의과적(隨意科的)으로 게다가 체조과 교수시간 외에 실시될 의향이 강하였다.

나가이(永井)는 체조시간을 1주일 6시간으로 가정한다면 무도를 그 일부로서 충당할 수 있으나 현재와 같이 1주일 3시간의 시간수에서는 교수시간 외에 실시하는 것이 당연하다고 말 하고 있다.

5. 학교 체조 교수요목(敎授要目) 발포(發布)후의 지도법과 현장

교수요목(敎授要目)에 제시된 학년별 교재배당표를 각각 학기·각주·각 시간으로 구체화하여 1시간의 수업을 어떻게 진행할 것인가. 이 문제는 요목에는 나타나 있지 않으나 요목(要目) 작성의 책임자인 나가이(永井)는 강습회와 서적으로 원칙적인 부분을 나타내고 있다.

교수안에의 3단계, '시작단계' '중간단계' '마지막 단계'로 구분된 것은 상당한 진보이다. 시작단계에는 그 후 유도운동(誘導運動)으로 개칭(改稱)된 부분으로서 여기서는 정돈(整頓)과 개열(開列)의 교련(=질서운동)으로 시작하여 상지(上肢) 등의 가벼운 체조운동을 실시한다.

중간단계는 그 후 주운동(主運動)으로 불리는 부분으로 배당시간도 많고 운동량도 큰 것으로 신체운동으로 시작하여 철봉·평행봉 따위에 매달려 팔의 힘으로 몸을 끌어 올렸다 하는 현수(懸垂)운동과 도약(跳躍)운동, 경주와 볼 게임 등의 유희(遊戱)를 실시한다.

마지막 단계는 정리운동으로 불리는 부분으로 가벼운 체조운동과 교련을 내용으로 아동의 심신을 평상 상태로 되돌리는 것을 목적으로 실시한다. 교수안의 구체적인 예를 소학교 5학년의 경우를 보면 다음과 같다.

소학교 5년 교수 안(45분 수업)

교수단계	교재	순서	종목
시작단계	·교련(敎練) ·체조(體操) —	·교련(敎練) — ·머리(頭) — ·상지(上肢) —	·整頓, 斜行進 ·頭左右轉 ·臂左右, 上, 前及下伸
중간단계	·체조(體操) — ·유희(遊戱) —	·가슴(胸) ·현수(懸垂) ·평균(平均) ·등(背) ·배(腹) ·구간(軀幹) ·도약(跳躍) ·유희(遊戱)	·臂上伸(開脚), 上體後屈 ·前方斜懸垂 ·脚前伸 ·手頸(直立) 上體前屈 ·腰掛上(手腰) 體後倒 ·片臂上伸(開脚) 上體左右屈 ·斜高跳 ·綱引(줄다리기 경기)
마지막단계	·교련(敎練) ·체조(體操)	·교련(敎練) ·호흡(呼吸)	·橫隊行進 ·臂前上擧側下

교수안(敎授案)을 3단계로 구분하여 생각하는 방법은 서서히 보급되어 다이쇼 3(1914)년경부터는 준비운동·주운동·정리운동 등이라는 명칭도 사용되었다. 당시의 교수안은 일반적으로 매시간 교수목표는 갖추어지지 않고 신(新)교재를 채택하는 정도로 교과내용은 시작·중간·마지막 단계 또는 준비운동, 주운동, 정리운동의 3단계로 구분하여 운동순서·자세·종목·호령(号令)·요령(要領) 등을 기재(記載)하였다.

특히 호령(号令·口令)에 대해서는 전후·좌우(前後·左右) 정렬을 위한 큰 규모의 공간을 확보하고, 요령(要領)에 대해서는 운동기술 지도를 중심으로 하는 것이 특징이었다.

체조의 목표는 소학교는 메이지 33(1900)년, 중학교는 메이지 34(1901)년, 사범학교는 메이지 40(1907)년의 시행규칙과 규정에 정해진 대로 요목발포(要目發布) 후도 변경되지 않았다. 나가이(永井)는 '요의(要義)'에서 그것을 알기 쉽게 다음과 같이 설명하였다.

	내용으로 보는 측면	관점에서 보는 측면
체조과의 목표	1. 신체 각부의 균형 발달을 도모한다. (형태) 2. 신체 각 기능의 완전한 발달을 도모한다. (기능) 3. 신체동작을 기민하게 한다. (기능)	신체적 입장
	4.. 정신을 쾌활강의(快活剛毅) 견인지구(堅忍持久)로 한다.	정신적 입장
	5. 규율을 지키고 협동을 존중하는 습관을 기른다.	사회적 입장

그러나 신체적 목표는 하여간 정신적·사회적 목표는 이 교수안에는 구체적으로 전개하지 않고 교사의 태도로서 유의되는 것에 불과하였다. 그것은 어쨌든 다이쇼 중간 무렵부터 나가이(永井)를 중심으로 일본의 학교체조는 점차 안정된 방향으로 나아간다. 즉 일본의 스웨덴식 체조는 이 동안에 확고한 지반을 확립해 간다.

체조로서 가장 유명한 곳은 군마현(群馬縣)이며 이어서 톳토리현(鳥取縣), 카가와현(香川縣), 후쿠오카현(福岡縣) 등이 현저하다.

나가이는 일본 국민체육의 진흥은 먼저 학교에 체조를 보급시키는 것으로 생각하고, 학교를 거점으로 청년층과 사회와 가정으로 확대하는 것이 현명하다고 말하였다. 이 예가 군마현(群馬縣)에서 구체화되었다.

나가이의 지도와 군마(群馬) 사범(師範)에 부임한 야지마 쇼지(矢嶋鐘二)는 부속 소학교를 시작으로 요목체조(要目體操)를 실시하고, 이어서 히가시무라(東村) 촌장을 설득하여 소학교 체조를 충실하고, 그리고 현(縣)과 군부(軍部)의 후원, 중앙지도자의 내방을 얻어 현(縣) 하의 체조강습을 철저히 하여 그 설비를 청년단에게도 활용하였으며, 소학생은 물론 청년단·재향군인회 등의 연합체조회의 운영에도 노력하여 전(全) 현(縣) 기치로 체조열(體操熱)을 앙양(昂揚)하였다.

체조가 활발해진 것은 이러한 유능한 지도자의 존재에 의한 부분이 크지만 체조를 장려하기 위해서는 기계구입, 운동장 수리와 확장 등이 동반하기 때문에 그러한 면의 노력도 대단한 것이었다. 체조의 진흥에는 군장(郡長)·촌장(村長) 등의 이해를 필요로 하며, 그 계몽을 위해서는 장정체위(壯丁體位)의 저하와 얽혀 논의되는 것이 원칙적 방법이었다.

다이쇼 3(1914)년 유럽대전(大戰)의 발발은 체조에 의한 진충봉국(盡忠奉國·충성을 다하여 나라를 섬김) 운동에 좋은 기회를 부여하여, 이 방책은 더욱 더 활용되는 경향에 있었다.

예를 들면 군마체조(群馬體操)의 개척자 야지마(矢島)는 장정(壯丁)의 체중(體重)이 13관 267돈(49.75kg)으로 전국보다도 전체 평균 몸무게(一貫目)가 적고, 오키나와(沖繩)·사이다마(埼玉)에 이어지는 최저위(最低位)라는 것을 호소하고, 체조에 의한 효과를 학동(學童)의 측정수치로 표시하여 촌민(村民)과 현민(縣民)의 자각을 촉진하였다. 이러한 노력을 배경으로 많은 모범체조 학교를 만들어 연대구(聯隊區) 사령관과 장학사의 격상(激賞·激讚)을 받고, 중앙에서 강사와 견학자의 파견형태로 군마현(群馬縣)은 한 때(다이쇼 5~8년) 체조의 황금시대를 구축하였다. 톳토리현(鳥取縣)도 후쿠오카현(福岡縣)도 체조발전 과정은 거의 같은 양상이다.

6. 학교 체조 성황의 시대적 배경

스웨덴식 체조는 생리·해부를 기초로 한 합리적 운동법이다. 그러나 그것을 포함하는 시대적 배경에 의해서 다양하게 착색(着色)된다.

따라서 일본의 경우에도 유럽 대전(大戰) 발발(勃發)에 의해서 한층 높아진 부강주의(富强主意)에 지지를 받아 방향을 정하고 있다. 따라서 여기에는 직접 요목(要目)을 통해서는 발견할 수 없는 시대적 분위기가 있었다.

교수안(教授案)에는 신체적 목표 이외의 정신적·사회적 목표는 교육기술로서 전혀 구체화되어 있지 않다. 그러나 실지로는 결코 추상적인 건강과 기능이 교수된 것은 아니다. 아니, 이 시대의 수업은 국가주의에 보조를 맞추어서 증폭되어졌다. 이것을 언어로서 표현한 것이 규율이며 협동과 강의(剛毅)였다. 물론 그것은 운동기술도 아니고 또한 정렬과 호령을 통하여 표현되는 것은 아니다.

과장되게 말한다면 그것은 교사의 마음과 태도에 있으며 그것에 공명하는 생도의 마음에 있다. 당시의 뛰어난 체조교사는 사제 간에 솟아오르는 일종의 심정적 공명을 존중하고 여기에 보람을 찾았다. 그러한 까닭으로 체육은 교육이며, 그것을 어떠한 것으로도 바꿀 수 없는 고귀한 것이라는 심정이 있었다.

이것은 지도서에도 구체적으로 기술되어 있지 않으며 또한 교사도 그것을 이론적으로 표현하는 기술을 알지 못하였다. 그러나 이 체육교사로서의 묘미는 당시 공표되지 않은 회상기를 통하여 절절하게 우리들의 가슴에 다가온다.

요목 발포 후 수년 동안에 육군이 학교 체조법에 대하여 비교적 호의적이었던 것도 나가이(永井)식 체조를 활기차게 하는 하나의 이유였다. 육군 측을 계몽한 나가이에 의하여 토야마학교(戶山學校)는 스웨덴 체조를 채용하고 스웨덴에 사관(士官)을 유학 보낼 정도로 변하였다.

다이쇼 5(1916)년경에는 체조교범(體操敎範)의 개정안도 심의되었다(다이쇼 7년 개정 체조교범 발포). 체조에 관한 한 당시의 육군 측과 문부 측은 가장 원만한 관계였다.

군마현(群馬縣)의 모범체조(模範體操)의 예를 본다면 육군 토야마학교의 하야시(林) 대위(隊尉)는 16회 내방하여 학교를 지도하고, 기타 토야마학교 교장 야마다(山田) 대좌(大佐), 토야마학교 요시다(吉田) 군의관(軍醫官) 등도 시찰에 참석하였다. 그러나 이 사실은 결과로서 군부(軍部)와 문부성(文部省)의 경계선을 흐리게 하여 부강주의의 노선이 체육에 강하게 드러나게 된 것을 나타낸 것이다.

또한 반대로 유희적 교재, 특히 표정유희에 대해서는 배우(役者)의 흉내로서 냉소하는 분위기가 드러나 일반에게 유희는 연약과 기합이 없는 말로서 그 비 교육성이 약해진다. 이렇게 하여 체조는 다이쇼 전반기에 전성기를 만들었다.

그러나 유럽대전(제1차 세계대전) 중의 국가주의를 배경으로 한 체조는 소학교가 중심으로 중학교, 그리고 고등학교로 가면서 그 효력은 저하한다. 말할 필요도 없이 중학교, 전문학교 등의 체조과에서는 체조와 교련이 실시되었으나, 체조가 국가권력을 배경으로 상부로부터 중시됨으로써 학생들 사이에서 일종의 반발감이 일어났다. 특히 군인출신 교관에 대하여 이 경향이 짙었다.

중학교에서 고등학교, 전문학교로 나아감에 따라서 정과(正課)체육은 교련중심이 되었다. 학생으로서는 그것은 싫은 교과의 대표물이며, 체육에 대한 관심은 기숙사생활과 클럽활동을 중심으로 한 과외(課外)활동에 집중하였다.

따라서 상류 부유계급의 자제가 입학하는 고등의 교육기관에서는 정과(正課)체육이 아니라 과외체육(課外體育)이 큰 효과를 올리는 결과가 되었다. 이 점에서 일본의 학교교육은 정과(正課) 중심으로 발달하는 의무제 교육과 고등교육을 받는 학교로 2가지의 독립된 계보로 분열한 것이다.

인문계·자연계의 교과를 통하여 눈을 뜨게 된 고교생의 자아의식은 유무를 말하지 않고 행동을 규제하는 교련에 대하여 반감으로 나타난다. 우리들은 이 시대의 학생 회상기(回想記)와 인상기(印象記)에 의해서 체조교사, 특히 교련 교관과의 대립이 돋보인다. 여기에는 하사관적 체조교사와의 계급적 대립도 있었다.

영어와 학술용어를 사용하여 교사를 놀리는 수업광경은 이면적으로 말한다면 그들의 교양수준에 맞지 않는 교사에 대한 냉담함을 표시하는 행위였으며, 그러한 교사의 배경에 있는 국가권력의 위대함과 호령에 의해서 움직일 수밖에 없는 그들의 불쾌감이 자아낸 행위이기도 하였다. 이 교사에 대한 반감은 동시에 체조라는 교과에 대한 반감으로 높아졌으나 결국은 그 불평을 쏟을 곳이 없는 심정의 배출구를 그들의 자치적인 클럽활동에서 구해야만 했다.

따라서 고등학교에 대표되는 운동부 생활은 봉쇄적인 농성주의를 특색으로 하는 그들의 자치제 하에 전개되었다. 교장과 사감 등의 학교 측도 이 현실을 전제로 하여 반대로 여기에서 교풍쇄신과 건전사상의 육성을 도모하였다.

이리하여 고등교육을 받는 학교에서는 체육의 중요성을 정과체육(正課體育)이 아니라 과외(課外)에 추구하는 필연적인 경향이었으나 결과에 있어서 그것도 또한 국가의 중견적 지도자 양성이라는 국가주의 교육에 귀일(歸一)되어 있었다. 그러나 정과체육의 교사에 대한 반감은 군부로서는 서구 의존의 개인주의 사상, 자유주의 사상으로서 위험시하였으며, 또한 저명한 교육자와 교수 중에도 학생의 도의퇴폐(道義頹廢)를 부르짖는 자가 있었다.

예를 들면 도쿄대학 총장 야마카와 켄지로(山川健次郎)등 그 대표적인 인물이다. 그들은 다시 모리 아리노리 시대와 같은 극단적인 군사훈련을 학교에 부과함으로써 상무기풍을 진작시키려고 노력하였다.

유럽 대전(大戰) 발발 후의 부강주의의 재연에 호응하여 야마카와 총장은 우에스기(上杉), 마츠오카(松岡), 요시노(吉野), 타케베(建部), 마츠모토(松本) 박사들과 병식체조진흥을 부르짖었다. 그 주장은 매우 철저한 것으로 국가 위급한 가을에 소학교에 병식체조를 부과하고 중학교의 병식시간을 증가하였으며, 고등학교 이상의 학교에도 병식체조를 철저히 하여 대학생에게는 특설 시간을 두고 소총사격을 장려하였다.

이리하여 다이쇼 5(1916)년경에는 실지로 스웨덴식 체조의 시비론을 넘어서 학교 교육에 대한 병식 재흥(再興)의 논의가 대두(擡頭)하기 시작하였다.

7. 군국주의(militarism) 발흥과 학교체육에서의 병식체조 재흥론

야마카와 켄지로(山川健次郎)는 다이쇼 5년에 잡지『교육실험계(教育實驗界)』(11월호)에 '무가치의 학교 병식체조(無價値の學校兵式體操)'를 저술하고, 아사히신문(朝日新聞)에서도 '학교 병식체조의 개선'을 논하였다. 그는 학교교육을 전시체제로 전환하는 것을 요망하고 다음과 같은 것을 언급하였다.

문부성 제정(制定) 교련은 우선 완급(緩急)시에 전혀 도움이 되지 않는 것으로 이것을 개정(改正)하기 위해서는 행정담당 부국(部·局), 체조교원, 학생의 3박자를 갖추어야 한다. 이를 위한 가장 간편한 방법은 육군에서 현역 사관(士官)을 파견하는 것이다.

현역 장교에 의한 군교지도(軍敎指導)는 정신적인 면에서 신뢰할 수 있는 천여 명 가까운 간부를 준비하는 것으로 실전적(實戰的)인 교육을 가능케 한다.

단순히 체육을 위한다면 보통체조라도 좋으나 눈앞의 급선무는 그러하지 못하다. 즉 교육의 국방제일주의가 그의 중심이 되는 생각이다. 그는 아직 이렇게 말하고 있다.

중학교 졸업생은 2개월 정도의 입영(入營)에 의해서 합격자에 하사관 자격을, 고교생에게는 합격자를 수습사관, 대학생에게는 합격자를 예비사관으로 편입할 수 있도록 재학 중 일정기간 소집하는 것이 좋다고 했다.

그는 국내적으로는 비교적 평화로운 대전(對戰) 하에 국민들이 전쟁을 강이나 호수 건너편에 있는 기슭이나 언덕에서 발생한 단순한 화재시(火災視)하는 것을 두려워하고 비상시 의식을 환기시키려고 노력하고 있다.

국민개병주의(國民皆兵主義)를 모토(motto・신조, 표어)로 그 자신이 이 무렵부터 도쿄대학(東京大學) 학생에게 사격훈련과 승마술(乘馬術) 훈련을 부과하고 모범학교로서의 실적을 나타내고 전국 학교와 청년단에 큰 자극을 주었다. 오랫동안 문제시된 소학교의 군사훈련에 대해서도 그는 적극적이었다.

나가이(永井)는 종래 다소 육군과의 협조를 취해왔으나 학교체육의 병식우위에 대해서는 강하게 반대하였다. 그는 국가주의체육에 대하여 전면적인 긍정자이었으나 군국주의 체육에 대해서는 분명히 반대자였다.

체육에 나타난 그의 체육적 양식(良識)은 높게 평가해도 좋다. 그는 전국훈도협의회(全國訓導協議會)의 석상에서도 병식진흥은 "구미의 이러한 종류의 기획 실패의 역사를 아무것도 모르는 자가 하는 것으로 부질없이 기획을 거듭하는 것과 같은 일이다"고 경고하고 학교체육과 군대체육의 구별을 설하였다. 그러나 현장에서는 다이쇼 5년경부터 병식체조에 따르는 교사도 있었다.

카고시마현(鹿兒島縣) 키이레(喜入)소학교를 비롯하여 집총 교련조차 소학교에 부과하는 학교도 있었다. 그런데도 하사관 출신 교사 중에는 체조교범 초안에 준하여 체육을 실시하는 분위기가 있었다. 또한 당시의 체육잡지에도 오토쿠니(乙訓鯛助) 등은 교련을 체조과의 범위 외로 하는 생각에 반대하여 보통 5, 6학년부터 집총교련을 실시하는 것이 훌륭한 체육이라고 주장하였다. 교육 잡지에서는 한때 군교시비론(軍敎是非論)이 지면을 장식하였다.

이이츠카 세이이치(飯塚正一)는『국민체육』로의 지면에서 예(例)의 야마카와(山川) 설(說)을 반박하고 군사훈련을 체육으로 생각하여 군인을 체육교사로서 문부성(文部省)이 아니라 육군성(陸軍省)과의 관련짓고 그것에 따라서 체육진흥을 도모하는 것은 체육의 본지를 근본적으로 오해하는 것이라고 논하였다.

다이쇼 6(1917)년 5월의 전국훈도협의회에서도 집총교련 채택은 부결되었다. 이리하여 결론적으로는 학교체육계는 병식체조 재흥에 소극적이었으나 이 문제는 또한 임시교육회의(臨時敎育會議)의 큰 의제(議題)가 되었다.

다이쇼 6년 10월의 임시교육회의의 총회에서 예(例)의 그리스토교를 싫어하는 에키 카즈유키(江木千之)를 비롯하여 일단의 병식체조 진흥자(振興者)는 건의서를 제출하고 그 중심이 되는 내용을 설명하였다. 이 병식체조 진흥 건의안의 토의에 대해서는 2권의 속기록에 상세하게 언급되어 있으나 그 결론은 다시 모리 아리노리(森有札) 시대에 체육을 되돌리려는 의견이었다. 사실, 모리 아리노리(森有札) 문부상(문부대신) 시대에 병식체조 실시를 위하여 그의 오른팔이 되어서 전력을 다한 에키 카즈유키(江木千之)는 지금은 제안 설명자로서 이렇게 말하고 있다.

모리 아리노리 사후 병식체조의 쇠퇴에 의해서 청년의 덕육상의 문제가 일어났으나, 제1차 세계 대전(大戰) 하의 일본에 진충보국(盡忠報國)의 정신을 환기한 덕육을 향상시키기 위해서는 어떻게든 병식재흥(兵式再興)이 필요하였다. 그러나 병식체조 즉 덕육이라는 생각에는 강한 반대가 있었다.

덕육의 향상은 모든 학과에서 이룰 수 있는 것으로 특히 병식에 한정할 이유가 없으며, 덕육을 병식이 독점하는 것 자체에 교육의 위험이 있다는 것이 반복되었다. 이러한 의견에 대해서 에키 카즈유키(江木千之)는 다른 교과와 체조과(體操科)와의 차이를 설(說)하였다. 덕육은 이론이 아니라 실천이다. 그것은 실제를 통하여 비로소 체득되며 총을 가지고 행진하는 동작 자체에 부국강병 하의 국민적 기풍과 덕성이 배양된다는 것이다.

그리고 전시기운(戰時氣運)의 환기와 함께 제37 의회에서도 소학교에 무도과(武道科) 설치 청원이 제출되었다. 오카야마(岡山)의 나니와키요조(浪花喜代造) 외 22명이 제출한 청원의 요지는 고등소학교에도 중학교와 같은 무도를 추가하라는 요구였다. 이것은 중의원에서 채택 가결되었으나 메이지 시대와 달리 여기서 황국 건국의 신수정화(神髓精華)로서의 무사도(武士道)가 강조되고 있는 점이 주목을 받았다. 그러나 에키 카즈유키를 시작으로 한 병식 존중자들은 무도에 대해서는 비교적 냉담하였다. 즉 외래 체육법이나 전통 무도는 당시 일본이 요구하는 덕육주의에서 벗어났다고 생각되었다.

물론 병식체조 즉 양식조련(洋式操練)도 그 유래를 찾으면 외국수입의 산물이었으나 그는 국가를 부강하게 하는 애국적인 기분으로 그것을 실시하는 곳에 실은 창조적인 일본정신이 배양된다고 해석하였다. 따라서 무도는 일반적으로 상당한 관심을 받았으나 무사도를 강조하는 당시의 무도는 전통의학적 합리주의를 지키는 사람들과 군국주의 고취자(鼓吹者)에 의해서 유형・무형의 비판을 받았다고 할 수 있다. 무도가 군국주의 면에서도 높이 평가되는 것은 수차례 반복되었듯이 만주사변(滿洲事變) 무렵부터였다.

8. 학교체육에서의 병식체조 진흥의 건의

군사훈련을 병영이 아니라 학교에서 실시시키는 것은 군인을 만드는 것이 아니라 덕육을 위한 것이다. 그리고 그것은 학교교육의 필요에서 태어난 것으로서 군 당국으로부터 재촉된 결과로 생각된 것은 아니다. 에키 카즈유키가 반복하는 이 논법은 완전히 모리 아리노리의 설명과 같은 것이었다. 그는 모리 아리노리의 정신을 더욱 더 구체화하고 육군 및 해군 당국과의 협의연락을 도모하여 '8, 9백 명의 현역 육군 및 해군 장교'를 학교에 배속시키는 안을 가지고 있었다.

병식체조 진흥의 건의는 앞에서도 언급했듯이 다이쇼 6(1917)년 10월 27일의 임시교육회의에 제출되어 토의결과 가결되었다. 학교체육의 군사화는 시간문제처럼 진행되었다.

임시교육회의는 동년(다이쇼 6년) 12월 15일에 테라우치(寺內) 총리대신에게 다음과 같은 내용을 건의하였다.

"학교의 병식교련을 진작하여 덕육을 비보(裨補·약하거나 모자란 것을 도와서 보태거나 채움)하고 더불어 체육에 해당하는 제국교육(帝國敎育)의 현 상태에 비추어 참으로 긴급히 필요한 업무로 믿고 신속히 적당한 조치를 취하기를 요망한다. 그리고 아래에 건의한다."

○ 건의 이유
― 덕육 상에 있어서 모든 덕목의 궁행실천(躬行實踐)을 위해서는
(1) 성심(誠心·성실하고 정성스러운 마음)에 의지해야 하는 바 이 성심은 용감한 기운에 의하여 지속되며, 용감한 기운은 병식교련에 의해서 지속되며, 그리하여 병식교련으로 인한 용감한 기운에 의해서 모든 덕목실행(德目實行)의 원동력인 성심을 지속시키는 것은 일본교육의 현 상황에 비추어서 불가조치(不可措置)의 필요한 업무라고 말하지 않을 수 없는 이 병식교련을 진작하여 이 목적을 달성하는 데 비보(裨補)하는 부분이 있기 때문이다.

병식교련은 기율, 복종 등에 관한 좋은 습관을 순치(馴致·잘 따르게 하거나 부리기 좋게 길들임)하는 데 큰 효과가 있으므로 많은 말이 필요 없으며, 이 병식교련을 진작(振作·떨치어 일어남)하여 덕육에 비보(裨補)하는 부분이 있다는 것이 그 이유이다.

(2) 체육상에 있어서 능히 신체발달을 완성하여 강건한 국민과 더불어 군사상의 지식기능의 일단을 계발하여 그의 덕육에 의하여 함양하는 충애심(忠愛心·천황에게 충성하고 나라를 사랑하는 마음)과 어울려 다른 일본 군대에 복무하는 소양을 얻게 하는 것은 또한 일본교육의 현 상황에 비추어 불가조치(不可措置)의 필요한 업무가 되기 때문에 이 병식교련을 진작하여 이 목적을 달성함에 있어서 자익(資益)하는 부분이 있다는 것이 그 이유이다. 말할 필요도 없이 다이쇼 6년의 임시교육회의는 메이지 이후 현안인 교육에 관한 문제를 토의한 회의였으며, 교육을

전환시키는 다양한 결의가 이루어졌다. 교육정책 입안자들에게 가장 관심이 가는 것은 이 병식진흥 결의이며, 기타 결의 내용으로는 다음과 같다.

○ 소학교육 개선 결의사항(다이쇼 6년 6월 12일)
「아동신체의 건정한 발달을 도모하기 위하여 한층 적절한 방법을 강구할 필요가 있다고 인정한다.」

○ 여자교육개선 결의사항(다이쇼 7년 10월 24일)
「여자교육에 있어서는 교육에 관한 칙어의 성스러운 뜻을 충분히 체득하게 하여 특히 국체의 관념을 확고히 하여 숙덕절조(淑德節操)를 중요시하는 정신을 함양하여 한층 체육에 전념한다.」

○ 통속교육(通俗敎育) 개선 결의안 사항(다이쇼 7년 12월 24일)
「학교 외에 있어서 체육상의 시설을 개선하여 보급을 도모함과 동시에 경기에 수반하는 폐해를 제거한다.」

등이 결의되어 체육중시 경향은 한층 강화되었다. 그러나 대전(大戰)종료와 함께 병식체조 진흥 문제만은 일시 연기되었다. 세계적으로 군비축소의 목소리가 높아지고 적어도 군국주의 방책을 표면적으로 들어내는 것은 어려워졌다.
에키 카즈유키(江木千之・1853~1932, 문부 관료)도 "잠시 시기를 기다리는 것이 상책이라고 생각하여 이 실시에 대하여 자신 등도 추궁하지 않았다"고 하였다.
따라서 학교 교육에 대한 군사적 요구는 일시 옅어지지만 재향군인 등을 통하여 소년단과 청년의용단(靑年義勇團) 육성에 노력하였다.

9. 학교체육에서의 자유주의 체육의 태동

제1차 세계대전 중에 체조인가, 교련인가가 논의되고 있을 무렵에 자유주의적 교육 운동이 시도되고 있었다. 다이쇼 6년경부터 사와야나기마사타로우(澤柳政太郎)의 세이죠학원(成城學園), 하니토모코(羽仁ㅏㅌ子)의 자유학원, 아카이요네키치(赤井米吉)의 명성학원에서는 아동중심 교육법이 연구되고, 또한 테즈카호우에이(手塚峯衛)의 치바 사범학교 부속 소학교, 치바 미코요시(千葉命吉)의 히로시마 사범학교 부속 소학교에서도 자유교육·창조교육이 실시되었다.

혁신적인 자유교육 사상은 이미 메이지시대, 히구치 칸지로우(樋口勘次郎)의 '자기활동교육론(自己活動敎育論)', 오이카와 헤이지(及川平治)의 '동적 분단식 교육법(動的分團式敎育法)', 오바라 쿠니요시(小原國芳)의 '전인 교육론(全人敎育論)', 테즈카 키시에이(手塚岸衛)의 '자유교육(自由敎育)' 등으로 나타나며, 메이지 40년에는 오이카와(及川)의 아카이시(明石) 여자사범학교 부속 소학교에서 다소 구체화되었다. 이러한 운동이 다이쇼 시대에 들어 다시 활기를 찾게 되었다.

불행히도 다이쇼 전반기(前半期)의 자유교육은 체육에까지 실제화(實際化)되지 못하고 다이쇼 후반기(後半期)까지 기다려야 했다. 사상적으로는 주의해야 할 활동이었다.

물론 자학자습(自學自習) 교육은 사립의 부유한 학교나 부속 소학교의 일부 학교밖에 구체화되지 못하였으나 그러나 이러한 신(新)교육의 영향은 모델 스쿨의 실현과 잡지를 통하여 전국으로 퍼졌다. 또한 이러한 운동을 배경으로 개성조사·직업지도·교육측정 등의 새로운 관심도 생겼다.

예를 들면 치바현(千葉縣) 교육회는 1차 세계대전 종료인 다이쇼 7(1918)년 6월에 현(縣)의 자문을 받고서 '아동생도에 자발적 학습의 습관을 함양하는 데 가장 적절한 구체적인 방책에 대하여'를 총회에서 심의하였다.

그 답신은 7월에 참고로서 각 학교에 통달되었으나 그것에 따르면 "첫째 아동에게 자발적 학습 습관을 함양하여 자립적 인격의 기초를 체득하도록 욕심을 낸다면 마땅히 교육의 전반에 걸친 구체적 방책을 연구·고안해야 하며 특히 유의해야 할 것을 들지 않는다"라는 전문을 붙여 교재·교수·설비와 경비·가정과 사회에 걸쳐 참고 항목을 들고 있다.

이전의 글에서 교재는 아동의 실제 생활에서 선택하고 창작적 교재로 보충할 것,

교수(敎授)는 아동의 자습해야 할 교재와 교사가 교수해야 할 교재를 구별하여 교수세목을 명기할 것, 교사는 아동의 자습해야 할 교재에 대하여 적당한 보도(補導·도와서 바르게 이끎)할 입장을 고수할 것, 소풍여행 등으로 구체적 방안을 세우고 자발적 활동의 유기(誘起·가르쳐 일어남)에 유의해야 할 것 등을 게재(揭載)하고 있다.

다이쇼 7년 10월의 현(縣)에 소속된 소학교 교장회의에서 오리하라(折原)지사는 이러한 시대의 분위기를 염두에 두고 훈시하기를

"지금은 구미(歐美)사상의 수입이 왕성한 이 시기에 이르러 배척박멸책(排斥撲滅策)을 취하지 않을 수 없다고 하더라도 국민성의 장점과 단점, 문화의 차이를 무시하고 그저 모방하는 것을 두려워하여 그의 진의(眞意·참된 의도나 마음)·진상(眞相·참된 내용이나 형편)에도 배반하는 것은 가장 경계할 부분이다"고 주의하고 있으나 체조과의 개선 연구에 대해서도 개별지도와 스포츠에 주목하여 종래의 훈시 양식과 다른 표현으로서 다음과 같이 언급하였다.

"체조과 교수에 있어서는 교원의 노력이 두드러지는 것이 있으며 이 실적은 종종 보기에 충분한 것이 있다고 하더라도 이를 현(縣) 아래 전반을 통관(通觀·전체를 통하여 내다봄)할 때는 개별적 취급, 자유운동·단련운동과 같은 연구의 여지가 꽤 많다."

그러나 이 사실은 당시의 체육이 자학주의(自學主義)와 아동중심으로 추진되었다는 의미는 아니지만 적어도 다이쇼 6년부터 7년에 걸친 체육에는 다소의 전환이 있었다는 것은 간과해서는 안 된다. 이 무렵의 자유주의 교육에는 새로운 방법을 체육에 응용하는 구체안(具体案)을 아직 준비하지 않았으나 다이쇼 후반기에는 무언가를 추구하려는 새로운 체육의 움직임으로서 구체화되고 있다.

《참고문헌》

2. 청년단육성과 체육
- 田中義一「社會的國民敎育」(大正 4 年)
- 「帝國議會敎育議事總覽」第 3 巻
- 桜井庄太郎編「大日本青年団史」(昭和 1 8 年)
- 青年団中央部「青年団競技」(大正 6 年)
- 青年団中央部「青年団体操」(大正 6 年)
- 青年団中央部「青年団指導」(大正 7 年)
- 矢島舞二「群馬県に於ける基本体育の経過」(大正 7 年)
- 愛媛会「愛媛県誌稿」下 (大正 6 年)
- 国民体育社「新体育」(大正 8 年 7 月号)
- 文部省「時局に関する教育資料」特別篇共 (大正 4 ～ 9 年)

3. 학교 체조 교수요목(學校體操敎授要目)의 발포(發布)
- 文部省「学校体操教授要目」(大正 2 年)
- 永井道明「学校体操要義」(大正 2 年)
- 永井道明「学校体操教授要目の精神及其実施上の注意」(大正 3 年)

4. 학교 체조 교수요목(敎授要目)의 교재(교련·유희·무도)
- 文部省「学校体操教授要目」(大正 2 年)
- 永井道明「学校体操要義」(大正 2 年)
- 永井道明「学校体操教授要目の精神及共実施上の注意」(大正 3 年)

5. 학교 체조 교수요목(敎授要目) 발포(發布)후의 지도법과 현장
- 永井道明「学校体操要義」(大正 2 年)
- 可児徳「小学体操科教程」(大正 3 年)
- 矢島鎮二「群馬県に於ける基礎体育の経過」(大正 7 年)

6. 학교 체조 성황의 시대적 배경
- 陸軍戸山学校「体操学理」(大正 5 年)
- 国民体育社「国民体育」(大正 5 年 1 月号、 9 月号)

- 陸軍省「体操教範」(大正７年)
- 体育研究会「体育研究」(大正７年１０月号)

7. 군국주의(militarism) 발흥과 학교체육에서의 병식체조 재흥론
- 文部省「臨時教育会議要覧」(大正６年)
- 江木千之翁経歴談刊行会「江木中之翁経歴談」下 (昭和８年)
- 「帝国議会教育議事総覧」３巻 (昭和７年)
- 文部省教育史編集会「明治以降教育制度活連史」第５巻 (昭和１４年)
- 文部省「臨時教育会議要覧」(大正六年)
- 江木千之翁経歴談刊行会「江木千之翁経歴談」下 (昭和８年)
- 「帝国議会教育講事給跪」３巻 (昭和７年)
- 文部省教育史編纂会「明治以降教育制度発達史」第５巻 (昭和１４年)
- 国民体育会「新体育」(大正７年１０月号)
- 育成会編「教育実験界」(大正５年１１月号)

8. 학교체육에서의 병식체조 진흥의 건의
- 千葉県教育会編「千葉県教育史」第４巻 (昭和１３年)

제6장 다이쇼(大正) 제2기 체육 ─ 교련교수요목의 발포 ─

1. 개관

제1차 세계대전(1914년 7월 28일부터 1918년 11월 11일까지 일어난 유럽을 중심으로 한 전쟁)에 일본은 수차례 출병하였으나 국내에서는 전쟁으로 인한 큰 재난을 입지 않고 동양의 군수고(軍需庫)라는 좋은 조건의 혜택으로 활황을 맞이하였다. 이 전쟁으로 일본은 일약 채무국에서 채권국이 된다. 전쟁 중 국민에게 비상시 의식을 부채질하였으나 소위 선박 벼락부자가 된 후네나리킨(船成金)의 예가 인출되도록 일부에서는 '쉽게 많은 이익을 올린다'식의 호화로운 생활이 나타났다. 그러나 국민생활은 어렵고 그리고 종전(終戰) 가까이에서 드러난 쌀소동 등의 예가 보여주듯이 심각한 것이 있었다.

전후(戰後) 사회에서는 개인의 자유와 권리를 왕성하게 주장하였으며, 국제적으로도 평화와 협조가 강조되었으나 세상의 복잡함은 다양한 현상으로 나타났다. 다이쇼 제2기 교육은 이러한 정세 하에서 전후(戰後) 교육경영으로서 전개해 간다. 그리고 결론적으로는 임시교육회의에서 답신된 방침에 따라서 구체화되어 간다.

분명히 다이쇼 7(1918)년 개정된 교과서는 '다이쇼 민주주의'의 성격을 다소 영향을 받았다. 그러나 그것은 어디까지 국체(國體)관념과 국가의식을 밑바닥에 감춘 상태로서 교육 구체책(具體策)에 있어서도 이른바 자유주의적 '퇴폐사상'과 사회주의적 '위험사상'의 대처로서 명시되었다. 따라서 다이쇼(大正) 후반기의 체육계도 기본적으로는 이 코스를 강화하였다. 국가에 있어 체력은 체육이며, 건강이며 위생이다. 그리고 특히 전문학교 체조과는 체조가 아니라 교련을 위하여 설치되었으며, 국가주의가 군사훈련과 결부하여 생각된 부분도 문제가 있었다.

민주주의 사고에 의한 체육의 시도는 후반이 되어서 다소 구체화되지만 그것은 어디까지나 주변적인 존재에 머무르고 오히려 학교체육의 전문적 문제로서는 정돈상태에 빠진 나가이(永井)가 체조를 대신할 합리적인 체조법의 구체화에 집중하였다. 학교의 스포츠발달도 요목 개정을 재촉하였다. 이리하여 한편에서는 체조에서 독립된 교련실시의 목소리와 반대 측에서는 유희경기의 존중과 체조 합리화의 목소리에 의해서 다이쇼 말기의 학교체육은 크게 개혁되었다.

그것은 현역 장교 배속령(配屬令)과 교련교수요목(敎練敎授要目)의 제정(制定)이며 학교체조 교수요목(學校體操敎授要目)의 개정(改正)이었다.

다이쇼(大正) 후기의 스포츠계는 국제적인 대회와 함께 종합적인 국내대회가 개최되었다. 다이쇼 13(1924)년 이후 매년 개최된 메이지신궁 체육대회(明治神宮體育大會)[17]는 국민체육진흥에 공헌하는 부분이 컸다. 국가의 사회체육에 대한 관심도 매년 높아졌다.

청소년의 체위향상과 사상선도를 위하여 청년단 체육육성, 체육의 날 제정, 국민운동장 설치 등 이 시기의 체육진흥책은 상당한 결과를 올렸다. 다이쇼 시대는 근대체육사에서 가장 채택하기 어려운 다양한 과제를 남겼으며, 이하 중요한 제목을 채택하여 가능한 동적으로 문제 소재에 접근한다.

2. 자유주의 교육과 신(新)체육의 시도

다이쇼 후기 체육의 복잡한 발전을 그리기 위해서는 먼저 자유주의 체육의 발생을 말할 필요가 있을 것이다. 결과로서 그것은 이단적 존재로 체육계를 지배할

---

17) 메이지신궁체육대회는 1924년 10월 말 메이지신궁 외원 경기장(현 국립경기장)의 개장과 더불어 개최된 제국의 국민적 스포츠 행사였다. 이는 1차 대전후 전세계적인 군주제의 위기 속에서 일본 황실의 생존 전략으로 스포츠를 통해 국민에게 접근하자는 의도 하에 만들어진 대회로 고대 그리스의 신전과 올림픽 사이의 관계에 착안하여 신궁과 스포츠를 연결한 천황제 이데올로기에 기초하여 국민통합을 도모하려 한 이 대회는 내무성이 주도하고 메이지신궁 봉찬회와 청년단, 재향군인회 등의 우익단체들이 뒷받침하는 가운데 탄생하였다. 또한, '천황의 성덕을 경앙(憬仰)하고, 국민의 신체를 단련하고, 정신을 작흥'하는 것을 대회의 목적으로 내세운 정부 주도의 체육행사였다. 15개 종목에 걸쳐 '내지(內地)' 9지역과 식민지 3지역(조선, 대만, '관동주·후에 만주국')들로부터 선수들을 참가시키는 '전국적'인 거대 체육행사로 1924년부터 1943년까지 19년간 매년 개최된 일본 국내의 대표적인 전국종합체육대회였다.

세력은 되지 못하였으나 민주적인 체육지도법의 선구적 현상으로서 주목해도 좋다. 물론 이러한 신교육은 빈곤한 농촌 아동교육을 어떻게 할 것인가가 아니라 중류 자제를 중심으로 한 자유창조 교육이며, 실험학교·모델스쿨 이상은 아니었다. 그러함에도 헬렌 파크허스트(H·Parkhurst, 1887~1973)에 의한 그녀가 개발한 Dalton Plan이나 Project법으로 불린 신교육 운동은 체육분야에서 그 이론을 실제화시키는데 까지는 숙성되지 못하였다. 그러나 체육계에서도 자학자습(自學自習)과 자유창조 교육이 주장되면서 표현의 자유를 동반한 창가유희와 자연스러운 게임이 주목을 받게 되었으며 또한 유희(遊戲) 이외의 교재를 유희화 하려는 시도도 나타났다.

 체조라는 권위에 의해서 압박을 받던 유희가 신교육운동으로 이론적 근거를 얻게 된 것은 당연하다. 일찍이 다이쇼 7년에는 자동교육연구회(自動敎育硏究會)에서 교육 실제 총서의 하나로서 『자동주의 유희교수의 혁신(自動主義遊戲敎授の革新)』이 출판되었다. 필자인 신교지(眞行寺)는 자유창조의 유희, 스포츠의 중요성을 강조하면서 체조중심 요목에 저항하였다. 그러나 유희존중이라는 점을 초월하여 아동주의 체육학습을 어떻게 전개할 것인가라는 방법에는 매우 애매모호하였다. 그것이 다소 구체화되는 것은 수년의 노력이 필요하였다.

 다이쇼 8년에 나라(奈良)사범학교 부속 소학교에서 키노시타 타케시(木下竹治)의 학습주의가 일어나고 다이쇼 9년에는 전국 사범학교 부속 소학교에서도 유희연구가 주목받게 되었다. 다이쇼 11년 제2회 전국 소학교 훈도 체조과 협의회(全國小學校訓導體操科協議會)의 일부에서 아동주의 유희가 토론되었다.

 다이쇼 12년에는 야마사키히로시(山崎博)에 의해서 '구성법(=Project method)에 의한 학교체육'이 다이쇼 13년에는 아동 자유유희의 창조적 취급(실제는 lead up식 방법)을 시도한 후지야마 야스타카(藤山快隆)의 '학교유희(學校遊戲)'가 발표되었다. 특히 다이쇼 14년, 카와구치 히데아키(川口英明)의 '체육학습의 실제'는 고심한 정도가 보인다. 키노시타 타케시(木下竹治)식 학습주의 하에서 그도 교수어(敎授語)를 대신할 학습연구에 착수하여 그 실제화에 노력하고 있다.

카와구치 히데아키는 "종래와 같은 교사 명령에 따라 일제히 획일하게 실시해서는 그 목적을 달성할 수 없다. 오히려 각 아동이 개성을 달리하도록 개별적이며 자율적이어야 한다"는 것을 강조하고 자율적 체육학습법을 시도하였다.

여기서는 '학습안'이 아동을 위하여 만들어져 당시의 교수안을 모방한 인쇄물에 운동순서·종목·자세·회수·시간·용구 등의 틀을 정하고 아동에게 구체적 계획과 학습을 시켰다. 또한 교사가 아니라 아동의 자습서로서 각 학년용 아동체육 학습서 등도 출판하였다.

세이죠(成城)학원의 시마다 세이죠(島田正藏)도 이 무렵에 활약한 한 사람이다. 한 학급 30명을 정원으로 특별교실로서 운동실도 있으며, 환경이 정비된 이 학교는 당시의 가장 진보적인 학교의 하나였다. 시마다 세이죠는 다이쇼 14년 '쿠스노키 학급'을 담당하여 저학년 유희를 연구하고 있었다. 그는 당시의 합과학습(合科學習)에 반대하여 아동생활 자체를 주시하며 출발하자고 설명하였다. 그러기 위하여 아동유희를 조사하여 유희가 학교 내외의 아동생활에 어떠한 형태로 결부되어 있는 가를 이해하고 학습내용을 결정하려고 하였다.

그 연구는 동교(同校) 기관지 『교육연구문제(敎育硏究問題)』와 『저학년의 신교육(低學年の新敎育)』에 발표하였으며, 특히 아동중심의 미국사상을 잘 소화한 이론적 표현이 이채를 띠고 있다. 또한 시마다 세이죠는 아동들은 자연 속에서 이미 알고 있는 유희를 실시한 후 단계부터 새로운 유희를 창조하고 그것은 교사가 가르치는 성질의 것이 아니라 보충적으로 이끌어야 한다고 말했다.

그러나 불행히도 그의 연구는 저학년 교육유희에 그치고, 소학교 전체의 아동중심 체육으로 발전하지 못하고 끝났다.

3. 사쿠라이 츠네지로우(櫻井恒次郎)와 합리적 체조

제1차 세계대전 후, 자학주의(自學主義)와 자동주의(自動主義)의 목소리가 높아지면서 유희(遊戱)와 댄스는 종래의 획일주의 교육을 타파하는 운동으로서 의미를 가졌다. 따라서 체조에서의 비판이라는 점에서는 공동전선을 형성할 필요성도 있었다. 그렇지만 나가이(永井)의 요목체조(要目體操)가 벽에 부딪힌 후에도 체조계는 발전하였다.

첫째 자유와 창조라면서 멋대로 놀리는 것보다도 예절을 가르치는 것이 교육본질이라는 의견이 다수의 국민층(層)에서도 널리 인정되어 아동의 건강증진을 위하여 합리적으로 운동을 지도하는 체조에 많은 공감자가 나타났다. 이처럼 합리주의 체육은 체조를 대표하는 것으로 체조에서 개선되어 간다.

큐슈대학(九州大學) 교수 사쿠라이 츠네지로우(櫻井恒次郎)의 합리적 체조는 그 좋은 예이다. 체조 '학리(學理)'의 강연회와 강습회도 한때 성황을 이루었다. 후쿠오카(福岡)를 근거로 사쿠라이 츠네지로우가 활약하고 있을 무렵에 도쿄(東京)에서는 도쿄대학 의학진(醫學陣) 등 체육학리(體育學理) 강습회에서 다소의 실적을 올렸다. 또한 군대체조의 본거지인 육군 토야마학교(戶山學校)는 다이쇼 7년 스웨덴식으로 체조교범(體操敎範)을 개정한 후 교토(京都)를 비롯하여 각지에서 교원에 대한 체조학리(體操學理) 연습에서 실제 지도를 실시하고 있다. 그러나 현장에 직접 큰 영향을 부여한 점에서 가장 주목할 만한 체조는 사쿠라이식(櫻井式) 일 것이다.

큐슈제국대학(九州帝國大學)의 체조연구는 다이쇼 전기(前期)에 시작되었으나 여기에는 이마이(今井學治)와 스즈키(鈴木鐐太郎) 등의 현장인과 타나베(田辺郁郎)와 이시마루(石丸節夫) 등의 연구자가 모였다.

사쿠라이(櫻井)는 다이쇼 6년경에는 요목체조(要目體操)와 육군체조(陸軍體操)를 비판하면서 장기 강습을 실시하였으며, 다이쇼 8년에는 전국 각지에서 강연과 지도에 임하고 있다. 체조가 체육에서 최적의 방법이라는 점에서는 사쿠라이(櫻井)와 나가이(永井)는 같은 입장이었다. 그러나 "왜 일본의 학교체조는 그 효과를 충분히 내지 못하는가." 그는 그 이유를 이론 경시의 실제 지도에 있다고 보았다.

의사가 약의 성질을 알지 못하고 처방전을 내지 못하듯이 체육교사는 인체생리해부의 지식 없이는 지도안을 만들 수 없다. 그는 그래서 인체 의학적 지식을 기초로 한 '합리적 체조학'의 필요성을 설명하였다.

종래의 체조서(體操書)에 없던 이론적 납득성과 구체성을 위하여 그의 의견은 현장교사에게 큰 영향을 미쳤다. 문부성 위생관(衛生官)들이 학교의 위생적 환경과 신체운동의 효과를 전문적으로 설명하는 것으로 끝낼 때 그는 구체적인 교재에까지 파고들어 바른 지도법을 설명하였다.

그는 체조지도를 구체화할 때에 참고한 문헌은 나가이(永井)도 참고한 스웨덴 체조가 토른그렌(Lars Maueitz Torngren)의 『체조교과서』이다.

다이쇼 8년에 그가 편집한 『체조교수용 도보(體操教授用圖譜)』에서 "이 도보(圖譜)는 토른그렌(Torngren)의 저서인 『전식체조(典式體操)』에서 발췌한 것으로 건조무미한 일본의 학교 체조과 교수요목 이외에 어떠한 교재가 체조 대종가(本家)의 스웨덴에서 실시되고 있는 것을 알게 하기 때문이다"고 기술하고 있다.

그가 참고한 것은 토른그렌(Torngren) 원저인 독일 번역서이나 이것은 후에 그의 제자 타나베(田辺), 이시마루(石丸)의 두 사람에 의해서 다이쇼 11년 일본어로 번역되어 『토른그렌(Torngren) 스웨덴식 체조교과서(Torngren 瑞典式 體操教科書)』란 제목으로 출판하였다. 그러나 그는 그것을 안내서로 하여 독자적 구상으로 학교체육을 합리화하려고 시도하였다.

그는 말한다. 나가이(永井)의 요목자체는 보통체조의 형식화를 파괴하기 위하여 시작되었으나 이 스웨덴식 체조처럼 기술화·형식화하고 있다. 육군의 체조교범도 같은 결함을 보이고 있다. 그의 이 비판에는 다소의 과장성이 있으나 그러나 교재의 목적과 요령 설명에 있어서 그의 이론은 하나하나가 납득성을 가지고 있다.

예를 들면 그는 다음과 같이 설명하고 있다.

체조로서의 정상자세의 인식부족에서 불합리한 '학교체조의 부산물'이 생성되었다.

나가이(永井)의 『학교체조요의(學校體操要義)』에는 '주의'의 자세를 조전(操典)에 준거하여 설명하고 있으나 사쿠라이(櫻井)는 그 잘못을 대하여 배낭을 등에 업는 군대자세를 아동에게 강요하는 것은 요추전굴증(腰椎前屈症)을 일으킨다고 주의시키고 있다.

체조지도의 형식성은 당시 유행한 늑목(肋木) 사용의 흉후반(胸後反)에도 나타난다. 이 운동이 끝난 후에 흉후반의 보상운동(補償運動)으로서 3회 전굴(前屈)을 실시하는 습관이 있었다. 사쿠라이는 흉추(胸椎)의 후굴(後屈)에 대하여 요추전굴(腰椎前屈)로, 게다가 3회 반드시 보상운동을 하는 불합리화를 지적하였다.

기합을 넣고서 체조를 지도하기 위하여 신슬각전거(伸膝脚前擧)를 무리하게 실시하여 길항근(拮抗筋)의 작용으로 90도 밖에 올라가지 않는 해부적 원리를 잊어버리는 모순된 예도 지적하였다. 반대로 이두고근(二頭股筋)이 늘어지기 때문에 135도까지 올라가는 굴슬거고(屈膝擧股) 운동에 정강이를 수평으로 멈추는 어리석음도 지적하였다. 흉곽교정(胸廓矯正)상의 학교식 현수비굴신법(懸垂臂屈伸法·매달린 팔로 굽힘과 펴는 운동법)이 육군식 방법보다도 유효하다고 언급하였다. 또한 아동의 체조지도에는 일부만의 피로가 생기지 않도록 변화가 있는 부분운동(部分運動)을 시킬 것, 호흡운동과 적당한 휴식을 생각하는 것 등을 언급하였다.

지도의 합리성과 그에 따른 강제체조(強制體操)의 극복이 그의 신조였다. 합리성은 아동의 입장을 가장 존중하는 생각에서 출발하고 자연스러운 교육은 법칙성에 입각하기 때문에 아동중심의 제멋대로인 유희보다 낫다는 것이 그의 자연주의 체육에 대한 비판이었다. 여기에 또한 당시의 합리적 체조의 한계가 있으나 당시 현장에 미친 영향은 크다.

체육연구소의 필요성이 통감되기 시작한 당시에 사쿠라이(櫻井) 연구실은 이러한 요구를 만족시켰다. 각지에서 모인 젊은 교사들은 이 합리적 방법에 자신을 가지고 많은 성과를 올렸다. 직접 사쿠라이 연구실에서 배운 사람은 수십 명에 불과하였으나 현지(現地)의 후쿠오카(福岡)는 물론 오이타(大分), 카가와(香川), 후쿠이(福井), 군마(群馬) 등『합리적 체조(合理的體操)』는 한 때 상당한 세력을 가졌다.

다이쇼 9년경부터는 이마이(今井學治)의『합리적 체조학(合理的體操學)』과 스즈키(鈴木鐐太郎)의『체조학리 일반(體操學理一般)』등 사쿠라이 체조 보급서도 출판되었으며, 또한 그 밑에서 연구한 큐슈제국대학 대학생 중에는 쇼와시대(昭和時代) 체육의 이론적 수준을 끌어 올린 인재도 결코 적지 않았다.

4. 다이쇼(大正) 후반 학교 체조의 추이

합리적 체조가 서서히 현장에 영향을 미칠 무렵 중앙의 나가이(永井) 전성시대는 서서히 쇠퇴하고 있었다. 체조계에서는 요목 체조의 탈피가 거세졌다. 체조의 개선을 추구하여 또는 체조에 회의적이 되어서 해외유학을 지향하는 자도 많아졌다.

카니 토쿠(可兒德, 다이쇼 4~6년), 니카아도 토쿠요(二階堂トクヨ, 다이쇼 2~5년), 오오타니 부이치(大谷武一, 다이쇼 7~10년), 나가이 미치아키(永井道明, 다이쇼 9~10년), 미츠하시 요시오(三橋義雄, 다이쇼 11~13년) 등의 체육전문가는 각각 유학시찰에서 새로운 것을 얻고 귀국하였다.

중앙의 지도진에서 가장 유희를 존중한 것은 카니 토쿠(可兒德)였다. 일괄 지도를 주로 하는 체조로 개성을 발달시키는 일은 불가능하다. 만일 체조가 건강증진을 목적으로 한다면 아무런 준비가 필요없다는 것, 자학자동주의(自學自動主義)가 교육계에서 중요시되던 당시, 가장 유희적 활동을 존중해야 한다는 것을 언급하고 있다.

카니 토쿠는 미국 유학중 콜롬비아대학의 우드(Thomas Wood) 등을 중심으로 일어난 자연화된 민주적 체육운동을 접하고 전통적인 체조지도에서 게임 중심의 미국체육 동향에 감명을 받고 귀국하였다. 물론 그는 우드(Wood)와 캐시디(Cassidy)의 체육계획과 지도법 등을 상세하게 설명할 정도는 아니었으며, 체조를 합리화하는 것에서 새로운 체육 방향을 발견하고자 하는 견해에 대해서는 비판적이었다. 스기우라(杉浦), 오오바야시(大林), 사사키(佐々木) 등도 유희경기를 중시하고 체조를 비판하였다. 그러나 체조계에서는 사쿠라이식(櫻井式) 합리적 체조와는 다른 주장도 출현하였으며 새롭게 덴마크의 닐스북(Niels Bukh)체조를 소개하고, 또한 부분적, 국부적인 도수(徒手・맨손) 중심 체조에서 동적인 기계를 채택하여 체조지도를 시도하는 사람들도 있었다.

오오타니 부이치(大谷武一)는 체조의 장점을 인정하면서도 게임과 유희(遊戲)의 필요성을 설명하고 팽창된 체육론을 발표하였다. 이러한 움직임은 당연히 요목

개정에 박차를 가하게 되지만 다이쇼 말년 부근에 중앙에서는 덴마크의 크눗센(Knun Anton Knudsen) 체조교과서가 주목을 받게 되어 영어 번역서를 통하여 2, 3명의 전문가에게 읽히기 시작하였다. 이미 다이쇼 14년, 오오타니 부이치는 이 번역서를 중심으로 『학교체조의 지도(學校體操の指導)』를 공개적으로 간행하였다. 당시의 중앙 지도자의 관심이 스웨덴의 토른그렌(torngren)적인 것에서 크눗센(Knudsen)적인 것으로 옮겨지게 된 것은(자연주의적 요소를 다소 가미한 것도) 여전히 체조 중심의 지도가 강조되었다는 것을 보여주고 있다.

그러나 유희냐 체조냐의 논의를 넘어서 학교체육에 큰 압력을 가한 것에 군교(軍敎) 문제가 있으며 이것을 해결하지 않고서 학교체육은 한 발도 나아가지 못하였다. 앞에서도 언급하였듯이 에키(江木) 등이 시도한 병식체조 진흥책은 테라우치 내각(寺內內閣)의 붕괴에 의해서 한 때 뒤로 미루어졌다. 그러나 육군성은 다이쇼 11년 무렵에는 청소년 훈련의 필요성을 인정하고 구체안을 만들어 육군차관부터 각 성(省) 차관에게서 그 의견을 구하였다. 그 요지는 다음과 같다.

"청소년을 훈련으로 그 심신을 단련하고 단체적 관념을 체득하게 함으로써 국민 자격을 향상시키는 것은 국력증진 및 국방상 필요한 요건이다. 지금에서 실시에 노력하는 것은 결국 백년의 후회를 남기지 않는다. 본 건의 실시에 동반하여 국가로서 지출해야 할 경비 증가는 물론 면(免)한다고 하더라도 이를 위하여 국가국민이 누리는 복리를 생각할 때는 생각건대 간단한 것, 또는 성과를 수반하여 자연스럽게 병졸의 병영 기간을 약간 단축할 수 있다."

이리하여 다시 교련진흥 문제가 두드러지게 일어나기 시작하였다. 당시는 워싱턴 군축회의(다이쇼 10년·1921)의 다음 해 육군 제1차 군축(약 5개 사단분 감축, 장교 2,268명, 준사관 이하 57, 296명 감축) 등을 통하여 태평스러운 분위기였으며, 다이쇼 10년경 세상에는 센도우코우타(船頭小唄·사공의 노래)와 카고노토리(籠鳥·새장 속의 새), 일정한 거처가 없이 떠돌아다니는 '유랑(流浪)의 여행(旅行)'

등의 노래를 불렸으며, 학교에서는 자유화와 학교극, 아동무용과 율동유희가 활성화되었다는 것도 사실이다. 그러나 그것은 표면상만의 현상으로 군축과 얽힌 정치문제는 상당히 발전하였다.

5. 오카다(岡田)의 문교(文教) 정책과 그 반향

"나는 강변의 마른 참억새(枯薄), 너도 같은 마른 참억새, 어쨌든 두 사람은 이 세상에서 꽃을 피울 수 없는 참억새(다이쇼 10년 노구치 우죠·野口雨情 作)"의 노래를 부르는 시민의 안타까운 생활에는 일종의 옅은 어둠의 정체(淀體)가 있었으며, 이러한 사회를 배경으로 상부에서는 자유주의 교육의 연화사상(軟化思想)이 비판을 받았다. 그리고 한편에서 발생하는 격렬한 노동가에는 국경과 민족을 넘는 사상의 위험을 느끼게 한다.

전자(前者)에는 보도(補導)가 후자(後者)에는 탄압이 필요하다. 다이쇼 후기 교육에 대한 필연적인 요구가 체육의 배경을 변화시켰다. 바로 군사교련 재흥책(再興策)은 체육을 둘러싼 정치문제의 대표적인 예이다. 다이쇼 13(1924)년 12월 문교정책심의회에는 오카다 문부대신으로부터 다음과 같은 자문을 받게 되어 다이쇼 14(1925)년 1월 11일에 다음과 같은 답신을 보냈다.

― 학교 교련의 진작(振作)에 관한 문정심의회(文政審議會) 자문안(案) ―
학교 교련을 진작시키기 위하여 중등과정 이상의 학교에 현역장교를 배속시키고 학교장의 지휘 감독 하에서 교수를 담당케 한다.
위에 관한 의견을 바란다.

설명 : 학교교련의 진작을 위하여 크게 학생생도의 체육을 촉진하여 이 덕육을 비보(裨補·도와서 모자람을 채움)함과 동시에 국방능력 증진을 도모하는 것은 일본의 현상에 비추어 긴급히 필요한 업무로 인정하는바, 정부는 먼저 사범학교·중학교 졸업자나 1년 지원병인 자격을 가진 관립(官立)·공립(公立)·사립(私立)

의 중학교, 관립·공립의 고등학교 및 대학 예과 및 전문학교에 우수한 현역장교를 배속하여 학교교장의 지휘 감독 하에 교련 교수에 담당하게 하고, 그리고 이 실시에 관해서는 현행 규정에 따라 체조과 교수시간 중에 대하여 적당한 교련 시간수를 안배하고, 또는 학교 경제가 허락한 범위 내에서 매년 수일간의 야외교련을 실시하도록 하여 총기(銃器)·장구(裝具) 기타 교육 자료는 특히 군부에서 편의를 제공하고 이 교수는 청소년 심신발달의 상황을 고려하여 실시하며, 또한 실시 결과로서 이 학교 졸업자에게는 학교의 종류에 따라서 상당한 기간 병영연한(在營年限) 단축의 특전을 부여한다.

― 학교 교련의 진작(振作)에 관한 문교정책심의회(文敎政策審議會)의 답신 ―
학교의 교련을 진작시키기 위하여 중등과정 이상의 학교에 현역장교를 배속시켜 학교장의 지휘 감독 하에 교수를 담당하게 하여 덕육체육에 자익(資益)하여 국방능력을 비보(裨補)하는 주지(主旨)에 있어서 이를 실시해야 한다고 인정하고 그리고 실시상 자연스러운 결과로서 이 학교의 졸업자에게는 학교의 종류에 따라서 상례(常例)의 병영연한(在營年限)을 상당히 단축하는 것 또한 가연(可然)하다고 사추(思推)하고 또한 실시 상에 대하여 희망 요건은 아래와 같다.

○ 배속장교의 감독에 관한 문부, 육군 양성의 계통을 명확히 할 것.
○ 체조과에 주임을 두는 경우에는 다른 학과목의 주임과 같이 학교장의 적임으로 인정하는 자로 여기에 충당할 것.
○ 중등학교 등에 재학하는 일반의 청년에 대해서도 가능한 신속하게 본안에 준하여 교련을 실시할 것.

더불어 이 안건의 시설에 관한 예산은 다이쇼 14(1925)년 제50차 의회에 제출되어 양원(衆議院·參議院)을 통과하고 다이쇼 14년도부터 실시하게 되었다. 그러나 이 문제에 대해서는 육군성이 문부성과 교섭을 시작할 때부터 큰 논의를 자아냈다. 학교에 현역장교를 배속함으로써 교육의 군사화를 두려워하였기 때문이다.

이미 과거에 조차 체조과 교원에게는 군인 출신자가 압도적이었다. 다이쇼 13년 12월 문부성 학교 위생과 체육계(文部省學校衛生科體育係)에 의한 통계에 따르면 보고를 한 학교 1,115교의 체조과 교원 총수 2,306명(사범학교 208명, 중학교 1,267명, 실업학교 831명) 중에서 육·해군 군인출신자는 1,128명(사범학교 56명, 중학교 614명, 실업학교 458명)이었다.

즉 체조교원의 48.9%가 군인이며, 그리고 그 중 면허증을 가지고 있는 자는 19.3%(218명)에 불과하였다. 이 실정 하에서 이미 배속 장교에 의해서 교련이 강화된 경우 체조과 전체의 성격은 어떻게 될 것인가는 말할 필요도 없다.

육군과의 교섭 책임자인 오카다는 문부상에 취임(다이쇼 13년 6월)하자마자 모든 기회를 통하여 주지(主旨) 변명에 노력하였다. 그 논법은 대부분 에키(江木)에 준거한 정신이었다.

다이쇼 13(1924)년 11월 제1회 직할 학교체육협의회(直轄學校體育協議會)에서도 그는 문교심의회(文教審議會) 자문(諮問)의 군교(軍校)실시에 대하여 군사훈련과 체육과의 조화를 협의하도록 훈시하였다. 물론 체육계에도 이것에 대해서는 반대의 목소리도 상당히 있었다.

그러나 결론적으로 말하면, 문부성·육군성 양성의 협의를 마치고 구체화된 지금 시비를 논할 시기가 아니라는 의견으로 기울어졌다. 전일본체육지도자연맹(全日本體育指導者聯盟·다이쇼 12년 7월 결성)의 다이쇼 13년 12월의 이사회 태도 등은 그 좋은 예이다. 즉, 여기서는 체조는 물론 무도도 교련과 같이 가치가 있기 때문에 시간 수를 증가하면 불만은 없을 것이라는 의견으로 문교정책심의회(文教政策審議會)에 다음과 같은 청원서를 제출하였다.

"학교 체조과 중의 교련 개선에 관하여 목하(目下) 당국에 있어서 조사 심의하는 것은 매우 시기적절한 것이라고 확신한다. 이리하여 체조 및 무도(유도, 검도)도 심신발달의 과정에 있는 학생생도의 신체수련 및 정신훈련상 유효하여 체조과의 목적을 달성함에 있어서 매우 가치가 중대한 것이라고 사유(思惟)하며, 이 때 중등학교 및 전문학교의 체조 및 무도시간을 증가할 것을 열망한다. 위 청원한다."

이것에 비교하여 오카다(岡田) 문부상에 대한 다이쇼 13년의 교육옹호 동맹 의견서는 교육적 양심의 저항으로서 보아야 할 것이 있다. 이 의견서는 오카다가 동년에 지방장관회의 등에서 훈시한 조항에 대하여 상세하게 반론하고 군교진흥을 비롯한 오카다 교육안의 목표가 어디에 있는가를 명확하게 논파하고 있다.

첫째는 군교(軍校)문제이다. 이것은 군교(軍校)실시에 의해서 결코 종래의 1년 지원제도보다도 성적이 오르지 않는다는 것, 입영기간을 단축하는 것은 중학 이상의 유산계급에 더욱 더 특권을 부여하여, 오히려 국민을 분열시키며 해사사상(海事思想)도 현저하게 보급되어야 할 가을에 왜 나머지 육군 장교의 처치만을 문제시하는가, 개성존중 교육이 주목받는 시대에 전혀 교육을 달리하는 장교 배속에 의해 학교교육이 부조화를 초래한다는 것, 군교(軍校)강제에 의해 학과시간의 감소를 발생케 하고 특히 체육을 왜곡하는 것을 지적하고 문부상이 군비축소에 의해서 발생한 장교를 구제하기 위하여 교육을 희생해서는 안 된다고 맺고 있다.

둘째는 교육자의 정치운동에 대한 것으로 오카다가 지방장관회의에서 "최근 교육자가 정치가 흉내를 내어 다수로서 운동하는 경향이 있으나 이것은 장래 징계해야 한다"고 훈시한 것에 대한 반박으로서 교원의 정치운동을 속된 잘못으로 칭하고 입헌국민의 공명 순수한 정치운동도 반대하는 것은 참된 정치와 교육과의 관계를 이해하지 못한 견해라고 맺고 있다.

셋째는 학교극(學校劇) 등의 제한에 대한 것이다. 문부상은 "학교에서 지분을 바르고 가장하고 극적 동작을 연기하여 공중 관람에 제공하는 것은 질실강건(質實剛健)의 민풍(民風)을 작흥(作興)하는 방법이 아니라는 것은 논의대상이 아니다"고 하지만, 그것이 건전한 학교극(學校劇)조차 금지한다고 말하는 것은 극론(極論)이며 오히려 교재의 극화(劇化)에 의해서 개성의 신전(伸展)·창조력을 발휘하는 것이 신(新)교육이라고 반박한다. 그리고 '질실강건(質實剛健)'이라는 관권(官權)의 위협에 의해서 학생의 창의를 압박하고 반대로 경마장려(競馬獎勵)의 부전(富錢)으로서 국민의 사행심을 부추기는 모순을 낳고 있다.

넷째로는 교육상 새로운 주의의 억압에 대한 것으로 달톤 플랜(Dalton Plan) 등 민주적 교육법을 위험시하고 일반적인 법령을 방패로 교육개선에 열심인 교사에게 부당한 압력을 행사하는 점을 반박하였다.

다섯째는 보수정책의 반시대적 정신에 맹렬한 반성을 재촉하고 있다. 이것은 군교진흥책을 비롯하여 위정자의 문교정책의 의도를 이면에서 이해하는 데에 주의할 좋은 자료이며 물론 대세는 정해졌다.

6. 현역 장교의 학교 배속(學校配屬)

다이쇼 14년 1월 문정심의회(文政審議會)의 답신을 거쳐 학교 교련에 관한 법령 기안(起案)이 시작되었다. 그 동안에 학교 배속(配屬)에 예정된 장교는 육군사관학교 등에서 준비교육을 받았다. 이 석상에서 오카다 문부상은 이번 계획에 학교 군대화의 세평이 있다는 것을 덧붙여 '교련은 질실강건(質實剛健)한 기상을 양성함과 동시에 국방능력을 증진하는 데에 직접적 효과'가 있다고 강조하였다.

문부성 상층부의 교련에 대한 의향은 이 회합시의 강연과 설명에서 명확히 파악할 수 있다. 문부성 측은 상당히 군부를 배려하면서도 세상물정에 약한 장교에게 약간의 설명을 실시하였다. 즉 교련 실시에 대해서는 다소의 반대운동이 있다는 것과 군부와 학교와의 조화를 꾀하는 노력이 필요하며, 종래의 예비 장교(預備將校)와 같이 학생에게 영합하지 않고 철저하게 지도해 줄 것 등이 그것이다.

당시에 군교(軍敎·군사교련) 실시에 대한 반대는 앞에서 언급한 교사의 운동이 있으며, 또한 학자·학생·문사(文士·문필에 종사하는 사람)의 운동이 있으며, 다양한 입장에서 이루어졌으나 그 사상적 배경은 종교적인 평화주의에 근거할 것, 자유주의사상에 의한 것, 또는 사회주의사상에 의한 것 등 여러 가지를 생각할 수 있다. 특히 도하(都下·도쿄내)의 학생 사이에는 교련 실시의 가결에 의해서 정치적 관심이 높아지고 좌우의 대립도 한때 격렬했다. 그러나 이러한 입장은 양심의 유무가 아니라 견해의 상이(相異)가 근본에 있으며, 그것을 통일하기 위해서는 정치적 해결 이외에 없었다. 문부성은 이를 위하여 규율(規律)과 강건(剛健)이라는 단어를 사용하여 덕육의 단어를 이용하였다.

장교 배속은 따라서 '덕육의 양성'에 의해 국민 폐풍교정(弊風矯正)의 수단으로 바뀌었다. 세키야(關屋) 문부성 보통 학무국장(普通學務局長)은 배속 장교에 대하여 다음과 같이 희망하였다.

"근년 자칫하면 청년단이 정치운동 등에 참가하는 것과 같이 폐해가 생기는 것이 아닌가 하는 근심도 두터우며 장래 이 청년단에 대해서는 충분히 주의해야 한다고 생각한다. 이번 교련진흥에 대해서도 일반적으로 소년훈련의 철저를 기하는 것이 바른 안목이다. 즉 학교의 교련은 이 일부로서 반은 청년단 교양에 관련된 것이다. (다이쇼 14년 3월 17일 사관학교에서의 강연)"

군교(軍敎)실시에 대한 문부성의 기대는 이른바 특권적 '학생'뿐만 아니라 산업전사인 청년단원과 실업보습학교(實業補習學校)에 걸고 있었다. 게다가 겨우 전국화(全國化)한 스포츠 열(熱)에 대해서도 교련진흥(敎練振興)과 관련하여 그 억제에 노력하고 있다. 쿠리야(栗屋) 문부성 전문 학무국장(專門學務局長)은 스포츠에 대하여 다음과 같이 말하고 있다.

"경우에 따라서는 이들이 운동경기 쪽에 열중하여 오히려 병식교련은 그다지 좋지 않다고 말하는 기풍을 가지고 있는 부분도 있다고 생각합니다. 그렇지만 이 운동경기는 이 정신에 있어서는 역시 규율·인내·절제 등의 모든 덕(德)을 양성하는 것으로서 병식교련과 이 참 정신에 있어서는 다른 부분이 없다고 생각합니다. 고로 이 학생의 운동경기에 대하여 열심히 적당히 지도하신다면 이것은 규율·훈련 양성상에 있어서도 비익(裨益·補益)하는 부분이 있다고 생각합니다.
이 운동경기를 진흥(振興)하는 학생의 열망을 이용하여 이를 적당하게 지도한다고 하는 것은 한편으로는 병식체조의 목적을 달성함에 있어서도 도움이 되는 것이라고 생각합니다." (다이쇼 14년 3월 17일 강연)

이리하여 현역장교의 학교배속 준비교육을 마치고 다음 4월 13일에는 현안(懸案)의 법령이 발표되었다. 즉, 육군 현역장교 학교배속령(陸軍現役將校學校配屬

令), 육군 현역장교 배속령 시행규정(陸軍現役將校配屬令施行規程), 교련교수요목(敎練敎授要目)이다. 그 교련교수요목에는 각개교련(各個敎練)·부대교련(部隊敎練)·사격(射擊)·지휘법(指揮法)·아중근무(阿中勤務, 산비탈 근무)·기신호(旗信號)·거리측량(距離測量)·측도(測圖)·군사강화(軍事講話)·전사(戰史: 고교, 대학예과) 등의 교재가 채택되었으며 중학교·사범학교·실업학교로 구별 배당하였다. 그 매주 배당시간 등에 대해서는 다음 표와 같다.

이를 위하여 다이쇼 14(1925)년에는 사범학교 규정과 중학교령 시행규칙도 개정되었으며 종래 3시간의 체조시간은 5시간으로 증가하였다. 또한 성년(20세)이 될 때까지 청년 대중에 대하여 의무 여가를 이용하여 직업적·공민(公民)적 교육을 실시하는 기관을 설치하고 교련을 부과하는 것에 특색을 가진 교육기관의 구체화도 추진되었다. 이것에 대해서는 종래 실업보습학교의 연한을 연장하여 교련을 추가한다는 의견도 있었다. 그러나 16, 7세까지 이 학교에 연한을 연장하여 교련을 추가하는 것은 무리였기 때문에 개별적으로 16~20세까지 4개년을 기간으로 하는 청년훈련단 설립의 논의가 일어났다.

문부성은 육군성과의 협의 한 후에 그 안(成案)을 가지고 다이쇼 14년 12월에 문정심의회(文政審議會)에 자문하였다. 청년훈련단의 명칭은 청년훈련소 등의 명칭으로 바꾸는 것이 좋다는 답신이 있어 이것에 근거하여 다이쇼 15년 4월에는 청년훈련소령과 그 규정이 제정되었다.

이 법령의 군사훈련 중시(重視)는 병영연한(在營年限) 단축 등과 얽혀 있으며, 총시간 수의 50%가 교련에 배당되어 있는 것을 보더라도 그 성격을 이해할 수 있다.

청년훈련소령(靑年訓練所令) 규정(規程) 제 5조에는 "청년훈련소의 훈련시간은 4개년을 통하여 수신 및 공민과 100시간, 교련 400시간, 보통학과 200시간, 직업학과 100시간을 부여한다"고 기술되어 있다. 또한 교련을 교수할 때에는 적절한 체조를 부과하고, 또는 경기를 추가할 수 있었으며 물론 주체는 교련이었다.

청년훈련소의 교련교재배당, 진도참고서는 다이쇼 15(1926)년 5월의 학교체조 교수요목의 부록으로서 발표되었다.

(학교교련 배당시간)

학교 종별		학년 별	각주 시간 수	매년 야외연습일 수
사범학교	제1부	각 학년	3	
	제2부		2	
중학교		제1학년	2	4
		제2학년	2	4
		제3학년	2	5
		제4학년	3	5
		제5학년	3	6
실업학교 수업연한 5년 이상 (수업연한 4년, 3년 약)		제1학년	2	4
		제2학년	2	4
		제3학년	2	5
		제4학년	2	5
		제5학년	2	5
전문학교 정도의 학교			1.5	4
대학			적당	적당

7. 국민체육진흥과 체육운동 단체의 결성

다이쇼 시대의 체육은 특히 후반기에 메이지시대에서는 보이지 않던 복잡한 양상을 보여준다. 그러나 전체적으로 바라보면 체육의 시야는 보다 확대되고 국민체육의 진흥을 둘러싸고 뚜렷한 전진의 흔적도 보인다.

특히 다이쇼 13년은 주의해야 할 해였다. 군교(軍敎) 중시(重視)의 움직임에 둘러싸여 있으면서도 한편에는 체육의 과학화를 구체화하는 국립체육연구소 설립,

체육전문가들의 몇 개의 단체조직 결성, 체육행정기구의 개선, 메이지 신궁체육대회의 개최, 체육의 날 제정 등 이후 체육에 중요한 의의를 가진 문제가 이 해에 시작되었다. 정부도 또한 이 무렵부터 이른바 국민의, 아래로부터의 자각에 근거한 거국적인 사업으로서 국민체육육성을 시도하였다.

체육단체의 결성에 따라 전문가들은 종전보다 엄청난 전문지식을 교환하여 널리 체육 문제를 말할 수 있게 되었다. 다이쇼 10(1921)년의 대일본체육학회, 대일본체육동지회, 다이쇼 12(1923)년의 전일본체육지도자연맹, 다이쇼 13(1924)년의 체조과 지도감독자협의회, 일본체육연맹, 일본여자체육협회, 문부성 직할 학교체육협의회 등의 단체 결성이 그것이다. 또한 대일본체육협회 산하의 종목별 경기단체가 결성되는 것도 다이쇼 후반기이다.

즉 다이쇼 9(1920)년에는 일본조정협회, 다이쇼 10(1921)년에는 일본축구협회, 다이쇼 11(1922)년에는 일본하키(hockey)협회, 다이쇼 13(1924)년에는 대일본수상경기연맹, 일본골프협회, 다이쇼 14(1925)년에는 일본육상경기연맹, 일본스키연맹이 설립되었다. 따라서 또한 각 경기지부도 조직화되고 가맹단체도 증가하였다.

또한 지방스포츠의 보급 장려에 큰 공헌을 한 단체에 전국 각지의 소학교·중학교 교원이 조직하는 체육연구단체가 있었다.

지방경기단체의 조직화와 함께 중학교 운동부는 한층 활기를 띠게 되었다. 예를 들면 히코네(彦根)중학교 등은 다이쇼 10(1921)년 고교의 응원단 규칙을 제정하고 응원가를 만들어 단원을 편성하였다. 고등여학교의 운동부도 다이쇼 후기(다이쇼 11년)에는 경기화되어 각종 대회에 참가하게 되었다.

소학교에서도 다이쇼 9년부터 전국적인 야구대회가 열려 현(縣)아래의 예선 경기대회도 실시될 정도였다. 소학교의 경기 장려에는 이를 테면 다이쇼 13(1924)년의 히메지(姬路) 제39연대 주최의 아동 육상경기대회와 같이 지역 주둔 육군도 중요한 역할을 하였다. 문부성도 국민의 건강증진과 건전사상의 육성에서 체육운동단체의 발달에 깊은 관심을 가지기 시작하였다.

다이쇼 13년 문부성 조사에는 오사카와 후쿠시마를 제외하고 전국의 체육운동 단체 수는 758단체로 회원수를 보고한 단체 657의 총계 경기인구 약 14만 명이었다.

여기에 2천 이상의 단체가 있는 중학교 운동부와 대학·고전(高專) 등을 포함하면 상당한 수가 된다. 그러나 전기 문부성조사의 단체회원을 직업별로 분류하면 (학생과 교원을 제외하고) 군공장(軍工場·軍需工場)의 공원과 청년단원, 재향군인 등이 대부분으로 도시 근로자는 매우 적었다.

이것은 회원 약 400만 명인 독일체육단체와 회원 40만 명인 프랑스 운동단체에 비하여 일본 국민체육진흥의 필요성을 통감하였다. 다이쇼 13년 이후, 매년 개최된 '전국체육의 날' 등은 체육을 건강한 국민운동으로 그 분위기를 조성하는 새로운 계획이었다. '전국체육의 날 취지'에는 다음과 같이 표현하고 있다.

"일본의 체육도 최근 현저하게 발흥하였으며 특히 운동경기가 성대해진 것은 두드러진 사실로서 근대 국민교육사에 있어 매우 주의해야 한다. 그리고 이 시대적 경향을 선도하고 국민체육의 목적을 달성하여, 정말로 이 신체단련 및 정신수양의 효과를 올리는 것은 일본 국민의 현 상황에 비추어 매우 필요한 것이다.

그것은 도저히 현재의 정황으로서 만족하지 않고 개선해야 하는 것은 더욱 개선하여 합리적 체육의 보급·발달을 재촉해야 한다. 즉 체육운동은 이를 일부 애호가의 점유에 맡기지 않고 노약(老弱)을 가리지 않고 남녀를 구분하지 않고, 국민은 널리 체육운동에 친숙하고 그리고 이 실시에 있어서는 목적과 방법을 가리지 않고 바르게 이를 실시하고, 또한 단순히 운동회·경기회의 특수 기회의 전후에 맹연습하는 것에 끝내지 않고 일상생활로서 매일 시간을 정하고, 또한 특히 요일을 정하여 실행하는 등 생애를 통하여 쉬지 않고 끊임없이 실시해야 한다.

또한 운동뿐만 아니라 의식주, 일상의 노무·수면 등에 관한 위생에도 이 뜻을 이용하고, 또한 질병예방 등도 등한시하지 않도록 노력해야 한다. 또한 전국체육의 날은 실로 이제까지 앞에서 말한 내용과 같이 적극적 및 소극적 방면으로 미치는 체육의 근본이 되는 진정한 취지(趣旨)에 대해 전 국민의 자각을 촉진하고 또한 전 국민이 모두 생각을 합하고 힘을 함께 하여 체육을 실행하는 기회를 만들고, 이미 이 실행을 일상 습관으로 하는 모임 그리고 이 모임은 각 지역 각 단체가 실정에 맞추어서 적당하게 실시하는 것이기 때문에 이는 국민 전체의 자발에 근거한 거국적 사업의 하나라고 할 수 있다. 따라서 '전국체육의 날'에 있어서는 산간벽지에 이르기까지 전 국민이 적당한 체육시설에 참가하는 것을 열망하는 것이다."

 이리하여 다이쇼 13(1924)년 9월 22일 '전국체육의 날 실시 촉진 및 보급법'과 '전국체육의 날 실시요령'이 통달되어 다이쇼 13년 11월 30일을 기하여 '체육의 날'이 개최되었다. 체육의 날 주최자는 관공서·시정촌(市·町·村) 학교, 청년단·소년단·소년 적십자단·부인회·처녀회·재향군인회·청년훈련소·체육운동단체·학교위생회·종교단체·공장·회사·은행·각종 실업조합 등이다.
 문부성은 이처럼 모든 기관을 통하여 국민 자발(自發)에 근거한 거국적인 사업을 추진하려고 하였다.

8. 선수제도의 시정과 체육의 합리화

 앞에서 언급했듯이 다이쇼 13(1924)년이 체육사적으로 중요한 연대인 것은 이 해가 군교(軍敎)문제를 포함하여 체육문제가 널리 국민적 시야에서 파악되었기 때문이다.
 문부성이 새롭게 설치한 체조과 지도감독자 협의회(다이쇼 15년부터 체육운동주사 회의로 발전)와 직할 모든 학교체육협의회(다이쇼 15년 고등전문 모든 학교체육연맹으로 발전)에서도 국민체육진흥의 기반으로 '체육국' 신설을 비롯한 체육행정조직의 정리확대, 경기발달에 수반된 선수제도의 타파, 남자에 뒤처진 여자체육의 진흥, 체육의 사회시설 확충, 시세에 따른 요목 개정 등을 논하게 되었다.
 이러한 논의의 기본원칙은 국가주의를 배경으로 한 국민체육의 합리적 진흥이었다. 이를 위한 행정기구의 합리화이며 체육운동단체의 조직화이며 경기관리의 합리화였다.
 특히 학생생도의 운동경기에 대해서는 국민체육진흥 상에서 지도 관리의 강화통제가 주장되었다.

사실, 학교교육과는 무관계로 발전한 스포츠 폐해는 수없이 드러났다. 예를 들면 소년 야구에서 다이쇼 13(1924)년의 오사카 대회에서는 연장 15회로 귀향 후 병이 든 학동이 있었다.

다이쇼 14(1925)년의 동 예선전에서도 카케가와(掛川)소학교와 토요바시하쵸(豊橋八丁)소학교의 시합에서 5시간 반이라는 긴 시간을 걸쳐 연장 23회전이 거행되었다. 청년단 경기도 학생경기와 같은 선수제도화가 나타났다. 이러한 폐해를 없애기 위해서는 경기주의가 아니라 운동능력 측정과 체력의 표준화에 중점을 둔 경기회가 시도되었다.

전일본체육지도자연맹이 실시한 연령별 소년·소녀 경기회 등은 그 한 예이다. 이것은 소학교 9세부터 중학교·고등여학교·사범학교의 저학년 15세까지를 대상으로 하고 종목은 학년에 따라 아래와 같이 정도를 높였다.

남자	여자
50미터	50미터
100미터	100미터
200미터	200미터
300미터	300미터
400미터	400미터
400미터 릴레이	400미터 릴레이
800미터 릴레이	주건도(走巾跳/long jump)
주건도	주고도(走高跳/high jump)
주고도	3단도(三段跳/triple jump)
3단도	농구공 던지기
농구공던지기	포환던지기(다이쇼 14년부터)

또한 일본체육연맹에서도 미국경기 검사법에 준거하여 athletic badge test를 정하고 남녀별 3단계식 표준기록을 고안하였다.

이것은 다이쇼 15(1926)년부터 체육의 날에 채용되었으며, 훗날 체력 테스트의 전신인 방식이었다.

○ 경기검사

12세의 아동은 제1 테스트를 시도할 수 있다. 13세 이상은 제2, 제3 테스트를 시도할 수 있다. 그러나 이러한 테스트에 연령적 제한은 없다.

	남자		
	제1 테스트	제2 테스트	제3 테스트
1	50미터 질주 8. 6초	100미터질주 14. 6초	100미터질주 13. 2초
2	점프 1.75미터 또는 하이점프 1.1미터	하이점프 1.25미터 또는 점프 4미터	하이점프 1.4미터 또는 점프 4.6미터
3	야구공 던지기 거리 12미터 6개중 3스트라이크 또는 야구공 던지기(거리) 40미터	거리 13미터 5개중 3스트라이크 59미터	거리 15미터 5개중 3스트라이크 또는 8파운드 투환던지기 8.5미터
4	현수굴비(懸垂屈臂) 4회	6회	9회

	여자		
구분	제1 테스트	제2 테스트	제3 테스트
1	50미터 질주 8.6초 또는 곤봉교환 레이스 32초	50미터질주 7.8초 또는 곤봉교환 레이스 28초	50미터질주 7.2초 또는 포테이토 레이스 25초
2	점프 1.6미터	점프 1.7미터	하이점프 1.2미터 롱 점프 3.7미터
3	농구공 던지기(정확) 6개 중 2 골 또는 농구공 던지기 (거리) 15미터	농구공 던지기(정확) 6개 중 3 골 또는 농구공 던지기 (거리) 17미터	농구공 던지기 (거리) 19미터 또는 배구공 서빙 5개 중 3회

이러한 방법은 선수제도에서 국민주의로 방침을 구체화한 것이지만 다이쇼 15(1926)년 3월에 발표된 오카다 훈령 '체육운동진흥에 관한 건'은 이러한 방향을 재확인한 훈령이었다.

즉 "널리 국민으로 하여금 단연코 체육운동을 합리적으로 하기 쉽게 하여 국민의 정신적 및 신체적 훈련을 완성케 하고 이 품성 및 체위를 향상시키는 것은 매우 긴급히 필요한 일이며 세상에 자칫하면 체육운동을 일부 애호가의 전유물이 되어 또는 운동경기에서 생도에게 승패에 내몰려 존경해야 할 운동정신을 망각케 하는 폐해를 없애는 것도 체육운동의 목적에 부합하는 것으로 건전한 국민체육의 보급 발달 상 매우 유감스러운 일이라 할 것이다"라고 기술하고 ① 체육운동의 지도에 관한 사항, ② 운동선수 및 운동 경기회 및 이에 유사한 사항, ③ 체육운동단체에 관한 사항에 걸쳐서 상세한 주의를 부여하고 있다.

9. 학교체조 교수요목(學校體操 敎授要目)의 개정

문부성은 다이쇼 14(1925)년 현안의 군교(軍敎)문제를 해결하자마자 학교 체조 교수요목 개정을 위하여 조사위원회를 설치하였다.

이번은 나가이 미치아키(永井道明)가 위원에서 빠지고, 요시다 아키노부(吉田章信), 이와하라 타쿠(岩原拓), 오오다니 부이치(大谷武一), 니노미야 몬에몬(二宮文衛門), 노구치 겐사부로(野口源三朗), 사사키 히토시(佐々木等), 미야타 카쿠죠우(宮田覺造), 모리 히데(森秀), 타카하시 키요우(高橋キヨウ), 야마구치 쿠와시브로(山口鍬三朗·와세다 소학교장) 등의 위원에게 조사를 명하여 다음해 다이쇼15년(1926년) 그 안을 작성(成案)하여 만들고 다이쇼 15(1926)년 5월 27일자로 발표하였다.

개정 요목의 성격은 그 서문에 다음과 같이 명기되어 있다.

"다이쇼 2(1913)년 문부성 훈령 제1호 학교체육교수요목은 아래와 같이 개정하여 지방장관은 적절히 각 학교장을 감독하여 본 개정 교수요목에 준거하여 학교

교련 교수요목으로 하여 연계를 유지하고 잘 해내어 토지의 정황과 생도·아동심신의 발달에 비추어 각각 적절한 교정을 정하여 이를 실시하고 체육진흥을 도모하여 생도·아동 심신의 건전한 발육을 기해야 한다."

다이쇼 15(1926)년 5월 27일 문부대신(文部大臣) 오카다 요헤이(岡田 良平)는 앞 요목에는 '교수상 참고'로서 나타나 있으나 이번은 '준거(準據)'라는 단어로 바뀌었으며, 통일화(統一化)를 기조(基調)로 강하게 표현하였다.

따라서 개정요목에 표시된 교재는 그『학교체조해설서(學校體操解說書)』에서 다음과 같이 언급하였다.

"모두 시세의 진운과 일본의 사정을 고려하여 선택한 대표적인 것이다." 따라서 또한 "생도들에게 신기(新奇)를 쫓게 하고, 또는 생각하지 않고 요목에 나타나지 않는 재료를 교수해서는 안 된다. 이번 새롭게 발표된 요목은 앞 요목에 비하여 더욱 엄격하게 이에 따라야 한다는 것을 요구하고 있다."

그런데 이번 요목에서 어떠한 점이 개선되었는가? 먼저 교련 문제로서 다이쇼 14년에 교련교수요목(教練教授要目)이 발포(發布)되었기 때문에 중학교·사범학교(남자)의 체조교수요목(體操教授要目)에서 교련이 제외되었다.

소학교와 고등여학교, 사범학교(여자)에는 간단한 질서운동이 교련으로서 남아 있다. 그러나 이번 가장 큰 개정은 종래의 '유희'가 분화되어 '유희 및 경기'로 발전한 것이다. '격검 및 유술'은 '검도 및 유도'로 바뀌었으며, 그 구체적인 내용은 전회와 동일하게 표시하지 않고 또한 "검도 및 유도를 추가할 수 있다"는 정도에 그쳤다. 또한 이번 요목에서는 실업학교가 추가되었으며 남자는 중학교, 여자는 고등여학교와 같은 교재로 실시하게 되었다.

조사위원의 생각은 다양하였으나 북미계(北歐系) 체조를 기본으로 하는 생각은 변하지 않았다.

경기와 구기(球技) 교재(教材)는 전회(前回)와 비교하여 상당히 증가하였고, 스포츠를 존중하는 위원의 의향이 가미되었으나 지도법을 전면적으로 바꿀 만한 문제는 되지 못하였다. 체조 교재는 지도순서에 따라서 운동명・시작자세・사용기계기구・호령이 상세하게 언급되어 있다. 그러나 유희경기에 대해서는 '모자 빼앗기'나 '풋볼' 등의 교재명(教材名)만을 채택하는 정도에 불과하였다.

체조와 기타 교재군(群)에서는 요목상(要目上) 취급기준이 명백히 상이(相異)하였다. 교재의 수에서도 체조는 약 143종을 들고 있으며, 유희경기는 약 55종으로 체조의 30%에도 미치지 못하였다. 그 이유는 지도법 원칙에서 설명할 수 있다. 개정 요목은 북미계(北歐系)의 지도원칙에 따라서 다음 표의 순서를 전제로 하고 있다.

따라서 유희와 경기교재는 어디까지나 주운동의 일부로서 실시되었다. 반대로 말하면 이 요목 교재는 독일식 기계교재(器械教材), 경기교재와 댄스교재 등을 가미하여 체조지도법의 탄력화(彈力化)를 시도하였다. 물론 이 점은 직접 요목에는 언급되지 않았으나 개정요목을 이해하는 데 중요한 점이다.

이번 요목의 성격을 이해하기 위해서는 '교수상(教授上) 주의(注意)'를 간과해서는 안 된다. 여기에는 체조・교련・유희 및 경기・검도 및 유도를 체조과로서 통일하는 정신이 명시되어 있다(제2항). 즉 "체육운동의 필요와 이 합리적 실시가 중요하다는 것을 자각케 한다."(제3항), '기술의 중시'로 달리는 것을 깊이 경계하여(제1항) "검도 및 유도 경기 등에 있어서는 특히 예절을 중요시하고 헛되게 승패에 내달리는 것이 있어서는 안 된다"(제10항) 등의 항목이 있다.

또한 이번에는 여자체육의 관심이 높아지고 남녀 차에 대해서도 한층 고려되었다. 플레이 그랜드 볼과 전회운동을 여자에게 적당하지 못하다는 점 등은 문제가 있다고 하더라도 그것은 당시의 여자는 '체력(體力) 및 용의(容儀)'에 관한 일반적 견해에서 규정되었기 때문에 하루아침에 개혁할 수 없는 문제이다.

개정요목에는 오히려 여자교재로서 배당된 운동조차도 "늘 복장 등의 상태에 따라서 적절한 교재를 취합하여 교수방법을 적절하게 하는 것이 필요하다(제8항)"는 상세한 주의가 있으며, 그리고 교련에서도 "여자에 있어서는 행진시 무릎 굽히는 것을 적게 하고 넓적다리 드는 것을 점점 낮게 해야 한다"(제9항)고 언급하고 있다. 이러한 배려 없이는 당시의 여자체육은 발전하지 못하였다고 할 수 있다.

유도운동(誘導運動)	교련	질서운동	
	체조	하지(下肢)	
		목(頸)	
		상지(上肢)	
		몸통(體)	
		하지(下肢)	
주운동(主運動)	체조	가슴(胸)	
		현수-(懸垂・제1)	
		평균(平均)	
		체측(體側)	
		배(腹)	
		등(背)	
	교련적	행진(行進)	보(步)
			주(走)
	체조	현수-(懸垂・제2)	
		도약(跳躍)	
		도입전회(倒立轉回)	
	유희 및 경기	유희(遊戲)	
		주도투(走跳投)	
		구기(球技)	
정리운동(整理運動)	체조	하지(下肢)	
		몸통(體)	
		호흡(呼吸)	

10. 개정(改正) 요목(要目)과 체조 교재

체조교재는 전 요목과 달리 지도순서에 따라서 배당되었다. 명칭도 약간 개정되었다. 예를 들면 머리운동(頭運動)을 목운동(頸運動)으로 구간측방운동(軀幹側方運動)을 체측운동(體側運動)으로 바뀌었다. 또한 종래 배운동(腹運動)으로서 취급된 도립(倒立)은 새롭게 '도립(倒立) 및 전회(轉回)'로 하여 독립 배당하였다.

전 요목 (다이쇼 2년)	① 하지(下肢) ② 평균(平均) ③ 상지(上肢) ④ 머리(頭) ⑤ 호흡(呼吸) ⑥ 가슴(胸) ⑦ 등(背) ⑧ 배(腹) ⑨ 구간측방(軀幹側方) ⑩ 현수(懸垂) ⑪ 도약(跳躍)
개정 요목 (다이쇼 15년)	① 하지(下肢) ② 목(頸) ③ 상지(上肢) ④ 가슴(胸) ⑤ 현수(懸垂) ⑥ 평균(平均) ⑦ 체측(體側) ⑧ 배(腹) ⑨ 등(背) ⑩ 도약(跳躍) ⑪ 도립(倒立) 및 전회(轉廻) ⑫ 호흡(呼吸)

① 하지운동(下肢 운동)

총수 12종목. 운동명칭을 개정하여 교재 취합을 선택하고 있다. 예를 들면 족좌(足左-右) 출(出)은 족즉출(足側出), 종상하(踵上下)는 거종(擧踵)으로 개칭했다. 또한 족사전후출(足斜前後出)을 빼고, 족전후출(足前後出), 족좌우출(足左右出) 등을 통합하여, 족측전후출(足側前後出)로 일괄해서 통합하고, 그리고 몇 가지 종류의 하지운동(下肢運動)을 결합한 운동, 예를 들면 굴슬거고후신(屈膝擧股後伸·굽혀 무릎을 들고 정강이를 뒤로 늘린다), 상지(上肢)와 하지(下肢)를 복합한 운동, 예를 들면 거종반굴슬비측상거(擧踵半屈膝臂側上擧·발꿈치를 반 들고 무릎을 굽혀 팔측으로 들어 올린다)를 추가하였다.

② 목 운동(頸運動)

정리하여 두좌우전(頭左右轉)을 두측전(頭側轉)으로 목 운동으로서 새롭게 회선운동을 추가하여 굴(屈)·전(轉)·회선(廻旋)의 3가지 동작이 정해졌다.

③ 상지운동(上肢運動)

종래의 5종목에서 10종목으로 증가하였다. 진동형식이 가미되고 비교호상후진(臂交互上後振·팔교대로 위로 뒤로 흔든다)과 편비전후회선(片臂前後廻旋·한쪽 팔을 전후 회선한다) 등 자연운동에 가까운 형식이 채용되었다.

단 이것은 저학년에 한정되었다. 또한 양팔의 전후, 내외측 회선은 쇼와 11년의 요목까지 채용되었다.

④ 가슴운동(胸運動)

구식(旧式)의 늑목(肋木)사용의 가슴운동, 예를 들면 '늑목 등 지지상체후굴거종(肋木等支持上體後屈擧踵)'은 제외되고 6종목으로 정리되었다.

상체후굴(上體後屈)은 흉후굴(胸後屈)로 바뀌었다. 또한 이번 요목에서 새롭게 요괘(腰掛), 횡목(橫木), 늑목(肋木) 등의 기계사용(器械使用)의 범위가 추가되었다.

⑤ 현수운동(懸垂運動)

현수운동(懸垂運動)은 자세형성에 중점을 둔 제1현수와 기술적인 것을 중심으로 한 제2현수로 나누어서 생각할 수 있다. 정상자세의 형성과 기초적인 훈련으로서 실시된 교재에는 늑목과 횡목이 사용되었으며, 주로 남자가 실시한 기능적 교재(당시 독일식으로 불렸다.)는 철봉이 사용되었다.

전자에 적합한 교재는 전방사현수(前方斜懸垂)와 현수굴슬거고(懸垂屈膝擧股) 등이며 후자의 교재로서는 각현상(脚懸上)·역상(逆上)·축상(蹴上)·현수진상(懸垂振上) 등이다. 이번은 후방사현수(後方斜懸垂)와 육군식 주현상(肘懸上)은 부적당한 종목으로서 제외되고 고상(尻上)을 역상(逆上)으로 해로상(海老上)을 축상(蹴上)으로 고치는 등 교재를 정리하여 전체를 25종목으로 편성하였다.

또한 지휘의 편의를 도모하여 새롭게 '시작자세' 시스템을 두었다. 그러나 전요목과 같이 현수진도는 여전히 도약 교재로서 생각하고 있다. 적승(吊繩) 등의 등강(登降)운동이 제외된 것도 문제이다. (쇼와 11년 요목에서 다시 채용)

⑥ 평균운동(平均運動)

　개선되어 10종목에서 12종목이 된다. 전체에 직립자세를 중심으로 한 정지운동에서 동적인 운동으로 개선되어 학년에 따라서 단계적으로 배열하게 되었다.

⑦ 체측운동(體側運動)

　3종목에서 9종목으로 증가하였다. 전 요목에서는 측도(側倒)형식의 운동으로서는 비립측복(臂立側伏)밖에 없었으나 이번에 처음으로 개각(開脚)직립으로 실시하는 방법, 예를 들면 편각굴슬편족측출체측도(片脚屈膝片足側出体側倒) 등이 추가되었다.

⑧ 배 운동(腹運動)

　이번에 처음으로 체후굴(体後屈) 운동형식이 추가되었다. 상체후도(上体後倒)는 체후도(体後倒)로 바뀌었다. 또한 종래, 배 운동으로서 실시된 도립이 제외되었다. 정리 증보되어 3종목에서 4종목이 편성되었다.

⑨ 등 운동(背運動)

　근본적인 변화는 없다.

⑩ 도약운동(跳躍運動)

　전 요목에 배당된 봉도하(棒跳下)·봉도상(棒跳上)·봉건도(棒巾跳), 봉고도(棒高跳)는 체조교재에서 제외되고 그 중 봉고도(棒高跳)만이 경기교재로 배당되었다.

　슬립도상(膝立跳上)와 도하(跳下)도 제외되었으나 이것은 쇼와 11년 요목에서 부활하였다. 기장도약(其場跳躍)은 상방도(上方跳)로 바뀌었다.

　도립횡도(倒立橫跳)는 도립측하(倒立側下)로 바뀌어 도립전회(倒立轉廻)의 틀에 배당되었다. 또한 이번은 명칭을 간소화하여 승도(繩跳)·편각도(片脚跳), 양각도(兩脚跳) 등의 총괄한 용어를 규정하였다.

기계사용의 도약에는 비립도상도하(臂立跳上跳下)·비립도월(臂立跳越)·승직도(垂直跳)·사도(斜跳)·수평개폐각도(水平開閉脚跳)의 용어가 나타나 기술적으로도 진보하였다. 기계사용의 도약에서 도상(跳箱) 외에 백(bag)사용의 승직도(垂直跳), 사도(斜跳)가 장려된 것도 이 무렵이다.

⑪ 도립전회운동(倒立轉廻運動)

이번에 독립한 교재로서 요목에 배당되어 10종목이 선정되었다. 그 이후 가장 친숙해 진 체조교재이다. 그러나 이른바 매트운동은 남자교재로 생각되어 쇼와 11년의 요목에서 여자교재로서는 부적당하다고 판단하였다.

다이쇼 15년 요목을 전후의 요목과 비교하면 아래와 같다.

다이쇼 2년 요목	다이쇼 15년 요목	쇼와 11년 요목
없음	1.전방전회(前方轉廻) (소4년)	1.전전(前轉)으로 개칭(소3, 4)
없음	2.배부지지비립전방전회(背部支持臂立前方轉廻) (소6)	2.배지지전전(背支持前轉)으로 개칭(소5, 6)
없음	3.후방전회(後方轉廻) (중2)	3.자세를 나쁘게 한다고 제외
없음	4.비립측전(臂立側轉) (소5)	4.비립측전(臂立側轉) (소3, 4)
없음	5.비립전방전회(臂立前方轉廻) (중2)	5.비립전회(臂立轉廻) (중2, 3)
없음	6.각지지도립(脚支持倒立) (중1)	6.각지지도립(脚支持倒立) (소5, 6)
배(腹)운동으로서 (師3)	7.도립(倒立) (중1)	7.도립(倒立) (중 2)
3도약(跳躍)운동의 도립횡도(倒立橫跳)로서 (中4)	8.도립측하(倒立側下)(跳箱)(中3)	8.도립측하(倒立側下) (중4, 5)
없음	9.도립전회(倒立轉廻) (중4)	9.도립(倒立轉廻) (師4, 5)
없음	10.도립정면하(倒立正面下) (중5)	10.도립전하(倒立前下)로 개칭 (師4, 5)
없음	없음	11.비립거각(臂立擧脚) (소3, 4)

또한 쇼와 11년의 요목에도 후방전회(後方轉廻)는 자세교육상 부적당한 종목으로서 삭제되었다. 이것 등도 당시의 체조적 관점을 아는데 주의해야 할 문제이다.

⑫ 호흡운동

두후굴(頭後屈)을 제외하고 흉후굴(胸後屈)을 추가한다. 가슴을 제치는 호흡운동은 이때부터다.

11. 개정 요목과 유희 경기

이번 요목은 '준거(準據・표준을 삼아 따름)'라는 강한 표현을 사용하였으나 유희와 경기에 대해서는 요목에 배당된 구체적인 종목 외에 '기타(其他)'라는 표현으로 상당히 애매한 태도를 취하고 있다. 체조의 세밀 주도함에 비하여 그 관심이 약한 것이 두드러진다. 그러나 유희(遊戲)가 '유희(遊戲) 및 경기(競技)'로 바뀌고 그리고 내용이 분화되어 종목도 많아졌다. 이것을 전(前) 요목과 대조해 보면 다음과 같다.

다이쇼 11(1922)년 요목	다이쇼 15(1926)년 요목
① 경쟁을 주로 하는 유희(遊戲) ② 발표를 주로 하는 유희(遊戲) ③ 행진을 주로 하는 유희(遊戲)	① 경쟁유희(遊戲) ---------- 유희(遊戲) ② 창가유희(遊戲) ---------- 유희(遊戲) ③ 행진유희(遊戲) ---------- 유희(遊戲) ④ 주기도기(走技跳投) 및 투기(投技) ---경기(競技) ⑤ 구기(球技) -------------------경기(競技)

이번 분류에서는 유희는 경쟁・창가・행진 ①~③의 3가지 유희로 구분되었고, 경기는 주도투(走跳投) ④와 구기(球技) ⑤로 분류되었다.

경쟁유희는 9종목으로 증가하여 계 13종목, 행진유희는 7종목 증가하여 계 10종목, 창가유희는 1종목 증가하여 계 5종목이 되었다. 또한 이번 행진유희에 보법연습(步法演習) 즉 기본보법이 추가된 것은 댄스교재의 큰 발전으로 보아도 좋을 것이다. 그러나 가장 개선된 것은 경기이다.

① 주투(走投 : 5종목)
단거리 경주(소·중·고등여자), 중거리 주법(走法: 소·중·고등여자), 장거리 주법(소·중), 핸들레이스(소·중), 릴레이 레이스(소·중·고등여자)

② 도기(跳技 : 4종목) 도
주건도(走巾跳 : 소·중·고등여자), 주고도(走高跳 : 소·중), hop step and jump(소·중), 봉고도(棒高跳 : 사범학교 남)

③ 투기(投技 : 6종목)
스펀지 볼 던지기(소·중), 농구공 던지기(소·중·고등여자), 플레이 그라운드 볼 던지기(소·고등여자), 포환던지기(중), 원반던지기(중), 창던지기(중)을 들어 합계 15종목과 '기타'가 된다.

④ 구투(球投 : 12종목)
kickball(소), 대열 풋볼(소), dodge ball(원형, 방형)(소·중·고등여자), port ball(소·중·고등여자), captain ball(여), foot baseball(소·중), corner ball(소), 농구(소·중·고등여자), 플레이 그라운드 볼(소<남>·중), association football(소<남>·중), 핸드볼(중·고등 여자), valley ball(소·중·고등여자), 기타로 되었다.

구기가 전 요목의 4종목에서 12종목으로 증가한 것은 큰 진보이다. association football이 남자만의 교재가 된 점은 당연하지만, 그러나 플레이 그라운드와 같은 교재까지가 소학교에서 여자에게 부적당한 종목으로 받아들여졌다는 것은 당시 여성관(女性觀)을 반영한 현상으로서 주의해야 한다.

여자가 다리를 벌리고 배트를 휘두르는 등 가장 여성스럽지 못하다고 간주하였다.

창가유희는 전 요목에서는 발표를 주로 하는 유희라 한 교재이다. 이것은 소학교의 중학년 경부터의 교재로 생각하여 여학교에서는 실시되지 않았다. 요목에는 일장기·비둘기·모모타로우를 1년생의 교재, 카카시(案山子)를 2년생, 봄이 왔다를 3년생의 교재로서 채택하고 있다. 가시(歌詩)와 가곡(歌曲)은 모두 문부성 검정 완료된 창가이다. 이 한계를 지키는 한 적당한 것을 선택하여 지도할 수 있었다. 요목에 채택된 '기타'는 이것을 가리키는 것이다.

행진유희는 소학교에서 고등여자학교까지의 교재로서 2가지로 대별(大別)할 수 있다. 하나는 곡을 수반한 아름다운 대형(隊形)행진풍(風)의 것으로 예를 들면 우즈마키행진·십자행진·프로네이드 등이며 기타 포크댄스의 종류로 마운틴마치·4조 무용·Porka, Minuette 등이다. 또한 보법연습이 추가되어 각종 보법과 자세·동작의 기본이 연습되었다는 것도 주의해야 한다. 전 요목에서는 다만 행진유희만 표시되었으나 이와 같이 구체적 교재로서 배당된 것은 큰 진보이다.

12. 개정 요목과 교련·무도

중학교 이상의 학교에는 학교교련 교수요목이 발포되었기 때문에 이번 요목에서는 소학교·고등여학교·사범학교의 여자만을 대상으로 하여 교련이 배당되었다. 즉 직접 군사훈련의 대상이 되지 않는 자들이 학교체조 교수요목의 교련을 배우게 되었다.

전(前) 요목에서는 소학교 고등과 2학년부터 집총교련이 실시되었으나 이번은 폐지되었다. 소학교 보통과는 도수의 분대 교련까지, 고등과는 도수의 소대 교련까지를 부과하고, 고등여자학교는 소학교의 기본동작의 복습정도였다. 이상의 설명으로도 알 수 있듯이 체조과로서의 교련은 체조지도의 효과를 올리기 위한 질서운동·집단행동 이상의 의미와 목적을 가지고 있었다. 그러나 그것은 군사훈련의 예비뿐만 아니라 화재 등의 비상사태 시의 훈련으로서 필요하였다.

그런데 소학교 저학년의 체조교재는 가장 간단한 운동이 배당되었으나 교련에서는 1학년부터 '2열 종대행진과 대열 좌(우)(伍々左)'배당되었다. 분대교련은 6학년부터 실시되었으나 이때는 반을 4~5분대로 구분하여 각각 분대장을 지정하고 그 호령·위치·태도 등에 대한 지휘운용의 점까지 지도되었다. 분대 단결과 협동정신이 강조되었으나 그것은 호령에 대한 민속(敏速)한 반응과 전원의 동작 일치를 기준으로 재정되었다. 또한 개정요목에서는 '우(좌)로 돌아'를 '뒤로 돌아'로, '정지'를 '멈춰'로 바꾸었다.

격검(擊劍)과 유술(柔術)은 이번에 검도(劍道)와 유도(柔道)로 개정되었다.『술(術)』이『도(道)』로 바뀐 것은 무도(武道)의 정신면이 평가되었다는 사실을 나타내는 것이다. 그러나 이번 요목에서도 "체조과의 교재를 체조, 교련유희 및 경기로 한다. 단 남자 사범학교, 중학교 및 남자 실업학교에 있어서는 검도 및 유도를 추가할 수 있다"가 있어 필수교재로는 생각할 수 없다.

결론적으로는『술(術)이 도(道)』로 바뀌었을 뿐으로 구체적인 교재도 배당되지 않고 "검도 및 유도에 관해서는 일정 방식을 제시하지 않더라도 적당한 방법을 정하여 이를 가르쳐야 한다"고 언급되어 있는 것에 불과하다.

학교 무도가 본격적으로 문제시 된 것은 쇼와 6(1931)년의 만주사변(滿洲事變)부터이며, 교재의 구체적 배당은 쇼와 11(1936)년의 제2차 개정 요목까지 기다려야 했다.

13. 교원양성 문제

교원양성 문제는 다이쇼시대가 되어서 겨우 충실해졌다. 도쿄고등사범학교에서는 다이쇼 11(1922)년, 체조만을 전공하는 4년제의『체조전수과(體操專修科)』를 설치하고 국어·한문·영어가 지리역사와 겸수(兼修)하는 규칙을 폐지하였다.

카노지고로 교장 하에서 무도를 높이 평가한 이 학교에서는 '체조를 주로 하는 자' '유도를 주로 하는 자' '검도를 주로 하는 자'의 3가지 코스로 구분하였다.

다이쇼 4(1915)년에는 『체조전수과(體操專修科)』를 『체육과(體育科)』로 개정하고 종래의 3가지 코스에 따라서 갑·을·병의 3조로 나누었다.

도쿄여자고등사범학교에서는 다이쇼 7년 이후 동교 부설의 제67 임시교원양성소에 수업 2년의 체조 가사과(體操家事科)를 추가하고 다이쇼 15(1926)년에는 그 연한을 3년으로 연장하여 체조과 교원의 충실을 도모하였다.

또한 도쿄고등사범에서는 다이쇼 11(1922)년부터 수업 2년의 체조과를 임시교과로 추가하고 다이쇼 12년부터 별도로 퇴역장교강습과(退役將校講習科)를 설치하였다. 또한 도쿄고등사범의 다이쇼 연간 체조과 교원의 졸업생은 다음 표와 같다. 앞에서 언급했듯이 다이쇼 11(1922)년이라는 중요한 시기에는 졸업자 수가 급증하였다.

다이쇼 후반기에 여자체육의 관심이 한층 높아지면서 교원양성코스도 발전하였다. 다이쇼 11년에는 니카이도(二階堂)체조학원이 창립되고(쇼와 4년까지 약 700명 졸업), 중경(中京)고등여자학교에도 가사 체조전공과(家事體操專攻科)가 설치되었다.

일본 체조학교는 다이쇼 12년 여자부 고등과 졸업생도 남자와 동등하게 무시험 출원을 허가받고 도쿄여자 음악체조학교(쇼와 4년까지 약 1,000명 졸업)도 다이쇼 14년에 같이 허가받았다. 일본 체조학교는 창립 이후부터 다이쇼 15년까지 남녀 2,028명의 졸업생을 배출하였다. 또한 무도양성 코스에 있어서는 무덕회 무도전문학교는 다이쇼 10(1921)년 무도 면허가 하사(下賜)되었다. 다이쇼 8(1919)년에는 코쿠시칸(國士館) 전문학교도 무도 코스가 설치되었다.

그러나 이러한 학교 졸업생으로는 전국의 중학교(518교), 고등여학교·실과고등여학교(862교), 실업학교(853교) 등의 교원은 부족하였기 때문에 종래대로 검정으로 보충하였다. 검정제도는 다이쇼 시대에는 예비시험과 본시험의 2회 시험이 실시하게 되었다. 자격은 체조 일반부와 병식부로 나누어져 예비시험은 필기시험(이론), 본시험은 실기, 지도법, 시문구답(試問口答)이 실시되었다.

쇼와 2(1927)년부터 체조·교련·검도·유도의 4부분으로 나누어져 검정 출원할 수 있게 되었다.

코스 연대	문과 겸수 체조전수과	체조전수과 및 체육과	임시교원양성소	퇴역장교 교원양성 강습과
다이쇼 2년	18명			
다이쇼 4년	9명			
다이쇼 5년		37명		
다이쇼 6년		39명		
다이쇼 7년		3명(3월) 2명(7월)		
다이쇼 8년		24명		
다이쇼 11년		28명		
다이쇼 12년		23명		
다이쇼 13년		33명	22명	31명(3월) 24명(11월) 16명(12월)
다이쇼 14년		20명		
다이쇼 15년		31명		25명
	27명	250명	22명	96명
395명				

《참고문헌》

2. 자유주의 교육과 신(新)체육의 시도
・自動主義硏究會「自動主義遊戲敎授の革新」(大正 7 年)
・自動主義硏究會「自動主義體操敎授の革新」(大正 7 年)
・國民體育會「新体育」(大正 9 年 8 月号)
・山崎博「構成法による學校體育」(大正 1 2 年)
・藤山快雄「趣味の体操敎授」(大正 1 4 年)
・川口英明「体育學習の實際」(大正 1 4 年)
・川口英明「小學校各學年兒童体育學習書」(大正 1 5 年)
・澤柳政太郎編「現代敎育の警鐘」(昭和 2 年)

3. 사쿠라이 츠네지로우(櫻井恒次郞)와 합리적 체조
・櫻井恒次郞「体操敎授用圖譜說明」(大正 8 年)
・今井學治「合理的体操學」(大正 9 年)
・鈴木鎌太郞「体操學理一般」(大正 9 年)
・石丸節太「櫻井博士体操講演集」(大正 9 年)
・テルングレン著、田辺・石丸譯「瑞典式体操學敎科書」(大正 1 2 年)
・体育學理硏究會「体操學理講演集」(大正 9～1 1 年)
・岸野雄三「体操敎育史」(昭和 2 8 年敎育文化史 第 1 卷)
・L.M. Törngren : Lärobok i Gymnastik, 1905
・C. A. Schairer : Lerbuch der schwedishen Gymnastik von Törngren, 1908

4. 다이쇼(大正) 후반 학교 체조의 추이
・國民體育「新体育」(大正 9 年 1 2 月)
・大谷武一「學校体操の指導」(大正 1 4 年)
・Wood and Cassidy : The new physical Education, 1927
・K. A. Knudsen : A Textbook of Gymnastics, 1929

5. 오카다(岡田)의 문교(文敎) 정책과 그 반향
・國民體育會「國民體育」(大正 1 3 年 1 2 月号)
・陸軍省「學校敎練振作の指針」(大正 1 4 年)

・陸軍省「學校敎練ニ關スル參考資料」(大正１４年)
・文部省敎育史編纂會「明治以降敎育制度發達史」第３卷 (昭和１４年)
・國民体育會「國民体育」(大正１４年１月号)
・敎育擁護同盟「岡田文相の政策に對する意見書」(大正１３年)

6. 현역 장교의 학교 배속(學校配屬)
・文部省敎育史編纂會「明治以降制度發達史」第３卷 (昭和１４年)
・陸軍省「學校敎練振作の指針」(大正１４年)
・陸軍省「學校敎練ニ關スル參考資料」(大正１４年)
・陸軍省「學校敎練敎授要目」(大正１４年)

7. 국민체육진흥과 체육운동 단체의 결성
・大日本体育協會「大日本体育協會史」上・下 (昭和１１年)
・大日本体育協會「大日本体育協會史補遺」上 (昭和２１年)
・大日本体育協會「オリンピックと日本スポーツ史」(昭和２７年)
・大日本体育協會「スポーツ八十年史」(昭和３３年)
・体育硏究所「体育硏究所槪要」(昭和２年)
・文部大臣官房衛生課「全國体育デー實施槪要」(大正１５年)
・文部大臣官房体育課「自大正一三年度、至昭和一四年度、体育運動主事會議要錄」
  (昭和１５年)
・彦根中學同窓會「彦中五十年史」(昭和１２年)
・兵庫高等小學校「兵庫高等小學校五十年史」(昭和３年)
・神戸小學校 「神戸小學校五十年史」(昭和１０年)
・文部大臣官房衛生課「体育運動団体に關する調査」(大正１５年)
・國民体育會「國民体育」(大正１３年７月号)

8. 선수제도의 시정과 체육의 합리화
・眞行寺・吉原 「近代日本体育史一」(昭和３年)
・文部大臣官房衛生課「自大正一三年度、至昭和一四年度、体育運動主事會議要錄」
  (昭和１５年)
・國民体育會「國民体育」(大正１４年９月号)
・大日本体育學會「体育と競技」(大正１５年１０月号、１１月号)

9. 학교체조 교수요목(學校體操 敎授要目)의 개정
- 文部省「學校体操競敎授要目」(大正１５年)
- 体育硏究所「學校体操解說」(昭和２年)

10. 개정(改正) 요목(要目)과 체조 교재
- 文部省「學校体操敎授要目」(大正１５年)
- 文部省「學校体操敎授要目」(昭和１１年)
- 体育硏究所「學校体操解說」(昭和２年)

11. 개정 교수요목과 유희 경기
- 文部省「學校体操敎授要目」 (大正２年)
- 文部省「學校体操敎授要目」 (大正１年)
- 体育硏究所「學校体操解說」(昭和２年)

12. 개정 교수요목과 교련·무도
- 文部省「學校体操敎授要目」(大正１５年)
- 体育硏究所「學校体操解說」(昭和２年)

13. 교원양성의 문제
- 眞行寺·吉原「近代日本体育史(昭和３年)
- 竹之下休藏「体育五十年史」(昭和３３年)
- 小野角次郞「文檢ノ受驗用 体操科硏究者の爲に」(昭和３年)
- 師範大學講座編集部「文檢試驗問題答案例」(昭和１３年)

제7장 쇼와(昭和) 제1기 체육
— 개정 체조요목에서 제2차 개정 요목으로 —

1. 개관

　쇼와기(昭和期) 체육을 제1기의 하한을 쇼와 11(1936)년으로 하고, 그리고 세분하면 만주사변(滿洲事變·1931년 9월 18일)을 경계하여 2기로 구별할 수 있을 것이다.

　쇼와(昭和) 제1기 체육의 기본적 과제는 국체옹호(國體擁護)와 사상선도(思想善導)를 방침으로 결정되었다. 이 대방침은 의회에서 논의되어 문정심의회(文政審議會·다이쇼 13년~쇼와 10년)에서 심의(審議)되고, 그리고 '체육심의회(體育審議會)'와 '체육운동주사회의(體育運動主事會議)'에서 구체책(具體策)을 생각하게 된다.

　체육이 사상선도와 국체옹호에 대하여 어느 정도의 효과를 올릴 것인가의 원리적 검토는 제쳐두고 이 시대는 그러한 전제로 구체책을 생각하게 되었다. 이것은 분쟁이 없는 사실이다. 체육문제는 위정자로서 상식 이상의 규명을 필요하지 않았던 것이다. 즉 스포츠와 학교체육을 '국책(國策)'으로서 구체화하는 방책(方策)이 관심사였다.

　그러나 쇼와 초기 몇 년은 체육계의 언론도 상당히 자유로웠다. 체육주사회의 등에서도 사상 선도의 시비가 논의되는 시대였으며, 이 때문에 국책에 대한 다양한 주장과 비판도 있었고 체육계를 활기차게 하였다. 체육잡지에서도 사회현실에 관심을 가지고 폭이 있는 시야를 가지고 생기에 넘친 발언을 보였다. 그러나 이러한 자유로운 분위기는 쇼와 3, 4년 이후 급격하게 저하되었다.

쇼와 6(1931)년의 만주사변은 큰 전환기가 되었다. 스포츠에 대한 반성이 강해지고 무도는 '국민정신(國民精神) 함양(涵養)'을 위하여 중요시되었으며, 중학교 이상의 필수가 되었다. 그 후 연표는 크게 우선회(右旋廻)하는 시대를 단적으로 보여주고 있다.

쇼와 7(1932)년 초기의 상하이 사변(上海事變), 5.15사건(五一五事件), 쇼와 8(1933)년의 국제연맹(國際聯盟) 탈퇴·쇼와 11(1936)년의 군축회의(軍縮會議) 탈퇴·일본 육군부대 반란사건인 '2.26사건(二二六事件)'·'일독방공협정(日獨防共協定)' 등이 그것이다.

그렇지만 그러한 정치정세에 체육의 모든 것이 규제되었던 것이다. 몇 차례 말하듯이 체육·스포츠는 그 영역 내에서 착실한 진보의 흔적이 있었다. 아직 결성되지 않은 스포츠단체도 쇼와 제1기에 조직화되었다. 특히 구기 종목의 발전은 경의적(驚意的)이다.

정부기관·경기단체·신문사 등이 개최하는 대소(大小) 경기대회에 의해서 기술 수준과 경기 참가층도 향상되고 확대되었다. 스포츠방송과 신문기사도 국민의 스포츠 열기를 높였다.

한편 학교체육계에서는 쇼와 6(1931)년 교재(book)에 내일(來日) 전후(前後)에서 서구의 신체조에 대한 관심이 높아져 위리드믹(Eurhythmics) 등의 소개로 체조법의 자연화(自然化)를 강하게 주장하였다.

그러나 소콜(Sokol·체코슬로바키아의 대중적 체육운동)과 같은 민족체육에 대한 흥미도 깊어져 체조축제를 비롯하여 집단체조가 한층 활성화 되었다. 선수제도와 무관계인 체조는 실제 스포츠에 대항하는 세력이 되었다. 야구를 통하여 실제는 선수제도의 결함을 시정하려고 한 문부성의 『야구의 통제 및 시행에 관한 건(野球ノ統制並施行ニ關スル件=, 쇼와 7년·1932년)』이 발표된 것도 이 시기이다.

이러한 굴절(屈折)을 겪으면서 체육·스포츠 면에서 가장 충실한 쇼와 제1기는 종결되지만 그 총결산을 상징하는 것으로서 체조(體操) 요목(要目)의 개정(改正)과 베를린 대회의 성과를 들 수 있다.

2. 자유주의 체육의 동향

미국의 체육에 큰 영향을 받은 일본의 자유주의 체육은 다이쇼시대(大正時代)의 후기에는 서서히 구체화되었다. 그러나 이 교육운동의 발생지인 미국 자체가 체육에 관한 한 겨우 형식주의를 탈피하기 시작한 단계였다. 따라서 일본에서 달톤플랜(Dalton plan) 등을 채용했을 때에 체육은 큰 장애에 직면하였다.

오늘날 미국 체육의 고전인 우드, 캐시디의『신체육(新體育)』이 공간(公刊)된 것은 쇼와 2(1927)년이다. 자학주의(自學主義) 체육이 좀처럼 구체화되지 못한 것은 다른 교과와 같이 좋은 모델이 없었기 때문이다. 그러나 다이쇼 말기부터 쇼와 초기에 걸쳐서 그런대로 발달이 있었다.

예를 들면 나라 여자고등사범학교(奈良女子高等師範學校) 부속 소학교의 카와구치(川口)는 다이쇼(大正) 말기에『체육학습의 실제(體育學習の實際)』를 저술하였으나 쇼와에 들어서『아동의 체육학습서(兒童の體育學習書)・쇼와 3년』와『학습지도안(學習指導案)・쇼와 4~6년, 저・중・고학년』등을 출판하였다. 또한 기관지『학습연구(學習硏究)』를 비롯하여 체육잡지에도 아동중심의 체육에 대하여 다양한 의견을 발표하였다.

지방 현장에서도 '학습'주의(主義)는 다소의 영향을 미쳤다. 예를 들면 쇼와 3년 카나가와(神奈川)의 요시하마(吉浜) 소학교에는 이와모토 간지로(岩本岩次郎)와 같은 열심가가 나타나 개성존중의 학습법에 무관심한 체육계에 반성을 재촉하고 다양한 시도를 발표하였다. 그는 말한다. 새로운 지도에서는 실태를 파악하고 고벽(固癖)조사와 체력검사 등을 실시하여 계획화해가는 것이 필요하다. 또한 아동의 자각을 재촉하기 위하여 학습서와 체육수첩을 사용하여 충분한 예정표를 세워서 분단적(分團的)으로 지도하는 것이 중요하다고, 그가 말하는 분단지도(分團指導)는 오늘날의 그룹지도로서 관례의 교수법과 입장을 달리한 아동중심 지도법이다. 그의 지도안에서는 먼저 아동의 실태, 전후의 수업관계, 수업준비, 아동의 기분, 체육복장, 사용기구의 수 등을 기입하고, 그러한 배경 하에 분단지도의 실제계획을 세우는 형식을 생각하고 있다. 제2차 세계대전 후의 학습주의와 같이 여기서 논하고 있는 새로운 체육은 분단지도를 대표적 형태로 생각하고 있다. 체조교수요목에 채택된 교재와 교수법은 그대로 아동의 주체성을 활용한다. 여기에 당시의 일본식 그룹지도가 있었다.

예를 들면 큐슈(九州)의 제7 오무타(大牟田) 소학교에서는 교사가 교수(教授)하는 체조안(體操案)에 따라서 아동이 학습안(學習案)을 작성한다. 요목에 따라서 유도운동(誘導運動), 주운동(主運動), 정리운동(整理運動)에 따라서 교재를 선택하여 그룹별로 학습 안을 세우고 때로는 개인별로 자유연습을 실시한다(세이죠학원·成城學園 발행『교육문제연구(教育問題研究)·쇼와 7년 10월호』). 카와구치 히데아키(川口英明)의 학습안(學習案)에서도 같다. 여기서는 교사를 위한 교수요목을 근거로 그것은 아동용으로 편집하여 각 학년별『체육학습서』즉 소스북(source book·자료집)을 만들고 한편에는 교수안(教授案)에 따른 학습안(學習案) 용지를 준비한다. 아동은 그 학습계획표에 적혀진 운동순서·종목·자세·시간·용구·요령 등의 틀에 매주·매월의 학습내용을 기입하여 구체적으로 기획(planning)한다. 물론 교사는 그룹별로 조언한다.

여기에는 한편으로는 당시의 요목 교재와 교수법을 활용하고, 다른 방향으로는 아동중심의 학습을 진행하는 일종의 타협을 보여 신체육의 시대적 제약을 느낄 수 있다. 그러나 이 시대는 근력검사와 체력측정에 관심을 가지고 체육의 합리성이 구체화된 시기였으며, 그러한 체육성과를 아동의 입장에서 활용하려는 그의 노력도 특필해도 좋을 것이다. 그러나 전체로서 바라본 경우, 당시의 아동주의 체육은 다양한 오해를 만들었다.

첫째, 종교를 믿음(信敎)의 자유를 설하는 미션계 학교에서도 교육칙어를 주체로 한 수신(修身)교과를 설치하지 않으면 경영이 어려운 시기였다. 체육교사의 교육적 힘은 수신과 표리(表裏) 관계로 생각하던 시대였다. 그런데 자유주의 교육은 결과에 있어서 유행을 따르는 안이한 교사에 의해서 방임주의가 되었다.

카와구치 히데아키(川口英明) 자신이 우려하듯이 자유교육은 어린이를 자유롭게 한다면 자란다고 생각하고 어른이 다양한 안을 세우는 것은 어린이의 자연성을 해치는 것으로 간주하여 체육시간은 여기서 싸움, 저기서 못된 장난이라는 꼴이다. 그리고 교사를 말하면 와이셔츠와 조끼를 입고 잡지를 펼쳐서 읽고 있는 사실도 없지는 않았다. 다이쇼의 민주주의 여운을 담은 일본의 신교육운동(新敎育運動)은 이러한 복병(伏兵)의 존재에 의해서 어쩌면 평판을 나쁘게 하였다.

보통 이상의 노력과 정열을 가진 교사의 성과는 보통 이하의 일밖에 없어 안이한 길을 추구하는 교사의 존재에 의해서 인기를 떨어뜨렸다. 미국의 신체육에는 30년대에 한발 한발 확실한 전진을 계속하고 있으나 일본의 민주체육은 저항에서 적응으로 끝나 쇠퇴한다. 체육 잡지 등을 보더라도 쇼와 7(1932)년경에는 현장의 개선안(案) 등은 전무하였다. 가끔 발표된 것은 미국의 신체육(新體育) 소개 정도로 그것도 일부의 학구자(學究者)의 이국적인 관심으로 끝났다.

3. 체육과 사상선도(思想善導)

일방통행의 형태로 늘 정치와 결합된 체육이 아래로부터의 의견에 의해서 다소 활기를 띤 한 시기였다. 쇼와 5(1930)년경까지의 수년간 지속해 온 언론의 자유는 체육에도 영향을 끼쳤으나 그것은 자유주의적 주장이라기보다도 당시의 이른바 국민체육진흥정책에 대한 비판형태로 표현되었다. 그러나 이러한 사상적인 문제뿐만 아니라 정과(正課)지도법과 학교 전체의 체육경영, 스포츠기술론과 교재연구, 과외운동(課外運動)과 대외경기, 교사론과 행정론 등 다종·다양한 전문의견도 이 무렵에 나타났다. 메이지부터 제2차 세계대전까지의 근대체육사에서 가장 활기차고 자유로운 의견이 발표된 것은 이 시기이다. 당시의 대표적인 체육 월간지『체육과 경기(體育と競技)』의 한 예를 가지고 특히 사상적인 문제를 들면서 이 한 시기의 이해를 깊게 하였다.

하타케야마(畠山)는 이 기고문(寄稿文)에서 참 체육의 보급은 중산계급 이하의 국민에게 스포츠 기회를 부여하지 않는 한 편파적이 될 것이라고 지적한다.

쇼와 2(1927)년『체육과 경기』1월호의 이 논문은 국민이라는 추상개념을 계급적으로 바라보고 그 맹점을 찌르고 있다. 그러나 이러한 의견은 사회사상을 체육적으로 받아들인 일종의 자각이며, 동시에 그것은 정부시책에 대한 약간의 비판적 분위기를 심었다.

낡은 체육교사에서 탈각(脫却)하려고 한 학구적 교사가 제일선에 데뷔하는 것도 쇼와시대부터다. 그들은 의학을 비롯한 과학적 방법론에 강한 관심을 가짐과 동시에 시대사상에 상당히 민감한 반응을 보였다.

첫째, 당시의 종합잡지 자체가 목가적 스포츠 예찬론에 대하여 비판적 경향이 강하였다. 즉 스포츠는 유휴계급의 독점물이라는 등 스포츠가 정책으로서 악용된다는 의견이 표출되었다.

중앙공론(中央公論)에서는 쇼와 3(1928)년 4월호에서『학교정책으로서의 스포츠맨 양성과 시비』의 앙케트를 조사하여 교육가·사상가·작가 등의 의견을 게재하였다. 그것은 3년 전, 사도학회(斯道學會)가 운동경기와 훈육에 대하여 특별호(號)를 편집하여 앙케트를 조사한 무렵의 내용과 달리 실지로 다종·다양의 의견이 발표되었다. 예를 들면 후지모토(藤本)는 스포츠를 우민정책(愚民政策)으로 해석하고, 유하라(湯原)는 스포츠 직업화의 위기를 논하였다. 한편 야마조에 젠지(山添善次)는 단행본을 통하여『스포츠에 의한 사회개조론(スポーツによる社會改造論)』을 발표하였다.

마르크스주의(Marxismus)는 그것을 긍정하든지 부정하든지 저널리즘의 토픽이며, 이 여파로 인하여 체육논문을 활성화하였다. 사가 사범학교(佐賀師範學校)의 타케우치하지메(竹內一)는 쇼와 3년 7월 체육학회(高等師範)에서 마르크스주의의 관점에서 스포츠가 어떻게 해석되고 있는가를 테마로 발표하려고 하였다.

마에가와(前川)는 동년 12월에『대중스포츠의 개척(大衆スポーツの開拓)』의 제목으로 프롤레타리아 스포츠의 진흥에 착목(着目)할 필요를 논하였다. 같은 쇼와 3년 말에 카츠다(勝田) 문부대신은 체육주사회의(體育主事會議)의 자문사항 제1로서 '국민사상의 선도에 관하여 체육운동 실시상 유의해야 할 점'을 게재(揭載)하였

다. 이리하여 쇼와 4(1929)년에는 체육과 사상문제는 시대적 토픽으로서 논의를 부추겼다. 게다가 이러한 사상문제는 단순히 의논이 아니라 현실적 문제해결과 결합하여 발전하였다.

즉 체육과 직결된 문제는 선수제도였다. 분명히 선수제도는 종래부터도 국민체육진흥상(國民體育振興上)에서 비판을 받았으나 지금은 전혀 다른 지반(地盤)에서 강하게 비판을 받으며, 견해의 차이는 스트라이크(strike)까지 발전하였다.

예를 들면 쇼와 4년 시즈오카(靜岡) 고교에서는 선수제도(選手制度)・부원제도(部員制度)의 폐지가 교우회(校友會)의 문제가 되어 변론부 비판토론회(辯論部 批判討論會)의 결의에 의해서 응원단은 해산되었으나 더욱이 스트라이크(strike・罷業)가 거듭되어 12월에는 운동부도 해산, 학교 측도 이것을 인정하게 되었다.

도쿄대학(東京大學)에서는 이미 다이쇼(大正) 14년경부터 이른바 '사상문제'가 일어나 쇼와 3년 2월에는 학생의 학우회(學友會) 탈퇴 결의가 있어 4월에는 해산, 새롭게 운동회 설립이 일어났다. 문부성과 체육계에 사상문제에 대한 관심이 급격하게 높아지는 것은 이러한 사회정세에 원인이 있다.

그러나 체육과 사상문제에 개인의 자유로운 의견이 발표되는 것은 쇼와 5(1930)년까지였다. 그것은 결과에서 본다면 수년의 짧은 시기였으나 전전(戰前)・전후(戰後)를 통하여 이렇게 활기적인 의논이 교환된 시기는 없었다. 그 정점이 쇼와 4(1929)년이다.

타케우치(竹內)는『체육과 경기(體育と競技)』의 쇼와 5년 3월호에서 사상선도와 체육에 대하여 논하였다. 그는 진충(盡忠)・절의(節義)・예양(禮讓)・보은(報恩) 등의 미덕을 나열함으로써 현대의 사상문제를 해결할 수 없다고 언급하며 체육주사회의(體育主事會議)에서 카츠다(勝田) 문부상의 사상선도에 대한 훈시의 천박함과 그 어긋난 답신안의 우스꽝스러움을 지적하고 오히려 일본의 사상동요와 악화원인은 기성도덕의 편향에 있다고 말한다.

시민사회의 도덕에 눈을 돌리지 않고 개인적 가족적 도덕에서 국가도덕으로 비약하는 일본의 덕육주의에는 이른바 사상선도의 위험성이 있었다. 그의 결론은 체육이 정말로 사상선도에 기여하기 위해서는 추상적・슬로건적으로 말하는 사상이라는 단어 그 자체를 깊이 반성하는 데 있다는 점이다. 경묘(輕妙)한 문필(文筆)을 휘두른 코가(古賀)는 당시의 종합잡지인 스포츠론에 민감한 반응을 보이며 '무산계급 체육론(쇼와 4년 8, 7월호)'과 '스포츠맨은 지배계급의 호위병인가?(쇼와 5년 3월호)' 등의 저널리스틱(Journalistic · 저널리즘)한 제재를 선택하여 정부의 '체육의 날' 맹점과 스포츠맨의 사상적 약점을 찔렀다.

그는 또한 『체육평론(體育評論) · 쇼와 4년, 11~12월호』에서 신문의 사회면을 장식하는 환락가의 향락과 계급투쟁에 눈을 돌리면서 그다운 기지(機智)를 발휘하여 다음과 같이 말하고 있다.

즉, 제국주의화(帝國主義化)한 국가가 대학에 간섭하여 그 자유를 빼앗은 것에 힘을 기울이는 것보다 당국의 최대 호위인 체육에 힘을 기우려 뛰어난 스포츠, 잔재주를 피우지 않는 스포츠맨의 육성이 압력과 간섭보다 나은 사상선도책(思想善導策)이다. 이러한 비판적 태도는 서구의 자유주의와 사회주의의 영향에 의해서 나타난 인텔리 체육교사의 반응으로써 이것도 사상선도가 왕성한 시대의 한 경향이었다.

그리고 쇼와 4년의 체육 잡지는 『체육과 경기』와 『국민체육』이란 이른바 신파적(新派的)인 동향은 있었더라도 방향은 결정되어 있었다. 즉 체육은 "위험사상의 압력의 근본이다"고 하며, 그것은 일종의 사명감과 같은 분위기에서 성장하였다. 이 기조를 뒷받침하는 것이 스포츠맨십이었다. 체육은 더 이상 신체적 효과가 아니라 인간형성의 모든 덕목과 관계지어져 논의되는 시대가 되었다. 사상선도 체육의 이론적 근거는 용기(勇氣) · 창의(創意) · 지도력(指導力) · 과단(果斷) · 견인(堅忍) · 결의(決意) · 자신(自信) · 자율(自律) 등의 스포츠적 덕목이며 이러한 각도에서 『스포츠맨 정신』의 사상성(思想性)이 높아졌다.

1862년 2월 16일 체코의 소콜(sokol)운동 창설자인 테우르쉬의 애국적 정신을 일본적으로 활용하는 것도 이 무렵부터다. 그 근원은 멀리 보헤미아의 해방운동으로 발발하여 신교적인 반항운동을 통하여 오스트리아의 압제에 대한 민족의 자유를 획득한 소콜(sokol)운동도 소박한 애국운동으로 슬쩍 바뀌어간다.

4. 체육심의회와 체육운동주사회의

쇼와 초기는 언론에 있어서 가장 활기가 넘친 한 시기였다. 게다가 그 초점은 사상 선도와 체육문제이며 분부성도 이것에 대해서는 신중한 대책을 생각하였다. 체육 문제가 중시되어 온 사실은 쇼와 3년에 지금까지의 학교위생과를 체육과로 변경한 것으로 보더라도 명백한 것이다. 종래, 체육운동에 대한 심의는 메이지 이후의 '학교위생고문회'에서 실시되었으며 다이쇼 5(1916)년부터는 '학교위생회', 다이쇼 11(1922)년부터는 '학교위생조사회'로 개선되었으며 쇼와 4(1929)년에는 새로운 '체육심의회'가 설치되었다. 체육심의회는 문부대신을 회장으로 학직 경험자 40명(쇼와 7년 45명) 이내를 위원으로 하여 체육에 관한 중요문제를 심의한 회의이다. 쇼와 5년에 제1회의 회합이 열렸으며 이후 체육운동주사회의와 평행하게 일본 체육의 기본방침을 심의하였다. 체육주사회의는 다이쇼 15(1926)년에 '체조지도연맹 감독자 협의회'에서 발전한 것으로 이후 매년 대신의 자문을 받아 체육에 관한 다양한 전문적인 사항을 답신한 기관이었다. 게다가 이 회의는 상부의 요구에 답하면서 현장 실정을 고려하고 체육에 관한 개선책에 대해서도 다양하게 협의한 중요한 기관이었다. 따라서 우리들은 2개의 회의를 통하여 쇼와 초기 체육의 주요 문제를 충분히 이해할 수 있다.

체육심의회는 쇼와 4년 11월에 제정되고 다음해 1월에 첫 회의가 개최되었다. 이 회의는 타나카 문부상을 회장으로, 1번 가노 지고로(嘉納治五郞)에서 40번 오오무라 위원이 출석하여 그리고 정부 측 위원도 추가하여 "체육운동의 합리적 방책"의 자문사항을 심의하였다.

이 합리적인 방책은 무엇인가를 알기 위해서는 카와모토(河本)위원(伝硏技師)의 의견을 소개할 필요가 있을 것이다. 그는 독일체육의 현황을 평가하여 설명하고 일본에서도 문교비(文敎費)의 10%이상을 체육에 지출해야 한다고 요망하며 "학교 소요와 노동쟁의는 이 방면의 지도로 상당히 방지할 수 있다"고 역설하였다.

또한 기숙사생의 소요 사건의 하나로 생각한 선수제도 폐지문제에 대해서도 그 원인은 "많은 사람의 돈을 모아 소수의 선수가 자신의 오락을 위하여 돈을 사용한다고 하는 것이 구실이 되었던 것 같다. 이에 사상적 선동이 책동하고 있는 듯이 생각되는 현 상황에서 보고 학교 내에 체육주사를 설치하고 전임지도자가 있어 체육방면만의 지도와 사상선도에 유의해야 한다"고 논하였다.

타나카(田中) 문부상은 체육주사회의(쇼와 5년・1930년)의 좌장에서도 이 체육심의회의 분위기를 전하면서,

"체육운동은 일본 고래의 것과 또한 최근 모든 외국에서 받아들인 것을 따지지 않고 그 목적은 실로 국민정신 진작과 국민체위 향상에 있다는 것으로서, 말하자면 건전한 국민의 소질을 함양하는 것에 있다. 따라서 교육상으로는 물론 널리 국가적 견지에서 보더라도 매우 중요한 의의를 가지며 행정상 중요한 국책의 하나로 헤아려야 할 성질의 것이다"라고 하였다.

즉 체육은 '국책'으로서의 중요성을 가지기 시작하였다. 이 방침에 따라서 쇼와 6(1931)년에는 '체육운동 경기의 건전한 시행방책 여하'가 자문되어 쇼와 7(1932)년부터는 '학교체육의 관리를 한층 합리화하는 방책 여하'가 계속적으로 심의되었다. '야구 통제령' 등의 중요 법령도 이 회에서 심의되었다.

쇼와 8(1933)년에는 운동단체 관리의 합리화를 위하여 특별위원을 선정하여 10여 차례 회합을 가지고 6월에는 조사표를 만들어 실태를 조사하였다.

체육심의회와 표리관계에 있었던 체육운동주사회의는 쇼와 제1기말(쇼와 11년)까지 다음과 같은 자문 사항을 받았다.

쇼와 2년도 "체육운동단체의 건전한 발달에 관한 유의해야할 사항"
"운동장, 경기장, 체육공원(遊園), 수영장 등의 시설에 관한 지도감독 상 유의할 사항"
쇼와 3년도 "국민사상의 선도에 관한 체육운동 실시 상 유의해야 할 점"
"일반여자의 체육운동 장려에 관한 적절한 지도법안"
쇼와 4년도 "현 상황에 비추어 체육운동사업의 체계정비 상 유의해야 할 사항"

쇼와 5년도 "지방의 체육운동진흥에 관하여 특히 유의해야 할 사항"
쇼와 6년도 "현 상황에 비추어 사회체육진흥에 관하여 유의해야 할 사항"
쇼와 8년도 "현 상황에 비추어 민중체육의 보급 향상에 관하여 유의해야 할 사항"
쇼와 9년도 "체육운동의 정신적 효과를 한층 현저하게 하는 구체적 방책"
쇼와 10년도 "청소년의 체육운동을 한층 건실하게 보급 발달시키는 구체적 방책"
쇼와 11년도 "학교의 검도유도 등의 실시에 관하여 특히 유의해야 할 사항"

이것을 보더라도 알 수 있듯이 이 회의에서는 단순히 학교의 한 교과로서의 체육문제가 아니라 국민체육진흥의 대방침(大方針)에서 각각의 문제가 자문되었다. 자문의 제목은 변하더라도 그 정신은 일관되었으며 그것은 회의에 있어서의 각 대신(大臣·장관)의 훈시를 보더라도 명백하다.

미츠치(三土) 문부상(쇼와 2년)은 '국민정신 수양 및 신체단련에 이바지하는 부분'이 많은 체육운동을 '선용이도(善用利導)'하여 '국민사상을 견실히 하여 체위향상을 기하기 위하여' 제1자문을 그 구체화를 위하여 제2자문을 발하고 있다.

특히 쇼와 3(1928)년, 카츠다(勝田) 문부상은 "늘 국민사상의 선도와 증진에 관하여 실제 상의 효과를 거두는 것"을 목적으로 체육의 필요를 논하고 있으나 그 답신에는 「상무정신(尙武精神·the militaristic spirit)」을 함양하는 무도(武道)와 '경신숭조(敬神崇祖·신을 공경하고 조상을 숭배함)의 관념'을 환기하는 진구체육대회(神宮體育大會)가 강조되었다. 그리고 카츠다 문부상은 쇼와 4(1929)년에 "현대 일본 국민사상의 경향 및 체력의 추세를 보더라도 이것이 선도향상을 꾀하는 것은 가장 긴요한 것"을 훈시하고 쇼와 5(1930)년에 타나카 문부상은 체육이 '국책'의 하나라는 것을 명시하고 있다.

이러한 방침에 있어서 매회 체육진흥이 논의되었다. 따라서 이 2개의 회의는 자유주의를 일탈한 '퇴폐적 현상'과 사회주의에 편향된 '과격행위'를 시정하여 국가주의의 입장에서 건전한 국민을 육성하는 사명을 짊어지고 결론적으로는 그 구체책의 입안이 임무가 되었다.

5. 유도·검도의 정과(正課) 필수 법령화

사상문제와 풍기퇴폐가 문제시됨과 동시에 그 원인은 지육(지식육성)편중의 학교교육에 있다는 의견이 강해졌다. 국가주의의 입장에서 인물주의, 인격주의의 교육을 설명하고 특히 중등학교를 중추로 하여 생도의 진학주의와 경기주의가 격렬하게 비판을 받았다. 전자의 폐해를 고치기 위해서는 입학시험을 폐지하는 것을 후자에 대해서는 무도정신에 의한 규제를 생각하였다. 입학자 선발 시험문제는 이미 쇼와 2(1927)년 11월, 중학교 시행규칙의 개정과 그 요지에서 언급되어 '심신의 발달에 악 영향을 미치기' 때문에 선발시험은 폐지되었다.

더불어 쇼와 6(1931)년 1월에 개정된 시행규칙의 취지 설명에서도 이점이 확실하게 언급되었으며 "예비교육인 구시대의 유풍을 탈피하여 상급학교 입학 준비를 하기 위하여 자칫하면 인격 수양을 등한시하고 또한 실제생활에 적절치 못한 경우가 있다"는 현 상황을 반성하고 교육 본래의 모습으로 돌아가고자 하는 노력도 보였다. 이러한 학교교육의 반성을 토대로 동시에 체육문제가 지식이 아니라 인물이라는 방침에서 높이 평가되었으며 특히 무도에 대한 관심이 높아졌.

이 시행규칙에는 "검도 및 유도는 이것을 체육에 있어서 필수로 하며 이제 검도 및 유도가 일본국 고유의 무도로 하여 질실 강건한 국민정신을 함양하고 심신을 단련하는 데 적절하다는 것을 인정하기 위하여 양자 또는 이 하나를 필수로 한다"고 언급하였다.

쇼와 6년 1월에 개정된 사범학교 규정의 취지 설명에서도 검도와 유도가 고유 무도라는 것, 따라서 국민정신의 함양에 되는 것을 설명하고 있다. 이리하여 문정심의회의 답신에 근거하여 개정된 중학교령 시행규칙(쇼와 6, 1월)은 다음과 같다.

"제1조 중학교에 있어서는 중학교령의 취지에 근거하여 소학교 교육의 기초에 의해 한층 고등 정도에 있어서 도덕교육 및 국민교육을 실시하여 생활상 유용한 보통의 지능을 함양하는 이 체육을 실시하는 것을 특히 아래 사항에 유의하여 이 생도를 교양해야 한다.

4. 생도의 신체를 강건하게 하는 것과 함께 정신을 단련하여 청년의 활달한 기풍을 함양하는 것을 주지해야 한다.

제17조 체조는 신체의 각부를 균등하게 발육시켜 자세를 단정하게 하여 신체를 강건하게 하여 이 동작을 기민하게 하여 쾌활, 강의(剛毅), 견인지구(堅引持久)의 정신 및 규율을 지키고 협동을 존중하는 습관을 배양하는 것을 요지로 한다. 또한 체조는 체조, 교련, 검도 및 유도, 유희 및 경기를 전수한다."

사범학교도 동등하게 "남자 생도에 대해서는 검도 및 유도를 부가하여 전수한다"(제24조)가 되며 무도는 여기에 비로소 필수로서 법령화된다. 교련 교수요목과 같이 독립된 요목으로서 만들어지지 않았으며 또한 이것에 의해서 체조과의 시간 증가는 이루어지지 않았지만 학교 무도사(武道史)에서 보면 획기적인 개정이었다.

또한 쇼와 5(1930)년 5월의 '실업학교 규정의 개정 요지 및 시행상의 주의'에는 중학·사범학교에 반년 맨 먼저 국민정신 함양을 위하여 가능한 무도를 필수로서 실시하도록 훈령하였다.

6. 신(新)체조의 소개와 체조 열성(熱誠)의 재흥(再興)

쇼와시대에 들어서 체조의 개선과 비판이 활발하게 일어난 한 시기였다. 학교체육에서 특히 체조가 관심의 표적이 된 것은 유럽의 신체조운동의 영향이다. 서구의 신체조는 구 체조에서 탈피하려는 점에서는 일치하였으나 그 종류는 다종 다채로웠다.

합리주의를 기조로 하는 것, 자연주의적인 것, 또는 예술적인 것 등 다양하였다. 그 중에서 일찍부터 소개 된 것은 덴마크 체육의 아버지 닐스북(Neils Bukh, 1880~1950)의 '북(Bukh) 체조'와 '보디 체조(Gymnastic bodies)'다. 쇼와 2(1927)년, 아사히 키타루(朝輝記留)는 표현체조의 개요를 소개하고 쇼와 3년에는 오바라 쿠니요시(小原國芳) 등 '북(Bukh) 체조' 초빙 운동을 일으켰다.

스위스의 음악교육가 에밀 자크 달크로즈(Émile Jaques-Dalcroze, 1865~1950)의 유드리믹스 체조(Eurhythmics·음악의 리듬을 몸동작으로 표현하는 체조)도 쇼와 5(1930)년경에는 소개되어 소학교와 고등학교에서 실시되었다.

일부의 사람들은 요목 체조의 권위에 대한 저항으로서 이러한 신체조의 어딘가에 새로운 기반을 추구하며 자유를 느꼈다. 분명히 신체조는 근대적인 개성존중의 자각이 있으며 특히 경화된 형식체조에 대한 비판도 강하였기 때문에 체육 전문가들을 끌어당기는 이유가 있었다. 서구의 신체조 대부분이 관제체조를 싫어하는 사학을 중심으로 발달한 것도 특색이다.

그러나 일본에서는 그러한 체조는 체육계를 바꿀 정도의 큰 운동이 되지 못하였다. 결과에 있어서는 스웨덴계 체조로 보이는 '닐스 북(Neils Bukh)의 체조'가 가장 큰 영향을 끼쳤다고 할 수 있다.

이미 다이쇼 말기에 '북(Bukh) 체조'는 문부성 파견 유학생 등도 배우고 왔으며 그 후 모리 데이지로우(森悌次郎), 야나기타(柳田) 등의 소개자가 등장하고 또한 타마가와 학원과 같이 '북(Bukh) 체조'의 보급에 매우 열심인 학교도 있었다.

자유주의적 교육을 방침으로 하는 타마가와 학원에서 북미계의 '북(Bukh) 체조'가 채용되었다는 것 자체는 아무런 본질적인 관계가 없었으나 요목의 권위에 대항하는 방식으로서는 큰 의미를 가졌다.

왜냐하면 전통적인 스웨덴 체조를 기본으로 하는 학교체조에 있어서 그것은 다소 '이단적'존재였기 때문이다. 달리 이론적 근거가 있었던 것은 아니다. 오히려 동(同) 계통에 속했던 만큼 약간의 개선 부분과 방법이 요목 위원과의 첨예한 감정적 대립을 만들었다. 일본에서 덴마크 학교체조의 본류가 쿠누센(Knudsen)이라는 것을 알게 되는 것은 그 이후의 일이다. 닐스북(Neils Bukh)의 『기본체조 Grund Gymnastik』은 스웨덴식 순서를 개선(改善)하여

1. 질서운동 2. 하지 운동 3. 상지 운동 4. 목 운동 5. 체측 운동 6. 허리 운동 7. 배 운동 8. 등 운동 9. 행진과 달리기 10. 도약과 민첩 운동 등으로 구분하고 있다.

가슴운동은 등운동으로 현수(懸垂)는 상지운동으로 호흡운동은 특별히 골라내지 않은 점이 요목 체조(要目體操)와 다르다. 그러나 운동효과라는 점에서 각각의 운동에 가능성, 근력, 기용성(器用性·능숙함)을 채택하고 있는 것은 큰 개선이다.

지도법은 크게 3단계로 나누어서 제1단계는 노래와 행진을 비롯하여 신체 가능성을 목표로 한 비교적 쉬운 운동을 실시하고, 제2단계는 가동성과 근력을 목표로 강도가 있는 운동을 실시한다. 제3단계는 매트와 행진, 도약운동을 주로 하고 그리고 행동인 운동을 자유롭게 연습하고 노래와 행진으로서 끝낸다. 운동조합의 변화, 진동을 중심으로 한 리드미컬한 움직임, 원활한 콤비네이션에 의한 운동의 연속 등도 종래의 체조에 비하여 뛰어나다.

쇼와 6(1931)년 '닐스북(Neils Bukh)'의 방일(訪日)에 의해서 체육계에 '북(Bukh)체조' 시비론(是非論)이 활발하게 논의되었다. 게다가 이번 논쟁이 상부에서의 자문 등이 아니라 학교 체육계 자체에서 일어났다는 점이 우리들의 주의를 환기시킨다. 우리들은 그것을 체육계 자체의 성장으로 본다. 한 때 활황을 이룬 '북(Bukh)체조'론에 대립하는 3가지 견해가 있었다. 첫째는 이 때 구식(舊式) 요목(要目)을 '북(Bukh)체조'식으로 개칭(改稱)해야 한다는 의견, 둘째는 '북(Bukh)체조'는 과장(誇張)과 선전(宣傳)이 있으며 체조의 타락이라는 의견, 셋째는 장점을 참고하여 점차 개선해야 한다는 의견이다. 결국은 점진주의로 해결되었으나 이것을 계기로 움직임의 자연스러움이 주목을 받게 되어 체조는 자연스러운 진동운동에 의해서 보다 효과적으로 지도된다는 것이 깨닫기 시작하였다.

한편 초년대의 체조 계에서는 학교체조 외에 '북(Bukh) 체조', 국민체조가 급격하게 발전하였다. 이미 관동대지진 직후 도쿄도(東京都)에서는 제도 부흥을 위한 시민의 체력과 정신을 앙양하기 위하여 "건강제일"을 슬로건으로 시민체조가 실시되기 시작하였다.

쇼와 3년부터 라디오를 통하여 "국민보건 체조"도 실시되었다. 한 때 인기를 모은 '북(Bukh)체조'는 그 후 한물가게 되었으며 그 외의 민간체조는 정부의 보조 육성이 있어 성대하게 되었다. 이윽고 체코 '소콜(Sokol)체조'를 모방한 대규모의 체조축제도 실시하게 되었으나 그것은 별항에서 상세하게 설명한다.

7. 교우회 운동부의 사명(使命)

다이쇼 15(1926)년의 오카다 훈령 이후 운동경기는 국민체육장려의 입장에서 관리와 지도가 강화되었다. '체육운동주사회의(體育運動主事會議)'와 '체육심의회(體育審議會)'에서는 체육운동의 건전한 발달과 보급을 위하여 체육운동단체의 보호육성과 그 조직과 운영의 합리화가 심의되었다.

학교의 교우회(校友會) 운동부도 이러한 전체 방침의 일부로서 생각하게 되었다. 즉 중학교와 여학교의 운동단체는 경기를 통하여 부현의 체육협회, 지방의 중등학교 체육연맹 또는 각 종목별 연맹지부 등의 조직으로 연결되고 소학교는 그리고 군내(郡內)의 소학교 체육연맹이니 체육협회를 매개로 경기에 출장한다. 이러한 기구를 지반으로 사회체육, 학교체육의 경기면은 발달한다. 따라서 학교로 말하면 클럽활동은 일본 경기조직의 말단(末端)이라고 할 수 있다.

소학교에서도 교우회 운동부 설립이 보였다. 그러나 뭐라고 해도 교우회의 인기는 중등학교 이상의 모든 학교이다. 아니 일본 교우회 운동부의 보급발전에는 일정한 순서가 있으며 고등학교는 대학의, 사범학교는 고등사범의, 중학교는 고등학교의, 소학교는 중학교의 운동부를 모델로 한 부분에 큰 특징이 있다.

쇼와시대에 들어서 일본의 체육진흥에 점점 큰 비중을 차지한 운동부는 참된 국민체육진흥의 중핵이 되고 끊임없이 국가측에서 보호간섭을 받는다. 그것은 수차례 반복하지만 '선수제도'의 타파에 있었다. 즉 그 전제적, 특권적인 성격의 시정이 교육적 방책으로서 반복적으로 행해진다. 그렇지만 여기서는 계급론으로서 문제시된 것이 아니라 국가의 입장에서 운동부를 규제하고 정말로 국가가 기대할 수 있는 인물양성이 될 것인가 아닌가가 문제가 된 것이다. 이 의미에서 '선수제도'가 되는 것에는 위정자로서 복잡한 존재이며 시책(施策)에 있어서도 다소의 모순이 없지 않았다. 즉 당시의 운동부에 관해서는 그 특색인 선수제도가 되는 특권적, 독단적 경향에 대한 비난과 반면에는 선수제도가 되는 것 애국적 영웅적 희생적 경향에 대한 상찬과의 혼합이 보인다. 이 점에서 운동부를 바라보면 가장 흥미를 끄는 것은 고등학교이다.

운동부는 고교생활에서 가장 낭만적 감정을 발양(發揚)하는 장소이며, 스포츠 자체에는 또는 의미에서 구도적인 신중함과 자기탐구의 냉엄함이 있었다. 때문에 또한 문예부와 변론부 중에는 운동부의 이론적 변호자로서 활약한 자도 있었다. 그러나 결국 운동가는 교풍쇄신의 입역자(入役者)로서 영웅화되어 사상적 동요에 대한 일종의 안전밸브로 생각되어 위정자와 교장 등의 무언의 지지를 받았다. 이처럼 대신, 지사, 교장 등은 기회가 있을 때마다 '스포츠맨(sportsman) 정신'을 훈시하였다. 하토야마(鳩山) 문부상은 솔직히 이 시기를 다음과 같이 말하고 있다.

"청년으로 하여금 사도(邪道)에 빠지는 유혹의 손길로부터 떼어 내는 의미에서도 스포츠는 그곳에 상당한 도덕성을 가진 것이라 할 수 있다. 국사다단(國事多端)의 비상시에 있어서 자칫하면 유능한 학생이 좌익적 사상에 빠져 전향하는 자가 적지 않다. 나는 스포츠의 보급, 스포츠맨십이 보여주는 바람직한 정신자세가 정신의 침윤(浸潤)이 좌경화되기 쉬운 청년을 그 본래의 바르고 건전한 사상으로 되돌리기 위해서도 매우 유력 또한 중요한 기관이라고 믿는다. 스포츠는, 결코 유한계급의 오락도 아니며 단순히 유희도 아니다. 과연 일부 유한계급이 이것을 오락시하고 유희시하는 사례가 존재할지도 모른다. 더불어 그것은 일부 소수의 인식 부족으로 결코 건전한 다수자의 관념이 아니다. 이것에 의의를 가진 자는 차차 탁상공론을 버리고 먼저 모든 사람들이 알도록 분명한 상태에서 그라운드를 달리고 맑은 하늘, 훈풍 아래의 스탠드에서 젊은이의 용솟음치는 피를 긍지 높게 여기며 혈조고명(血潮高鳴)한 스포츠경기를 보는 것이 좋다."

이처럼 '스포츠맨 정신'은 이론이 아니라 체험을, 지적인 표현보다도 전인적(全人的)인 이해를 전제로 하였다. 따라서 그것은 표현으로서 항상 슬로건적으로 추상적으로 말해진다. 그렇지만 그 내용은 다분히 일본 전래(傳來)의 무가기질(武家氣質)이 가미되어 정신과 태도에 있어서 표면적이라 할 수 있을 정도로 무도(武道)와의 구별은 없었다. 그리고 결국은 전체주의(全體主義)로 바뀌는 저류(底流·겉으로 드러나지 않고 깊은 곳에 흐르고 있는 움직임) 상에서 낭만성을 발휘한다.

게다가 이 낭만성이 순수하게 추출되어 예를 들면 사토우 코우로쿠(佐藤紅綠)의 '명호옥배(嗚呼玉杯)에 꽃을 받고서' 등의 아동문학으로 발양(發揚·마음이나 재주, 기운, 기세 등을 떨쳐 일으킴)되어 소년들에 큰 감화를 주었다.

남자 운동부가 사상문제와 소요사건과 얽혀서 상당히 정치적인 것과 관련되어 가지만 그러한 걱정이 없는 고등여학교의 운동부는 어떠한 굴절(屈折)을 겪지 않고서 순조롭게 발전하였다.

사상적으로도 행동적으로도 남자에 뒤처진 여학생은 좌우(左右)의 과잉의식(過剩意識)이 없는 만큼 매우 자연스럽게 운동을 통하여 근대적인 감각을 끌어당긴다. 간단히 말하면 운동생활을 통하여 그녀들은 근대적인 생활감각을 체득한다. 그것은 누구에게도 크게 논의되지 않았으나 한 사람 한 사람의 정신 속에 크게 성장하였다.

메이지유신시대(維新時代, 1868년 10월 23일~1912년 7월 30일) 여학생은 숙명적인 '여성스러움' 때문에 지독한 저항을 느끼고 다이쇼시대(大正時代, 1912년 7월 30일~1926년 12월 25일)의 여학생은 운동을 하면서도 운동하는 자신과 운동 자체의 갭을 극복하지 못하였다. 그러나 쇼와시대(昭和時代, 1926년 12월 25일~1989년 1월 7일)에 들어서면서부터 운동에 몰입하는 자신 속에 생명의 충실감을 느낄 정도로 성장하였다.

쇼와 5(1930)년 아시카가(足利)고등여학교의 어느 생도는 '한 순간(一 瞬間)'으로 제목을 붙이고 배구의 교내 시합을 다음과 같이 언급하였다.

"갈색 그라운드의 한 쪽 끝에는 긴장한 검은 얼굴이 높이 올려 진 볼에 집중하고 있다. 그리고 하나의 거친 볼에 맞았다고 생각하자 적의 진지로 획하니 떨어졌다. 검은 얼굴에 한 순간 기쁨이 흘렀다.

그렇지만 다시 긴장된 얼굴로 바뀌었다. 볼은 되돌아 왔다. 단단한 발이 갈색 그라운드를 차고 높이 날아올랐다. 오~ 그 모습, 나의 피는 춤을 춘다. 정말로 이것이 젊은이의 모습이 아닐까?"

선교를 위해 세운 미션(mission)계 학교에서 조차도 같은 감동을 말하고 있다. 후쿠오카 여학교의 어느 생도는 쇼와 7(1932)년에 이렇게 기술하고 있다.

"메이플 댄스(maple dance) 연습으로 엉망이 된 후에 마시는 차가운 물. 반짝반짝 눈에 비치는 순백의 프로미드(promenade·十字行進의 일종)의 동선. 모두 땀에 젖은 날에 그을린 얼굴이 떠오른다."

국책(國策·국가적인 차원에서 수립한 정책)을 초월한 참된 근대체육은 이러한 형태로 여학생에게 다가간다. 여기에 우리들은 메이지 이후 여러 단계를 거쳐 여학생에게 접근해 가는 스포츠의 모습을 직접 감득할 수 있다.

8. 체육의 합리적 진흥(振興)과 야구 통제령

일본의 체육심의회(體育審議會)가 설립되어 최초로 자문한 것은 체육의 합리적 진흥방책이었으나 쇼와 6(1931)년, 체육운동경기의 건전한 시행법의 자문을 받고서 이러한 문제는 더욱 더 구체화되었다.

심의회에서는 스포츠 전반에 걸쳐서 건전한 시행법을 규정하는 것은 많은 날을 요구하기 때문에 그 대표적인 것으로서 야구를 예로 들어 약 8개월에 걸쳐 심의하였다.

쇼와 7(1932)년 1월에 야구의 건전한 시행 방법에 관한 답신에 근거하여 그리고 야구통제 임시위원회를 설치하고 심의회의 답신사항을 골자로서 구체안을 작성하였다. 이것이 쇼와 7년 3월 28일에 발표된 '야구의 통제 및 시행에 관한 건'이다. 따라서 이 대책은 야구에 의해서 대표된 스포츠 현상에 대한 일종의 체육적 합리화 운동이며 직접적으로는 더 이상 경기정신 등의 제목으로는 처리할 수 없게 된 운동경기의 폐해를 합리적 관리에 의해서 처리하려고 한 대책이었다.

이러한 결의에 이르기까지는 여러 가지 이유들 들 수 있으나 미국에서 받은 영향도 컸다.

미국의 카네기 재단에서는 수년전부터 대규모의 학생 스포츠조사를 개시하였으나 그 보고서가 일본에서도 크게 참고에 제공되었다. 이 보고서는 1929년(쇼와 4년) 이후 '미국의 학교 경기'로 제목을 붙여 여러 차례 발표된 것으로서 특히 미국 풋볼을 중심으로 학생경기가 상업적 수단화된 현상을 폭로하고 대학 총장과 교수들의 묵인 하에서 유급 코치, 입장료, 특별훈련, 고가의 운동복, 특별 침대의 원정, 선수 권유, 우수선수의 우상화, 무시험 입학 등의 정실을 언급한 것이다.

그것은 야마가와(山川) 과장이 말하듯이 '일본의 학생스포츠에 관하여 만들어진 것처럼 느껴질 정도'로 도움이 되었다. 다만 차이는 미국의 풋볼이 일본의 야구였다는 한 가지이다. 일본 야구는 일본적 베이스(base)로 발전하여 식자(識者)가 무관심한 동안에 놀랄 정도의 속도로 보급되었으며 "요원(燎原)의 불길처럼 타올랐다"고 하토야마(鳩山) 문부상은 말하고 있다.

문부상은 이어서 "문부성의 기획도 가능하다면 스포츠와 스포츠의 자치, 통제에 일임해 두고 싶다. 사실, 야구 통제의 필요가 높게 주장된 이후 야구는 극력 야구단체의 손에 의해서 통제, 혁신되도록 종용(慫慂)과 조력(助力)에 노력해 왔다. 그러나 야구의 오랜 인습과 각 방면에 복잡하게 뒤얽힌 정실(情實)은 예상 외로 강하고 깊어 쉽게 그 목적을 달성할 수 없었다. 일단 이것을 느슨하게 한다면 어려움이 따라 다닐 정세(情勢)였다"고 언급하였다.

따라서 이 훈령 자체는 국가권력으로서 일방적으로 '관료통제'였다고 단언할 수 없는 많은 이유가 있었으며 또한 완전히 스포츠의 자유사상을 부정하거나 군국주의를 강요한 것은 아니었다. 오히려 그것은 진정한 학생 야구를 진흥시키기 위한 시정책으로 보였다. '야구 통제령'의 전문(前文·첫째 조항 앞에 그 법령의 목적이나 기본 원칙을 밝히는 글)에는 대략 다음과 같은 내용을 담고 있다.

"뒤돌아보니 일본의 운동경기 중 야구는 비교적 오랫동안부터 실시되어 보급의 범위가 가장 넓고 이 일반 민중에 미치는 영향력 또한 심대하여 체육운동진흥을 기하기 위해서는 먼저 야구의 건전한 발달을 도모할 필요가 있으며 이리하여 학생에 의해서 실시되는 야구가 일반 야구의 중심을 이루는 실정에 비추어 볼 때는 이것이 첫째로 현저한 방법으로서 적절하고 건전한 발달을 도모하는 것을 중요한 급부로 하여 이것을 이번에 특히 학생야구의 시행에 관하여 의지해야 할 기준을 나타내어야 한다. 그러나 일본야구계의 현상은 이러한 종류의 기획을 실시함에 있어서 특종의 어려움이 수반되어 선명하지 못하다고 하더라도 관민(官民)협력하여 굳게 참아낸다면 성공일은 반드시 도래한다고 믿는다"고 취지를 설명하고 야구발달의 특수성과 그 해결이 쉽지 않음을 암시하고 있다.

본 훈령(訓令)의 내용은 6항목으로 나누어져 각 조 기술되어 있으나 그 개요를 나타내면 다음과 같다.

"1. 소학교 야구에 관한 사항
원칙적으로 학교시합. 대외시합은 교장이 허가하고 부·현·시·군·정·촌(府縣市郡町村)의 체육단체가 주체하는 것으로 2부현(二府縣)이상에 이르는 것은 할 수 없었다. 따라서 종래 실시된 전국대회 등은 금지되었다. 그러나 현(縣)내(內)라고 하더라도 숙박은 허용되지 않았으며 5년생 이상의 아동에 한정하고 학업에 지장이 없는 토, 일요일만을 허가하였다. 또한 응원단을 조직하거나 제3자의 후원을 받는 것을 금지하고 지도감독은 학교직원을 원칙으로 하였다.
2. 중학교 야구에 관한 사항
문부성 공인 전국대회와 진구대회(神宮大會)에 한정하였다. 지방대회는 전국적 대회의 예선을 제외하고 연1회, 휴일 이외의 시합은 체육단체를 통하여 문부성의 허가를 필요로 하였다. 선수자격도 낙제와 전입학한 후 1년 이후, 학교 외의 '클럽팀'에 참가하여 출장하는 것도 원칙적으로 허용하지 않았다.
3. 대학과 고등전문학교에 관한 사항
특히 대회에 동반하는 입장료를 엄중하게 하였다. 상치단체(常置團體)는 정규수속을 거쳐 사업예정과 수지예산을 사전에 문부성에 보고하고 입장료의 사용처에 대해서는 별항에서 상세하게 규정하였다.

4. 입장료에 관한 사항

입장료 이외의 수입은 문부성의 승인을 얻은 단체가 수수(授受)하고 시합에 필요한 경비를 지출하며 여잉(餘剩·剩餘)을 체육운동 이외의 경비로 충당하는 것을 금지하였다. 따라서 예를 들면 회장비(會場費)로서 아치를 만들거나 만국기를 게양하거나 개회식에 비행기를 날리는 비용은 인정하지 않게 되었다.

5. 시합 포상 등에 관한 사항

해외 원정(遠征)과 방일(訪日) 팀과의 시합은 문부성의 승인을 필요로 한다. 우승기, 우승배 등에 해당하는 것 이외는 상품으로서 수여하는 것을 금지하고 선수의 영리 선전에 이용하는 것, 직업선수와의 시합, 선수의 입학권유, 생활비 보조 등을 금지하였다.

6. 응원에 관한 사항

응원단의 조직, 협정, 행동 등이 규정되어 응원단의 복장도 제복·제모에 제한하고 응원기 등이 영리회사의 선전에 이용되지 않도록 주의를 주었다.
(이러한 규정을 존중하여 예를 들면 히코네彦根중학과 같이 자숙自肅하여 응원단을 해산하는 학교도 나타났다)"

9. 체육에 나타난 파시즘(fascism)의 조짐(兆朕)

정국(政局)의 우(右) 선향(旋向)의 조짐은 만주사변의 발발 이후 두렷해졌다. 문교 정책에도 그것이 크게 반영되었다. 쇼와 6(1931)년에는 '학생사상문제 조사위원회'가 설치되고 쇼와 9(1934)년에는 학생부(學生部)가 승격하여 '사상국(思想局)'이 되었다. 쇼와 10(1935)년에는 "건국(建國)의 대의(大義)에 근거하여 일본정신 작흥(作興) 등에 관한 교육관계자의 임무달성의 훈령이 발표되었다."

제국의회에서는 만주사변 발발 이후 '국민정신작흥(國民精神作興)'과 '사상대책(思想對策)'의 건의를 둘러싸고 심의되었으며 그것은 이윽고 '국체명징사상(國體明徵思想)'의 함양(涵養), '교학쇄신(敎學刷新)'으로 발전한다. 궁도(弓道)와 서도(書道)

의 장려도 건의되었다. 이것이 제62회부터 68회에 걸친 제국의회의 교육문제이다.

문부성은 교학쇄신의 기본문제를 확립하기 위하여 '교학쇄신평의회'를 설치하고 쇼와 10(1935)년 11월에 "일본교학 현상에 비추어 이 쇄신진흥을 도모하는 방책 여하를 자문하였다." 위원회 설립 취지는 다음과 같다.

"현재 일본의 학문, 교육의 실정을 보니 메이지 이후 수입된 서양 사상문화로서 아직 충분히 침식(侵蝕)되지 않은 것을 포함하여 이 때문에 일본정신이 투철하지 못한 것이 있다. 근년 학문에 관한 모든 종류의 문제, 또는 교육에 관한 개선 요망에 그 주요한 이유를 이 점에 두지만 적지 않은 것은 그 근거가 있다.

지금 이것을 일본 과거 역사에 비추어 보아 외래문화는 늘 국체(國體), 일본정신 아래에 순화되어 일본 문운(文運·학문이나 예술이 발전하는 기세)의 발전에 공헌해 왔다. 지금의 시세(時勢)에 비추어 진정한 국초(國礎·국가를 이루는 기초나 근본)를 배양하여 국민을 연성(鍊成·몸과 마음을 닦아 어떤 일을 이룸)하며 독자의 학문·교육의 발전을 도모하기 위하여 오랫동안 수입된 서양사상, 문화의 폐해를 제거함과 동시에 그 장점을 섭취하여 일본문화의 발전에 노력하는 것은 바로 중요한 임무(要務)라 할 수 있다. 유력한 학자, 교육가, 유식자의 모임인 교학쇄신평의회에서 국체관념, 일본정신을 근본으로 하여 학문, 교육쇄신의 방도를 논의하고 광대하게 중정한 일본 본래의 도(道)를 천명(闡明·의지나 각오 따위를 드러내어 밝힘)하고 외래문화 섭취의 정신을 명료하게 하여 문정(文政·학문과 법령을 중심으로 하는 정치)상 필요한 방침과 주요한 사항을 결정하여 일본교학쇄신의 길을 추진하여 그 발전진흥을 도모한다"이며, 교학쇄신의 요항(要項·중요한 사항)도 결정되었다.

이것에 대한 답신은 쇼와 11(1936)년 10월에 제출되었으며 일본교육은 크게 변화한다. 만주사변에서 쇼와 11년의 요목 개정까지의 체육사를 말할 때 체육의 기본방책이 어떻게 전개되었는가를 보다 명확하게 이해하기 위해서는 이 개선사항을 잊어서는 안 된다.

교학쇄신평의회 답신의 개정 사항으로서 체육은 다음과 같이 나타나 있다.

"제3 교학쇄신(敎學刷新)상 필요한 실시 사항
2. 학과목에 관한 사항
무도・예도・작법 및 일본 예술에 관한 교양은 더욱 이것을 중시하고 따라서 정신적, 정조적(情操的) 도야(陶冶)에 노력하는 것이 중요하다.
5. 체육운동에 관한 사항
체육운동에 있어서는 일본 고래의 무도에 따라서 경건, 강의의 기풍을 왕성하게 하여 공명정대한 태도를 중시하고 특히 선수제도에 수반하기 쉬운 각종의 폐해를 제거하고 또한 그 연구는 단순히 운동의 기계적, 생리적 내지 심리적 법칙과 같은 것으로 심신일체의 구체적 법칙의 연구를 활발히 하고 또한 지도자의 양성을 중시하며 이 방침 하에 체육연구기관의 내용 쇄신과 확충을 도모할 필요가 있다."

이미 쇼와 6(1931)년 시행규칙의 개정과 훈령에 따라서 무도는 정과(正課) 필수가 되고 무사도는 일본적 체육의 이념으로서 강조되었다. 이후 서구적 체육・스포츠의 합리주의적, 자유주의적 요소가 비판을 받아 무도는 국민정신 함양의 중핵으로서 존중되고 태평양 전쟁 종료까지 빛나는 발전의 한 시기를 맞이하게 된다.

일본의 자주성은 서양물질을 초월하는 영혼에 의지하고 체육은 행동을 통한 사제간의 영혼 접촉이라고 말하기 시작하였다. 소학교에서 조차 남자에게 검도, 여자에게 치도(雉刀: 나기나타・偃月刀)를 가르치는 학교가 주목을 받게 되었다.

멀리 메이지 30(1897)년대 이후 시즈오카(靜岡) 사범학교의 나카지마 겐조(中島賢三) 등의 노력에 의해서 목검・장도(長刀)는 체조가 전통화된 시즈오카에는 만주사변 이후 무도 연구수업이 활발해지고 인물도야(人物陶冶), 기혼(氣魂)의 배양(培養), 예절함양 등이 설명되었다. 같은 전통이 있는 이와데(岩手) 여자사범학교에서는 쇼와 8(1933)년경부터 치도(雉刀), 회검(懷劍・품고 다니는 작은 칼)의 수업은 이와데형(岩手型) 무도(武道)로 칭하였으며 주목을 받았다.

쇼와 10(1935)년, 카시와사키(柏崎)중학교의 키쿠지(菊地) 교장은 무도정신을 확대하여 '총검술의 일본화'를 고취하였다. 지방의 농업학교에서도 특히 검도는 주목받았다.

체조과 5시간의 배당은 무도와 교련에 2시간씩, 체조에 1시간이 관례가 되었다. 즉 국방력 향상과 일본정신 발양이 시대적 경향이 되었다. 문부성에서도 쇼와 9년(1934) 말기에는 요목 조사위원회를 설치하고 무도 요목 작성의 준비를 시작한다.

'체육운동주사회의'에서는 쇼와 11(1936)년 '학교의 검도·유도 등 실시에 관하여 특히 유의해야 할 사항'의 자문에 대하여 구체책을 답신하였다.

"우리들은 무도 자체의 교육적 가치 여하를 여기서 논하는 것은 아니다. 그것이 체육 지도이념에까지 높아지는 정치적 배경에 주의하는 것이다. 그리고 이 정치와의 관계에서 제2차 대전 말기에는 무도조차도 비실전적이라고 비난당하는 비극을 생각하면서 … 미친 듯이 일어난 파시즘은 무도조차도 의심의 눈을 가지고 바라보았기 때문이다."

10. 청소년단 육성과 청년학교

다이쇼 15(1926)년의 청년훈련소 실치 이후는 별개 조직이었던 청년단체육과 표리의 관계로서 의무교육을 종료한 농촌청년의 체육도 한층 발전하였다.

농촌청년의 경기는 다이쇼 13년 내무성의 진구(神宮)체육대회의 계획과 합류하여 서서히 조직화되며 국가가 의도하는 국민체육진흥은 일보 전진하였다.

쇼와 4(1929)년, 대일본 연합회청년단에서는 체육상을 제정하고 또한 매년 개최된 총회에서는 체육진흥이 협의되었다. 물론 청년훈련소에서는 교련(체조도 포함)에 총시간의 50%가 배당되었으며 국방과 생산을 떠맡은 청년들에 대한 기대는 점점 커졌다.

쇼와 6(1931)년 만주사변이 발발할 무렵 전국의 청년훈련소는 1,550교, 약 80

만명의 청년을 수용하고 대일본 청년단(靑年團)의 단위 단체는 16,535 단체로 발전하였다. 쇼와 10(1935)년 4월, 청년훈련소는 청년학교가 되고 제도는 더욱 완비되었다.

소년단(少年團)은 쇼와 3(1928)년 10월에 청년단과 함께 문부성 주관이 되고 6년에는 6,104단체로 발전하였다. 쇼와 7(1932)년 12월에 '아동생도에 대한 교외 생활지도에 관한 건' 훈령이 하달되면서 학교소년단이 각지에서 결성되고 기성단체의 내용도 충실하게 되었다.

이 훈령은 도시의 인구집중, 청소년 이촌(離村)이 심각해진 시대에 "급격한 추이에 동반하여 사회적 환경이 날마다 달마다 복잡 다양해지는 동안에 아동생도의 심신 건전한 발달을 방해하는 현상이 적지 않고 따라서 이것을 위하여 생기는 불량한 영향을 방지 또한 이 교육교화에 이바지하는 적절한 방법을 강구하는 것은 현하의 긴요하고 절실히 필요한 업무라 해야 한다."의 취지에서 발표된 것으로서 동일 발표된 차관 통첩에 나타나듯이 소학교 3년부터 중학교 저학년까지의 연령층을 대상으로 한 것이었다.

그 지도 요목에는 공민훈련과 신체단련을 중시하고 있다.

신체훈련의 항목에는 (1) 조기회 (2) 등산, 소풍, 수영 (3) 체조, 유희, 경기 (4) 무도 (5) 위생구호가, 자연애호 항목에는 그 (2) 야외 캠핑 생활 (3) 수상훈련을 들고 있다. 쇼와 8(1933)년 5월에는 거듭하여 교외지도의 통첩이 발표되었다.

여기서는 국제연맹 탈퇴 등의 '비상시'에 있어서 "아동 생도의 단체적 생활을 촉진하여 국민적 훈련의 철저를 도모하는 것은 매우 시기 적절하다고 인정함으로써 토지의 상황을 참작하여 소년소년 단체 설치를 강하게 요구하고 있다." 이러한 정세를 반영하면서 체육잡지에도 청소년 대책 문제와 시책이 국가적 입장에서 논의하게 되었다.

파시스트(Fasist) 이탈리아와 나치스(Nazis) 독일의 체육도 소개되었으며 민족 국가의 표어 하에서 소콜 체조도 주의하게 되었다. 지금은 체조 축제는 조국을 사랑하는 민족의 참 정신을 발휘하는 행사가 되었으며, "체조를 통하여 애국 총동원의 결실을 얻는다."가 체조 축제의 본 취지가 되었다(하토야마鳩山 문부상 훈시).

체조는 학교 정과의 교재로서가 아니라 국민운동을 전개하는 중요한 방법으로 생각하게 되었다.

이와하라(岩原) 체육과장은 '농촌청년의 체육운동에 관한 고찰'(국민체육 쇼와 10년 3월호)에서 "원래 체조는 이론적으로는 개인의 운동으로서 가치가 많은 것으로 말해야 하지만 실제적으로는 집단운동으로서 다른 운동에는 도저히 발견할 수 없는 특수 효과를 가지고 있다. 일본에 체조가 들어왔을 당시는 체조가 신체에 미치는 효과가 매우 강하게 생각되었으며 집단적 운동으로서의 위대한 정신적 효과가 비교적 등한시(閑却) 되어 있었기 때문에 사회 일반에서는 그다지 관심을 가지지 못하였다"라고 하며 집단운동으로서 체조의 새로운 사회적 가치를 인정하고 있다.

11. 체육 이전(以前)의 문제와 몰두(沒頭)하는 교사들

약간은 자유주의 사상을 배경으로 한 체육의 움직임은 만주사변 이후, 급격하게 쇠퇴하지만 또한 이 시기에도 현장교사의 창의가 보였다. 그것은 틀에 박힌 자학주의(自學主義)도 요목의존(要目依存)도 아니었다. 아니 그것은 현장의 실정에서 요목대로 처리할 수 없는 각종의 장애에서 생긴 혜지(慧知)라 할 수 있다. 히로시마의 미도리이(綠井) 소학교의 이마타(今田辰五)는 요목을 비판하며 이렇게 말했다.

"이어서 내가 가장 주장하고 싶은 것은 이 항이다. 현 요목은 결코 일본 전국 소학교의 경제적 고찰 하에 세워진 안(案)인가 아닌가이다. 여기에 가장 큰 고민과 모순이 있다. 그것은 지나치게 자본주의적 경향으로 편중된 것처럼 생각된다.

농촌의 모습을 참으로 응시할 필요가 있다고 생각한다. '촌(村)의 부흥은 농촌 사람들의 건강에서'라는 것을 생각할 때 학교 체육시설도 완전히 갖추고 좋아하는 볼도 많이 구입해서 체육지도(指導)를 완전하게 하여 어린이들이라도 달인무병(達人無病)으로 부모의 심부름도 충분히 할 수 있도록 수많은 희망에 있어도 비참한 현재의 농촌, 어촌의 경제상태는 늑목 1개도 어떻게 구입할 수 있을까? 교장은 도시에 나가 촌(村)출신의 유력자에게 기부를 부탁하여 겨우 늑목 1개를 설치하는 상태이다. 늑목 1개 값이 소학교 1년치 설비비 정도가 들어서야 도저히 고가의 운동기구 구입은 꿈도 꿀 수 없다. 다만 다행스러운 것은 자연의 혜택이다. 노력한다면 스모장도 가능하다. 모래사장도 훌륭한 것을 만들 수 있다. 들과 산을 이곳 저곳 뛰어다닐 수 있다. 우리들의 친구는 자연이다. 그렇지만 저 상태로는 고가의 볼(ball)도 백(bag)도 도상(跳箱·뜀틀 상자)도 늑목도 횡목도 필요하지만 구입할 수 없다. 자전거의 어린이용 링을 농구의 링으로서 버드나무에 걸고서 농구연습, 교정의 나무와 연결한 등봉(登棒·오르거나 내리거나 하면서 현수력을 키울수 있게 만든 봉) 정도는 농촌에서도 가능하다. 철도의 침목과 대나무로 만든 벤치, 우리들에게 주어진 것은 일을 함으로써 얻을 수 있을 정도이다.

  잡지의 구찌에(口繪·책의 표지 그림)에 있는 것처럼 혼자서 볼 1개를 가지고 노는 것은 현재 농촌에서는 꿈에도 볼 수 없다. 미도리이(綠井) 촌만 보더라도 아침 부터 야채를 한 차(車) 싣고 히로시마(廣島)로 가서 팔아도 볼 1개의 구입 비용에도 부족하다는 것을 생각할 때 무리한 요구를 하는 것 같다. 해가 바뀌어 4월에 볼을 사주면 소중하게 다룰 것 ― 물에라도 젖으면 자신의 옷으로 닦을 정도이다. '플레이 그라운드 볼' 등의 운동용품은 소학교의 아동은 본 적도 없다. 농어촌의 모습은 실로 처참한 것이다."

  여기에는 체육 이전(以前)의 문제가 있으며 이것을 해결하지 않는 한 교수요목의 활용도 불가능하다. 실제, 예산도 없고 있는 것은 '황폐한 이름뿐인 운동장' 학교도 적지 않았다. 대부분의 교사는 이럴 때에는 그저 멍하니 서성거릴 뿐이었다. 정상수업을 하기 위해서는 운동장 만들기부터 시작하지 않는 경우가 종종 있었다. 그런데 달리거나 뛰고 나서 잘 먹어야 하고 때로는 상해를 입는 체육은 농촌 부모들로서는 실로 성가신 학과목이였다. 하나의 법령으로 농촌 학교체육의 진흥을 호소하더라도 그것만으로는 어쩔 수 없는 장애가 있었다. 그러나 일본에는 이러한 어려움을 극복하려는 열정을 기울인 몇 명의 교사가 있었다. 미도리이(綠井) 촌의 이마타(今田)는 직원과 공무원, 생도와 부모를 움직여 1년 1년 체육성과를 올렸다.

교사가 어린이들을 사랑하기 위하여 실시하는 운동장 정비에 부모들은 반대하지 않았으며 마침내 협력한다. 이러한 극적인 과정을 거치면서 이마타(今田)는 마침내 철저한 성과를 올렸다.

운동장 정비를 시작으로 도시의 대표 학교를 능가하는 체육지도를 그는 이룩하였다. 5분단법에 의한 개인조사, 신체 자각표, 체력표, 계획적인 지도법, 지역의 유희조사, 과외행사의 계획화, 그리고 학교중심의 청년단지도, 촌민의 위생조사와 건강지도 등 체육을 통한 농촌 만들기가 구체화되었다. 그것은 농촌 체육의 빛나는 기록이다.

도시에 화려하게 전개된 민주적 체육은 시들었으나 일본의 새로운 체육은 이러한 형태로 농촌에 만들어 간다. 체육에 나타난 일본인의 창조성은 실은 경제적 빈곤을 계기로 깊어졌으며 학교와 사회와의 단층을 메우는 교사의 노력에 힘입은 바가 컸다.

미야기현(宮城縣) 아라하마(荒浜)의 소학교에 근무하는 스즈키(鈴木道太)는 dodge ball(피구)시합에 나가는 어린이들을 '놀러간다'고 나무라는 부모들의 얼굴에서 러닝셔츠와 팬티를 사줄 수 없는 부모들의 슬픔을 간파하였다.

dodge ball시합을 마치고 돌아오는 어린이들은 노방의 풀을 열심히 모아서 저녁에 토끼에게 줄 먹이에 열중이다. 그것을 스즈키는 빈곤한 농촌에서 태어난 어린이들의 '생활의 지혜'라고 말하였다.

이러한 체육 이전(以前)의 현실 이해와 체험없는 농촌의 체육은 한 발도 전진하지 못하였다. 당시 체육에 실적을 올린 이러한 교사들의 기록은 새삼 우리들의 산 교훈으로서 큰 감명을 주고 있다.

12. 요목(要目) 개정(改正)과 쿠누센(K. A. Knudsen)

중앙과 지방에 도시와 농촌에 상당한 단층을 가지면서 전체로서 쇼와 초년의 학교체육은 한층 진보하였다.

쇼와 11(1936)년경에는 일본 체육은 파시즘을 향하여 뚜렷하게 체제를 굳혀가지만 그러나 쇼와 11년 6월에 발포된 개정 요목은 메이지 이후의 근대 일본 체육사(體育史)에서 가장 활기찬 한 시기를 나타내는 것이며 전환 시대에 대한 예고표(預告表)만은 아니었다. 요목은 초년기의 전문가들에게 의논된 문제의 성과가 가미되어 전(前) 요목에서의 탈피가 각처에 나타나 있다.

스포츠와 댄스적 교재도 많이 고려되었지만 그들을 포함한 지도원리는 물론 체조적인 것이었다. 일본의 스웨덴 체조는 경직화되어 한계를 느끼게 하였으나 그것을 이겨내기 위한 단서는 쿠누센(Knudsen)과 가울호퍼(Karl Gaulhofer) 등에서 구하였다. 종래의 요목체조에 대한 비판은 지도법 원칙을 잊고서 단순히 기술(技術)이 되었다는 점에 있으며, 그것이 기술이 아니라 체육이기 위해서는 지도법이 중요하다. 이러한 의견이 서서히 유력해졌다.

쇼와 9년 오오다니(大谷)는 새로운 체조과는 '기술 안에가 아니라 지도법 안에'서 구해야 한다고 언급하며 종래와 같은 체조가 제일이다, 유희가 제일이다 등 교재 자체의 우열을 논하여 '형식화된 기술을 생도에게 그저 모방시키는' 폐해를 고쳐 지도원칙에서 교재를 되돌아보는 것이 필요하다고 주장하였다. 따라서 쇼와 11년에 요목이 바뀌었다는 것은 "학교체육 지도의 원칙이 한층 자유롭게 발휘될 수 있도록 개정한 것에 불과하다"고 할 수 있다.

이러한 생각의 전환은 오오다니의 '학교체조의 지도' '신교육 체조', 니미야(二宮)의 '체조 교수학' '신학교 체조' 등에는 명확히 나타난다. 일본의 자주성이 강조되는 시대인 만큼 당시 특히 일본에 영향을 미친 쿠누센(Knudsen)은 표면에 올려져 소개가 되었으나 영향을 미치는 부분은 컸다. 정

쿠누센(Knudsen) 지도이론은 과거의 사쿠라이식(櫻井式) 합리적 체조와 같이 이론적인 것을 아동에게 강압하는 것이 아니라 합리적인 생각에 근거하여 아동의 자연성을 존중하려고 하였다. 즉 운동의 필요성을 생리적으로 이론화하고 동시에 아동의 심신발달에 따라서 교수법이 탄력적으로 생각하고 유희의 교육적 가치도 크게 가미(加味)되었다.

종래의 요목이 개정된 후부터 '단축안(短縮案)'이라는 명칭으로 친숙한 교수안

(敎授案=敎案)은 정과시(正課時)의 유희와 경기의 교재를 주로 한 방법으로서 크게 활용되었다. 이와 같이 쿠누센(Knudsen) 등의 북미체조의 영향은 컸으나 그렇다고 해서 일본의 교육체조는 쿠누센(Knudsen)의 모방에 그쳤다고는 할 수 없다.

첫째 쿠누센이 그다지 주의하지 않은 구기 교재 등은 이번 요목에서 한층 개선되었으며 무도교재 등은 독자의 입장에서 배당표를 채택하기까지 개선되었다. 그러나 일본이 미국의 자유주의적 지도법이 아니라 북구적인 쿠누센적 지도법에 관심을 가졌다는 사실은 일본 자체가 개인을 기조로 하여 국가 발전을 추구하는 것이 아니라 민족의 자유를 국가에서 찾는 북미적인 생각과 유사한 국정에 있었기 때문이다. 이 점에서 흥미나 창작이라는 문제는 체육의 주변적인 사건으로 생각되었다. 스포츠처럼 운동강도의 근육 작업을 동반하지 않는 댄스는 직접적으로는 건강과 체력을 중심으로 한 지도관과 모순되었다. 도대체 댄스가 추구하는 아름다운 표현은 어디에 있으며 댄스는 어떠한 체육적 가치를 가진 것일까?

쿠누센은 "만일 우리들이 신체를 아름답게 하려고 시도한다면 우리들은 실제로는 신체를 건강하게 하려고 시도하고 있는 것이다."고 대답하였다.

따라서 여기서 댄스의 표현적인 기능은 생도들에게 미(美)의 허영을 추구하는 말초적 문제로 생각하였다. 미의 원칙은 어디까지나 생리해부에 따른 운동효과이다. 댄스와 스포츠의 교재는 늘 체조 목적의 일탈(逸脫)을 주의하고 그 바닥에 있는 정조도야(情操陶冶)와 자유교육을 걱정하였다. 요목에서 댄스라는 단어를 피하고 창가, 행진유희라 한 것도 그 때문이다.

13. 제2차 개정 요목의 성격

이 요목은 이와하라 타쿠(岩原拓)를 위원장으로 쿠리모토(栗本), 모리(森·히데秀), 오가 카사하라(小ヶ笠原), 노구치(野口), 오오다니(大谷), 니미야(二宮) 사사키(佐々木), 미우라(三浦), 타츠야마(龍山), 니시무라(西村), 마에다(前田) 등의 12명의 위원으로서 작성되었으며, 쇼와 11(1936)년 6월 3일에 공포되었다.

그 전문에는

"학교체조 교수요목을 아래와 같이 개정하여 지방장관은 적절하게 각 학교장을 독려하여 본 개정교수요목에 근거하고 또한 학교 교련교수요목과 연계를 유지하고 특히 지방의 정황에 적절한 교수세목을 규정하여 이를 실시하게 하여 생도 아동의 신체 건전한 발달을 기하여 인격을 도야함에 있어서 유감이 없기를 기대한다"가 있으며 체육은 기술이 아니라 인물양성에 주안을 두도록 강조하고 있다.

'학교체조 교수방침'에는 더욱이 그것을 해설하고 종래 "체조과의 수업이 기술에 내달리기 쉽고 신체수련으로서 충분할 것인가처럼 보이기 쉬운 결점이 있었기 때문에 이와 같이 '인격을 도야 ……'의 자구(字句)를 추가하였다"고 언급하였다.

즉 신체조의 발흥에 의한 특수한 시스템에 대한 편향과 경기기술과 기록중시를 기술주의로서 경계하고 지도원칙에 근거한 인간교육이 강조되었다.
이 기본방침을 전제로 한 개정(改正)점을 개괄하면 다음과 같다.

1. 교수 및 교재 배당의 주의사항이 정비된 것.
2. 교재의 학년 배당을 2학년 공통으로 한 것.
3. 검도와 유도의 요목이 부가된 것.
4. 체조의 호령 기재를 제외하고 일반적으로 교재의 취급에 탄력을 주어 활동적인 종목을 증가시켰다는 것.
5. 운동의 내용이 풍부하고 교재의 학년배당이 정리된 것.
6. 순환점진의 지도가 강조되고 교재도 계통적 발전이 고려된 것.
7. 따라서 저학년의 교재 취급에 자연적 유희적인 주의가 추가되고 유희적 단계에서 점차 발전하여 형을 정리한 운동형식과 교재가 배당된 것.
8. 운동에 남녀의 성별을 한층 연구한 것.
9. 일본 고유의 스모와 유술, 검술 또는 새롭게 창안된 공성구(攻城球), 공진구(攻陣球) 등이 일본적인 교재로서 강조된 것.
10. 명칭을 가능한 한 일본어로 고쳐 서양(西洋) 의존 태도를 탈피하려고 한 것.

(전前 항목)　　　　　　(신新 항목)
홉 스텝 앤드 점프　　　3단차기(三段蹴)
허들 레이스　　　　　　장애물 경쟁(障害競爭)
핸드볼　　　　　　　　수구(手球)
드리블 경쟁　　　　　　전구(轉球) 경쟁
바스켓볼　　　　　　　농구(籠球)
발레 볼　　　　　　　　배구(排球)
원형 릴레이 레이스　　　원형계주(円形繼走)
도지 볼(dodge ball)　　 피구(避球)
포트 볼　　　　　　　　반구(搬球)
캡틴 볼　　　　　　　　대장구(大將球)
풋 베이스볼　　　　　　축구(蹴球)
코너 볼　　　　　　　　우구(隅球)

11. 용구를 정리하여 단순화한 것.

등을 들 수 있다.

　요목은 체조과 교재, 교수상 주의, 교재 배당, 교재 배당에 관한 주의, 체조과 교수 시간 외에 있어서 실시하는 모든 운동순서에 기재되어 있다.
　교재 중에 체조, 교련, 유희와 경기는 소학교에서도 여학교에서도 각 학교 공통이었으나 검도와 유도는 중학교(실업학교)와 사범학교의 남자만 필수이다. 궁도는 학교 사정에 따라서 적의하게 추가할 수 있으며, 또한 나기나타(薙刀)도 여학교, 사범학교(여)에 추가할 수 있게 되었다.

14. 제2차 개정 요목과 체조 교재

　체조교재에는 새롭게 '걷기 및 달리기'가 추가되고 하지(下肢), 목(頸), 상지(上肢), 가슴(胸), 현수(懸垂), 평균(平均), 체측(體側), 배(腹), 등(背), 걷기 및 달리기,

도약(跳躍), 도립(倒立) 및 회전(廻轉), 호흡(呼吸)의 13개 군으로 분류하여 배당하였다. 전회(前回)는 도수(徒手), 기기(器機)에 관계없이 호령(號令)이 지정되었으나 이번에는 삭제되었다. 이것은 체조지도의 자연화 탄력화를 의미하고 있다.

즉 저학년에서는 팔을 위로 드는 경우에 "만세를 불러 봅시다."라는 표현이 되며, 고학년에서도 같은 교재를 몇 가지 달리 실시할 수 있다. 첫째, 교재 자체가 개괄적이다. 예를 들면 다리의 굴신운동에서도 전굴슬(全屈膝)이나 반굴슬(半屈膝)을 정하지 않고 '거종굴슬(擧踵屈膝)'로 표시되어 있기 때문에 그 굽히는 법도 깊고 얕게 혹은 반동을 취하는 등 다양한 방법으로 실시한다.

4박자도 2박자에서도 할 수 있다. 또한 운동에 따라서는 3박자 쪽이 요령이 좋은 것도 있다. 전(前) 요목에 비하여 자세보다도 움직임을 형식보다도 능력을 중시해 온 것은 신체조의 영향이다.

저학년에서는 독일의 '이야기 체조(物語體操)'와 '모방체조(模倣體操)'를 고학년부터는 진동과 리듬을 중시하여 절도적(節度的), 경직적(硬直的) 동작을 제외하였다. 요목에는 특정 시스템 예를 들면 자크 달크로즈(Dalcroze)의 리드믹스 체조(rythmique)를 소학교 저학년과 고등여학교에 채용하는 등 배와 가슴(body) 부분의 진동방법을 고학년에 채용하지 않았지만 이러한 신(新)경향은 교재 속에 활용되었다. 교재는 전체적 자연적인 운동에서 바른 체조운동에까지 체계화되었다. 이 점도 큰 개선이다.

소학교 저학년에서는 신체 각부(各部)로 나누어서 움직임의 기본이 극히 자연스러운 형태로 가르치고 이 기본 발전이 중학년 기능의 난이도를 고려하여 고학년으로 이어진다. 따라서 체측(體側)에 예를 보면 저학년에서는 자연스러운 움직임 속에 몸을 옆으로 비틀거나 굽히는 동작을 가르치고 중학년에서는 합쳐서 팔을 흔들거나 들어 올리는 동작을 추가하고 고학년에서는 다리를 옆으로 내거나 새롭게 몸을 측방으로 넘기는 신 교재를 추가하여 계통화하였다.

동작을 자연스러운 형태에서 분화 발전시키는 점에서도 이번 요목은 크게 개선되었다. 종목의 수에서도 전 요목에는 교재의 총수 179종이던 것이 267종목으로 증가하였다.

기계운동(器械運動)이라는 교재는 체조 속의 현수(懸垂), 도약(跳躍), 도립(倒立)과 회전(廻轉)운동을 가리키며 특히 남자에는 그 내용이 한층 충실하였다. 예를 들면 현수(懸垂)에는 종래, 늑목(肋木), 횡목(橫木), 철봉(鐵棒), 적승(吊繩), 적봉(吊棒), 입봉(立棒), 사적승(斜吊繩), 해제(楷梯·나무 사다리), 창제(窓梯·창사다리) 등의 9종이었으나 이번은 철봉(鐵棒), 횡목(橫木), 입봉(立棒)의 3종으로 정리하였다. 게다가 소학교에서는 철봉이 있으면 횡목은 필요 없고 또한 여학교 등에서 횡목만으로 대표하는 것을 전제로 하였다.

따라서 미도리이(綠井) 소학교의 예와 같이 늑목(肋木) 하나 구입하는 비용이 1년 설비비에 상당한다는 장해는 제거된 것이다.

도약(跳躍)기구에서도 고가의 기계는 제외되었으며 뜀틀(跳箱)만으로 정리되었다. 그러나 현수(懸垂) 면에서는 이번을 계기로 저(低)철봉이 사용되었으며 따라서 현수(懸垂)의 기술내용도 비약적으로 발전하였다.

저(低)철봉이 채용되었기 때문에 종래 어려웠던 교재도 소학교에 추가되었다. 전(前) 요목에는 없었던 각현회전(脚縣廻轉), 비립회전(臂立廻轉), 전하(前下), 답월하(踏越下), 축상(蹴上)이 소학교 남자에 추가되었다. 또한 전(前) 요목 5학년에서 실시된 각현상(脚縣上)이 3, 4학년으로 6학년에서 실시된 역상(逆上)이 3, 4학년에서 실시하게 되었으나 그것은 저(低)철봉(鐵棒)을 사용하였기 때문이다. 자세교정인 스웨덴식 현수(懸垂)교재가 적어지게 되어 기술적인 교재가 많아진 것도 개선의 하나이다.

도수체조(徒手體操)와 같이 기능의 계통적 발전이 고려된 점도 주의해야 한다. 예를 들면 각현진상(脚縣振上·중학년)에서 각현상(脚縣上·고학년)으로 굴슬역상(屈膝逆上·중학년)에서 역상(逆上·고학년)으로 단계적으로 배당되었다.

명칭도 부하(府下)는 전회하(前廻下)로 현수등강(懸垂登降)은 등반(登攀)으로 바뀌었다. 그러나 전회하(前廻下), 각현상(脚縣上), 역상(逆上) 등의 간단한 종목에서도 당시의 소학교 여자에게는 금지되었다. 이 원인은 현수(懸垂)에는 부적당한 여자의 복장을 포함하여 생각할 필요가 있다.

도상(跳箱)운동에는 소학교 고학년(남자)에게 비립측도월(臂立側跳越)이 추가되었으며 또한 남자에게 앙향도(仰向跳, 중 2, 3학년), 여자에게 앙향측도월(仰向側跳越)이 추가되었다.

도약운동은 가장 명백하게 계통화되었다. 비립도월(臂立跳越)은 소학교 중학년의 비립슬상(臂立膝上), 비립축상하(臂立蹴上下)에서 들어가 남녀 모두 고학년에서는 비립폐각도월(臂立閉脚跳越)로 발전하는 한편 중학년의 남자 비립도승(臂立跳乘)은 고학년에서 비립개각도월(臂立開脚跳越)로 발전한다.

철봉과 같이 돌거나 거꾸로 매달려도 복장의 흐트러짐이 없기 때문에 여자의 도약교재는 철봉보다 훨씬 고도(高度)이다.

여자가 각현(脚懸)과 역상(逆上)을 하게 된 것은 스커트(skirt, 허리로부터 하반신을 덮는 서양식 치마)가 아니라 블루머(bloomers, 허리에서 무릎까지 오는 여자 운동복)를 착용할 때까지는 이를테면 능력이 있더라도 금지되었다.

매트운동이 남자만의 교재가 된 것도 같은 이유에서다. 도립전회(倒立轉廻)의 교재는 모든 여자에게는 금지되었다. 남자 교재가 된 이 운동은 앞에서도 지적했듯이 후방전회(後方轉廻)가 제외되고 비립거각(臂立擧脚 : 양손을 대고 다리를 위로 흔들어 올리는 도립의 기초연습)이 추가되었다.

또한 전방전회(前方轉廻)는 전회(前轉)로 배부지지비립전방전회(背部支持臂立前方轉廻)은 배지지전전(背支持前轉)으로 비립전방전회(臂立前方轉廻)은 비립전회(臂立轉廻)로 도립정면하(倒立正面下)를 도립전하(倒立前下)로 개정하였다.

15. 제2차 개정 요목과 유희(遊戱)경기의 교재

전(前) 요목에는 경쟁유희, 행진유희, 달리기(走技), 뛰기(跳技), 던지기(投技), 공놀이(球技)로 나누어졌으나 이번은 달리기, 차기, 던지기, 기타 '각종(各種)'으로 추도(追逃), 운반(運搬), 압인(押引), 반등(攀登), 격력(格力) 등과 구기(球技), 창가유희와 행진유희로 나누어졌다.

따라서 종래 경쟁유희에 포함된 정렬(整列)경쟁, 기발빼앗기(旗取), 겐시구입

(源平球入), 치환(置換)경주, 개구리뛰기(蛙跳) 등은 그 성질상 경기계통으로 생각되어 달리기 뛰기 던지기(走跳投)의 어딘가에 정리 배당되었다.

창가유희와 행진유희는 기본연습 교재를 기초로 하여 창가유희와 행진유희의 교재로 분류 배당되었다. 교재도 전체적 비약적으로 증가하였다. 전 요목에서 경쟁유희인 교재에 상당하는 것은 13종에서 58종으로 증가하였다.

주도투(走跳投)는 15종에서 25종으로, 구기는 12종에서 24종으로 특히 창가유희, 행진유희는 기본연습으로 채택된 종목을 제외하더라도 전(前) 요목의 14종에서 60종으로 증가하였다. 지금까지의 댄스적 교재는 고등소학교, 고등여학교 4, 5학년에게는 신교재가 없었으나 이번은 고등 소학교에 5종, 고등 여학교에 4종 채택되었다.

그리고 주도투(走跳投)의 교재에서 구체적으로 설명하면 먼저 주의해야 되는 것은 지도의 합리화와 계통화이다. 체조에서 설명한 것처럼 여기서도 아동의 미분화 단계에서 경기로 발전하는 단계가 고려되었다.

따라서 전(前) 요목에서는 단거리 달리기로서 2학년에 부과한 교재는 더욱 더 저학년에 어울리는 정렬(整列)경쟁 등으로 대신하고 달리는 능력을 자연적 유희적으로 지도하는 점에 중점을 두었다.

중학년에는 50미터 달리기, 80미터 달리기로서 실시하고 아동에 적합한 거리를 달리는 '방법'을 배우는 것에 중점을 두고 고학년에는 80미터 질주, 100미터 질주로서 각 생도가 가능한 만큼 빨리 달리는 연습을 주로 하였다. 즉 놀이를 통하여 달리는 능력을 키우고 다음에 달리는 방법과 가능한 만큼 빨리 달리는 방법을 배우며 그리고 경주로 나아가, '유희—달리기—질주—경주'의 순으로 지도되었다.

체육운동의 합리적 방책을 주장하던 시대에 이른바 경기주의의 폐해를 제거하려는 노력이 이러한 형태로 요목에 등장하였다. 뛰기 운동에 대해서도 같으며 저학년에는 하천 달리기 경쟁, 중학년에는 건도(巾跳)경주, 마지막에 고학년에 주건도(走巾跳)로서 지도되었다.

'유희 및 경주' 중의 '각종(各種)'이란 기본적인 능력으로서 필요한 것을 종합한 교재군(敎材群)이며 전(前) 요목에는 없었던 스모(相撲·소학교 고학년 남), 압합(押合) 경쟁(소학교 고학년), 운반경쟁(소학교 고학년), 인합(引合)경쟁(소학교 저학년) 등의 신교재가 추가되었으며 이러한 종류의 교재가 풍부하게 되었다. 그러나 대열구축(對列球蹴), 송구(送球)경쟁, 순송구(順送球), 전구(轉球)경쟁, 장형송구(長形送球) 등의 구기계(球技系) 교재가 구기(球技)가 아니라 '각종(各種)'에 배당되어 있는 것은 모순이다. 그러나 이 점은 쇼와 17년의 국민학교 체련과 교수요항 발포시에 개정되었다.

구기는 따라서 실제로 지도할 때는 '각종'에 포함된 구기계(球技系) 교재를 기초로 하여 다루게 되었다. 구기의 배당표에는 다음과 같은 계통을 생각할 수 있다. 즉 소학교 중학교에서는 기본으로서 반구(搬球), 우구(隅球), 축루구(蹴壘球), 원형피구(円形避球)의 4형식이 채택되고 그리드 업으로서 고학년에 공성구(攻城球·남), 대장구(大將球), 대인축구(對人蹴球), 방형피구(方形避球)의 교재가 채택되었으며 그리고 간이 수구(簡易水球), 축구, 배구, 농구로 발전하고 중학교, 고등여학교의 4, 5학년에게는 정규(正規)에 가까운 방법으로 실시하도록 정리되었다.

이리하여 '순(純) 구기'와 구별된 '학교 구기'의 영역을 독립시키고 또한 이 무렵부터 코치와 구별된 교육적 지도가 주장되었다.

창가유희(唱歌遊戯·노래와 곡)와 행진유희(行進遊戯·곡만)의 교재는 이번에 가장 개선되었으며 전(前) 요목과 격단(格段)의 차가 생겼다. 전회(前回)에는 소학교의 교재 '세븐 점프' '마운틴 마치' '스케이팅' 등과 동일 교재가 고등여학교와 사범학교 여자에게도 배당되는 모순이 있었다.

여학교에서는 '미뉴에트(Minuet, 17~18세기 유럽에서 유행한 춤곡)' 이외의 행진유희는 전부(全部) 소학교의 복습이다. 소학교에서도 창가유희는 3년까지 밖에 배당되지 않고 겨우 5종목, 행진유희는 8종목이었다.

그것이 이번, 창가유희는 소학교 21종목, 여학교 6종목, 사범(여) 5종목이 되고, 행진유희는 소학교 24종목, 여학교1 5종목, 사범(여) 12종목이 대폭 증가하였다. 또한 이번 기본연습 항목이 독립하여 소학교 저학년부터 기본보법(步法)이 중학교부터 기본태세(基本態勢·배구 포지션 형식)와 고학년부터 응용태세(應用態勢)가 추가되었으며 기초기능의 계통적 지도가 고려되었다.

댄스적 교재에는 선수제도의 폐해가 일어나지 않는다 하더라도 체육운동으로서 효과가 강조되어 표현의 미가 아니라 활동적인 전신운동이라는 것이 강조되었다.

요목 발포시에 오가사와라 미치오(小笠原道生)는 다음과 같이 말하고 있다.

"체육의 정조교육(情操敎育·마음을 부드럽게 하고 아름다운 품성을 기르는 교육)은 어디까지나 체육의 정조교육이다. 예를 들면 행진유희와 창가유희 등에 있어서 이것을 정조교육(情操敎育)에 이바지하는 일에 노력할 필요가 있다고 하더라도 그것은 먼저 체육운동으로서 신체수련에 이바지하는 것과 동시에 그 위에 정조교육에도 이바지하도록 노력해야 한다는 의미로서 결코 정조교육조차 도움이 된다면 좋다는 의미가 아니다. 따라서 만약 그것이 체육운동으로서의 가치가 없다면 이것은 체조과 교재 중에 들어가는 것은 무의미하다."

댄스는 예술인가 체육인가 체육으로서의 댄스는 무엇인가의 문제는 지금 또한 역사적인 숙명을 해결하는데 까지는 이르지 못하였으나 당시는 체육으로서의 댄스의 가치가 이러한 형태로 논의되었던 것이다.

16. 제2차 개정 요목과 무도

검도와 유도는 이번 요목에서 구체적으로 교재가 배당되었다. 검도는 그 내용을 기본동작, 응용동작 형으로 나누고, 유도는 기본동작, 자유대련기술 형으로 나누었다. 예를 들면 중학교 1학년의 배당표는

〈검도〉
● 기본동작
대도(帶刀)자세
예법
기도(技刀)
중단자세
납도(納刀)

〈유도〉
● 기본동작
자세
대련(對鍊)방법
진퇴(進退)
힘의 용법
기울이기

몸의 운용
정면치기
우농수(右籠手) 치기
우(좌) 몸치기
좌(우) 안면(顔面) 치기
앞으로 나가기
● 응용동작
2단 치기
3단 치기
정면 연속치기
좌우면 연속치기
되받아치기
되받아치기 대응법

'짓기'와 '걸기'
낙법

● 자유대련 기술
무릎대돌리기(膝車)
발목 받치기
나오는 발차기
업어치기
밭다리 후리기
허리띄기
곁누르기
고쳐 곁누르기

● 형
없음

● 형
기본형

등 이다.

이것이 2~3학년, 4~5학년으로 발전하였다. (또한 소학교에 무도지도 요목이 발포된 것은 쇼와 14년이다.)

특히 주의할 것은 실제의 교재와 함께 "강화(講話・어떤 주제에 대하여 강의하듯이 쉽게 풀어서 이야기함)"가 채택된 것이다. 즉 체육이론에 상당하는 것은 무도의 강화(講話)로서 이번 요목에 처음 배당되었다.

그러나 그것은 오늘의 커리큘럼과 같이 이론 몇 시간으로 학년별로 배당되지 않았으며 일괄적으로 게다가 "기회를 보아 적절한 것을 선택하여 간명하게 실시한다"(교수상 주의 4)이다.

강화(講話)의 내용은,

― 검도

검도의 의의, 목적, 수행 자세, 연습 및 시합의 자세, 검도에 의해서 배양되는 모든 덕, 검도의 기술원리 이해, 검도 발달의 개요 등

― 유도

유도의 의의 및 목적 수업 자세, 도장(道場) 자세, 자유대련 및 시합의 자세, 유도에서 배양된 모든 덕, 유도의 기술원리 이해, 유도 발달의 개요 등

체조에도 경기에도 강화(講話)가 없고 유도, 검도에만 강화(講話)가 추가된 것은 '무술에서 무도로'의 발전과 함께 '체육의 일본화'의 방침이 명확히 밝혀진 것을 나타내는 것이며, 사실 요목 발포 후에는 한시라도 서구체육에서의 탈피가 시도되었으며 체육도 '체육도(體育道)'로서 자각이 깊어졌다.

《참고문헌》

2. 자유주의 체육의 동향
 ・大日本體育會「体育と競技」(昭和３年９月号)
 ・川口英明「体育學習の實際」(大正１４年)
 ・川口英明「兒童の体育學習書」(昭和３年)
 ・川口英明「學習指導案」(昭和４年 小學校 １、２年、昭和５年 小學校 ３、４年、昭和６年 小學校 ５、６年)
 ・成城學園「教育問題研究」(昭和７年１０月号)
 ・Wood, Cassidy : The new physical Education, 1927

3. 체육과 사상선도(思想善導)
 ・靜岡高等學校「靜高寮史」(昭和７年)
 ・大日本體育學會「体育と競技」(昭和２年４年)
 ・中央公論社「中央公論」(昭和３年４月号)
 ・東京帝國大學「東京帝國大學五十年史」上卷 (昭和７年)
 ・邦文パンフレット通信部「建國大運動ソコール祭」(大正１５年)
 ・文部省「歐米靑少年運動の精神と實際」(昭和６年)

4. 체육심의회와 체육운동주사회의
 ・文部大臣官房体育課「自大正一三年至昭和一四年体育運動主事會議要錄」(昭和１５年)
 ・栗本義彦「体力向上と体育運動」(昭和１６年)
 ・「体育運動審議會議事報告」(雜誌「國民体育」「体育と競技.」の該當年月号による)

5. 유도・검도의 정과(正課) 필수 법령화
 ・文部省教育史編纂會「明治以降教育制度發達史」第７卷 (昭和１４年)
 ・文部省「學制八十年史」(昭和３３年)
 ・浜田義明「學校体育運動に關する法令並に通牒」(昭和１４年)
  (これは多少誤りがあることに注意)

6. 신(新)체조의 소개와 체조 열성(熱誠)의 재흥(再興)
 ・大谷武一「新しい体操への道」(昭和５年)

- 森悌次郎「ニルスブック基本体操と其批判」(昭和6年)
- 柳田享「デンマーク体操」(昭和6年)
- 玉川學園研究所譯「ニルスブック基本体操」(昭和6年)
- 齋藤由理男「ニルスブック基本体操の解説」(昭和7年)
- 日本体育學會「ニルスブック基本体操の嚴正批判」(昭和6年12月「學校体育」の臨時増刊号)
- 二宮文右衛門「エリ・ビオルクステンの學校体操」(昭和8年)
- 水木梢譯著「クヌドセン氏体操原理とその實際」(昭和2年)
- 東京市役所「市民体操資料」(大正13年)
- 簡易保險局「國民保健体操(ラジオ体操)」(昭和3年)
- 簡易保險局「國民保健体操講演集」(1)(昭和4年)(2)(昭和5年)

7. 교우회 운동부의 사명(使命)
- 文部大臣官房体育課「本邦ニ於ケル体育運動団体ニ關スル調査」(昭和7年)
- 鳩山一郎「スポーツを語る」(昭和7年)
- 宮坂哲文「課外教育史」(昭和28年教育文化史第1卷)
- 文部省「學生生徒の娛樂に關する調査」(昭和10年)
- 足利高等女學校「會誌」(昭和5年第7卷)
- 福岡女學校「福岡女學校五十年史」(昭和11年)

8. 체육의 합리적 진흥(振興)과 야구 통제령
- 文部大臣官房体育課「体育運動競技ノ健全ナル施行法ニ關スル件中、野球ノ健全ナル施行方法ニ關スル事項、体育運動競技ノ応援ニ關スル事項答申」(昭和7年)
- 文部省「野球ノ統制竝施行ニ關スル件」(昭和7年)
- 文部省体育課長山川建述「野球統制の話」(昭和7年)
- 鳩山一郎「スポーツを語る」(昭和7年)
- 文部大臣官房体育課 「大正13年、昭和14年体育運動主事會議要錄」(昭和15年)
- 文部大臣官房体育課「米國に於ける學生の運動競技」(昭和7年)
- 文部大臣官房体育課「アマチュアに關する規定集錄」(昭和7年)

9. 체육에 나타난 파시즘(fascism)의 조짐(兆朕)
- 文部省「學制八十年史」(昭和33年)

・講談社「近代日本教育制度資料」第６〜８卷
・靜岡縣學務課「靜岡縣体育槪要」(昭和８年靜岡縣体育參考資料第１１輯)
・朝日新聞社編「國民体位の向上」(昭和１２年),
・文部大臣官房体育課「昭和一一年体育運動主事會談要錄」

10. 청소년단의 육성과 청년학교
・櫻井庄太郎編「大日本靑年団史」(昭和１８年)
・明治神宮体育會編「第一回明治神宮体育大會報告書」
・文部省社會局「靑年団訓練資料」(昭和６年)
・文部省社會局「我國少年団槪況」(昭和１２年)
・島田牛雅「兒童生徒校外生活指導に關する硏究」(昭和８年)
・島田牛雅「校外に於ける學生保護の實際指導」(昭和７年)
・國民体育會「國民体育」(昭和７年１２月号)
・國民体育會「國民体育」(昭和１０年３月号)

11. 체육 이전(以前)의 문제와 몰두(沒頭)하는 교사들
・今田辰五「新興農村學校の体育」(昭和１１年)
・鈴木道太「生活する敎室」(昭和２６年)

12. 요목(要目) 개정(改正)과 쿠누센(knudsen)
・大谷武一「改訂學校体操の指導」(昭和９年)
・大谷武一「新敎育体操」(昭年１２年)
・大谷武一「新訂學校体操の指導」(昭和１３年)
・K. A. Knudsen : A Textbook of Gymnastics, 1929

13. 제2차 개정 요목의 성격
・文部省「學校体操敎授要目」(大正１５年)
・文部省「學校体操敎授要目」(昭和１１年)
・体育硏究會「學校体操敎授指針」(昭和１１年)

14. 제2차 개정 요목과 체조 교재
・大谷武一「低鐵棒運動」

・文部省「學校体操敎授要目」(大正15年)
・文部省「學校体操敎授要目的」(昭和11年)

15. 제2차 개정 요목과 유희경기의 교재
・文部省「學校体操敎授要目」(大正15年)
・文部省「學校体操敎授要目」(昭和11年)
・大日本体育學會「体育と競技」(昭和2年7月号)

16. 제2차 개정 요목과 무도
・文部省「學校体操敎授要目」(昭和11年)
・文部省「小學校武道指導要目」(昭和14年)

제8장 쇼와(昭和) 제2기의 체육 — 체련과 교수요항의 발포 —

1. 개관

쇼와(昭和) 12(1937)년 중일전쟁의 확대와 함께 일본의 체육계도 쇼와 초기와는 다른 성격을 띠었다. 자유주의적인 것은 시시각각 청산되고 전시체제 준비를 재촉하였다. 쇼와 12년 5월에는 학교교련 교수요목이 개정(改正)되었다. 또한 이해 쇼와 11(1936)년의 학교체조 교수요목에 준하여 청년학교 체조과(體操科) 교수요목이 발포되었으나 그 때에 이미 정국은 급변하였다.

쇼와 12년 8월에는 '국민정신 총동원실시 요강'이 각의(閣議·내각회의)에서 결정되고 미영사상(米英思想)의 배격과 동시에 스포츠에 떠도는 자유주의적 요소가 혹독하게 비판되어 무도는 교육국책(敎育國策)의 제1선에 나타나게 되었다.

쇼와 13년(1938)의 제국국회에서는 무도진흥을 둘러싸고 광범위한 건의안이 제출되었으며, 또한 국민체력관리의 입장에서 청년학교와 일반국민의 심신연마에 주의를 기울였다. 체육은 실제적 행동을 통하여 국방력 증강과 국민정신 함양에 노력하여 바로 시대의 총아가 되었다.

시국의 진전과 함께 쇼와 13년에는 올림픽 도쿄대회도 반납을 결정하였으며 이것도 전후에 청년단을 중심으로 한 국방경기가 발생하여 전기훈련을 주안으로 한 새로운 경기형식이 발전한다. 시대는 특정 스포츠의 우수성이 아니라 종합적인 체력 획득, 단순히 체조과가 아니라 강력한 체조과로 전환되었다.

쇼와 12년 말에 문부성의 문정심의회(文政審議會)는 교육심의회(敎育審議會)로 바뀌었으며 쇼와 13년 말에는 국민학교 체련과(體鍊科) 요강 작성을 마쳤다.

나이 어린 국민에까지 무도(武道)를 철저히 하는 '소학교 무도지도 요목'도 쇼와 14(1939)년 5월에는 발포(고시)되었다. 쇼와 13년에는 군부의 강한 진언(進言)으로 후생성이 설립되었다.

이후 약간의 마찰이 반복되었으나 일본 체육행정은 문부성(文部省), 후생성(厚生省)의 2개의 성(省)에 의해서 추진되었으며 전자는 주로 학도(學徒)를, 후자는 국민 일반을 대상으로 하여 실제 상황에 알맞은 방책(方策)을 세우게 된다.

쇼와 14년의 체력검정장 제정(體力檢定章 制定), 쇼와 15년의 국민체력법 발포, 그리고 이어서 체력장(體力章) 검정실시 요강의 개정 등은 체육 국책(國策)의 사실을 나타내는 좋은 예이다.

국민학교령의 발포(고시)는 쇼와 16년(1941) 3월이었으나 법령 발포 이전에 신체제에 따른 체련과의 강습회가 실시되어 현장은 쇼와 15년(1940) 여름부터 교체되었다. 따라서 쇼와 11년(1936)의 요목은 만 4년으로 그 생명을 잃어버렸다.

황국민의 연성을 주안으로 한 초등학교 체련과(體鍊科)는 쇼와 16년(1941)에 제정되고 메이지 이후 체조과(體操科)라는 명칭으로 불러 온 체육의 교과(敎科)는 개정되었다. 이 무렵에는 스포츠계도 진구대회(神宮大會) 이외의 전국적인 대회는 중지되었으며 쇼와 17년(1942)에 걸쳐 모든 경기단체도 통합되었다.

전통적인 대일본체육협회는 '대일본체육회'로 개조되었으며, 무도단체도 통합되어 '대일본무덕회'로서 재발족하였다. 전국(戰國)의 확대와 함께 군의 압력은 높아졌으며 경기단체는 모두 정부의 외곽단체가 된다.

전시 하의 체련과는 전기적(戰技的) 훈련을 최고 목표로 하기 위한 기초능력의 연성이 강화되었다. 쇼와 17년에는 국민학교 체련과(體鍊科) 교수요항(敎授要項)이 쇼와 18년(1943)에는 사범학교 교수요항이 발포되었다. 그러나 이 무렵은 정황변화에 따라서 서서히 체육 통첩(通牒)이 연발(連發)되어 생활 그 자체가 임전체제(臨戰體制)가 된다. 따라서 체육도 더 이상 체육이 아니라 실전(實戰)훈련이 되고 마침내 존중된 무사도조차도 비실전적(非實戰的) 관념으로서 경시되었으며 쇼와 19년(1944)의 필사적 저항시대로 뛰어들게 된다.

그리고 쇼와 19년(1944) 3월의 중등학교 체련과(體鍊科) 교수요목(敎授要目),

쇼와 20년(1945) 3월의 전문학교 체련과(體鍊科) 교수요강(敎授要綱)은 발포(發布) 되었으나 어수선함 속에서 매장되었다.

2. 자유주의적 분위기의 청산

쇼와 11년(1936)의 개정요목 발포(고시), 베를린 올림픽대회 참가의 빛나는 한 시기의 전후에는 아직 다소의 비판과 자유의 분위기가 있었다. 예를 들면 쇼와 11년 11월 애히메현(愛媛縣) 사범학교 부속 소학교에서 개최된 체조연구회에는 "충분히 갖추다"는 것에만 정신이 빼앗긴 종래의 연구수업이 비판되었으며 때로는 일제지도를 해석하여 아동이 자유롭게 연습하는 기회가 필요하다고 설명하고 있다.

기계운동의 지도에도 반별연습을 시도하기도 하였다. 이 수업을 평가한 모(某) 강사는 "이것을 요약하면 본시의 특징이 되는 부분은 종래의 형식주의적 위압적 교수 태도를 완전히 타파하여 교사와 아동관의 사이에 엄하게 존재하고 있던 교단을 없앤 부분에 교수자의 고심이 있는 것은 아닐까"고 언급하고 있다.

이러한 수업방법과 강평(講評)은 적어도 전향하는 시대와는 약간의 거리가 있었으나 그러한 쇼와 초기의 흔적이 아직 남아있었다. 체육잡지에서도 드물지만 예를 들면 타카키(高木精作)의 '과외운동'의 논설과 같이 "아동의 과외활동을 교육적으로 바라보고 자유유희의 효과는 교사의 강제지도보다도 우월하다"는 등이라는 의견을 게재하였다. 스포츠 기사에서도 파시즘 스포츠는 독재자 정책의 수단에 이용되는 따위라고 논하는 내용도 게재되었다.

그러나 쇼와 12년(1937) 7월 7일의 로코우쿄 사건(蘆溝橋事件)의 발생 이후는 이러한 논법은 모두 자숙청산(自肅淸算)되었다. 아니 이미 쇼와 12년에 들어서면 '비상시'라는 단어가 일상화된다. 외국 의존에서 자주독립을 선명하게 하기 위하여 '체조의 일본화'도 주장하게 된다.

쇼와 12년(1937) 2월 11일의 기원절(紀元節)을 계기로 발표된 건국체조(建國體操)는 그 하나이다.

이 체조는 "천황(君)과 백성(民)과 함께 더욱 번성(彌榮)하여라, 영광(榮光)을 기원하라, 일본의 곧고 바른 강토(橿原)에 박수를 쳐라. 박수(柏手)를 이 아침에 쳐라, 박수를 이 아침에 영광(榮光)을 위하여"의 구호로서 다룬다.

건국체조는 그 전주가(前奏歌)와 찬가(讚歌)에 나타나듯이 유도의 형을 기본으로 하여 건국정신을 발양(發揚)하는 체조로서 장려되었다. 이와테(岩手)의 로쿠하라(六原) 청년도장의 '야마토 바타라키(やまとばたらき:일본체조)'는 그 대표이다. 체조는 서구의 운동법이 아니라 일본 고래의 것이며 독자의 운동법이다. 신도(神道)정신을 배경으로 한 일본적 체조, 그것이 '야마토 바타라키'이다.

카케이(筧)박사는 "이 일본체조는 순진한 일본정신의 반성이고 발양이며 실습이다"라고 하였다. 즉 그것은 일종의 신사화(神事化)하고 있다. 이것은 "서서, 신위(神位)를 바라보고, 배례하자, 던져 버려라, 자 나아가자, 자 저어가자, 참배하러 올라가자, 기(氣)를 불어넣고, 신놀이(神遊), 웃음 웃고, 나아가라, 쾌청하며, 나무통, 천황의 조직, 내리막, 이전보다 더욱 번성함(彌榮)"의 16구를 운동으로 하여 고사기(古事記), 일본서기(日本書紀)에서 인용한 이 구(句)를 단창·복창(單唱·復唱)하면서 실시하는 체조이다. 분명히 여기서는 체조와 무용은 원초의 정신으로 되돌아가 신사(神事)의 숭엄함을 만들어 내고 있다.

3. 청년학교 체조요목과 국방 경기

'청년학교 체조과 교수 및 훈련요목'은 쇼와 11년 5월에 조사위원이 임명되고 나서 1년 이상의 시간을 거쳐 제정된 것이다. 위원에 이와하라(岩原), 오가사와라(小笠ヶ原), 쿠리모토(栗本), 모리히데(森秀), 오오다니(大谷), 노구치(野口), 니미야(二宮), 사사키(佐々木), 토쿠라(戶倉) 등의 9명이 임명되었으며 쇼와 12년(1937) 5월 29일에 발포되었다. 앞에서도 언급했듯이 청년학교는 보통과(普通科)와 본과(本科)로 나누어져 보통과의 체육은 체조과, 본과(남)는 교련과로 불렸다. 따라서 이번 제정된 요목에는 본과 남자는 제외되었다.

즉 본과(本科) 남자의 체조, 교기(校技), 무도는 교련과의 일부로서 실시되었으며 "체조, 경기에 있어서는 제1학년 및 제2학년에 대해서는 주로 기본체조, 응용체조의 초보, 소경기(간단한 유희)를 배우고 학년이 올라가면서 응용체조, 단체경기를 증가한다"고 하였으며, 또한 "무도는 검도, 유도 등의 기본동작, 시합 등을 적절하게 실시한다"고 되어있다. 또한 비고란에는 "체조는 체조교범에 근거하는 것도 생도 심신의 발달정황에 따라서 학교체조 교수요목 가운데 중학교 및 남자 실업학교에 관한 교재 및 기타의 교재 중에서 적당(適宜)하게 취합 선택하여 체조만을 배우는 것 외 교련 실시의 전후 또는 중도에 있어서 이를 행하는 등 이 지도방법을 적절히 하는 것이다"가 있다.

이것에 따라서 본과(本科) 남자의 체육은 육군계통의 체조교범이 중심이었다는 것은 명백하며 실제 그러한 분위기는 보통과(普通科)의 체조에도 영향을 미쳤다. 그것은 어째든 이번 요목은 청년학교 보통과(普通科) 남녀, 본과(本科) 여자를 대상으로 제정된 것이다. 이 요목의 기본태도는 쇼와 11년(1936)의 체조요목과 같은 정신이지만 청년학교의 특수성이 고려되고 특히 남자에게는 단련적 교재가 증가하였다.

체조 교재로 말하면 도약(跳躍)과 현수(懸垂: 매달림)운동이 비교적 많고 반대로 평균운동을 다른 운동과 결합하여 실시하는 것에 멈추고 그리고 "남자 교재에 있어서는 이 단련적 효과를 높이기 위하여 여러 개의 체조기계를 조합하여 종합적 장애 경쟁을 실시한다"(요목실시상의 주의—7)고 기술하고 있다. 이 기계이용법은 후의 전장운동의 맹아적 형태로서 주의해도 좋다. 경기의 교재에 대하여 보면 1000미터 달리기가 추가되고 지구적(持久的)인 운동이 강화된다.

게다가 개인으로서의 속력이 아니라 전원이 1000미터를 달리는 능력을 키우는 것이 주안이 되었다. 사람 운반하기, 가마니 운반하기, 타와라사시(俵差し: 두 사람이 섬을 매기) 등 '운반경쟁'으로 부르는 교재도 체력적인 종목을 중심으로 하고 있으며 구기는 공진구, 수구 등 운동량이 많은 단련적인 것을 중시하고 있다. 그러나 남자의 단련적인 경향에 대하여 여자는 보통과(普通科) 본과(本科) 모두에 '보건정용적 종목(保健整容的種目)'을 주로 하여 단련적인 교재는 소극적이었다.

농어촌 청년여자의 생활환경은 중노동에 견딜 수 있는 체력의 기력을 요구하는 현실이었으나 일단 '체조과'로서 채택될 때는 의외에도 '여성스러움'을 주의하여 본래의 능력 이하로 평가되었다. 짓궂게도 여자로서 이 무렵 주장된 비상시는 심정적인 것이었다. 여자의 강행군과 단체경주는 전국이 급하게 되었을 때가 되어서 서둘러 단행되기 시작하였다. 그런데 이 요목이 발포된 지 얼마 되지 않아 청년학교의 체육은 국방경기적인 방향으로 급전한다. 청년학교의 요목은 개정되지 않았으나 시세가 점점 체육의 성격을 변하게 하였다. 이미 쇼와 12년(1937) 말에 오사카 마이니치신문(大阪每日新聞)은 제4사단과 부·시(府·市)의 후원 하에 국방경기를 주최하고 쇼와 13(1938)년에는 도쿄 니치니치 신문(東京日日新聞)이 제1회 관동지방(關東地方) 청년학교의 국방체육대회를 개최하였다.

청년학교의 체육은 체조과 교수요목보다도 실제로는 국방경기를 목표로 훈련하게 되었으며, 체육수업과 교련수업과의 경계선도 서서히 구별할 수 없게 되었다.

도니치(東日·東京日日新聞) 주최의 국방체육운동 요목에는 "본 국방체육 운동요목의 지도정신은 청년학교 교련과(체조경기 무도를 포함)의 연장임을 주안으로 한다"고 기술되어 있으며, 단순한 경기회와 달리 의도적임을 제시하였다. 이 대회에 대하여 이와하라(岩原) 문부성 체육과장은 '국방경기의 본의(本義)'로 제목을 붙인 강연을 실시하여 다음과 같이 국방체육 운동의 정신을 강조하고 있다.

"그중에서도 특히, 경기적으로 실시하는 국방경기는 어떠한 것인가에 대하여 일반의 흥미와 기대가 걸려있다고 생각한다는 것은 종래의 운동경기 특히 스포츠라는 것은 마치 근대 스포츠가 발흥한 당시 세계를 지배하던 자유주의적 사상에 통렬하게 분식(粉飾: 내용이 없이 실제보다 좋게 보이려고 거짓으로 꾸밈)되어 그 분식 때문에 본질을 볼 수 없게 되어 때로는 취미오락을 위한 것이며, 또한 승패본위의 사상이 스포츠계를 지배하였다. 그런데 최근의 일반적 사상적 경향에 근거하여 일본에 있어서도 스포츠계 자체의 반성이 일어나 위 언급과 같은 분식에서 이탈하여 국책선상(國策線上)에 따라 국민 연성에 노력하는 경향을 강하게 채택하여 국민본위의 스포츠도(道) 건설에 구체적 준비를 추진하고 있는 실정이기 때문에 이 시대적 경향에 대하여 선구적 구현인 국방체육대회가 경기회에 있어서도 또한 일반국민에 있어서도 큰 흥미와 기대의 초점이 된다고 생각한다(국민체육 13년 5월호)"고 언급하고 있다.

이것을 보면 국방경기는 군(軍)의 특히 기대한 자유주의 청산과 일본적 스포츠도(道) 건설의 선구적 형태였다. 이 경기는 무장(武裝)과 도수(徒手)의 행군경주, 단체 장애물경주, 토낭(土囊) 운반계주, 단가(担架: 들것)계주, 수류탄 투척, 망인(網引: 그물망 끌기)의 7종목이며 채점식 경기법에 의해서 우열을 결정하였다.

중지(衆知: 많은 사람이 앎)를 통하여 이러한 군사적 훈련은 일반의 학교체육에도 영향을 미쳤다. 노구치는 이미 쇼와 12년에 "체조과 방면에 있어서도 이 때 요목 교재 외에 약간의 국방적 경기운동을 추가하여 청소년에게 한층 강건한 신체와 애국적 정신을 배양하여 현실 하의 국세에 대비하여 협력해야 하지 않을까?"를 주장하고 요목에 수류탄 던지기와 장애도월(障礙跳越) 등을 추가하는 것을 제창하였다. 또한 청년학교와 밀접한 관계가 있었던 대일본연합청년단에서는 쇼와 13(1938)년 3월 청년단 독립일에 '청년단 체력검정 요항'을 제정하고 일반보다 앞서 체력검정을 실시하고 국방에 필요한 기초체력을 높였다.

4. 후생성(厚生省) 설립과 국민의 체력관리

자유주의적 분위기 청산은 체조와 국방경기(國防競技)에 나타났다. 반대로 말하면 그것 자체로서는 반드시 자유주의라고 할 수 없는 스포츠도 시시각각 자유주의의 탈피가 요구되었다.

제70회 의회(貴族院)에서 후타라(二荒伯)는 황기(皇紀) 2,600년의 조국제(肇國祭·건국 축제)와 무도에 관하여 질문한 때에 도쿄 개최로 결정한 올림픽 대회에 대해서도 단지 서양의 올림픽대회를 맞이하는 것이 아니라 그것이 고래의 무사도를 단련하기 위한 대회라는 것, 따라서 이 때 체위향상(體位向上)과 정신연마(精神

練磨)의 무도장(武道場)을 제국(帝國)의 수도(帝都)에 건설할 필요가 있다는 것을 설하고 있다.

여기에 답하여 하야시(林) 문부상은 운동은 생도들에게 기예를 위한 기예가 아니라 무도를 통한 정신 연마라고 하며 질문자에 동감의 뜻을 표하였다. 로코우쿄 사건(盧溝橋事件)18) 발생 이후의 신문에서도 중대 시국에 서구적 스포츠는 시대와 양립할 수 없는 구미(歐美・유럽과 서양) 배척 논설이 현저하였다.

쇼와 12년(1937) 9월 중의원(衆議院) 예산 총회에서는 일찍이 도쿄 올림픽대회 반납이 화제가 되었다. 카노우 이치로우(河野一郞)는 이 때 올림픽 반납 가부에 대한 폭탄 질문을 실시하였다.

경기기술과 기록향상을 위하여 소수의 우수자를 문제로 하는 것이 아니라 국민 전체의 체위향상을 꾀하여 국가 '평안과 태평(安泰)'을 도모해야 한다는 목소리가 강해지면서 국민체력의 국가적 관리를 주장하였다. 같이 70회의에서는 '국민체위향상의 건의안'이 제출되었으며 일본 학술진흥회에서도 "정부는 전국적으로 위생 기관을 정비・동원하여 전 국민의 체력을 정기적으로 조사하여 국민체위향상에 관한 자문을 실시하였다. 이것에 대한 군부의 관심도 매우 강하였으며 세상에는 위생성, 보건사회성 설립의 요망이 높아지고 얼마 되지 않아 후생성(厚生省)으로서 독립적 1성(省)의 탄생까지 발전한다."

체력증강의 표어 하에서 집단적 체육행사가 많아졌다. 합동체조회, 체조대회, 단체행진은 점점 더 활발해졌다. 쇼와 12년 이후 매년 발포된 '국민 심신단련 실시 요강'에는 1호1인(一戶一人) 이상의 참가를 추구하는 라디오 체조회, 휴일을 이용한 호외운동(戶外運動)의 장려, 하기휴가의 심신단련이 언급되고 한편 '국민체육관(國民體育館)'의 건설(쇼와 12년 5월)을 비롯하여 모든 시설을 충실히 하여 공장의 노동자(工員), 회사원 등 각각의 모체(母體)를 중심으로 체위향상의 실제 상황에 알맞은 방책을 도모하였다.

---

18) 루거우차오 사건(노구교 사건)은 1937년 7월 7일에 베이핑(현 베이징 시) 서남쪽 방향 루거우차오(루거우다리, 중국어 간체자: 盧沟桥, 정체자: 盧溝橋, 병음: Lúgōuqiáo)에서 일본군의 자작극으로 벌어진 발포 사건으로, 중일 전쟁의 발단이 되었다. 이 사건을 계기로 일본 제국과 중화민국은 전쟁 상태로 돌입, 그 후 전선을 확대하게 되었다.

다이쇼 말기부터 실시해 온 '전국체육의 날' 등에는 '국민정신 총동원 시에 체육운동의 실시에 관한 건'(쇼와 12년 12월)이 통달된 후 궁성요배(宮城遙拜), 국기게양, 국가제창을 격려하고 개폐회식을 장중하게 함과 동시에 극력 국산 대용품을 사용하여 심신단련의 결실을 거두어 간다.

쇼와 13년(1938) 1월 현안의 새로운 정부 기관으로 후생성(厚生省)이 탄생하였다. 후생성 설치요강이 발표되었을 때는 보건사회성의 명칭이었으나 결국은 후생성으로 결정하였다. 이후 문부성 소관이었던 체육행정도 학교관계를 남기고 사회체육은 후생성으로 옮겨졌다.

그 기구는 5국으로 구성되어 체력국, 위생국, 예방국, 사회국, 노동국으로 나누어졌다. 체력국은 (1) 체력향상 기획에 관한 사항 (2) 체력조사에 관한 사항 (3) 체력 향상의 시설에 관한 사항 (4) 체육운동에 관한 사항 (5) 임산부 유아 및 아동의 위생에 관한 사항에 대하여 기획과, 체육과, 시설과의 3과로 사무분담이 규정되었다.

이리하여 쇼와 13년(1938) 말에는 체력관리제도 조사회가 설치되고 그리고 그것이 확충 개조되고 '국민체력심의회(國民體力審議會)'로 발전하여 종래의 체육심의회는 폐지되었다.

근대 국가 중에서 국민의 체력관리를 처음으로 법제화하였다는 '국민체력법'은 이 체력심의회에서 기초된 것이다.

5. 일본적 체육도(體育道)의 성립

체육정책이 국방제일주의가 됨으로써 국제주의적 스포츠가 부정되고 대일본체육협회도 동아공영권(東亞共榮圈·일본을 중심으로 함께 번영할 동아시아의 여러 민족과 거주 범위)의 지도적 지위를 확인하면서 국내 우선책(優先策)을 취하지 않을 수 없었다. 시모무라 히로시(下村宏)는 대일본체육협회장을 수락했을 때 모든 어려움을 배제하고 도쿄올림픽 개최를 관행(貫行: 하나하나 이행)한다고 말하면서도 지금까지의 대일본체육협회의 경기주의를 배제하고 남녀노소의 체육진흥에 노력하여 무도를 중요시하여 대국민운동으로 전개하는 결의를 보였다.

그러나 쇼와 13년(1938) 의회에서 '국가총동원법(國家總動員法)'이 상정될 무렵에는 1940년 개최예정의 제12회 도쿄올림픽대회, 삿포로(札幌)개최예정의 제5회 동계올림픽 대회도 경기장 건설용 철재의 부족 또는 카노우 이치로우(河野一郎)의 중지설(中止說) 등 여러 가지 장애가 속출하여 마침내 정부도 대회 중지(中止)를 각의(閣議·내각회의)에서 결정하게 되었다. 이것에 근거하여 올림픽대회의 사무를 주관한 후생성은 조직위원회에 다음과 같은 통달을 발하였다.

"제12회 도쿄 올림픽대회에 대해서는 정부로서도 가능한 대회를 개최할 수 있도록 희망하지만 현재의 조건이나 환경 아래의 시국은 거국일치(擧國一致) 물심양면에 걸쳐 점점 국익의 총력을 기울여 목적 달성에 만전이 필요한 정세에 비추어 올림픽대회는 개최를 취소하는 것이 적당하다고 인정하고 이 취지를 승낙·양해(諒承) 후 처치(處置)를 강구할 때 우의(右依) 명(命) 및 통달한다."

그 후 동아공영권(東亞共榮圈)을 대상으로 한 대회가 개최되지만 정상적 국제적인 경기대회는 1936년 베를린 올림픽대회를 최후로 생각하는 것이 적당할 것이다.

국내대회에서도 메이지진구(明治神宮) 체육대회는 쇼와 14년(1939)에 후생성 주최가 되어 '메이지진구 국민체육대회'로 개칭되고 새롭게 '국방경기요항(國防競技要項)'이 작성되었으며 중요한 종목으로서 다루게 되었다. 대회에 출장하는 선수도 '선사(選士)'로 바뀌고, 경기주의(競技主義) 자구(字句·문자와 어구)는 위에서도 완전히 바뀌게 된다.

쇼와 14년(1939)에 걸친 일본은 이와 같이 국방전기(國防戰技)가 중요시되어 무도도 점점 활발해진다. 마치 양자(兩者)는 시대의 총아(寵兒)가 되었다. 당시 무도진흥이 얼마나 적극적으로 시도되었는가는 제73회의 중의원 건의안에 의해서도 명백하다.

예를 들면 '무도진흥에 관한 건의안'의 제안 이유를 설명하는 후지우야 스타로우(藤生安太郎)는 여기서 서구 스포츠와 체육은 서로 전혀 융합(相入)할 수 없는 것으로서 무도의 우월성을 설하고 있다. 본 의회(議會)의 무도진흥의 건의는 모든 것을 부정하는 독단으로 기울어져 광범위한 요구를 시도하였다. 3월 25일의 건의안 건수를 채택한 것도 그것을 이해할 수 있을 것이다. 즉

'메이지진구외원(明治神宮外苑)에 무도전(武道殿) 건설에 관한 건
무도진흥에 관한 건
무도심의회 설치에 관한 건
스모도(相撲道) 장려에 관한 건
후생성에 무도국(武道局) 또는 무도과(武道課) 설치에 관한 건
전국에 시초촌립(市町村立) 무도전(武道殿) 건설에 관한 건
무도를 소학교・청년학교・여학교 정과(正科) 편입(編入)에 관한 건
무도교사 양성기관 확충 및 신설에 관한 건
무도 독학관(督學官) 설치에 관한 건
무도교사 처우에 관한 건' 등이다.

완전한 외래사상 배척과 일본정신 존중이 서구 유래의 체육을 '체육도(體育道)'까지 높여간다. '일본적 체육도(體育道)'의 형성은 이와 같이 무도 관계자와 군부의 노력을 배경으로 하여 구체화한다. 육군정보부의 스즈키 쿠라조우(鈴木庫三) 소좌는 이렇게 말하고 있다.

"청소년의 체력을 적극적으로 단련하기 위해서는 교련, 무도, 작업, 기타의 훈련과 연계하여 심신의 동시 단련을 실시하는 방법에 심혈을 기우려야(著意)할 필요가 있다. 일본의 돌격은 세계 제일이다. 일본군의 육탄돌격에는 난공불낙은 없다고 말하지만 그것은 국민이 무도에 힘입은 바, 군대의 검술에 힘입은 바가 많다."

일본의 우수성은 그 정신이며 이 정신이 진정한 국방력의 지주가 되었다. 이러

한 논법은 한 시대 전의 "서양의 예술(기술), 동양의 정신=화혼양재・和魂洋才"의 부활이며 스즈키(鈴木) 소좌가 이와 같이 서구적 개인주의, 자유주의의 전향, 팔굉일우(八紘一宇)정신의 귀일(歸一)을 의미하였다. 군국주의와 신도적(神道的), 무도적(武道的) 정신의 합체(合體)는 이 시대에 특유한 일본주의(日本主義)를 형성하였다.

당시의 아사히(朝日), 요미우리(讀賣), 호치(報知) 등의 신문에는 수에히로(末廣) 등에 의해서 일본체육 '도(道)'의 건설이 주장되어 스포츠관(觀)의 전향(轉向)이 논의되었다. 군부(軍部)를 비롯하여 식자(識者) 중에는 스포츠의 국제성이라는 미명(美名)에 숨겨진 자유주의적 경향을 비판하고 또한 인간을 생리학적으로 고찰하여 기계적인 운동을 하는 체조는 서구 모방이라고 비난을 받게 되었다.

6. 국민체력법과 체력장 검정

쇼와 13년(1938)에 설립된 국민체력관리조사회는 분과회(分科會)를 설치하여 예비조사를 실시하고 나아가 쇼와 14년에는 전국에 조사를 확대하여 유아, 학동, 청년을 대상으로 실태 파악에 착수하였다. 말할 필요도 없이 국민체력관리제도는 국가에 있어서 체력검사를 실시하여 국민체력의 향상을 도모하는 제도였다.

여기서 이른바 '체력'은 "종래 실시되고 있는 신체검사와는 달리 신체계측, 질병 이상 검진 외에 정신기능검사, 운동기능측정을 포함하고 있다." 종합적인 학술어(術語)로서 형태적, 기능적, 정신적인 면을 포괄한 내용을 가지고 있다.

국방력 증강은 장정체위(壯丁體位)의 향상과 공장노동자의 보건문제 또는 출산율을 둘러싼 부인의 체위(體位)와 영양 문제 등이 넓게 관계한다. 그 대책을 세우기 위해서는 반드시 국민체력 검사를 법제화할 필요가 있었다.

지금까지는 병역법에 의한 징병검사와 학교신체검사가 있었으나 물론 그것으로는 불충분하며, 쇼와 15년(1940) 4월 8일 '국민체력법'이 발포되어 획기적인 개선이 시도되었다.

이 법령은 쇼와 15년에는 17~19세 남자를 대상으로 하여 실시되었으며, 쇼와

16년(1941)에는 15~19세의 남자를 쇼와 17년 이후는 26세 미만의 남자와 20세 미만의 여자를 대상으로 실시한 것이다. 매년 1, 2회 체력관리 의사에 의해서 검사되었으며 그 결과는 각 개인 소유의 체력수첩에 기입(記入)되어 그 처치와 조언도 실시되었다.

체력검사 항목은 그 시행규칙에 나타나 있듯이 신장, 체중, 흉위, 시력, 청력, 질병 검진, 정신기능, 운동기능이며 쇼와 14년(1939) 8월에 통달된 '체력장 검정'과는 성격을 달리하며 종합적인 검사였다.

따라서 이른바 체력 테스트에 속하는 운동기능검사는 남자에 부과된 토낭(土囊·모래 가마니)운반 뿐이며 그것도 체력장 검정의 운반으로 대행되었다. 오히려 여기서는 장래의 체력에 현저하게 영향을 미치는 영양과 질병 등의 광범위한 문제가 주의되고 있다. 이것에 대하여 체력장 검정은 이른바 체력 테스트이며 국민체위향상의 일책으로서 이미 쇼와 14년(1939) 8월에 규정된 것이다. 그러나 당시는 남자만을 대상으로 하고 여자검정은 쇼와 17년에 이르러서 비로소 실시되었다. 이 검정의 목적은 '체력장검정 실시요강'에 나타나듯이

"보편적으로 청소년으로 하여금 자기체력의 현상 및 국민체육의 본의(本義)에 관한 인식을 깊게 함과 동시에 체육운동에 대한 관심과 흥미를 환기하여 스스로 나아가 이를 일상생활 중에 반영하여 다음 세대에 중심이 되는(中堅) 청년의 체력 증강을 도모하여 국력의 근기를 배양하는데 있다"고 기술하고 있다.

이 검정은 경쟁상대를 필요로 하지 않고 표준기록이 목표이기 때문에 언제라도 많은 사람이라도 한사람이라도 실시할 수 있으며 특별한 장소와 시설을 필요로 하지 않는 것이 특색이며 바로 체조의 연장이라는 생각에 입각(立脚)하였다.

이 체력장 검정은 나이 15세부터 25세까지의 청년 남자를 대상으로 하여 초급, 중급, 상급의 3단계로 나누어서 각각의 합격자에 기념장(記章)을 부여하였다.

초급 정도는 장정(壯丁) 갑종(甲種) 합격자의 능력으로서 기준을 잡았다. 이 종목과 표준은 물론 독일과 소련의 검정제도를 참고하여 직접적으로는 이미 실시하

고 있는 대일본청년단, 육군토야마학교(陸軍戶山學校), 전(全)일본체조연맹 등의 검사결과를 근거로 하여 일정의 기준을 만들고 그리고 약 4만 5천명을 시험적으로 실시하여 최종 결정된 것이다.

쇼와 14(1939)년의 기준은,

구분	종목	초급	중급	상급
달리기	100미터 질주 2000미터 질주	16초 9분	15초 8분	14초 7분 30초
멀리뛰기	주건도(走巾跳)	4미터	4미터 50	4미터 80
던지기	수류탄 던지기	35미터	40미터	45미터
운반	운반(50미터)	40킬로그램-15초	50킬로그램-15초	60킬로그램-14초
현수(懸垂)	현수굴비 (懸垂屈臂)	5회	9회	12회

쇼와 14(1939)년도는 수험 해당자수 468,265명 중 수험인원은 230,511명으로 수험 율은 49.23%였다. 급별 합격자는 초급이 434,503명(합격율 18.15%), 중급이 66,394명(2.80%), 상급이 8,263(0.36%)명이다. 물론 그 성적은 매년 향상되었다. 이 검정을 한층 흥미를 가지고 실시하기 위하여 홋카이도(北海道)와 같이 각 개인의 기록을 득점화하고 채점표에 따라서 판정하고 있는 곳도 있으며 또한 이를 운동회와 경기회의 종목으로서 활용하는 경향도 나타났다.

7. 학과 시험의 폐지와 체력검사

쇼와 2(1927)년의 중학교 시행규칙의 개정 시에 입학시험의 폐해가 지적되어 지식이 아니라 인물양성이 사명이라는 것이 주의하여 그것에 호응하여 체육도 전인교육의 일환으로서 생각하게 되었다. 이후, 여러 차례 이러한 문제가 반복되었으나 실제로는 여러 가지 어려움이 동반하였다. 그러나 쇼와 12(1937)년, 국민체력관리에 대한 움직임이 나타날 무렵에는 입학시험은 단순히 인간 두뇌만이 아니라 모든 면을 고려하여 선발해야 한다는 의견이 강해져 도쿄부(東京都)에서는 쇼와 12(1937)년 4월부터 입학시험에 체조를 추가하게 되었다.

즉 종래의 신체검사 외에 구보(驅步), 현수(懸垂), 도약(跳躍) 기타 적절한 방법에 의해서 체력과 건강도(健康度)검사가 실시하게 되었다. 그리고 쇼와 14(1939)년이 되면 시험제도 자체가 문제가 되어 마침내 9월 28일 문부성은 차관통첩으로서 시험폐지를 통달하였다. 이것으로 선발방법은 소학교장의 보고, 중학교의 인물고사(구답시험)와 신체검사(질병과 이상, 발육과 발달, 운동능력)의 3자 종합판정에 따르게 되었다. 이것은 바로 국민체력관리제도가 의도하는 정신이었다. 이것을 '중등학교 입학선발에 관한 건'의 본문(本文)은 다음과 같이 언급하고 있다.

"황국(皇國)의 전도(前途) 다사(多事)한 가을 황운(皇運)을 부익(扶翼)하여 부흥(復興) 아시아 성업달성(聖業達成)에 매진해야 할 국민을 연성하고 특히 이 체위향상을 도모하는 시각 아래 마음가짐이 필요하며, 그런데 국민의 기초적 연성을 실시하는 소학교에 있어서 지금 더욱더 중학교 입학준비에 독이 되고 이 본 취지가 왜곡되어 아동의 심신 건전한 발달을 저해하는 것은 일본 가족을 위하여 한심하여 참을 수 없는 곳에 있어서 이를 개선할 필요가 급한 것이 있으므로 이 대책에 대하여 중학교의 수용능력의 확충, 이 내용의 충실로 진학에 관한 지도의 철저 등에 의해 입학난 완화에 노력함과 동시에 반면 입학자의 선발방법을 고쳐 아래의 기록에 따라 소학교의 교과에 근거하여 시험질문(試問)을 하지 않는 것으로서 준비 교육의 폐해를 없애고 소학교 교육의 본 취지의 관철을 도모하도록 아래를 통첩한다"가 있다.

이 통첩이 발포된 후 문제는 신체검사에 추가한 운동능력을 어떻게 하여 실시할 것인가로서 체육관계자 사이에서 논의하게 되었다.

쇼와 15(1940)년 2월, 대일본체육학회는 다음과 같은 체력검정 실시요항을 발표하고 체육계의 요망에 답하고 있다.

　체력검사시행 원칙
　"① 학교체육의 본의(本義)에 비추어 체력검정시행에 있어서는 아동이 학교체조 교수요목을 바르게 학습하면 쉽게 합격할 수 있는 범위의 것을 부과한다.
② 수련의 기준을 정과운동(正課運動) 및 학교에서 규정하는 과외운동(課外運動)에 따라서 연성(鍊成)할 수 있는 정도의 것이다.
③ 체력검사에 있어서 필요하기 때문에 명칭을 부여하는 경우는 요목에 준거한다.
④ 장애인에 대해서는 체력검사 시행에 있어서는 중학교 교육의 본질 및 각 학교의 생도채용 방침으로 측정하는 것도 국민고등보통교육의 학습에 최소한도 견딜 수 있는 체력을 검사하는 것"으로서

　다음과 같은 체력검사 종목을 채택하고 있다.(○남자만의 종목 △여자만의 종목)

　- 달리기
　○ 50미터 내지 100미터 질주
　△ 50미터 내지 80미터 질주
　○ 3분 내지 5분 지구 달리기
　○ 2분 내지 3분 지구 달리기(단 질주는 정상달리기로서 실시한다.)
　- 뛰기
　○ 주건도(走巾跳・멀리뛰기)
　△ 주건도(走巾跳) 혹은 3회 뛰기
　- 비립도월(臂立跳越)
　△ 도상도하(跳上跳下) 혹은 비립도상하(臂立跳上下)
　- 던지기
　- 거리 던지기(각종 볼 기타)
　- 현수(懸垂・매달리기)

- 현수굴비(懸垂屈臂) 혹은 △굴비현수(屈臂懸垂)
△ 비립현수(臂立懸垂) ─ 전회하(前廻下)
○ 역상(逆上·다리걸어 거꾸로 오르기) 또는 각현상(脚懸上·다리걸어 오르기)
- 복와(伏臥)
- 비립복와(臂立伏臥) 비굴신(臂屈伸)
- 조구(操球)
- 투포구(投捕球)
- 자세
- 정지 및 각종 운동 중의 자세
- 도수(徒手)
※ 체조교재 중의 기본운동(일연의 체조를 제외)

이 안(案)에는 학과시험의 폐해를 제거하기 위하여 만든 체력검사가 다시 수험(受驗)준비의 폐해(弊害)를 낳지 않기 위하여 보통의 능력이 있는 자가 수업을 충분히 듣는다면 가능한 정도의 종목방법을 기준으로 하여 1초 빠르면 몇 점이라는 점수제를 폐지하였다.

그러나 세간에서는 학교는 내신서만으로, 후에는 체조과의 점수로 결정된다고 생각하여 좋은 조건으로 받기 위하여 체조 수업을 매우 열심히 듣게 되었다. 그것은 어쨌든 어떤 장애자의 학동은 후에 당시의 모양을 이렇게 말하고 있다.

그는 체력검사의 마지막 종목인 현수(懸垂) 때에 "나는 녹이 쓴 철봉의 거친 감각을 참고 있었다. 나의 몸은 두 팔에 매달려 있었다. 1회, 2회 3회째에는 코 주변을 닿게 하는 것이 다였다. 나는 그래도 집요하게 매달려 있었다. 5회는 해야 한다고 생각하였다. 그리고 신체를 새우처럼 굽히고 발을 동동 굴렸다. 겨우 이마까지 들어 올린 몸은 또한 원래대로 힘이 다하였다. 그리고 나는 5회를 할 때까지는 결코 철봉을 내려오지 않을 생각이었다. 그 때 나의 마음에 있었던 것은 저건도(低巾跳)로 1미터 65를 뛰었을 때의 즐거움이었다. 그때부터 나는 자신에게는 무엇이라도 할 수 있다고 생각하였던 것이다."

또한 당시 소학교 5학년이었던 모 학생은 체조 수업 중의 역상(逆上·다리걸어 거꾸로 오르기)에 대하여 이렇게 적었다.

"1회는 안 된다. 2회째 하늘을 찬다는 생각을 하면서 에잇 날아올랐다. 그 순간 나의 몸은 훌륭하게 1회전한 것이다. 게다가 2회, 3회 점점 솜씨가 좋았다. 만세, 만세. 1년 3개월까지 불가능하였다. 철봉의 거꾸로 오르기가 되었다. 그런데 이 성공은 지금까지의 수 백 차례의 실패가 쌓아 올려 주었을지 모른다."

한편에서 바라보면 이러한 회상과 감상은 체력검사와 체조과의 수업을 초월하여 비상시라는 것이 학동에 반영된 모습이라고도 해석할 수 있을 것이다.

8. 연속체조(連續體操)의 보급과 철저

연속체조는 쇼와 14(1939)년 이후 문부성의 통첩 등으로 점점 활발해졌다. 14년 2월 문부성은 '자교체조(自校體操) 제정에 관한 건'의 통첩을 발하여 각 학교 독자의 체조를 작성·실시하는 것을 장려하였다. 한편 후생성에서는 쇼와 15(1940)년 9월에 '국민체력의 향상과 국민정신의 작흥을 꾀할 목적'으로서 대일본 체조를 제정하고 국민 일반의 체조, 남자 청장년 체조, 여자 청장년 체조의 3종을 공개하고 체조 장려에 노력하였다. 문부성에는 이것을 체조 정과(正課·정규의 과목)에 추가하여 지도하는 것을 장려하였다.

또한 종래의 라디오 체조 등도 매년 8월 1일부터 20일간 실시되는 '국민심신단련운동'의 기회에 왕성하게 실시하게 되었다.

대일본 국민체조와 라디오체조는 체력장 검정의 실제에도 준비운동으로서 실시되었으며, 애국행진곡과 '무쇠(鐵) 같은 힘' 등의 행진곡에 맞춘 입·퇴장과 함께 당시를 인상에 남겨하는 행사가 되었다.

이 외에 일련의 체조는 당시 수없이 만들어졌으며 중에는 흥아체조(興亞體操)와 같이 전조(前操), 중조(中操), 후조(後操)로 구분하여 전조(前操)가 마치 이 일련체조(一連體操)의 준비체조를 하도록 하는 큰 체조도 만들어 졌다. 메이지진구대회와 같은 체육제전에는 다양한 체조가 실시되었으며 체조 전람회와 같은 성황을 보였다.

쇼와 14(1939)년의 진구대회에 예를 보면 흥아체조(興亞體操), 건국체조(建國體操), 대일본체조(大日本體操), 보건체조(保健體操), 산업체조(産業體操), 수기신호체조(手旗信號體操), 스모체조(相撲體操), 승도체조(繩跳體操), 병장체조(兵杖體操), 쿠마모토현 체조(熊本縣體操), 남자중 체조연합체조, 소학교 연합체조, 남자전문학교 체조가 실시되었다. 당시 상당히 많은 체조가 만들어져 장려되었는가의 한 예에 불과하다.

9. 교과(敎科)의 명칭이 체조과(體操科)에서 체련과(體鍊科)로의 발전

교육제도 개혁의 기본을 나타낸 교육심의회는 국민체위의 향상을 주지로 한 학교체육의 진흥을 기하여 선수제도와 입시제도의 폐해를 지적하였다. 제8회 총회에서 시모무라 쥬이치(下村壽一)는 숙제(宿題) 공격은 입신출세주의의 결함이라고 언급하고 "숙제(宿題)가 없는 것은 학교에서 본다면 체조이다. 이것은 아무래도 격일 정도로 한다"와 같이 하자고 논하고 체조시간의 증가를 재촉하였다.

쇼와 13(1938)년의 총회에서는 교육쇄신에 관한 전체적인 실시방책의 답신으로 국민학교, 사범학교 등에 대한 요강(要綱)이 제출되어 학교체육도 근본적으로 개정(改正)되었다. 오랫동안 교과(敎科)의 명칭으로 사용되어 온 체조과(體操科)는 여기서 체련과(體鍊科)로 바뀌고 신체육(新體育) 구상의 골자가 만들어졌다.

국민학교의 체련과는 무도와 체조로 이원중심체제(二本立體制)가 되었으며 그리고 체조(體操)는 체조, 교련, 유희 경기, 위생으로 나누어졌다.

무도는 특히 중요시되었으며 이 안에는 5년생 이상의 남자(여자에게도 부과할 수 있다)에게 필수가 되었다. 게다가 무도는 국민학교령이 발포되기 이전에 쇼와 14(1939)년 5월에 독립된 '소학교 무도지도 요목'으로서 훈령되어 검도와 유도의 실시요항(要項)과 교재(敎材)가 제시되었다.

국민학교의 교원양성을 목적으로 한 사범학교 요강도 쇼와 13년(1938) 말의 심의회에서 발표되었으며 체조과의 내용은 무도, 교련, 체조, 위생으로 나누었다.

쇼와 14년에는 중등학교, 고등학교 요강, 쇼와 15(1940)년에는 대학·전문학교의 요강이 만들어졌으며, 쇼와 15(1940)년 9월까지는 유치원에서 대학에 이르기까지의 교육제도 개혁안이 완성되었다.

쇼와 16(1941)년 3월 1일 대망의 국민학교령이 발포되고 제도상의 개혁이 실현되었다. 이것으로 종래의 교과는 통합되었으며 초등 국민학교는

- 국민과 : 수신, 국어, 국사, 지리
- 이수과 : 산수, 이과
- 체련과 : 무도, 체조
- 예능과 : 음악, 습자(習字), 도화(圖畫), 작업, 재봉 등의 4과로 정리되었다.

고등 국민학교는 그리고 실업과가 추가되어 5과로 정리되었다. 체련과는 심의회 답신에 따라서 무도와 체조로 나누어졌다.

"여아(女兒)에 대해서는 무도를 뺄 수 있다"가 있으나 여아(女兒)에도 무도를 부과하는 것이 상식이 되었다.

쇼와 16(1941)년 3월 1일에 규정된 국민학교령 시행규칙에는 체육 중시 경향을 반영하여 체련과의 내용이 상세하게 규정되었다.

"제10조
— 체련과는 신체를 단련하고 정신을 연마하여 활달강건한 심신을 육성하여 헌신봉행의 실천력을 배양하는 것을 요지로 한다.
— 예절, 자세 기타 훈련효과를 일상생활에 구현한다. 특히 아동의 심신 발달,

남녀의 특성을 고려하여 적절하게 지도한다.
── 위생 양호에 유의하고 신체검사의 결과를 참작하여 지도의 적정을 기한다.
── 강인한 체력과 왕성한 정신력이 국력발전의 근기로 하여 특히 국방에 필요한 소이를 자각한다.

제11조
── 체련과 체조는 체조, 교련, 유희, 경기 및 위생을 부과하여 심신건전한 발달을 도모하면서 단체훈련을 실시하는 규율을 지키고 협동을 존중하는 습관을 배양한다.
── 초등과에 있어서는 유희 및 간단한 전신운동에 무게를 두고 점차 복잡한 운동으로 나아감과 동시에 단체운동을 규율적으로 실시한다.
── 고등과에 있어서는 이 정도를 추천하고 남아(男兒)에 있어서는 특히 교련을 중요시한다. 교련에 있어서는 특히 단체훈련을 중시하고 규율협동을 존중하고 복종정신을 함양한다.
── 유희경기에 있어서는 특히 쾌활한 심정, 공명한 태도를 함양한다.
── 위생에 있어서는 위생상의 기초훈련을 중시하고 점차 이 정도를 추천하여 구급간호 등을 추가하고 교재는 일부에 편중하지 않고 각 종목을 서로 의지하여 체조의 목적을 달성한다. 아동으로 운동 및 위생의 필요를 이해시키고 나아가서 이를 실행하는 습관으로 인도한다.

제12조
── 체련과 무도는 쉬운 기초동작을 습득시키고 심신을 연마하여 무도정신을 함양하는데 이바지하게 한다.
── 초등과에 있어서는 남아(男兒)에 대하여 검도 및 유도를 부과한다. 고등과에 있어서는 이 정도를 추천하고 이를 부과한다.
── 여아(女兒)에 대해서도 치도(薙刀:나기나타)를 부과할 수 있다. 심신을 하나로 하여 훈련하고 예절을 존중하여 염치를 중시하는 기풍을 함양한다."

이것으로 체련과 시대의 체육성격을 알 수 있을 것이다.

앞에도 언급했듯이 이미 쇼와 15(1940)년에는 국민학교 체련과의 신제도를 전제로 하여 체련과 강습회가 개최되고 요강발포 이전에 현장이 교체되고 있었다.

그러나 시행규칙에 근거하여 구체적인 체련과 교수요항과 그 실시 세목이 나타난 것은 쇼와 17(1942)년이었다.

10. 체육국(體育局) 설립과 체육단체의 개조(改組)

쇼와 16(1941)년 1월에 문부성 체육과는 체육국으로 승격하였다. 전시(戰時) 체육의 중요성에서 신설된 체육국은 체육운동과, 훈련과, 위생과의 3과(課)로 나누어져 체육운동의 쇄신진흥, 무도・교련의 장려, 각종 전시훈련의 강화, 학교위생의 충실 등 학교체육 전반의 행정사무가 소관이었다.

특히 훈련과는 시대의 각광을 받으며 학교의 활공훈련(滑空訓練), 집단노동작업 등의 업무로 대단히 바빴다. 체육행정이 중요시되면서 그 방책에 정밀한 검토할 필요가 일어나 쇼와 16년 9월에는 불충분한 체육운동 참여제도를 폐하고 새롭게 조사자문기관으로서 체육조사위원제도를 정하였다. 문부성 체육행정기구의 개선과 호응하여 후생성에서도 새로운 부서로 신설과(新設課)가 설립되었다.

쇼와 16년 8월에는 체련과(體鍊課), 11월에는 연무과(鍊武課)가 설치되었으나 쇼와 17(1942)년 11월에는 그것이 통합되어 단련과(鍛鍊課)로 개정되었다.

이처럼 일본의 체육행정은 문부・후생의 양자에 2원화(二元化)되었기 때문에 상당히 비능률적인 점도 있었으나 전시 체육행정은 결과로서 비약적으로 발전하였다. 또한 다이쇼 13(1924)년 이후 체육의 합리적 진흥을 위하여 연구업적을 쌓아온 문부성 체육연구소는 쇼와 16(1941)년 폐쇄되고 동(同)연구소에 도쿄고등체육학교가 신설되었다.

쇼와 16(1941)년 8월에 일본국이 프랑스령 인도차이나에 진주할 무렵 문부성에서 '학교보국단의 체제확립 방(方)'이 훈령되어 종래의 학우회, 교우회 조직의 철저한 개혁이 시작되었다.

쇼와 16(1941)년 12월 8일 태평양전쟁(太平洋戰爭) 발발과 함께 이 기운은 박차를 가하게 되어 체육계(體育界)는 급격하게 개조되었다.

학우회의 각 운동부는 보국단(報國團) 조직의 단련부로 정비(整理)되었으며 과거 모리(森) 문부상 등이 상상도 할 수 없는 대규모의 임전체제(臨戰體制)로 전환되었다.

보국단 단련부가 학내의 체육 수련조직(修練組織)인 것에 대하여 학교 외에는 대일본 학도체육진흥회(쇼와 16년 12월)가 설립되어 학도의 전국적 체육행사는 이것으로 통일되었다. 학도체육진흥회의 사명은 학교체육 행정과 표리일체(表裏一體)의 관계가 되어 학교의 보국단(報國團), 보국대(報國隊)의 활동을 말단 단위로서 각종의 체육 사업을 추진하는 강력한 외곽단체였다.

대일본학도체육진흥회(大日本學徒體育振興會)가 설립되자마자 그것을 종합적인 체육단체 조직에 넣으려고 하는 계획이 세워졌다. 쇼와 17(1942)년 4월에 개조된 대일본체육회가 그것이다.

오랜 전통을 가진 아마추어 스포츠의 본거지, 대일본체육협회는 개칭되고 새로운 총리대신을 회장으로 하는 '대일본체육회'가 설립되었으며 그 조직의 일부로서 학도체육진흥회(學徒體育振興會)가 통일되었다.

같은 취지에서 쇼와 17(1942)년 3월 구 무덕회(武德會)도 개조되어 도죠 히데키(東條英機) 수상을 회장으로 하는 체제의 대일본무덕회로서 재발족하였다.

대일본무덕회는 전통의 유도, 검도, 궁도 외에 총검술과 사격을 추가하여 '5무도(五武道)'로 칭한 5개 부문으로 나누어졌다. 이 새로운 무덕회의 설립에는 시국사건, 실전(實戰) 중시의 입장에서 육군과 해군의 발언이 강하여 총검술과 사격은 무도의 중요한 부문으로서 채택하게 되었다.

당시 총검술과 사격은 서양류의 단순한 기술이 아니라 몸을 버리는(棄身) 일본혼(日本魂)을 구현한 신(新)무도로 칭하고 따라서 '총검도(銃劍道)'이며 '사격도(射擊道)'였다. 물론 이 주장은 군부를 중심으로 일어난 것이었다.

무도진흥위원회는 쇼와 15(1940)년의 답신에서 "무도가 대적공방(對敵攻防)의 필사(必死) 태세(態勢)에 서는 것을 요건의 하나인 이상 이 수련의 수단방법은 실천병법의 추이에 즉응(卽應)하여 늘 새로운 연구를 보태어 진화하는 것은 당연한 일로 한다."고 언급하고 그 실전적(實戰的) 효과를 강조하였다. 이 예에서 보더라도 전국(戰局·전쟁의 형편이나 국면)이 격화(激化)할 무렵에 사격과 총검술이 무도의 대표로 본 것은 이해할 수 있다.

이 동안 학교에서도 총검술과 사격은 가장 중요시되었으며 무도도 매우 실전적이 되었다. 이러한 경향은 체육행정의 개혁과 체육 모든 단체의 개조와 함께 전시하(戰時下) 체육의 특색을 이해하는 좋은 자료가 된다.

또한 쇼와 16년 이후 메이지 진구(明治神宮) '국민체육대회'는 '국민연성(鍊成)대회'로 바뀌어 국방경기(國防競技), 전장운동(戰場運動)의 명칭으로 바뀌었다.

11. 체련과(體鍊科) 교수요항(敎授要項)과 그 실시세목(實施細目)

국민학교 령이 발포된 쇼와 16(1941)년에 체련과의 내용을 구체화하기 위하여 32명으로 구성된 '국민학교 체련과 교수요목 조사위원회'가 설치되었다. 수차례의 회의를 거듭하여 쇼와 17년 9월에 체련과 교수요항이 규정되고, 그리고 10월 체련과 교수요항 실시세목도 만들어졌다. 당시는 어쨌든 요목으로서 통일된 체재(體裁)를 정리할 예정이었으나 전국(戰局) 변화에 의해서 그것도 불가능하게 되었다. 이 동안의 사정은 요항을 통달한 때의 전문에서 보더라도 명백하다.

"국민학교 체조과 교수요목은 이미 심의상(審議上) 제정(制定)될 예정(豫定)하는 것도 지금은 국민학교 체련과 교수요항 별지를 통하여 결정하는 것으로 국민학교의 체련과의 교수는 지금 본요항(本要項)에 따라 충분히 지방 정황에 즉응(卽應)하는 교수세목을 규정하여 이를 실시하여 아동의 활달강건한 심신을 육성하여 헌신봉공의 실천력(實踐力)을 배양하여 황국민(皇國民)을 연성하여 유감(遺憾)없이 결심(期)하도록 각 학교장을 독려 상성도의명차단 및 통첩(相成度依命此段及通牒)으로 되어 있다."

그러나 이 요항 및 세목의 내용은 종래의 요목 이상 상세하게 규정되어 있으며 매우 철저한 것이었다. 게다가 당연하지만 쇼와 11(1936)년 요목과는 성격이 다르며 현저하게 전시색(戰時色)을 띠고 있다. 체련과의 교수방침은 요항에 나타나듯이 '황국민(皇國民)으로서 필요한 기초적 능력의 연마 육성'에 노력함과 동시에 강인한 체력과 왕성한 정신력을 배양하여 특히 '국방에 필요한 연유를 체득하게 하는' 것을 강조하고 있다.

교재는 기본능력을 기준으로 분류하여 능력연성적(能力鍊成的)이 되었다. 즉 체조, 유희, 경기는 일괄하여 능력적으로 배당되었으며 육상의 높이뛰기도 도상(跳箱)의 비립도월(臂立跳越)도 도약(跳躍)으로서 유별(類別)하고 귀유(鬼遊)와 모자빼앗기 등의 유희도 유희로서가 아니라 보주(步走)로서 유별하여 모든 기본능력의 연성(鍊成)으로서 생각하고 있다. 그 유별을 열거하면 자세, 호흡, 도수체조, 보주(步走), 도약(跳躍), 전회(轉廻) 및 도립(倒立), 현수(懸垂), 투척(投擲), 운반(運搬), 격력(格力), 구기(球技), 음악 유희, 수영이다. 자세, 호흡, 도수체조까지는 먼저 몸을 만드는 것이 목표로 능력연성의 기초훈련으로 생각하고 있다.

그 이하의 각 항은 체력의 기본이 되는 능력으로서 채택하고 있다. 날거나 매달리거나 수영하는 것은 모두 연성되어야 하는 기본능력이다. 이 생각에서 본다면 구기(球技)와 음악유희는 도대체 무슨 능력인가가 문제된다.

구기(球技)는 기본능력의 연성이라는 시대의 요구에 따라서 "각종 능력이 종합된 운동으로서 게다가 다수가 한조가 되어서 실시하는 단체경기이다."고 힘든 설명을 하지 않을 수 없었다.

게다가 가장 불리한 입장에 내 몰린 것은 댄스이다. 리듬과 미적 표현 등이 과소평가된 시대만큼 음악유희는 그 설명에 궁하였다. 실제 조사위원회의 협의(協議) 좌석에서는 음악유희 종류의 댄스 삭제론(削除論) 조차 나타나 이른바 '반주 있는 체조'로서 겨우 수습되었다.

그러나 쇼와 11(1936)년의 요목에 배당된 창가 유희의 교재는 4년까지로 중지되었으며, 전체로서 기본능력의 육성을 목표로 하여 도주(徒走), 도력(跳力)을 주로 한 기본보법(步法)이 많아져 따라서 반주 있는 체조운동으로 바뀌어 버렸다.

또한 종래 적당한 번역어가 없어 외래어 표기대로 사용하던 포크 댄스(Folk

dance) 용어도 이번에 개정되어 워킹 스텝(Walking step)은 족첨보(足尖步)로 갤러핑 스텝(Galloping step)은 추도보(追跳步)라는 방식으로 바뀌었다.

체련과(體鍊科) 체조 중의 교련은 그 내용이 현저하게 증가하였다. 쇼와 11년의 요목에서는 주로 체조지도상 필요한 집단행동의 기술을 채택할 정도였으나 이번은 군대의 보병조전(步兵操典)을 기준으로 도수각개교련(徒手各個敎練), 도수부대밀집교련(徒手部隊密集敎練), 예식(禮式)으로 단독(單獨), 부대의 경례, 열병(閱兵), 분열(分列), 지휘법(3년부터) 진중근무(陣中勤務) 등으로 나누어져 군사훈련적 요소가 강화되었다. 국민학교 고등과에는 총검술도 추가되었다.

체조 중에 새롭게 '위생'이 추가된 것도 이번의 특색이다. 그것은 물론 오늘의 보건과 달리 실천을 통한 습관형성을 중요시하여 체조과(體操科)시대에 어울리는 신체청결, 피부단련, 구급간호의 3가지에 대하여 지도하였다.

무도에 대해서는 이미 쇼와 14(1939)년 '소학교 무도지도 요목'이 제정되었으며 이번도 그것에 준하여 5학년부터 실시되었으며 내용적으로 다소 개선되었다.

쇼와 14년의 요목에는 검도와 유도의 유별(類別)이 달랐으나 이번은 양자의 표현을 통일하여 기본(基本), 응용(應用), 연습(稽古), 강화(講話)로 나누어졌다.

또한 초등과 5학년부터 고등과 2학년까지 학년별로 교재를 배당하고 전회(前回)는 배당되지 않았던 강화(講話)도 학년별로 그 내용이 채택되었다. 그리고 본 요항에는 "여아(女兒)에 대하여 치도(薙刀:나기나타)를 부과하는 경우의 교수요항은 별도로 정한다"가 있으나 실제로는 겨우 쇼와 19(1944)년이 되어서 '치도(薙刀)교수요목'으로서 제정되었다.

이리하여 체련과의 요항은 무도와 체조로 크게 나누어져 학년별의 교재가 배당되었으나 그것을 더욱더 구체화한 것이 실시세목이다.

체련과 교수요항 실시세목은 다음과 같은 양식으로 학년별에 유별과 운동으로 나누어서 그 목적, 방법, 용구, 연성목표와 진도, 지도상의 주의에 걸쳐서 기재되었다. 도약에 한 예를 들면 다음과 같다.

구분	운동	목적	방법	용구	연성 목표 및 진도		지도상의 주의
					예절	진도	
초등과 제2학년	토끼 뛰기	도력을 연마하여 신체의 지배력을 높여 자신력을 배양한다.	양수양족으로 토끼와 같이 적당한 거리를 뛴다.		참고 뛰기를 계속하는 것	거리 약 15미터로 한다.	1. 점차 거리를 늘린다. 2. 손을 다치지 않도록 실시한다

또한 국민학교 체련과의 시간수는 초등과 1학년은 체조, 음악을 합쳐서 5시간, 2학년은 같이 체조, 음악으로 6시간, 3학년 이상은 체련과로서 각 6시간, 고등과 1, 2학년은 남자 각 6시간, 여자 각 4시간으로 증가하였다.

12. 여자 체력장 검정의 실시

쇼와 17(1942)년의 체련과의 교재에 구체적인 연성목표와 진도가 기재될 무렵에는 여자 체력장검정도 마침내 실시하게 되었다. 쇼와 17년에 제정된 여자검정실시요강(쇼와 18년 9월부터 실시)은 상급, 중급, 초급, 급외의 4단계로 나누어졌다.

남자검정은 앞에서 언급했듯이 쇼와 14(1939)년에 제정되었으나 쇼와 16년에는 검정기준이 개정되어 요구수준이 높아졌으나 더욱더 상급, 중급, 초급 아래에 급외로서 갑, 을, 병이 정해져 6단계로 분화하였다.

또한 쇼와 17년에는 남녀 모두 달리기, 뛰며 던지기, 현수(懸垂), 운반의 5종목에 의한 기초검정 외에 급별 없는 일정 기준으로 합격·불합격을 결정하는 특수검정이 만들어졌다.

이것은 수영(남여)과 강보(强步·여자만)이었으나 그리고 쇼와 18년에는 남자에 행군(行軍)이 추가되었다. 행군은 24미터를 8킬로그램을 부하하여 5시간 이내에

완행(完行)한 경우를 합격으로 하였으나 경장(輕裝)으로 1시간 이내의 10미터 질주(疾走) 행군(行軍)으로서 대행(代行)할 수 있었다.

쇼와 17년의 남자 검정기준을 살펴보면 다음과 같다.

○ 남자 체력검정표준

1. 기초검정

종목	급별	상급	중급	초급	급외		
					갑	을	병
달리기	100m 질주	14초 이내	14·1초 이내	15·1초~16초	16·1초~17초	17·1초~18초	18초 이상
	2000m 질주	7분 30초 이내	7분 30초 이내	8분 1초~9분	9분 1초~10분	10분 1초~11분	11분 1초 이상
뛰기	주도도	4m 80cm이상	4m 75cm 4m 50cm	4m 49~4m	3m 99~3m 80cm	3m 79~3m 50cm	3m 49cm 이하
던지기	수류탄 던지기	45m 이상	44m 99~40m	39m 99cm~35m	34m 99cm~30m	29m 99cm~3m 50cm	24m 99cm 이상
운반	운반 (50m)	60kg 15초 이내	50kg 15초이내	40kg 15초 이내	30kg 15초 이내	25kg 15초 이내	25kg 15초 이내
현수	현수굴비	12회 이상	11회~9회	8회~5회	4회	3회	2회 이하

2. 특수검정

종목		표준	비고
수영	거리 수영	300m 완영	정수(靜水)로서 소정의 거리를 완영(完泳)하는 것으로 수영 형태를 묻지 않는다.
			우(右)는 영력(泳力)의 기본 검정종목으로 하고 단 실시의 편의상 좌(左)의 하나로서 대행(代行)할 수 있다.
	시간 수영	10분간 수영	흐름에 따라서 또는 역영(逆泳) 또는 정수(靜水)에 따라 소정의 시간 수영하는 것으로 하고 수영형태를 묻지 않는다.
	수영속도 100m 2분25초 이내	100m 2분 25초 이내	정수(靜水)에 있어서 소정의 거리를 수영하는 속도를 계시하는 것으로 수영형태를 묻지 않는다.

○ 여자 체력검정표준

1. 기초검정

급별 종목	상급	중급	초급	급외
1000m 속행	5분 이내	5분1초~5분30초	5분31초~6분	6분1초~6분30초
승도	1분20초 이상	50초~1분19초	30초~49초	20초~29초
단봉 던지기	20m 이상	18m~19m 99cm	15m~17m 99cm	10m~14m 99cm
운반 (50미터)	24kg 18초 이내	20kg 18초 이내	16kg 18초 이내	12kg 18초 이내
체조	대일본 여자청년체조	대일본 국민체조	국민보건체조 제2	국민보건체조 제2

2. 특수검정

종목		표준	비고
수영	거리 수영	200미터 완영	정수(靜水)로서 소정의 거리를 완영(完泳)하는 것으로 수영형태를 묻지 않는다.
	우(右)는 영력(泳力)의 기본 검정종목으로 하고 단 실시의 편의 상 좌(左)의 하나로서 대행할 수 있다.		
	수영시간	7분간 수영	흐름에 따라서 또는 역영(逆泳) 또는 정수(靜水)에 따라 소정의 시간 수영하는 것으로 하고 수영형태를 묻지 않는다.
	수영속도 100미터 2분25초 이내	50미터 1분 25초 이내	정수(靜水)에 있어서 소정의 거리를 수영하는 속도를 계시하는 것으로 수영형태를 묻지 않는다.
강보	20킬로미터	4시간 이내	관문(關門)에서 5분 내지 20분의 작은 중지(休止)를 실시하는 경우는 소요시간에서 이를 제거한다.

※ (비고) 수영 및 강보(强步)는 급별로 하지 않고 합격·불합격으로 한다.

쇼와 18(1943)년도에는 대체로 이 기준으로 실시하였으나 여자는 다소 기준을 높였다. 또한 '국민체력법'은 쇼와 15(1940)년부터 17세에서 19세까지의 남자, 쇼와 16(1941)년에는 15세부터 19세까지의 남자가 관리대상이었으나 쇼와 17(1942)년의 의회에서 개정되어 26세미만의 남자, 20세 미만의 여자에까지 확대되었다.

쇼와 17(1942)년은 특히 여자로서는 국민체력법에 의해서도 체력장검정에 대해서도 큰 문제가 된 중요한 해였으며 이 해부터 황국여자의 단련이 혹독하게 요구된다.

13. 사범학교와 중학교의 체련과(體鍊科) 요목

쇼와 17년 6월부터 위원회에서 검토된 사범학교 체련과 교수요목은 쇼와 18년 (1943년) 4월 1일에 제정되었다. 체련과는 기본과목으로서 교련, 체조, 무도의 3과목으로 나누어졌다. 이번 요목의 특색은 군사훈련이 매우 중요시된 것이다.

아래 표에서 보는 것과 같이 체련과의 시간 수에서 보더라도 그것이 증명된다.

구분	성별	체련과 매주 시간수	매주 교련 시간수
예과 (豫科)	남자	7시간	3시간
	여자	4시간	1시간
본과 (本科)	남자	6시간	2시간
	여자	4시간	1시간

이점은 요목의 요지에도 뚜렷이 기술되어 있다. 남자는 '군사적 기초훈련' 여자는 '초보의 군사적 기초훈련'을 교수하여 국방능력을 향상하는 점에 주안을 두고 있다. 따라서 여자에게도 학년별의 교련배당표가 상세하게 표시되어 도수의 각개 교련, 부대교련, 예식, 지휘법, 교수법, 군사 강화(講話)가 교수되었다.

국토방위의 중요성을 전제로 황국여자 책무의 중대함이 강조되었다. 본과의 최종 학년에는 남여 모두 해군사관에 의해서 해군 군사강습을 받는 규정도 기재(記載)되어 있다.

체련과(體鍊科) 체조는 기본능력 연성을 주안에 둔 분류로서 초등학교 체련과 요항과 같은 요령으로 표시되어 있으나 그 중의 도수체조(徒手體操)는 한층 발전하여 각각의 그 하나와 그 둘로 나누어졌다.

전자는 도수체조의 기본을 습득하고 후자는 연속체조에 의해서 일반적 운동능력의 기초적 양성을 목표로 하였다.

따라서 이 일련체조(一蓮體操)는 전조(前操), 중조(中操), 후조(後操)로 세분되어 각각의 종목이 채택되었으며 전조(前操)만이라도 독립된 일련체조가 될 수 있는 긴 체조가 실시하게 되었다. 체조는 더 이상 보건을 위한 것이 아니라 단련이며 녹초가 될 때까지 단련하는 운동이 되었다.

또한 체련과(體鍊科) 체조는 도수체조(그 하나, 그 둘), 보주(步走), 도약(跳躍), 전회(轉廻) 및 도립(倒立·여자에게는 도립을 제외), 현수(懸垂), 투척(投擲), 강거(扛擧·여자 제외), 운반, 각력(角力), 여자는 압인(押引), 구기(球技), 수영, 설매타기(雪滑), 음악운동(음악유희의 개칭)의 순으로 배당되었다.

무도는 예과(豫科), 본과(本科) 모두 검도와 유도를 부과하고 그리고 총검도를 추가하였다. 국민학교 고등과에서는 '총검술'이었으나 이번에는 '총검도'로 명기하였다.

예과, 본과 모두 남자는 검도, 유도, 총검도, 여자는 치도(薙刀·나기나타)가 학년별로 배당되어 있다.(여자에게는 궁도도 장려되었으나 요목은 작성되지 않았다) 검도는 기본으로 ① 예법 ② 준비자세 ③ 몸의 운용 ④ 베고 들어가기(斬突), 응용(斬突), 연습(稽古), 강화(講話)로 유도는 기본으로 ① 예법 ② 준비자세 ③ 몸의 운용 ④ 낙법 ⑤ 아데미나게(当身投), 응용(조르기, 던지기, 누르기), 연습(稽古), 강화(講話)로 총검도는 기본동작, 응용동작, 연습(稽古), 강화(講話)로 여자의 치도(薙刀)도 기본, 응용, 강화로 나누어져 각각 교재가 채택되었다. 또한 예과에는 위생훈련 교재가 배당되었다.

중등학교(남녀)의 체련과(體鍊科) 교수요목 제정(制定)을 위한 조사위원회는 쇼와 18(1943)년의 여름 이래 회합을 거듭하여 쇼와 19(1944)년 3월 1일 제정되었다.

이번 요목에는 체조(체조·경기, 위생), 무도, 교련이 각각 독립된 3과목이 되어 그것을 통칭하는 단어가 체련과(體鍊科)라고 생각하게 되었다.

이시이(石井) 과장은 그것에 대하여 "종래는 교련, 무도가 일반 체조와 함께 체조 과목 내에 포함된 것을 이것이 일반체조와 다른 특징을 가지고 이것과 병행하여 중요시해야 한다는데에 비추어 신(新)제도에 있어서는 독립과목으로서 다루게 되었습니다."고 언급하였다. 이리하여 체조교사, 무도교사, 교련교관도 종래와는 달리 독립된 입장을 취하게 되었다.

남자 중등학교의 교련은 지금까지 '학교교련 교수요목'에 근거하여 교수(敎授)되어 온 관계상, 체련과(體鍊科) 교련에 채택된 요목은 여자중등학교의 교련뿐이다. 사범학교 여자와 같이 도수각개교련(徒手各個敎練), 부대밀집 교련(部隊密集敎練), 예식(禮式), 교육법, 지휘법을 들고 있으나 이번 새롭게 행군이 추가되고 또한 연락, 수색, 경계가 독립된 유별(類別)로서 표시되었으며 사범학교 여자의 체련과(體鍊科) 교련보다도 정도가 높은 것이 되었다.

무도는 남자에게는 검도, 유도 외에 고학년부터 총검도가 추가되었다. 여자는 치도(薙刀) 외에 궁도도 부과할 수 있다고 규정되었다. 교수요목 실시세목에는 유별마다 목적, 방법, 진도(進度), 지휘상의 주의 등이 기재되어 있으나 이것이 통달(通達)될 무렵은 본토(本土) 결전(決戰)에 준비하여 안정된 지도는 불가능하게 되었다.

14. 전시(戰時) 체육실시 요항의 연발(連發)

시시각각 변화하는 전국(戰局)에 따라서 체육에 관한 통첩도 연발하였다. 쇼와 18(1943)년에 발포된 다음 3가지의 대표적 통첩을 보면 이 무렵의 전시체육(戰時體育)의 격변상태를 잘 이해할 수 있다. 그것은 '전시(戰時) 학도체육 실시요강'(쇼와 18. 3. 29)이며 '하계 학도체육 훈련대회의 통첩'(쇼와 18. 7. 27)이며, '학도체육 훈련실시의 통첩'(쇼와 18. 9. 23)이다.

쇼와 18(1943)년에는 학교 체련과의 체육이라도 학도의 학교 내외의 신체훈련이라도 시대가 요구하는 체육의 기본적 구상은 이미 같은 기반에 세워졌다.

즉 그 구조를 한 채의 집에 비유한다면 능력연성의 기초공사로 생각하는 것이 도수체조이며 이 토대 위에 달리기, 뛰기, 던지기 등 기초능력의 연성(鍊成)적인 운동의 기둥이 여러 개 세워지고 그것을 지탱하는 처마(屋根)로서 전기적(戰技的)

운동이 크게 덮여 있다. 전시(戰時) 학도체육훈련실시 요강의 통첩을 해설하여 기타자와(北澤) 과장은

"기초적인 훈련으로서 신체를 유연히 하고 종횡으로 조작하는 능력에 가장 가까운 것은 체조이다. 다수의 학도(學徒·학생)가 동시에 체육적으로 매우 입문하기 쉬운 것으로서는 먼저 체조를 들지 않을 수 없다"고 말하고 있다.

즉 '요강'에 채택된 기초훈련 중에도 가장 기초적인 것으로서 체조를 생각하고 그 위에 육상, 검도, 유도, 수영, 설매타기, 구기 등의 운동이 국방체력의 훈련종목으로 채택되었으며, 그리고 강병건모(强兵健母)의 준비인 행군, 전장(戰場)운동, 총검도, 사격 등의 전기훈련(戰技訓練) 종목이 정점에 걸려있다.

육상경기가 아니라 육상운동으로서 채택된 것은 종래와 같이 기량을 겨루는 것이 아니라 결전(決戰)에 출진(出陳)하기 위한 능력연성을 목표로 하였기 때문이다. 때문에 무도라도 육박격투(肉迫格鬪)의 능력을 연성하기 위한 수단이다. 당연히 교련복과 각반으로 실전즉응적(實戰卽應的)으로 실시해야 한다. 따라서 무도는 한편으로 육박공격(肉迫攻擊)의 전기적(戰技的) 성격을 띠게 된다. 이것과 반대로 궁도는 무사도 정신의 함양이라는 점에서 존중되면서도 근대전(近代戰)에는 도움이 되지 않기 때문에 사격에 중점을 두게 되었다. 즉 궁도보다도 사격도(射擊道)가 우위를 차지하게 된다. 물론 이러한 의견을 강하게 주장하는 것은 군부(軍部)였다.

육군 토야마학교(陸軍戸山學校)의 무라오카(村岡) 중좌(中佐: 구 일본군의 계급으로 우리나라의 중령에 해당)는 쇼와 18년 말에는 무도조차도 스포츠와 한 묶음으로 비실전적(非實戰的)인 운동으로서 비난하고 참된 체육은 종합적인 국방능력을 배양하는 전기(戰技)훈련과 특수훈련이라고 설하였다. 무사도는 커녕 공습 하의 절박한 분위기가 감돌았다.

쇼와 19(1944)년에 들어 마침내 '교육에 관한 전시(戰時) 비상조치 방책에 동반한 학도의 군사교련 강화 요강'(1944 2월 8일)이라는 긴 통첩이 발포되었으며,

이것으로 국민학교의 교련도 '이것을 강화하여 초보군사적 기초훈련의 철저를 기하는 시대가 되었다.'

이 통첩에 의해서 각 학교 모두 시간을 증가하여 초등학교 고등과는 매주 3시간, 사범학교 본과는 4시간이라는 정도로 대학에 이르기까지 교련시간 수가 증가하였다.

쇼와 19년 3월에는 문부성 외곽단체인 대일본체육회는 시국에 따라서 종래의 남녀 체력장검정을 보다 확대한 국민체력연성목표 실시요강을 발표하였다.

즉 지금까지의 검정과 같이 남자는 15세에서 25세까지, 여자는 15세에서 21세까지의 제한을 폐지하고 "체력장 검사 해당 연령이상의 국민에게 체력양성의 기회를 부여하고 일상생활과 체육을 긴밀하게 하여야 한다"로 검정을 개선하였다.

남자종목은 기본종목과 특수종목으로 구분하여 기본종목은 백미터 질주(疾走), ○ 1,000미터 속행(速行), △ 2천미터 보주(步走), △ 주건도(走巾跳), 현수(懸垂) ○ 승도(繩跳·줄넘기), 24킬로그램 차거(差擧)(△는 26~45세만, ○은 46세 이상) 그리고 유연도(柔軟度)와 체전굴(體前屈)이며 특수종목은 24킬로미터 행군과 수영이었다.

연령 구분도 26~35세, 46~55세, 56세이상으로 구분하고 연령별로 상급, 중급, 초급의 급별마다 표준이 정해졌다.

여자의 기본종목은 1,000킬로미터 속행, 승도(繩跳), 운반, 중량던지기(모래배낭 등 사용한 거리 던지기), 체전굴의 종목, 특수종목은 수영, 24킬러미터 행군이었다.

연령은 25세까지, 26~35세, 36~45세, 46세이상으로 구분하여 같이 상급, 중급, 초급의 급별마다 표준이 정해졌다.

이와 같이 종전 가까운 쇼와 19년에는 남녀 구별없이 부자유로운 생활 속에 헌신(獻身)훈련이 실시되었다.

낡은 남편의 바지를 입고 뛰어다니는 부인들의 모습은, 일본여자가 활동적인 바지의 장쾌함을 처음으로 음미한 가을이라기에는 너무나 비장한 모습이었다.

15. 종전(終戰·敗戰) 직후 학교체육의 움직임

쇼와 20(1945)년 이후 짧은 기간이지만 체육으로서도 획기적인 변화를 경험한시기이다. 그것은 패전이라는 심각한 사실에 동반하는 사회 전체적 변동과 관련하는 것만큼 그 기초가 되는 또는 관련된 분야의 움직임을 모르고서는 충분히 이해할 수 없다. 특히 교육의 전체적인 동향을 이해할 필요가 있을 것이다. 이러한 의미에서 먼저 교육 전체의 동향을 대략적으로 개관하고 더불어 체육이 걸어 온 개략을 더듬어 보기로 한다. 비록 짧은 기간이라도 이것은 쇼와 20(1945)년부터 쇼와 24(1949)년경까지는 한 시기로 봐도 될 것이다.

종전(終戰) 직후를 여기서는 일단 종전부터 '학교체육지도 요강' 공포 직전까지인 약 2년을 생각한다. 이 시대 구분에는 물론 문제가 있으나 지도요강이 구체적인 안내를 해주었다는 의미에서 그것이 없었던 그 이전과는 한 선을 그어도 좋을 것으로 생각한다. 이 시기는 이른바 학교체육의 공백기라 해도 좋다. 일본은 처음으로 점령행정을 경험하였으며 끝이 어떻게 될 것인가도 분명하지 못하였다.

체육시설은 황폐하고 용구도 없었다. 무엇보다도 식량이 부족하였기 때문에 배고프게 하는 체육은 환영받지 못하였으며, 전시체육(戰時體育)의 기억도 생생하여 체육으로서는 좋은 시기는 아니었다. 총사령부 내의 민간정보교육국 — 문부성 라인에 따른 각종 통첩에 의존하였기 때문으로 이 시기는 이것을 유력한 단서로 할 수 밖에 없다.

이러한 통첩은 대략 쇼와 20(1945)년 10월 22일자의 '일본교육제도에 관한 관리정책'의 방침에 따른 것이었다. 크게 구분하면 이 교과내용에 관한 군사적 색채를 가진 교재의 제거와 유희·스포츠의 장려로 지도법에 관한 것으로서 질서, 행진, 도수체조 등에 나타난 훈련 주의적 획일적 형식주의의 시정 하에 학교체육 관계의 조직과 단체의 민주화에 관한 것이었다.

1) 훈령과 통첩을 통하여 본 당시의 움직임

이 시기에 나온 통첩의 주요한 것은 '종전에 수반하는 체련과 교수요항(要目) 취급에 관한 건'(쇼와 20년 11월). '무도의 취급에 관한 건'(앞의 것과 같음) '학교 체련과 관계 사항의 처리철저에 관한 건'(쇼와 20년 12월) '학교 교우회 운동부의 조직운영에 관한 건'(쇼와 21년 6월) '질서, 행진, 도수체조의 실시에 관한 건'(쇼와 21년 6월) 및 야구통제에 관한 훈령의 폐지 등이었다.

(1) 체련과 교수요항(要目)의 수정

이것은 국민학교와 중등학교에 관한 것으로 근본적 개정을 전제로 한 잠정적 조치였다. 통첩은 이것을 명기하고 있다. 교재와 지도법에 관한 삭제가 주요 내용으로 교재에 대해서는 국민학교 체조 및 유희 교재에서 보조를 맞추어 걷는 군대놀이, 병대놀이, 군함, 병대님, 어형수뢰놀이 제거, 무도(검도, 유도, 치도)의 수업 중지, 배구와 농구 등의 적당한 실시 및 '도수체조는 요령에 관계없이 수업 중, 주로 실시하는 교재의 준비, 조정, 교정 및 보조로서 실시하는 것으로 획일적 지도는 피할 것'이 있으며, 중등학교에는 무도(검도, 유도, 치도, 궁도)의 중지, 도수체조에는 국민학교와 같이 속보(速步), 위벽승월(圍壁繩越), 수류탄 던지기, 무쇠의 힘, 승리할 때, 대일본 노래, 군함 행진곡 등이 삭제되었다.

이 외 "수업은 종목으로 기계체조, 주도투(走跳投)기, 스모, 구기, 수영, 설매타기 등에 대해 생도의 선택에 따라 이것을 자발적으로 실시하도록 적절한 지도를 실시하는 것과 토지의 상황, 계절, 날씨, 설비(設備) 및 신체상황 등을 고려하여 종목을 선택하고 그 배합 등을 적절하게 실시하도록 지도할 것 등이 있다."

어쨌든 군사적 요소의 제거와 동시에 새로운 방향이 우선 어떤 형태로 생각하였는가를 '생도 선택에 따라'나 '자발적으로 실시하는 것'의 단어에 엿볼 수 있다. 또한 도수체조의 지위가 두드러지게 약해진 것은 지금까지 주동적인 지위를 차지한 만큼 큰 변화이며, 이러한 조치에 대한 저항은 그 후 다양한 형태로 나타났다.

여기에 미국의 영향이 단적으로 생각할 수 있으며 동시에 도수체조 그 자체보다도 오히려 그것과 결합된 획일적 지도형식이 문제가 되었다고 생각해도 좋을 것이다. 도수체조 자체도 너무나 형식화되어 있었던(전부는 아니지만) 것이 문제였다.

'생도의 선택에 따라 자발적으로 운운'이라는 단어의 진의는 어쨌든 도수체조 항(項)보다는 더욱 더 중요한 개변(改變)이라고 생각해도 좋으며, 해석에 따라서는 생도가 좋아하는 것만을 하게 해도 좋다는 극단적인 형태로 받아들여지기 쉬운 표현이었다. 사실 야구만 한다는 학교도 나올 정도였다. 아마도 그 후에 밝혀진 커리큘럼의 자주적 편성을 시사한 것으로 교사중심에서 방임으로 위험이 여기서부터 생겨났다고 생각해도 좋다. 또한 점령군 행정의 말단에는 다양한 트러블도 있었으며 어려운 시기였다.

지도법에 관한 조항은 대략 소, 중등학교 공통으로 예를 들면 "수업은 획일적 지도로 타락하지 않고 충분히 아동의 자연적 요구를 고려하여 유희경기적 취급에 중점을 두어 특히 명랑활달의 기상을 진기(振起)시킴과 동시에 도의심(道義心)의 앙양에 노력할 것, 아동의 개성, 발육과 영양의 상태 및 운동능력 등을 고려하여 지도의 적정을 기하고 특히 운동과 휴양의 조정을 도모할 것이다" 등도 있다.

학습자의 욕구와 흥미, 스포츠맨십, 개인차, 피로와 휴양 등의 단어로 바뀌어 근대적 학습이론에 비추어 생각하면 그렇게 문제는 아니지만 교과내용이 세세한 점까지 상부하달로 교사중심의 획일적 지도에 익숙한 눈으로 보면 몹시 이질적이며 지나치게 아동중심으로 편중된 것으로 비추어졌을 것이며 무리도 아니다. 어쨌든 전후(戰後)의 새로운 방향을 시사하는 것으로서 아동중심, 학습자의 자주성, 유희·스포츠 중심과 커리큘럼의 자주적 편성 등이 담겨져 있다.

(2) 무도(武道)와 체련과(體鍊科) 관계사항의 처리 철저

무도에 관한 통첩은 무도를 정과(正課)뿐만 아니라 과외활동으로서도 중지한다는 취지이다. 무도가 왜 제외되게 되었는가? 그것은 오히려 쇼와 21(1946)년 11월 내무성(內務省)령으로 대일본무덕회(大日本武德會)가 해산된 경위에 대하여 살펴보면 알기 쉬울 것이다.

무덕회 해산 이유는 ① 중앙집권적 단체로 단순한 클럽조직으로 인정되지 않는다는 것. ② 임원에 구 직업군인과 경찰관계자가 세력을 가졌다는 것. ③ 군국주의적 경향을 보유한다는 것. ④ 중앙본부가 막대한 자산을 가지고 있다는 것 등이었으며, 교과내용에서 제거된 직후의 이유는 아마 예를 들면 전시중(戰時中) 도검(刀劍)을 병기(兵器)로서 어떻게 효과적으로 사용하는가를 훈련하는데 이용하였는가나 스포츠 관점에서 본 무도 자세에 문제가 있었다 정도였을 것이다.

무도와 스포츠의 관계는 이전(1925년)에 문제가 된 적이 있으나 이 조치는 무도라는 총괄적 명칭이 사라짐과 동시에 스포츠로서의 입장에서 재고할 기회를 부여하였다. 이리하여 유도는 쇼와 25(1950)년, 궁도는 쇼와 26(1951)년, 죽도경기는 쇼와 27(1952)년, 검도는 쇼와 28(1953)년부터 다시 학교에서 실시하게 되었다.

학교 체련과(體鍊科) 관계 사항의 처리 철저에 관한 통첩은 "누차 통첩에 따라 각각 만전을 기하고 있다고 알고 있지만 모든 정보에 따르면 일부에 여전히 유감스러운 점이 있어 처리 철저에 관하여 더욱 더 배려된다"의 전문이 보여주는 그대로의 내용이다.

내용은 ① 학교의 내외를 묻지 않고 군사 교련적 색채를 청산할 것 ② 교련용 총병기 등의 처리에 유감이 없도록 기할 것 ③ 학교 또는 부속시설에 있어서 무도를 실시하지 않는다는 것의 3항으로 그리고 아래 제1항의 내용이 "체조작업 등 실시중의 지도태도, 지도방법 등은 물론 체조, 작업시 이외의 집합, 행진, 경례, 등하교 등이 방법에 관해서도 습관전통 등의 어떤 것을 묻지 않고 군사교련적 색채는 즉시 이것을 청산하여 적어도 위에 관하여 오해를 초래하는 것이 없도록 엄히 주의할 것이 있는 것은 주목해야 하며, 그리고 당시의 실정을 엿볼 수 있다."

어쨌든 이러한 통첩에 의해서 전전(戰前) 큰 비중을 가지고 있었던 교련과 무도는 교과내용에서 완전히 사라지게 되었다.

유희·스포츠시대로 불렸으나 당시는 사실 그렇게 되지 않을 수 없었던 것이다. 군사색의 불식(拂拭)에 의해서 체육은 평화로운 사회에 있어서의 자세에 대하여 신중하게 생각해야 하는 사태에 당면한 것이다.

(3) 질서, 행진, 도수체조의 취급

이 통첩(通牒)도 앞과 이어지는 것으로 교련적 요소의 제거를 다시 강조한 것으로 생각해도 좋다. 먼저 전문에서 지금까지의 통첩에서 만전의 조치가 취해졌다고 생각하지만 여전히 세부사항에 대하여 다양한 의문 등도 가지고 그 때문에 학생 지도상에 적극성을 결여된 면도 있었기 때문에 이 때 별기(別記)의 한 예를 송부하니 이것을 참고하여 그 취급에 유감이 없도록 해주시기 바랍니다고 매우 정중한 단어를 사용하고 그리고 체육운동 실시에 대하여 진주군(점령군)의 관계보다 직접 지시주의 또는 지도 등을 받은 경우는 그 사실을 가능한 구체적으로 보고해 주기 바란다가 추가되어 있다.

내용은 ① 질서운동 ② 행진 ③ 도수체조 ④ 기타로 되어 있다. ①의 질서운동에 대해서는 필요한 명령, 호령, 지시 예를 들면 "차렷" "쉬어" "우(좌)로 봐" "우로 돌아" "정돈" "번호" 등은 최소한도로 멈추고, 또한 군사적 색채가 없고 유쾌한 기분을 느끼도록 실시한다면 해도 좋다. 그러나 그 자체를 반복연습하는 것은 피해야 한다.

요약하면 그것이 필요하다는 것을 학습자가 안다면 해도 좋지만 형식 자체를 학습대상으로 해서는 안 된다는 의미이다. 그 한계를 구체적으로 처리하는 것은 형식적 훈련주의가 철저했던 당시에 있어서는 약간 귀찮은 제약이 된 것을 틀림없다.

행진에 대해서는 대열을 갖춘 행진은 장소를 이동할 목적으로 실시한다면 지금까지와 같은 정상보 행진(正常步行進)과 음악에 맞추어서 기세 좋게 걷는 것은 해도 좋다. 그러나 대열행진 자체를 목적으로 하여 실시하는 것을 피해야 한다.

또한 행진 간에 "하나 둘" "좌 우" 등도 장단을 맞추는 것은 적당하지 않다. 군대에서 실시하는 고상행진(股上行進: 속보행진)은 절대로 피해야 한다가 있기 때문에 취지는 질서운동과 같다.

도수체조는 비군사적 태도로 실시하지 않으면 앞의 것과 공통이다. 이 의미에서 전교의 합동체조를 실시하는 것은 해도 좋다. "모여" "체조대형으로" 등의 명령, 호령, 신호는 실시해도 좋다. 그러나 군대식의 구조와 태도를 취하지 않도록 해야 한다. 따라서 필요하다면 각종의 개열(開列: 벌려서기) 이를테면 편수간격(片手間隔), 2보간격, 자유개열(自由開列)을 하는 것은 해도 좋다.

그렇지만 개열(開列)방법에 대하여 특별훈련을 하는 것을 피해야 한다. 지도자의 호칭은 최소한으로 사용하고 게다가 유쾌한 기세로 비군사적으로 실시해야 한다. 전원(全員)으로 호칭을 취하는 것은 좋지 않다.

체조에 음악을 이용하는 것은 좋은 것이다. 새로운 라디오체조는 수업의 일부로서 실시해도 좋다. 합동체조를 실시하는 경우는 획일적인 형식, 요령, 회수에 사로잡혀 개인차를 무시해서는 안 된다고 되어있다.

이상을 통하여 말할 수 있는 것은 이 통첩이 2종류의 의미를 가지고 있는 것이다. 학교체육에서 교련적 요소를 제거하는 것이 일관되어 있으며 동시에 지도와 학습에 대하여 새로운 사고에 입각해야 한다는 것을 시사하고 있다.

진주군(점령군)의 정부기관과 종종 트러블이 있었던 것을 제거하는 것이 직접적 목표였다는 것은 표면적으로 드러나는 대강의 의미(文面)대로 이지만 다른 면에서는 교련적 요소를 없앨 수 없을 정도로 전통화된 당시의 실정을 엿볼 수 있다.

이처럼 군사적 요소를 철저히 파쇄(破碎)하는 것이 기본방침이었다고 하더라도 학교체육이 실제로 보여준 통제적 획일주의, 형식주의는 이상하게 보였을 것이다.

이것을 뒤집어 보면 학습에 대한 새로운 사고이다. 학습자의 필요감, 이해, 개인차 등을 학습지도에 있어서 중요하다고 생각한다면 과거의 지도형식은 너무나도 교사중심이었으며 획일적 형식주의, 훈련주의적이었다. 도수체조에 대해서도 체조 자체가 아니라 그 지도방법이 문제가 되었다.

이상으로 교과내용, 지도법에 대한 종전직후의 잠정조치는 일단 끝났다고 생각해도 좋다. 새로운 방향에 대한 시사를 가지고 있다하더라도 그것은 아직 문자대로의 잠정조치이다.

(4) 교우회 운동부의 조직과 경영

이미 언급했듯이 쇼와 16년(1941) '학도체육진흥회(學徒體育振興會)'의 발족으로 학생생도 관계의 유일 또는 종합적 통제단체가 되어 이 무렵부터 군사목적 우선 하에 스포츠는 통제되고 무도와 교련을 주로 하는 국방적 체육으로 이행하였다. 이 움직임 중에 교우회는 '보국단'으로 개칭에 이어서 '학교보국단'을 개조되어 일종의 조국방위대로 바뀌었다.

또한 자유참가에서 전원참가로 한 종목 주의에서 다종목 주의로 행군(行軍)·전장운동(戰場運動)·총검술·사격술의 전기훈련(戰技訓練), 수영(원거리 수영)·무도·스포츠 등 외 해양·기갑(機甲)·항공 마차훈련(馬車訓練) 등을 내용으로서 중요시하였다. 이 면도 당연히 검토대상이 되어 이 통첩이 나오게 된 연유이다.

이것도 잠정적 조치라는 것을 밝히면서 내용은 조직운영의 참고가 되었다. 전문(前文)과 11조(十一條)로 구성되며 교직원과의 관계, 집단성격, 목적, 조직, 종목, 연습과 시합의 참가 등을 언급하고 있다.

"생도는 교직원의 지도하에 자발적으로 운동경기를 즐겁게 실시함으로써 심신단련을 도모함과 동시에 이것을 통하여 자치공동, 규율, 절제, 책임완수 등 사회생활에 필요한 모든 덕을 체험하고 이것을 일상생활에 실현하도록 노력하는 것으로 성격과 목적을 가지며 부원의 입회를 강제하거나 부원을 기계적으로 배분하는 것을 피하고 가능한 전생도가 스스로 애호하는 운동부에 참가하여 이것을 실시하도록 지도함과 동시에 모든 운동부 할거(割據)의 폐해(弊害)에 빠지지 않고 널리 전교 생도가 이용할 수 있도록 조직 운영하는 것. 특히 선수 또는 운동부원 이외의 자는 체조, 플레이 그랜드 볼, 하이킹 등 평이하게 실시할 수 있는 운동 종목을 선택하여 실시하는 것. 또한 이들을 위하여 특별부를 설치하는 것도 좋다"고 조직과 운영에 대하여 언급하고 종전과의 연결에 고심의 흔적이 보인다.

교우회 운동부는 교재와 달리 원래 자치적인 성격으로 출발하였기 때문에 그 복귀는 비교적 간단하였다.

이러한 잠정조치 상에 '학교체육 지도요강'으로서 새로운 방향이 구체화되는 이유이지만 그 전에 '미국교육사절단 보고서'를 예를 들어야 한다.

2) 미국 교육사절단 보고서와 보건체육

미국 교육사절단은 쇼와 21년(1946) 3월에 방일(訪日) 4월에는 보고서를 발표하였다. 이 전에 '일본 교육제도에 관한 관리정책'과 일본 교육제도개혁에 관한 극동위원회 지령도 나와 있으나 이 보고서는 그 후의 점령교육제도를 전반적 또한 구체적으로 규정하는 것이었다.

사령관 맥아더는 성명서를 내고 "이것은 민주주의의 전통에 높이 내세운 이상을 나타내는 문서이다"이나 "이 보고서는 총사령부 민간정보 교육국이 '교육제도의 민주화에 대하여' 이후 일본정부를 원조할 때 크게 공헌할 것이다"고 언급하듯이 그 후 수년간의 움직임은 이것 없이는 이해할 수 없으며 오늘에도 큰 영향을 미치고 있다.

보건과 체육에 대해서는 '제1장 일본교육의 목적과 내용'을 언급하고 있으나 보건교육에 대하여 살펴보면 소학교에서 보건교육이 결여되어 있는 것과 신체검사의 기준을 만들 필요에 대하여 언급한 후 "학교의 보건교육이 생도 개인에게도 가정에도 뛰어난 보건법을 실행하도록 가르치며 동시에 세균학, 생리학, 일반보건법의 기본과 실천을 포함해야 된다는 것은 대부분의 권위자가 인정하는 부분이다"고 말하고 여전히 '학교보건위원회'의 필요를 시사하고 있다.

요약하면 지금까지의 생리위생의 지식중심에서 내일의 건강을 위해서는 먼저 오늘의 건강이 중요하다는 것, 건강생활의 실천을 중요시한다는 등 새로운 보건교육으로 전환하는데 크게 기여한 것은 부정할 수 없다.

체육에 대해서는 ① 체육은 체위향상과 함께 스포츠맨십과 사회성을 생각할 것 ② 남여공동으로 실시하는 활동을 언급한 후 대학체육의 필요를 언급하고 있다. 또한 ③ 체육시설을 정비하는 것의 중요성을 강조한 후 교사용 서적은 교육위원회에서 만들어야 한다는 것 ④ 교원양성은 보건·레크리에이션에 관한 근대적 지식이라는 관점에서 생각할 것 ⑤ 또한 이러한 것에 대하여 조사 연구가 필요하다는 것 ⑥ 군국주의적이 아닌 스포츠 단체의 부활과 체육이 민주적 교육에 공헌할 수 있는 가능성이 크다는 것 등에 대하여 언급하고 있다.

이 보고서에 언급된 내용은 그 후 수년간에 특히 큰 경제적 부담을 수반하는 것을 제외하고 거의 실천되었다고 보아도 좋다.

3) 학교체육 연구위원회와 학교체육 지도요강

미국 교육사절단은 쇼와 21년(1946) 3월 5일에 도착하여 보고서가 발표되었다. 마침내 문부성은 교수요목(항)을 대신하는 새로운 것을 만들기 시작하였다. 이를 위하여 쇼와 21(1946)년 9월에 '학교체육연구위원회'가 설치되었다.

(1) 학교체육연구위원회

이 위원회는 50명의 위원을 의촉(依囑)하였다. 보건(保健)과 체육(體育)의 양(兩) 부문의 전문가를 망라한 것, 소학교에서 대학에 이르는 각 학교 단계의 분과회를 설치한 것, 여자위원이 상당히 많이 포함되었다는 것, 미국 관계자가 참가한 것 등에 특색이 있었다. 그 결론은 정리되어서 다음해 쇼와 22(1947)년 8월 '학교체육 지도요강'으로서 발표되었다.

(2) 학교체육 지도요강

이 요강은 약 20항의 소책자로 몇 가지 점에서 특색을 가지고 있었다. 예를 들면 보건과 체육의 두 분야에 걸쳤다는 것, 교과 명칭을 '체련에서 체육'으로 개정했다는 것, 구(舊) 요목의 통제적 성격을 버리고 교수상의 참고가 되었다는 것, 목적과 목표에 새로운 관점을 수용하였다는 것, 남녀 공학을 예정한 것, 발달을 단계적으로 구분하여 각 단계별로 발달상의 특성을 들고 교재를 도출하였다는 것, 평가(측정)를 중시하였다는 것 등이다.

① 목적과 목표

"체육은 운동과 위생의 실천을 통하여 인간성 발전을 기도하는 교육이다. 그것은 건전하고 유능한 신체를 육성하여 인생에 있어서 신체활동의 가치를 인식시켜 사회활동에 있어서 각자의 책임을 자각시키는 것을 목적으로 한다"가 그 목적의 표현이지만 어쨌든 체육 개념을 간단명료하게 설명한 것은 새로운 시도이다.

그러나 이 정의는 보고서의 체육과 건강(보건)교육과 레크리에이션을 합친 것으로 분명히 하나의 방식이라 할 수 있으나 목적으로서 보면 이른바 체육에 편중되어 있다고 해야 할 것이다. 내용으로서 보건을 대폭 수용하였기 때문에 체육을 정의한 후의 부분에 더욱 더 연구가 필요할 것이다.

목표는 이 ⓐ 신체의 건전한 발달로 ⓑ 정신의 건전한 발달 하에 ⓒ 사회적 성격의 육성의 3개의 항목을 세우고, 그 아래에 계 37개의 구체적 목표를 들고 있다. 목표를 개인(신체적, 정신적)과 사회의 각도에서 바라본다는 보통의 사고방식이지만 사회적 성격의 육성에 종래와 상당히 바뀐 점이 있기 때문에 이 항이 특히 강조된 듯한 인상을 준것 같다.

구체적 목표를 일단 든다면 이것에 ⓐ 신체의 건전한 발육과 발달, 내장기능, ⓑ 기구사용의 요령과 리듬, 힘과 지구성, 근신경, 자세, 건강생활, 결함제거(등에 관한 이해, 숙련, 태도)에 대하여, ⓒ 운동의 흥미와 숙련, 승패에 대한 태도, 건강지식, 의지력, 판단력, 지도력(앞의 것과 같음) 하에는, ⓓ 명랑, 동정, 타인의 권리존중, 예의, 페어플레이, 협력(공중위생), 성(性), 권위에 대한 복종, 사회적 책임, 협력자와 지도자(앞의 것과 같음) 등 상당히 수가 많고 다소의 중복도 보인다. 분석과 표현방법에 다소 문제가 있더라도 종전의 것에 비하면 폭넓어졌다는 것은 부정할 수 없다.

② 발육발달의 특질과 교재

발달단계의 구분은 ⓐ 소학교 저학년(약 7~9년), ⓑ 동(同) 고학년(10~12년), ⓒ 중학교(13~15년), ⓓ 고등학교(16~18년), ⓔ 대학(19~22년)의 5단계로 각 단계의 발달상의 특징을 대략 목표항목(신체적, 정신적, 사회적)에 따라서 들고 그것과의 관련에 있어서 적당한 운동을 들고 있다.

이러한 사고방식은 내용편성에 있어서 발달의 계열만을 중시하여 논리적 계열을 가볍다고 보기 때문에 후에 이르러 경험학습과 계통학습의 문제가 생겼을 때에 그 약점이 되었다.

그것은 어쨌든 교재는 운동과 위생으로 나누어져 운동을 소학교에서 본다면 저학년에는 체조(도수, 기계), 유희(유희, 구기, 수영, 댄스)와 같이, 위생에는 신체청결, 의식주의 위생, 휴양·수면, 피부마찰, 자세, 신체측정, 질병예방, 장애방지 등이다.

중, 고교, 대학 모두 대체로 같은 사고방식이지만 운동에는 체조, 스포츠, 댄스, 이론의 4체제로 위생에는 학교단계에 따라 한결같지 않으나 정신위생, 공중위생 등을 순차적으로 추가하였다.

체육교재에 대하여 말하면 ⓐ 유희, 스포츠의 비중이 높아졌다는 것, ⓑ 댄스가 표현(창작) 하나의 체제가 되었다는 것, ⓒ 체육이론이 추가되었다는 것이 종래의 요목에 비하여 현저하게 다르다는 점에서 특히 이 중 ⓐ, ⓑ와 도수체조 경시(輕視) 및 아동중심에 편중되었다는 점이 그 후 문제가 된 주요한 점이다.

③ 지도방침

이 항은 ⓐ 계획과 지도로 ⓑ 위생, ⓒ 체육사상, ⓓ 조직과 관리, ⓔ 시설과 용구, ⓕ 시합의 6항목으로 나누어져 있지만 어느 쪽이든 전장에서 다룬 통첩의 취지가 한층 구체화된 것이라 해도 좋다.

개인차와 반별지도, 계절적 배려, 과학적 측정 자료의 활용, 여자의 특성 고려, 위생적 주의, 부모형제와의 연락, 레크리에이션으로서의 스포츠, 형식적 훈련주의의 배제 등 상당히 세세한 점까지 배려하였다.

④ 체육의 고사(考査)와 측정(測定)

체육 근대화의 한 관점은 체육 계획과 지도를 과학적 자료에 근거하게 한 것이다. 이 항은 이들에 대하여 특히 학습자의 현상파악에 중점을 두고 있다. 이것은 고사측정(考査測定)의 목표를 'ⓐ 학도의 현상판단 ⓑ 편가르기 ⓒ 지식의 검사 ⓓ 진보(進步)의 측정, ⓔ 계획의 개선, ⓕ 부모형제와 사회에 대한 능력'을 위한 자료를 얻는데 있다고 하며, 검사항목으로서 근력, 운동적성, 운동역학, 운동능력, 스포츠기술, 체력지수, 성격순위, 지식, 순환기능, 인체측정, 영양, 청결, 습관형성을 들고 있다는 것을 알 수 있다.

요약하면 학습자의 현상파악과 평가에 중점이 놓였으나 커리큘럼 구성에 대해서는 잠시 기다려야 했다. 그러나 이 항목을 채택한 것은 매우 신선한 것으로 얼마 지나지 않아 강한 관심을 불렀다.

이상이 요강의 개요이며, 필요 이상의 페이지를 할애한 것 같지만 이것이 다음의 지도요강의 골자가 되었다는 것과 그 후의 다른 변화와 문제에 관계가 깊기 때문에 이러한 취급법을 택한 연유이다.

(3) 학교체육지도 요강(要綱・중요사항)의 영향과 기타 동향

학교체육지도 요강의 직접적 근거는 전술과 같이 미국 교육사절단 보고서였다. 그러나 다른 각도에서 본다면 쇼와 20(1945)년의 패전부터 쇼와 21(1946)년에 걸쳐서 나온 일련의 통첩이 지침이라는 형태로 정리된 것이라 할 수 있다.

이것은 미국 교육사절단 보고서가 만들어진 사정이라 할 수 있다. 즉, 미국 교육사절단은 쇼와 21(1946)년 3월 5일에 일본에 도착, 문부성이 이 보고서를 발표한 것은 4월 7일로 사절단이 보고서 제작에 사용한 일수는 20여일이라고 한다. 이 짧은 시일에 완전히 새로운 방침을 명확히 내세우는 것은 무리일 것이다. 이것에 대하여 보고서의 중요한 단서가 된 것은 총사령부 민간정보교육국이 쇼와 20년 9월부터 6개월에 걸쳐서 모은 자료이며 또한 일본 측 위원 외의 자료와 제언이 도움이 되었다고 한다.

따라서 이 요강의 내용은 지금까지 찔끔찔끔 제시한 것의 집성이라 할 수 있으며, 그리고 그들의 통첩에 담겨져 있던 억제면(종전의 것에서 제거)이 후퇴하여 그래서 바람직하다고 시사되어 온 면이 전면에 부각되었다고 생각해도 좋다. 이런 의미에서 종전 후의 모든 통첩에서 이 지도요강의 동향에는 일관된 줄거리가 있다고 할 수 있다.

그것은 체육에서 군국주의적 요소의 제거이며, 그것을 대신할 민주주의적 방향의 조장이라고 할 수 있다. 학습자를 중시하는 것, 그 자발성과 자율, 자치적 활동의 강조는 아동중심으로 편중되었다고 비판을 받았으나 지금까지가 너무나도 교

사중심의 획일적 지도로 편중되었다는 것을 동시에 생각해야 한다. 이것을 바로잡아 아동의 인간성이 무시될 정도로 편중된 국가주의가 강한 교육통제를 만들었고 그것이 말단에까지 침투하였다는 것을 생각한다면 이러한 강조도 필요했을 것이다. 그러나 이 아동중심의 강조와 패전(敗戰)의 타격이 겹쳐 교사의 지도성이 필요이상으로 후퇴한 당시의 경향은 역시 문제이다.

전시중(戰時中) 많은 운동장은 농원(農園)으로 전용되고 전화(戰火)를 보태어 체육시설의 황폐는 심각하였다. 원래 용구부족과 식량부족은 사회부정의 중심적 요인이었을 뿐만 아니라 운동을 위한 에너지를 보급할 수 없었다. 사회질서의 변동에 동반하여 교사의 권위에도 변화가 있었다. 교사중심에서 아동중심으로 급격한 전환 등이 보태어져 체육의 모든 조건은 매우 불리하였다.

점령군 정부기관과의 트러블을 추가하여 무사안일주의 그리고 방임으로 움직였다는 것도 부정할 수 없다. 체육수업을 나막신을 신고 교육받는 아동이 좋아하는 것만 시키는 상황이 연출되고 잘못하는 것은 시키지 않는다 등은 사실이었다.

그러한 움직임으로 이끈 것은 다양한 요인을 합쳐 생각할 필요가 있다. 그러나 이러한 상황 속에서 새로운 움직임이 생겨났다.

요강은 그 전문(前文)에서 지도자가 의지해야 할 지침이지만 "각 학교체육지도자는 본서에 근거하여 그 지방, 그 학교의 실정에 맞는 적절한 지도계획의 제작과 운영함과 동시에 이미 연구와 경험에 의해서 이 지도서의 개선, 진보에 협력하기를 희망한다"고 명확한 표현은 아니지만 커리큘럼 편성의 책임은 현장 학교와 교사에게 옮겨졌다는 것을 분명히 하고 있다. 이것은 현장의 자주적 연구를 자극하는 것이 되며, 쇼와 23(1948)년 교육위원회가 발족하는 등 교육위원회의 지정과 의촉(依囑) 연구로서 상당히 활발하게 이루어지게 되었으며 조금씩 연구발표도 이루어지게 되었다. 그러나 아직 그 수는 적었다.

커리큘럼을 자주적으로 편성한다거나 아동의 개인차에 즉응한다고 하지만 그것은 급하게 좋은 것을 희망하는 것은 무리이다. 이러한 실정도 일면으로 어쩔 수 없는 것이었다. 이러한 의미에서 이 시기는 아직 암중모색 시대라고 해도 과언이 아니다.

한편 쇼와 21년에는 일본체육지도자연맹이 쇼와 23년에는 전국고등학교 체육연맹이 발족하는 등 소학교에서 대학에 이르는 체육관계자 단체가 결성하게 되었다는 것도 새로운 동향이었다.

이러한 단체는 각각의 각도(角度)에서 교과연구에도 공헌하였다. 그러나 교과연구를 위한 민간단체가 참된 의미에서 지금까지 충분히 육성되지 않았다는 것은 교과가 걸어온 길 중에서 주목해야 하는 하나의 사건이라고 해도 좋다. 이것은 민주화를 강조한 전후(戰後) 학교체육에 있어서 역시 문제이다.

(4) 학교 스포츠의 문제

학교 스포츠는 교과(敎科) 문제라기보다는 교과외 활동의 문제라고 생각한다. 그러나 시설, 경비, 지도자 등 많은 면에서 교과와 관련이 깊기 때문에 교과의 입장에서도 생각해야 한다. 신문, 스포츠단체, 팬 등 교외(校外)의 힘이 얽히기 때문에 지금에도 문제가 많은 분야이다. 문부성 관계에 대하여 보면, 전기(前記) '교우회 운동부의 민주화(쇼와 21. 6)'에 대하여 통첩을 발표한 후 쇼와 22년 5월에는 쇼와 7(1932)년 '문부성훈령 제4호(야구통제 및 시행에 관한)'를 폐지함과 거의 동시에 '학생 야구 시행에 대하여'(쇼와 22. 5)의 통첩을 발하여 학교 스포츠 특히 소·중학의 대외시합이 교육적으로 실시되기를 요망하면서 기본적으로는 스포츠단체의 자주성을 존중한다는 것을 분명히 하였다.

그러나 그로부터 얼마 지나지 않아 쇼와 23년 3월에는 다시 '학도의 대외시합에 대하여'의 통첩을 발하여 통제적 부활을 의도하고 있는 것은 아닌가 비판을 받았다.

이 통첩은 전문(前文)에서

"그렇지만 그 운용의 여하에 따라서는 자칫하면 승패에 얽매여 심신의 정상적인 발달을 저해하고 한정된 시설과 용구가 특정 선수에게 독점되어 비교육적인 동기에 의해서 교육의 자주성이 소실되어 연습과 시합을 위하여 부당하게 많은 액수(額數)의 경비가 충당되는 등 교육상 바람직하지 못한 결과를 초래할 우려가 있다"나 "학교체육이 참된 민주적 교육목적에 합치하기 위하여 종래의 대외시합에 대해서도 첨예한 반성과 함께 일체의 정세(情勢)와 불합리를 배제함과 동시에 학도의 심신발달 단계에 관한 과학적 기초에 준거하여 게다가 일본의 현실 사회적, 경제적 객관 정세도 충분히 고려한 합리적 입장에서 기획 운영되어야 한다" 등을 말하고

1. 소학교에서는 교내경기에 한정시킨다.
2. 중학교에서는 숙박을 필요치 않는 정도의 소범위의 것에 한정시킨다. 단 이 연령층에서 대외시합보다도 매우 중요한 것으로서 교내경기에 중점을 둔다.
3. 신제(新制) 고등학교에서는 지방적 대회에 중점을 두고 전국적 대회는 연1회로 한정시킨다.
4. 학도(學徒)가 참가하는 경기회는 교육적 관계단체가 이것을 주최하고 그 책임에 있어서 적정한 운영을 기한다. 또한 대교경기는 관계학교에서 이것을 주최한다.
5. 상급학교 및 학생경기단체는 하급학교의 경기회를 주최하지 않는다.
6. 대외 시합참가는 그 경기회의 성격에 대하여 검토하여 학교장 및 교사의 책임으로 이것을 정한다.
7. 대외시합에 출장하는 선수는 고정하지 않고 본인의 의지, 건강, 연령, 품행(操行), 학업 기타를 고려하여 정한다.
8. 대외시합은 방과 후 또는 수업이 없는 날에 실시하는 것을 원칙으로 한다.
9. 여자의 대외시합에 대해서는 여자의 건강을 고려하여 적정한 운영을 꾀한다.
   등의 구체적 모든 조건을 들고 있다.

관료통제의 부활을 생각하게 되는 통첩으로 스포츠의 민주화를 강조한다는 것은 분명히 하나의 모순이며 문제이다. 그러나 이러한 학교스포츠의 사고방식은 이미 '학교체육 지도요강' 속에 명확하게 언급하고 있는 것으로 다시 통첩으로 이것을 문제시하지 않으면 안 되었다면, 이에는 여전히 여기에 상당하는 사정이 있을 것이라고 생각해야 한다.

이것을 이해하기 위해서는 당시 스포츠의 동향을 간단하게라도 뒤돌아 볼 필요가 있을 것이다.

본래 민간운동으로서 출발한 일본의 스포츠는 신문사의 후원과 체육협회의 조직 등에 의해서 쇼와 초기(1927년)부터 쇼와 10(1935)년경에는 국제적으로도 상당한 수준에 도달해 있었다. 학생선수가 주력이었지만 신문사와 민간 스포츠단체는 학교스포츠에 대하여 실적과 발언력을 가지고 있었다.

전시(戰時) 중 강력한 통제를 받고 있었으나 패전(敗戰)에 동반하여 통제 철폐와 민주화의 강조, 스포츠 장려의 시기를 맞이하였기 때문에 먼저 전전(戰前)의 모습으로 복귀를 생각한 것은 당연할 것이다.

전전(戰前)의 학교 스포츠는 선수중심이었다. 따라서 반드시 바람직한 모습이라고 할 수 없다. 전후(戰後)의 스포츠 민주는 물론 관료통제 철폐를 포함되어 있지만 스포츠의 일반화를 중시함과 동시에 교육적 관점, 학교 측의 발언권을 중시하였다.

학교체육지도 요강의 학교 스포츠에 대한 취급은 이러한 견지에 서있다고 할 수 있다. 종전 후는 스포츠에 관한 조건은 매우 나빴지만 그럼에도 불구하고 쇼와 21년에는 2개의 일간스포츠 잡지가 발족할 정도였으며, 쇼와 22년부터 다음해에 걸쳐서 각종의 스포츠가 다시 활동을 활발하게 개시하였다. 그것은 종전의 학생중심이 아니라 근로자들 사이에서 확대되었다.

학교 스포츠의 악조건에도 불구하고 놀라운 부흥이었다. 아마 스포츠를 좋아하는 미국이 주둔군(점령군)의 주력인 것, 스포츠를 장려한 것, 제약이 많은 생활 속에서 어렵게 여기지 않고 즐길 수 있는 것이 스포츠였다는 것 등의 영향일 것이다.

신문도 빈약한 지면을 할애하여 시합에 대한 욕구의 촉구도 강하였다. 소학생의 시합도 실시되었다. 특히 문제가 된 것은 매우 많았다고 할 정도는 아니지만 아동의 시합을 보러 모인 어른들 팬의 광태(狂態)였다.

언론과 행동의 자유가 급속하게 확대되었기 때문에 방치하면 학교스포츠에 위기를 초래할 것으로 예상하였다. 이 통첩의 배경에는 이러한 실정이 있었다.

통제력을 약화시켰던 문부성이 이것에 과감하게 단행한 것은 총사령부 민간정보교육국의 지지가 있었기 때문이지만 교육기본법과 학교교육법의 정신에 따라서 민주화와 스포츠 장려를 강조하여 재출발한 학교체육은 벌써 이 면에서 어려운 문제에 당면하였다.

쇼와 23(1948)년 6월에 전국 고등학교 체육연맹이 발족하였으나 이 조직은 고등학교 스포츠의 자주적 관리를 주기능으로서 탄생했다고 할 수 있다. 즉 지금까지는 학교 스포츠에 관하여 학교관계자의 발언력은 지나치게 약하였다.

학교 스포츠를 교과 외의 체육을 일단 생각하고 기타 교과 체육을 생각한다면 전후(戰後)의 학교체육은 교과연구를 새로운 방향으로 심화하기 전에 학교 스포츠를 크게 생각해야 할 사태에 당면하였다. 이것은 오늘에 있어서도 체육과(體育科)로서도 여전히 중요한 문제이다.

(5) 체육(體育)과 보건교육(保健敎育)

종전(終戰)을 계기로 크게 바뀐 분야는 건강(보건)교육이다. 여기에 가장 크게 영향을 미친 것은 전술(前述)의 미국 교육사절단 보고서이며 또한 '교육기본법'(쇼와 22년 3월)이 제1조 '교육의 목적' 중에서 "자주적 정신에 충족한 심신과 함께 건강한 국민육성을 기하여 실시해야 한다"고 명확하게 규정한 것 등이다. 이 방침을 수용하여 학교체육 지도요강이 체육과(體育科)의 내용을 체육과 보건교육을 합쳐서 편성한 이것은 교과의 성격과 내용에 대하여 큰 개변(改變)이었다.

그러나 이 조치에는 문제가 남았다. 그 하나는 앞에서도 약간 언급했듯이 교과 내용으로서 건강교육을 체육 속에 흡수하는 것이 좋은지 어떤지와 요강이 교재 외에는 보건교육에 대한 언급이 적었다는 것이다.

이러한 취급에는 보건교육에 주요한 관심을 가진 사람들에게는 아마 불만이었을 것이다. 또한 교재로서의 건강교육은 종래 '생리위생(生理衛生)'으로서 이과(理科) 중에 있었기 때문에 이것을 지도하는 교사에도 문제가 있었다. 이러한 점에서 지도요강은 약간 지나쳤다고 할 수 있다.

쇼와 22(1947)년부터 다음해에 걸쳐서 학생이 현실 생활 속에서 겪는 직접적인 경험을 바탕으로 이루어지는 경험학습(經驗學習), 특히 핵심이 되는 과목을 중심으로 다른 과목을 이와 종합할 수 있게 편성한 교육 과정으로 코어 커리큘럼(core curriculum) 운동이 활발해지면서 이러한 점이 한층 문제가 되었다. 다른 하나는 다른 교과와의 내용의 중복 문제이다.

보건의 전신인 '생리위생(生理衛生)'은 그대로의 형태가 아니라 하더라도 종전(終戰)후 이과(理科) 내용에 승계되었다는 것은 당연하다. 그리고 그것은 이른바 생활과의 관련을 강조하였다.

대략 2가지로 요약되는 이러한 문제는 결국 어떤 형태로 정리되어야 했다. 또한 '학교체육 지도요강'이 다른 교과와의 관련을 충분히 검토하지 않고서 독자의 입장에서 체육과(體育科)의 내용을 결정한 것도 문제였다(학교체육연구위원회에는 이러한 문제에 대해서는 거의 언급하지 않았다).

문제해결은 대충 2가지 방향으로 생각되었다. 그 하나는 체육과의 성격·목표와 내용을 특히 관계가 깊은 교과와 연결을 취하여 재검토하는 것, 또 하나는 전교과(全敎科)의 내용을 재검토하여 내용의 중복을 정리하는 것이다.

요약하면 2가지의 해결책은 관련하고 있으나 후자를 취하는 것은 당시의 실정으로서는 상당히 어려웠다. '체육과 보건교육'의 문제는 이리하여 새로운 체육과(體育科)의 발족하자마자 문제에 당면하였다.

쇼와 24년(1949년) 9월 '학습지도요령 소학교 체육과 편'이 공포되었으나 그로부터는 보건적 내용은 대부분 제외되었으며 동년 10월 소학교의 11월 중등학교의 '학교보건계획실요령(學校保健計劃實要領)'이 공표되어 보건에 대하여 실질상 지도요령을 대신하게 되었다.

또한 쇼와 24년에는 중등학교의 체육과(體育科)를 보건체육과(保健體育科)로 개칭, 교과 내의 과목이 보건과 체육, 2가지가 되고 체육과(體育科)의 시간을 3년에 70시간 보건에 할애함으로써 중등학교의 문제는 일단 해결하였다.

소학교에 대해서도 약간 닮은 형태로 해결되는 방향으로 교과의 성격과 내용을 정리하였다. 이상과 같이 종전(終戰·敗戰) 직후 학교체육의 공백기를 정책적으로 마무리하였다.

《참고문헌》

2. 자유주의 분위기의 청산
- 大日本体育學會「体育と競技」(昭和１２年～１４年)

3. 청년학교 체조요목과 국방경기
- 文部省「青年學徒体操科教授及訓練要目」(昭和１２年)
- 大日本体育學會「体育と競技」(昭和１２年８月号、１３年１０月号)
- 國民体育會「國民体育」(昭和１３年５月号)

4. 후생성(厚生省) 설립과 국민의 체력관리
- 講談社「近代日本敎育制度史料」第１２卷
- 保健衛生協會「体力向上講座」全８卷 (昭和１６年)
- 厚生省体力局「國民体力管理制度準備檢査者必携」(昭和１４年)

5. 일본적 체육도(體育道)의 성립
- 大日本体育協會「スポーツ八十年史」(昭和３３年)
- 講談社「近代日本敎育制度資料」第１６卷
- 國民体育會「國民体育」(昭和１３年１月号)
- 大日本体育學會「体育と競技」(昭和１４年１月号)
- 鈴木庫三「軍隊敎育學槪論」(昭和１４年)
- 羽田隆雄「日本体育の理念」(昭和１８年)

6. 국민체력법과 체력장 검정
- 厚生省体力局「國民体力管理制度準備調査檢査者必携」(昭和１４年)
- 保健衛生協會「体力向上講座」全８卷(昭和１６年)
- 厚生省人口局「國民体力法關係法規」(昭和１７年)
- 新井英夫「改正國民体力法による体育檢査指針」(昭和１７年)
- 厚生省「体力章檢定實施要綱」(昭和１４年)
- 北海道廳學務課「六種競技採点表」(昭和１４年)

7. 학과시험의 폐지와 체력검사

・大日本體育學會「体育と競技」(昭和１４年～１５年)
・田畑麥彦「祭壇」(昭和２９年)

8. 연속 체조(連續體操)의 보급과 철저
・厚生省「國民體育大會報告書」(各年)
・全日本體操聯盟制定
　　(1) 初等用体操 (國民保健体操、ラジオ体操)
　　(2) 初等部体操 (小學用、初等用)
　　(3) 初等部合同体操 (小學校初歩のもの)
　　(4) 中等部男子用体操 (男子中等學校儀式用)
　　(5) 中等部男子用体操 (男子中等、青年團工場中等用)
　　(6) 中等部合同体操 (男子中等學校、青年團工場用)
　　(7) 中等部女子用(女子中等學校、女子青年團、女子中等團体)
　　(8) 中等部女子用体操 (女子中學學校、工場會社用、女子中等用)
　　(9) 中等部女子用合同体操(女子中等學、校女子青年団、工場用)
　　(10) 高等部男子用体操 (大學、高專、工場高等用)
　　(11) 高等部女子用体操 (大學、高等女子青年団、工場高等用)
　　(12) 民衆体操 (一) (一般民衆、工場、會社、國民保健体操)
　　(13) 民衆体操 (二) (保健体操、一般民衆用)
　　(14) 民衆体操 (三) (一般民衆、工場、會社、國民保健用)
　　(15) 國民ダンス (一) 上州小唄踊
　　(16) 國民ダンス (二) 木曾節踊
　　(17) 國民ダンス (三) 伊那節踊
　　(18) 中等用体操 (國民保体操、第二ラジオ体操)

9. 교과(敎科)의 명칭이 체조과(體操科)에서 체련과(體鍊科)로의 발전
・文部省「教育審議會諮問第一号特別委員會會議錄」
・講談社「近代日本教育制度史料」第１６卷
・文部省「小學校武道指導要目」(昭和１４年)
・荒木・熊埜御堂「國民學校令正義」(昭和１６年)
・齋藤薫雄「國民學校体鍊科精義」(昭和１５年)

10. 체육국(體育局) 설립과 체육 단체의 개조(改組)
・大日本体育學會、全日本体操聯盟、女子体育振興會共編「學校体鍊」(昭和１６年度)
・栗本義彦「体力向上と体育運動」(昭和１６年)
・日本体育協會「スポーツ八十年史」(昭和３３年)
・大日本學徒体育振興會「學徒体育年鑑」(昭和１７年度)

11. 체련과(體鍊科) 교수요항(敎授要項)과 그 실시 세목(實施細目)
・文部省「國民學校体科敎授要項」(昭和１７年)
・文部省「國民學校体鍊科敎授要項實施細目」(昭和１７年度)
・日本放送協會編「國民學校体鍊科敎授要項の解說」(昭和１８年)

12. 여자 체력장 검정의 실시
・厚生省「体力章檢定實施要綱」(昭和１６年)
・厚生省「男子体力章檢定實施要綱」(昭和１７年)
・厚生省「女子体力章檢定實施要綱」(昭和１７年)
・厚生省「男子体力章檢定實施要綱」(昭和１８年)
・厚生省「女子体力章檢定實施要綱」(昭和１８年)
・東京都「体力章檢定ニ關スル要項」(昭和１８年)
・新井英夫「改正國民体力法による体育檢査指針」(昭和１７年)

13. 사범학교와 중학교의 체련과 요목
・文部省「師範學校体鍊科敎授要目」本科(昭和１８年)、 予科 (昭和１８年)
・文部省「中等學校体鍊科敎授要目實施細目」(昭和１９年)

14. 전시(戰時) 체육실시 요항의 연발(連發)
・學校体鍊編集部「學徒体育」(昭和１８年９月、１０月１１月各号)

편저자 소개

김 준 영

▷ 경북대학교 사학과 졸업 (문학사)
▷ 경북대학교 교육대학원 역사교육 전공 졸업 (교육학 석사)
▷ 현재 영천고등학교 재직중
▷ 연구 논문
- 조선 후기 함경도 북평사의 역할과 기능 (석사학위 논문)
- 조선 후기 함경도 북평사의 위상과 역할, 민족문화 논총 제78집(325~364쪽), 2021.08.31

제국 일본의
근대 학교체육사 연구

— 1868년 메이지 유신에서 1945년 패전(敗戰)까지 —

2022년 05월 25일 인쇄
2022년 06월 05일 발행

편저자 : 김준영
발행인 : 장세진
발행처 : 도서출판 학사원

대구광역시 중구 서문로 49-35
Tel. 053-253-6967, 253-6758
Fax. 053-253-9420

등록 : 1975년 11월 17일(라120호)

정가 28,000원

ISBN 978-89-8223-106-3 93690

※ 파본은 교환하여 드립니다.